REA's Books Are The Best...

They have rescued lots of grades and more!

(a sample of the hundreds of letters REA receives each year)

"Your books are great! They are very helpful, and have upped my grade in every class. Thank you for such a great product."

Student, Seattle, WA

"Your book has really helped me sharpen my skills and improve my weak areas. Definitely will buy more."

Student, Buffalo, NY

"Compared to the other books that my fellow students had, your book was the most useful in helping me get a great score."

Student, North Hollywood, CA

"I really appreciate the help from your excellent book. Please keep up your great work."

Student, Albuquerque, NM

"Your book was such a better value and was so much more complete than anything your competition has produced (and I have them all)!"

Teacher, Virginia Beach, VA

(more on next page)

(continued from previous page)

"Your books have saved my GPA, and quite possibly my sanity. My course grade is now an 'A', and I couldn't be happier."

Student, Winchester, IN

"These books are the best review books on the market. They are fantastic!"

Student, New Orleans, LA

"Your book was responsible for my success on the exam. . . I will look for REA the next time I need help."

Student, Chesterfield, MO

"I think it is the greatest study guide I have ever used!"

Student, Anchorage, AK

"I encourage others to buy REA because of their superiority. Please continue to produce the best quality books on the market."

Student, San Jose, CA

"Just a short note to say thanks for the great support your book gave me in helping me pass the test . . . I'm on my way to a B.S. degree because of you !"

Student, Orlando, FL

Classical / Ancient GREEK

James Turney Allen, Ph.D.

and the Staff of
Research & Education Association,
Carl Fuchs, Language Program Director

Research & Education Association
61 Ethel Road West
Piscataway, New Jersey 08854

Dr. M. Fogiel, Director

SUPER REVIEW™
OF CLASSICAL / ANCIENT GREEK

Printed in the United States of America

Library of Congress Control Number 2001088644

International Standard Book Number 0-87891-390-4

SUPER REVIEW is a trademark of
Research & Education Association, Piscataway, New Jersey 08854

I-1

WHAT THIS Super Review WILL DO FOR YOU

This **Super Review** provides all that you need to know to do your homework effectively and succeed on exams and quizzes.

The book focuses on the core aspects of the subject, and helps you to grasp the important elements quickly and easily.

Outstanding **Super Review** features:

- Topics are covered in logical sequence
- Topics are reviewed in a concise and comprehensive manner
- The material is presented in student-friendly form that makes it easy to follow and understand
- Individual topics can be easily located
- Provides excellent preparation for midterms, finals and in-between quizzes
- Written by professionals and experts who function as your very own tutors

Organization of the Material:

The book is divided into two parts followed by a vocabulary. Part I contains lessons and exercises; Part II is devoted to grammar.

The scheme of the lessons is substantially uniform. Each begins with a numeral followed often by a quotation intended to be memorized. Following these, in turn, are references to the grammar in Part II, the vocabulary, one or more selections for reading, and notes. The selections have been chosen on the grounds that they deserve to be read more than once. All of the selections have been taken directly from Greek literature. However, only common words and standard sentence structures are mainly used in this **Super Review**.

Many of the lessons are followed by a supplement which may be used as exercises or additional lessons.

The Grammar in Part II includes almost all that one needs to begin reading Homer and drama. Non-essentials have been omitted. Forms that do not occur frequently, such as the pluperfect, receive only slight attention. However, all fundamental principles are stated briefly and clearly, and this feature of the grammar section makes this part of the **Super Review** invaluable.

The markings of the long vowels may seem unnecessary, but they have been included consistently throughout for their pedagogical value.

Dr. Max Fogiel, Director
Carl Fuchs, Chief Editor

CONTENTS

History of the Greek Language

The language of the Ancient Greeks varied across different locations. For instance, Spartans spoke Doric Greek while Athenians spoke Attic Greek. Additional dialects may have appeared in other city-states as well. However, these dialects varied only slightly. The differences in dialects were not significant enough to cause great difficulty in communication, and the dialects were essentially the same language.

The common language of the Greeks developed between 300 B.C. and 300 A.D. The Attic dialect spoken between 500 and 400 B.C.—when Athens reached the zenith of its glory—was the basis for the common language. Attic Greek incorporated words from other dialects and spread throughout Ancient Greece and to parts of the Middle East during the conquests of Alexander the Great. As a result, common Greek was spoken and written in Syria, Asia Minor (modern Turkey), Persia (modern Iran), and Egypt, making Greek the international language of that era.

Because it was so widespread, the early common Greek changed gradually over time. By the Third Century A.D., the language exhibited many elements that appear in Modern Greek. Additional changes occurred during the Byzantine Era, but by the end of the Byzantine Empire, the language resembled Modern Greek as it is known today.

ΤΟ ΠΡΩΤΟΝ ΜΕΡΟΣ

ΤΑ ΜΑΘΗΜΑΤΑ

PART I

THE LESSONS

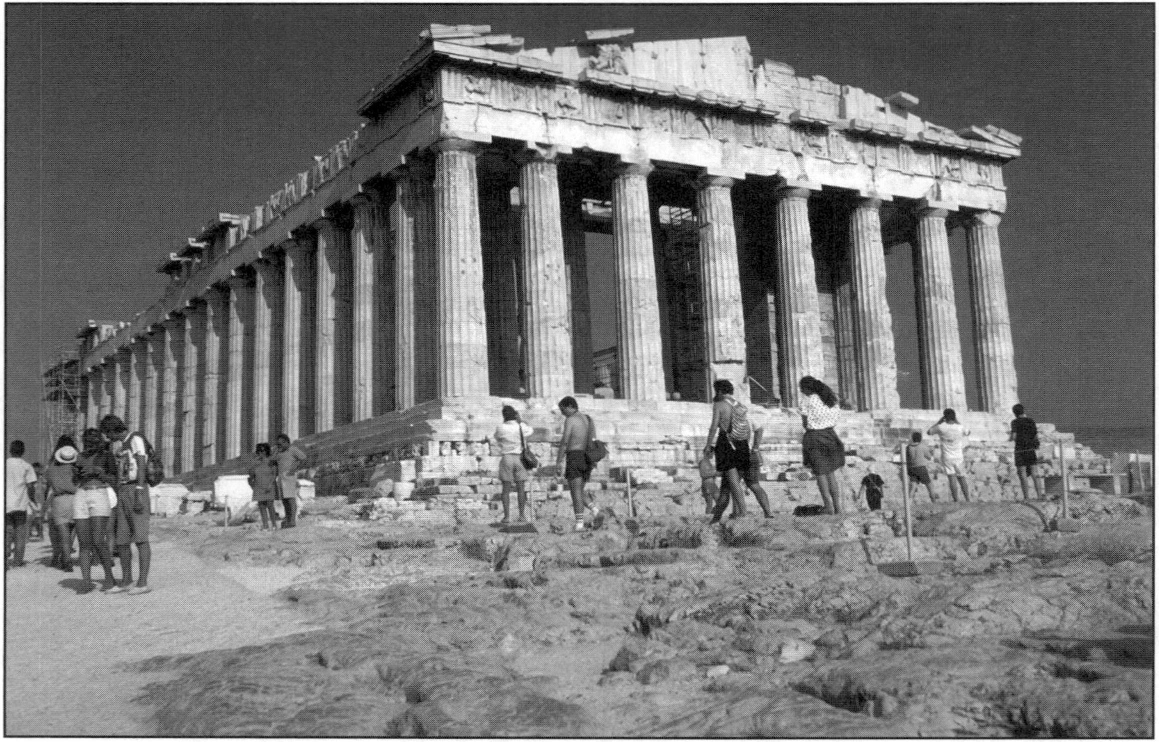

Acropolis, Athens

SUPER REVIEW OF CLASSICAL / ANCIENT GREEK

I. εἷς μία ἕν. α´

Τὸ Πρῶτον Μάθημα

Ἀρχὴ ἥμισυ πάντων. — Παροιμίᾱ Ἑλληνική.

(The) beginning (is the) half of all. " *Well begun, half done.*"
— Greek proverb.

For the Alphabet (*ὁ ἀλφάβητος*), see Part II (**ΤΟ ΔΕΥΤΕΡΟΝ ΜΕΡΟΣ**), §§ 1, 1 a;[1] Punctuation Marks, § 2; Pronunciation, § 3 (Vowels), § 4 a (Diphthongs: ***αι***, ***αυ***, ***ει***, ***ευ***, ***οι***, ***ου***), 5 b, c, e (Consonants); Breathings, § 6 a–e; Accents, § 9 a, b, c; Quantity, §§ 8, 9 f.

ΟΝΟΜΑΤΑ ΚΑΙ ΡΗΜΑΤΑ

(**α**)

ἐστί *he* (*she*, *it*) *is*. *est*.

ἦν *he* (*she*, *it*) *was*. *erat*.

(**β**)

ἡ ἀρχή *the beginning*. *Cf.* archaic.

ἐν *in*. **ἐν ἀρχῇ** *in* (*the*) *beginning*. See ΣΧΟΛΙΑ.

ἥμισυ *half*. *Cf.* Lat. *sēmi*.

ὁ θεός *the god*, *god*. *Cf.* theology. Acc. *τὸν θεόν*. **πρὸς τὸν θεόν** *in the presence of God*.

καί *and*.

ὁ λόγος *the word*, *speech*. *Cf.* logic, -logy.

τὸ μάθημα *the lesson*. *Cf.* mathematics.

ὁ, ἡ, τό *the*. § 24 a.

οὗτος *this* (*one*), *he*.

πάντων *of all* (*things*).

πρῶτον *first*. *Cf.* prototype.

τὸ σχόλιον *the note*. Pl. *τὰ σχόλια*. *Cf.* Lat. *scholium*.

[1] The pupil need learn at first only so much of the alphabet as occurs in this lesson.

ΕΝ ΑΡΧΗΙ ΗΝ Ο ΛΟΓΟΣ

Ἐν ἀρχῇ ἦν ὁ λόγος, καὶ ὁ λόγος ἦν
πρὸς τὸν θεόν, καὶ θεὸς ἦν ὁ λόγος.
οὗτος ἦν ἐν ἀρχῇ πρὸς τὸν θεόν.

—Ἐκ τοῦ εὐαγγελίου τοῦ κατὰ Ἰωάνην, Α′, α′–β′.

ΣΧΟΛΙΑ

ἐν ἀρχῇ. Pron. like ἀρχῆ. See § 4 b. The article is omitted, as in Eng. *in bed*, *on time*, etc.

καὶ θεὸς ἦν ὁ λόγος. The article is omitted with θεός, because this is in the predicate. θεός is put first for emphasis, see § 198.

II. δύο. β′

Τὸ Δεύτερον Μάθημα

Thorough review of Lesson I, including a mastery of both quotations. These should be studied until they can be reproduced from memory either orally or in writing (see Preface). Improper Diphthongs, § 4 b.

Crasis, § 15. For *Aristotle* and *Menander*, see Vocabulary of Proper Names.

ΟΝΟΜΑΤΑ ΚΑΙ ΡΗΜΑΤΑ

(α)

ἐστί (before a vowel, ἐστίν). § 13 b.

τρέφει *he* (*she*, *it*) *nourishes*, *rears*.

(β)

ἄλλος *another*. *Cf.* allopathic.

αὐτός *self*. *Cf.* automaton.

γεωργός (ὁ) *farmer*. *Cf.* George. Acc. τὸν γεωργόν.

δέ *and*, *but*.

εἰρήνη (ἡ) *peace*. *Cf.* Irene.

καί *and*, *also*, *even*. § 189. **κἀν** (καὶ ἐν) *even in*.

κακῶς *badly*, *ill*.

καλῶς *beautifully*, *well*.

πεδίον (τό) *plain*. **κἀν πεδίῳ** *even in the* (*fertile*) *plain*.

πέτρᾱ (ἡ), *rock*, *rocky hillside*. *Cf.* Peter. See *Matthew* xvi. 18. **κἀν πέτραις** *even among* (*the*) *rocks*.

πόλεμος (ὁ) *war*. *Cf.* polemic.

σοφός *wise*, *clever*. *Cf.* sophomore.

φίλος *dear*. **ὁ φίλος** *the friend*.

φιλόσοφος (ὁ) *one fond of wisdom*, philosopher.

1. Ὁ φίλος ἐστὶν ἄλλος αὐτός.

— Ἀριστοτέλης ὁ φιλόσοφος.

2. Εἰρήνη γεωργὸν κἀν πέτραις
τρέφει καλῶς· πόλεμος δὲ κἀν πεδίῳ κακῶς.

— Τοῦ Μενάνδρου.

ΣΧΟΛΙΑ

ὁ φίλος. See § 103 a.

κἀν πέτραις. The hillsides of Greece are very rocky. The metrical scheme of this line and a half from Menander is :

– | > – | ⏑ – | > – | ⏑ –
⏑ – | ⏑ – |. ⏑ ⏑ – | ⏑ – | ⏑ ⏑ – | ⏑ –

in which the sign > represents a long syllable where the meter strictly calls for a short.

Beginning with this lesson each noun is accompanied in the word-list by the appropriate form of the article in parenthesis. These should be pronounced and memorized in the reverse order, thus : *ἡ εἰρήνη, ὁ φίλος.*

ΤΩΙ ΔΕΥΤΕΡΩΙ ΜΑΘΗΜΑΤΙ ΠΡΟΣΘΗΚΗ

(Supplement to the Second Lesson)

See Exercise 1 (**Η ΠΡΩΤΗ ΓΥΜΝΑΣΙΑ**).[1]

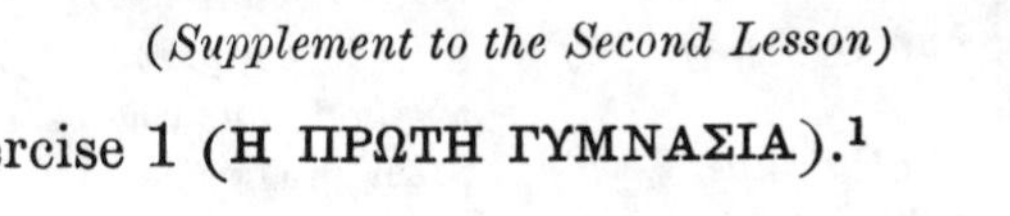

Συνα]γωγὴ Ἑβρ[αίων *Synagogue of the Hebrews*

Fragment of an inscription from a synagogue at Corinth (*cf. Acts* xviii. 4). It is perhaps not impossible that this was the synagogue in which Paul preached, and this the very inscription which stood over the door in his day ! Note the capital letters (§ 1 c).

[1] For the use of the Supplements (*Προσθῆκαι*) and the Exercises (*Γυμνασίαι*) see the Preface.

III. τρεῖς τρία. γʹ

Τὸ Τρίτον Μάθημα

Ἔστιν ὃ μὲν χείρων, ὃ δ' ἀμείνων ἔργον ἕκαστον·
οὐδεὶς δ' ἀνθρώπων αὐτὸς ἅπαντα σοφός.

— Θέογνις, 901–902.

Thorough review of Lessons I and II, as before.

Ἐστί accented **ἔστι**, § 10 c, 3; **οὐκ ἔστιν οὐδείς** *there is no one*, **οὐκ ἔστιν οὐδέν** *there is nothing*, § 180; **ἐγώ** and **σύ**, § 21 (learn the full declension of each); the use of **μέν** and **δέ**, **ὃ μὲν — ὃ δέ**, §§ 190, 191; Agreement, § 100; Accusative of *Specification*, § 113 d.

For *Theognis* and the *Elegiac couplet* see the Vocabulary of Proper Names, *s.v.* **Θέογνις**.

ΟΝΟΜΑΤΑ ΚΑΙ ΡΗΜΑΤΑ

ἀμείνων *better*.
ἄνθρωπος (ὁ) *human being*. *Cf.* anthropology.
ἅπαντα = πάντα *all things*.
βιβλίον (τό) *book*. Pl. τὰ βιβλία. *Cf.* Bible.
ἕκαστον *each*.
ἔργον (τό) *deed*, work (ϝεργ-). *Cf.* Germ. *Werk*.
ἴον (τό) *violet*. Lat. *viola* (ϝίον).
μέγα *large, great*. *Cf.* megaphone.
οὐδείς *no one* (οὐ- δ-, εἷς).
ῥόδον (τό) *rose*. *Cf.* Rhodes.
σέλῑνον (τό) *parsley*. *Cf.* celery.
σοφός *wise, skilled*.
ταδί *these, here (they are)*.
χείρων *worse*.

1. Μέγα βιβλίον, μέγα κακόν.

   — Καλλίμαχος ὁ φιλόλογος.

2. Ποῦ μοι τὰ ῥόδα; ποῦ μοι τὰ ἴα; ποῦ μοι τὰ καλὰ σέλῑνα;

   Ταδὶ τὰ ῥόδα, ταδὶ τὰ ἴα, ταδὶ τὰ καλὰ σέλῑνα.

ΣΧΟΛΙΑ

The *Elegiac couplet* quoted above from Theognis has the following metrical form:

∸∪∪ | ∸ — | ∸∪∪ | ∸ — | ∸∪∪ | ∸ —
∸ — | ∸ — | ∸ ∧ ‖ ∸∪∪ | ∸∪∪ | ∸ ∧

The first verse is an hexameter; the second, a so-called pentameter. The latter always has a strongly marked pause in the third foot.

οὐδεὶς ἀνθρώπων (ἐστὶν) αὐτός *no one of human kind* (*is in*) *himself*, etc.

The verses beginning ποῦ μοι are a fragment of an ancient Flower song, which was sung by a chorus of girls and their leader; the first verse by the leader, the response by the chorus who danced as they sang. The metrical form (§ 8, 9 f.) is as follows:

>∸ | ∪∪̇∪ | >∸ | ∪∪̇∪ | >∸ | ∪∪̇∪ | ∪∸ | ∪∧
∪∸ | ∪∪̇∪ | ∪∸ | ∪∪̇∪ | ∪∸ | ∪∪̇∪ | ∪∸ | ∪∧

ποῦ μοι τὰ ῥόδα; *Where for me* (*are*) *the roses?* i.e. *Where are my* (§ 103 b) *roses?* Supply ἐστί (§ 100).

τὰ καλὰ σέλῑνα *my beautiful parsley.* The ancient Greeks greatly admired the feathery leaves of the parsley, and frequently used them in the making of chaplets. The city Seli'nus was named from the plant.

ΤΩΙ ΤΡΙΤΩΙ ΜΑΘΗΜΑΤΙ ΠΡΟΣΘΗΚΗ

Exercise 2 (Ἡ Δευτέρᾱ Γυμνασίᾱ).

IV. τέτταρες τέτταρα. δʹ

Τὸ Τέταρτον Μάθημα

Λύπης ῑ̓ατρός ἐστιν ὁ χρηστὸς φίλος. — Τοῦ Μενάνδρου.

Thorough review, with special reference to words, phrases, and quotations. Accents, § 9 (entire, especially 9 e); Enclitics, § 10; Proclitics, § 11.

Exercise 3 (**Η ΤΡΙΤΗ ΓΥΜΝΑΣΙΑ**).

ΟΝΟΜΑΤΑ ΚΑΙ ΡΗΜΑΤΑ

(α)

εἰμί *I am* (for ἐσ-μί). *Cf. sum.*[1]

εἶ *you are* (*thou art*). *es.*

ἐστί(ν) *est.*

ἐσμέν *we are. sumus.*

ἐστέ *you* (*ye*) *are. estis.*

εἰσί(ν) *they are. sunt.*

(β)

ἀγαθός *good. Cf.* Agatha.

ἀδελφός *born of the same womb*, hence: **ἀδελφός** (ὁ) *brother*; **ἀδελφή** (ἡ) *sister. Cf.* Philadelphia.

ῑ̓ατρός (ὁ) *physician. Cf.* pediatric.

λῡ́πη (ἡ) *grief*, *sorrow*. Gen. λύπης.

λοιπός *left*, *remaining*. **καὶ τὰ λοιπά** (κτλ.) *et cetera.*

μήτηρ (ἡ) *mother. māter.*

πατήρ (ὁ) *father. pater.*

χρηστός *useful*, *good.*[2] *Cf.* chrestomathy.

V. πέντε. ε´

Τὸ Πέμπτον Μάθημα

Μελέτη τὸ πᾶν. — Παροιμίᾱ Ἑλληνική.

Accents, § 9 a, b, c, e; Enclitics (type II) § 10 b, 2; Uses of the Cases, § 111; Uses of **Αὐτός** *self*, § 106; the Second Declension, § 29 A–B (ὁ φίλος. ὁ αὐτὸς ῑ̓ατρός. τὸ παιδίον. ὁ φιλόσοφος. ὁ δοῦλος. τὸ τρίγωνον. τὸ δῶρον).

Herewith Exercise 4 (**Η ΤΕΤΑΡΤΗ ΓΥΜΝΑΣΙΑ**).

[1] The root of this verb (*to be*) is ἐσ-. *Cf.* Lat. *es-se*. All the forms of this verb which appear in this lesson are *enclitic*, except that of the sec. pers. sing.: εἶ. This form *never* loses its accent. See Exercise 3.

[2] In early Christian times the word Χρῑστιανοί was often, through a misconception, written Χρηστιανοί, as though from χρηστός instead of Χρῑστός. At that period these words were identical in pronunciation.

ΟΝΟΜΑΤΑ ΚΑΙ ΡΗΜΑΤΑ

ἄνισος ἄνισον *unequal*[1] (ἴσος).
ἀλλήλων ἀλλήλοις ἀλλήλους *each other.* § 26.
ἀπό (ἀπ', ἀφ', § 6 f) *from.* Lat. *ab* (Gen.).
διπλάσιος -ον *double.*
ἐάν *if.*
ἔμπροσθεν *earlier, before.*
ἡμίση (τά) *the halves* (ἥμισυ).
ἴσος ἴση ἴσον *equal. Cf.* isothermal (ἄνισος).
μεῖζον *greater, larger.*
μέρος (τό) *part.* Gen. μέρους, 117 b.
ὅλος ὅλη ὅλον *whole, entire. Cf.* holocaust.
πολλάκις *many times* (πολλοί).
τε *and.* **τε καί** *both and.* § 195.
ἐγώ τε καὶ σύ *you and I.*

ΚΟΙΝΑΙ ΕΝΝΟΙΑΙ

Axioms (Gr. *Common Notions*) of Euclid.

α′. Τὰ τοῦ αὐτοῦ ἴσα καὶ ἀλλήλοις ἐστὶν ἴσα.

β′. Καὶ ἐὰν ἴσοις ἴσα προστεθῇ (*be added*), τὰ ὅλα ἐστὶν ἴσα.

γ′. Καὶ ἐὰν ἀπ' ἴσων ἴσα ἀφ-αιρεθῇ (*be taken away*), τὰ λοιπά ἐστιν ἴσα.

δ′. Καὶ ἐὰν ἀνίσοις ἴσα προστεθῇ, τὰ ὅλα ἐστὶν ἄνισα.

ε′. Καὶ ἐὰν ἀπ' ἀνίσων ἴσα ἀφ-αιρεθῇ, τὰ λοιπά ἐστιν ἄνισα.

ϛ′. Καὶ τὰ τοῦ αὐτοῦ διπλάσια ἴσα ἀλλήλοις ἐστίν.

ζ′. Καὶ τὰ τοῦ αὐτοῦ ἡμίση ἴσα ἀλλήλοις ἐστίν.

η′. Καὶ τὸ ὅλον μεῖζον τοῦ μέρους ἐστίν.

ΣΧΟΛΙΑ

Μελέτη τὸ πᾶν *Practice* (*is*) *the whole* (*thing*), "*Practice makes perfect.*"

Τὰ τοῦ αὐτοῦ ἴσα ἐστί *The equals of the same* (*thing*) *are*, etc., § 100.

[1] Adjectives (at least those of the first-second declension type) normally have three endings in the nominative, thus: M. καλός F. καλή N. καλόν *beautiful.*

But *compound* adjectives usually have only *two endings*, thus: M.-F. ἄν-ισος N. ἄν-ισον *unequal.*

ΠΡΟΣΘΗΚΗ

1. Λύπης ἰᾱτρός ἐστιν ἀνθρώποις λόγος.—Μένανδρος.
2. Λύπης ἰᾱτρός ἐστιν ὁ χρηστὸς φίλος.—Τοῦ αὐτοῦ.
3. Ὑγίεια καὶ νοῦς ἀγαθὰ τῷ βίῳ δύο.—Καὶ τοῦ αὐτοῦ.
4. Ὁ νοῦς γὰρ ἡμῶν ἐν ἑκάστῳ θεός.—Καὶ τοῦ αὐτοῦ.
5. Πᾶς πατὴρ μῶρος.—Καὶ τοῦ Μενάνδρου.

βίος (ὁ) *life*. *Cf.* biology.
γάρ *for*. § 184.
μῶρος -ᾱ -ον *dull*, *foolish*.
νοῦς (ὁ) *mind*, *understanding*.
ὑγίειᾱ (ἡ) *health*. *Cf.* hygiene

VI. ἕξ. ς′

Τὸ Ἕκτον Μάθημα

Πλούσιον νομίζοιμι τὸν σοφόν.—Πλάτων.

Thorough review of Lessons I–V: words, phrases, forms, quotations. Exercise 5 (ἡ πέμπτη γυμνασίᾱ).

The Verb. One of the chief difficulties encountered by the student when he essays the mastery of ancient Greek is found in the inflection of the verb, for the Greek conjugational system is more elaborate even than that of Latin. The trouble arises in the main from the multiplicity of the forms; the scheme of the conjugation is simple and clear.

Read carefully §§ 131, 133 (first and last sentences), 143, 162, 171 (first sentence), and 144.

Learn the present indicative, and the optative, imperative, and infinitive of the progressive action-stem of the regular verb (active voice), taking as the type the verb **λύω** *I am loosing*, *unfastening*, § 79 A.

In the same way conjugate: **γράφω** (*cf.* graphic);

ἔχω *I am holding, I have;* **λέγω** *I am telling, talking (cf.* λόγος*);* **χαίρω** *I rejoice* (imper. *χαῖρε, χαιρέτω, κτλ.*); **ἀναγιγνώσκω**[1] *I am reading* (lit. *I recognize again* (*ἀνά*)); **ἑλληνίζω**; **κελεύω** *I am urging (commanding)*; **μανθάνω**; **νομίζω** *I hold as customary, I regard, I believe (cf.* νόμος *custom, law).*

Repeat in negative form, as follows:

οὐκ ἔχω	μὴ ἔχοιμι	μὴ ἔχε	μὴ ἔχειν
οὐ λέγω	μὴ λέγοιμι	μὴ λέγε	μὴ λέγειν

ΣΧΟΛΙΟΝ

Verbs of *thinking* regularly in Greek govern the infinitive. The infinitive of the verb '*to be*' (*εἰμί*) is *εἶναι* (= *esse*). Hence *πλούσιον νομίζοιμι τὸν σοφόν* (*εἶναι*) means *Rich may I believe the wise (to be)*! This quotation is from the famous prayer of Socrates with which Plato closes his *Phaedrus.*

VII. ἑπτά. ζ′

Τὸ Ἕβδομον Μάθημα

Learn by heart the passage from *Matthew* quoted below. Herewith Exercise 6 (Η ΕΚΤΗ ΓΥΜΝΑΣΙΑ).

ΟΝΟΜΑΤΑ ΚΑΙ ΡΗΜΑΤΑ

(α)

δι-ορύσσω *dig through* (*διά*).

θησαυρίζω *treasure up* (*θησαυρός*).

κλέπτω *steal* (*κλέπτης*). *Cf.* cleptomaniac.

(β)

διά *through. Cf.* diameter.

ἐκεῖ *there, in that place.*

ἐπί *upon* (Gen.). *Cf.* epigram.

ἐπὶ τῆς γῆς *upon the earth.*

θησαυρός (ὁ) *treasure, treasure-house. Cf.* thesaurus.

καρδίᾱ (ἡ) *heart. Cf.* cardiac.

κλέπτης (ὁ) *thief.* Pl. *κλέπται.*

ὅπου *where(ever)* (*ποῦ;*).

οὐρανός (ὁ) *heaven, sky. Cf.* Uranus.

οὔτε . . . οὔτε *neither . . . nor (both not . . . and not).*

οὐ . . . οὐδέ *not . . . nor yet.*

πλούσιος *rich.*

πλοῦτος (ὁ) *wealth. Cf.* plutocrat.

[1] For the *recessive* accent in the imperative of the trisyllabic and the polysyllabic verbs, see § 78.

Μὴ θησαυρίζετε ὑμῖν θησαυροὺς ἐπὶ τῆς γῆς, ὅπου σὴς καὶ βρῶσις ἀφανίζει, καὶ ὅπου κλέπται δι-ορύσσουσι καὶ κλέπτουσιν. θησαυρίζετε δὲ ὑμῖν θησαυροὺς ἐν οὐρανῷ, ὅπου οὔτε σὴς οὔτε βρῶσις ἀφανίζει, καὶ ὅπου κλέπται οὐ δι-ορύσσουσιν οὐδὲ κλέπτουσιν. ὅπου γάρ ἐστιν ὁ θησαυρός σου, ἐκεῖ ἔσται καὶ ἡ καρδίᾱ.

—Ἐκ τοῦ εὐαγγελίου τοῦ κατὰ Μαθθαῖον, ϛ', ιθ'–κα'.

ΣΧΟΛΙΑ

2. σὴς καὶ βρῶσις ἀφανίζει *moth and rust (eating) make(s) to disappear.*
3. ἔσται *will be.*

ΠΡΟΣΘΗΚΗ

1. Φίλους ἔχων νόμιζε θησαυροὺς ἔχειν.—Μένανδρος.
2. Νόμιζ' ἀδελφοὺς τοὺς ἀληθινοὺς φίλους.

— Τοῦ αὐτοῦ.

3. Κακὸν φέρουσι καρπὸν οἱ κακοὶ φίλοι.

— Καὶ τοῦ αὐτοῦ.

4. Ὑπόπτερος ὁ πλοῦτος.—Εὐριπίδης.

ἀληθινός -ή -όν *true.*
ἔχων *having*
καρπός (ὁ) *fruit.* *Cf.* carpology.
ὑπόπτερος *winged.*
φέρω *bear, bring.* *fero.*

VIII. ὀκτώ. η'

Τὸ Ὄγδοον Μάθημα

Σμῑκροῖς πόνοις τὰ μεγάλα πῶς ἕλοι τις ἄν;

— Εὐριπίδης ἐν τῷ Ὀρέστῃ, 694.

The *Instrumental*-Dative, § 121. The Accusative as Adverb, § 113 e.

The Verb: Moods, § 143.

Uses of the Subjunctive (negative μή):

a) *Exhortation*, § 155.
b) *Question of Appeal*, § 156.
c) *Conditional Clauses*, § 167 A.

Uses of the Optative (§ 161):

a) *Wish*, § 162.
b) *Potential*, § 163.
c) *Conditional Clauses*, § 168 A.

Learn the subjunctive (active voice) of the progressive action-stem of **λύω**, § 79 A, and conjugate the verbs in the following clauses, repeating the full clause each time:

α) ἐὰν ἐπιστολὴν γράφω *if I be writing a letter.*
β) ἐὰν μὴ ἐπιστολὴν γράφω.
γ) εἰ ἐπιστολὴν γράφοιμι *if I should, etc.*
δ) εἰ μὴ πλούσιον νομίζοιμι τὸν σοφόν.

Herewith Exercise 7.

ΟΝΟΜΑΤΑ ΚΑΙ ΡΗΜΑΤΑ

(α)

ἕλοιμι ἄν *I might, (would, could, etc.) seize* or *grasp.*

(β)

ἅπᾱς = πᾶς *every one, all.*
δεσπότης (ὁ) *lord, master, despot.* Voc. (ὦ) δέσποτα.
ἐᾱ́ν (ᾱ̔́ν, ἤν) *if* (Subj.).
κᾱ̓́ν (= καὶ ἐάν) *and if, even if.*
ἐπιστολή (ἡ) *message, letter.* *Cf.* epistle.
μεγάλα (τά) *the large* (prizes).
μηδείς = οὐδείς.
μῑκρός or **σμῑκρός** *little, small.* *Cf.* microscope.
οὐδὲν ἧττον *no less.*
πόνος (ὁ) *toil, pain, labor.*
πῶς; *how?*
τίς; *who?* **τί**; *what? why?*
τις *any one.* **τι** *some thing.* Enclitic.

1. Ἐὰν ἔχωμεν χρήμαθ', ἕξομεν φίλους.
— Μένανδρος, Μον. 165.

2. Εὔχου δ' ἔχειν τι, κἂν ἔχῃς, ἕξεις φίλους.
— Ὁ αὐτός, Μον. 174.

3. Κἂν δοῦλος ᾖ τις, οὐδὲν ἧττον, δέσποτα,
ἄνθρωπος οὗτός ἐστιν, ἂν ἄνθρωπος ᾖ.
— Φιλήμων πρεσβύτερος.

4. Τίς ἐστιν οὗτος; Β. Ἰᾱτρός. Α. Ὡς κακῶς ἔχει
ἅπᾱς ἰᾱτρός, ἂν κακῶς μηδεὶς ἔχῃ.
— Φιλήμων νεώτερος.

ΣΧΟΛΙΑ

1. χρήμαθ' (χρήματα, § 6 f (end)), *things, possessions, property, wealth.* ἕξομεν *we shall have.*
2. ἕξεις *you will have.* εὔχου *pray* (imperative).
3. ἐάν τις ᾖ *if one be* (subjunctive of εἰμί *I am*).

IX. ἐννέα. θ'

Τὸ Ἔνατον Μάθημα

Κοινὰ τὰ τῶν φίλων. — Παροιμίᾱ Ἑλληνική.
Τυφλὸν ὁ πλοῦτος. — Μένανδρος.

Agreement, §§ 100, 101; Omission of Noun, § 103 d.

The Verb: review the *progressive action-stem:* present indicative, subjunctive, optative, imperative, infinitive, and participle.[1]

Conjugate the following (employing ἐὰν (neg. ἐὰν μὴ) with the subjunctive forms): **οὐ τάδε κλέπτω** *I am not stealing these (things).* **γράφειν τι κελεύω τὸν ἀδελφόν** *I am urging my brother to be **writing** something.* **οὐ τόδε κελεύω αὐτόν** *I am not urging him (to do) this.*

[1] The participle ends in -ων, pl. -οντες: λύων *loosing,* pl. λύοντες. Thus: χαίρω γράφων *I enjoy writing,* pl. χαίρομεν γράφοντες *we enjoy,* etc.

Verb-roots and verb-stems, § 52; personal endings — thematic and non-thematic formations, §§ 53, 54.

The Fúture: learn the conjugation of the future active (indicative, optative, infinitive, participle) of **λύω**, § 79 a. Formation of the Future, § 61 a, c, f. Master the verbs cited in these sections. Conjugate the following:

(1) **οὐ ταῦτα κλέψω.** (2) **τἀληθῆ λέξω**[1] *I shall speak the truth* (τὰ ἀληθῆ). (3) **αὔριον** (*to-morrow*) **ἐπιστολὴν γράψω.**

Herewith Exercise 8.

ΤΩΙ ΕΝΑΤΩΙ ΜΑΘΗΜΑΤΙ ΠΡΟΣΘΗΚΗ

ναί *yes!*
ἐγώ *I* (*do*), *I* (*can*), etc.
ἔγωγε *I* (*do, can,* etc.).
ἐγὼ νὴ Δία *I, by Zeus!*
πάνυ γε *certainly!*
οὔ *no!*
οὐχί *NO!*
οὐ μὰ Δία *no, by Zeus!*
μὰ Δί' οὐκ ἔγωγε *by Zeus, not I!*

Η ΓΗ ΜΕΛΑΙΝΑ ΠΙΝΕΙ

(*An Ancient Drinking Song*)

Ἡ γῆ μέλαινα πίνει, — ⊥ | ⏑ ⊥ | ⏑ ⊥ | ⊥ ∧
πίνει δὲ δένδρε' αὐτήν· — ⊥ | ⏑ ⊥ | ⏑ ⊥ | ⊥ ∧
ὁ δ' ἥλιος θάλασσαν, ⏑ ⊥ | ⏑ ⊥ | ⏑ ⊥ | ⊥ ∧
τὸν δ' ἥλιον σελήνη. — ⊥ | ⏑ ⊥ | ⏑ ⊥ | ⊥ ∧
τί μοι μάχεσθ', ἑταῖροι, ⏑ ⊥ | ⏑ ⊥ | ⏑ — | ⊥ ∧
καὐτῷ θέλοντι πίνειν; — ⊥ | ⏑ ⊥ | ⏑ ⊥ | ⊥ ∧

ΟΝΟΜΑΤΑ ΚΑΙ ΣΧΟΛΙΑ

(α)

πίνω *drink.*

(β)

γῆ (ἡ) *earth.* *Cf.* geography.
δένδρον (τό) *tree.* *Cf.* rhododendron.
ἑταῖρος (ὁ) *comrade.*
ἥλιος (ὁ) *sun.* *Cf.* heliotrope.
θάλασσα (ἡ) *sea.* Acc. θάλασσαν. *Cf.* thalassocracy.
σελήνη (ἡ) *moon.* *Cf.* selenite.

[1] Although λέγω often means "*tell*," the Fut. λέξω commonly means "*I shall speak.*" φράσω or ἐρῶ mean "*I shall tell.*"

1. ἡ γῆ μέλαινα, τοῦτ' ἔστι (*id est*), ἡ μέλαινα γῆ *the dark earth.*

2. πίνει δὲ δένδρε', § 100. In Attic Greek the plural of δένδρον is of course δένδρα. The poet has here employed an Ionic form, δένδρεα, for the sake of the meter. See § 12 a.

2. αὐτήν *her, it,* i.e. *the earth.*

4. τί μοι μάχεσθε, ὦ ἑταῖροι, καὐτῷ (καὶ αὐτῷ) θέλοντι πίνειν; *Why, my comrades, do you contend* (μάχεσθε) *with me when I too wish to be drinking?* (*with me myself also wishing*, etc. αὐτῷ *self*, and θέλοντι *wishing*, agree with μοι).

These verses are from the collection of *Anacreontics*, see Vocabulary, *s.v.* Ἀνακρέων.

It is recommended that in spite of the evident inferiority of this *Anacreontic* it be learned by heart.

ἐκ-μανθανόντων τόδε τὸ ποίημα οἱ μαθηταί.

X. δέκα.

Τὸ Δέκατον Μάθημα

Πόλλ' ἔχει σῖγὴ καλά. — Σοφοκλῆς, Ἀπόσπασμα 78, N².

The First Declension, § 28 A (entire), B (ἥδε ἡ φίλη ἀδελφή *this dear sister*, ἡ κόρη *the maiden* (*cf.* coreopsis)).

First-Second Declension Adjectives, § 40 A, B (φίλος, καλός).

Uses of the Cases, § 111. Genitive with *Comparatives*, § 117 b.

Dative (Instrum.-dative) of *Cause*, *Means*, etc. § 121.

Herewith Exercise 9.

ΟΝΟΜΑΤΑ ΚΑΙ ΡΗΜΑΤΑ

γυνή (ἡ) *woman.* *Cf.* misogynist.
ἤ . . . ἤ *either . . . or.*
κρεῖττον *better.*
κτῆμα (τό) *possession.*
μέγας N. μέγα *large.*
μωρία (ἡ) *folly* (μῶρος).
ὀργή (ἡ) *mood, temper, wrath.*
πολλοί -αί -ά *many.* ΣΧΟΛΙΑ.
σῖγή (ἡ) *silence.*
σοφία (ἡ) *wisdom.*
τῑμιώτερον *more precious.*
χαλῑνός (ὁ) *bridle.*
ψῡχή (ἡ) *breath, soul.* *Cf.* Psyche.

1. Ἢ λέγε τι σῑγῆς κρεῖττον ἢ σῑγὴν ἔχε.
— Μένανδρος, Μον. 208.

2. Οὐκ ἔστι λῡ́πης χεῖρον ἀνθρώποις κακόν.
—Τοῦ αὐτοῦ, Μον. 414.

3. Θησαυρός ἐστι τῶν κακῶν κακὴ γυνή.
— Καὶ τοῦ αὐτοῦ, Μον. 233.

4. Ψῡχῆς μέγας χαλῑνὸς ἀνθρώποις ὁ νοῦς.
— Καὶ τοῦ αὐτοῦ, Μον. 549.

5. Ψῡχῆς γὰρ οὐδέν ἐστι τῑμιώτερον.
— Καὶ τοῦ Μενάνδρου, Μον. 552.

6. Ἡ μωρίᾱ δίδωσιν ἀνθρώποις κακά.
— Τοῦ αὐτοῦ, Μον. 224.

7. Σοφίᾱ δὲ πλούτου κτῆμα τῑμιώτερον.
— Καὶ τοῦ αὐτοῦ, Μον. 482.

8. Ἶσον ἐστὶν ὀργῇ καὶ θάλασσα καὶ γυνή.
— Τοῦ αὐτοῦ, Μον. 264.

9. Ὀργὴν ἑταίρου καὶ φίλου πειρῶ φέρειν.
— Τοῦ αὐτοῦ, Μον. 442.

ΣΧΟΛΙΑ

πόλλ', τοῦτ' ἔστι, πολλά. § 12 c.

6. δίδωσιν *he* (*she*, *it*) *gives*. 9. πειρῶ, *try* (imperative).

An Early Attic Tomb Inscription

ΛΥΣΕΑΙΗΕΝΘΑΔΕΣΕ
ΜΑΠΑΤΕΡΣΕΜΟΝΕ
ΠΕΘΕΚΕΝ

Λυσέᾳ ἐνθάδε σῆμα πατὴρ Σήμων ἐπέθηκεν

For Lys'ea (*her*) *father Semon set up here* (*this*) *monument*

ΠΡΟΣΘΗΚΗ

1. Ὁ μὲν ἀγαθὸς ἄνθρωπος ἐκ τοῦ ἀγαθοῦ θησαυροῦ τῆς καρδίᾱς προ-φέρει τὸ ἀγαθόν, ὁ δὲ πονηρὸς ἐκ τοῦ πονηροῦ τὸ πονηρόν.

—Ἐκ τοῦ εὐαγγελίου τοῦ κατὰ Λοῦκαν, ϛ′, μϵ′ (VI, 45).

2. Ὁ θεὸς ἀγάπη ἐστί, καὶ ὁ μένων ἐν τῇ ἀγάπῃ ἐν τῷ θεῷ μένει, καὶ ὁ θεὸς ἐν αὐτῷ.

—Ἐκ τῆς πρώτης ἐπιστολῆς Ἰωάνου, Δ′, ιζ.′

ΣΧΟΛΙΑ

1. πονηρός *worthless, bad.*

2. ἀγάπη (ἡ) *love.* A late word. ὁ μένων *the (one) abiding.* μένω *wait, remain, abide.*

XI. ἕνδεκα. ια′

Τὸ Ἑνδέκατον Μάθημα

Οὐκ ἔστι σοφίᾱς κτῆμα τῑμιώτερον. — Μένανδρος, Μον. 416.

The First Declension: feminine and masculine nouns in **-η** and **-ης**, **-ᾱ** and **-ᾱς**, § 28 A, B.

The Dative with Adjectives: **ἴσος**, § 120 d.

Herewith Exercise 10.

ΟΝΟΜΑΤΑ ΚΑΙ ΡΗΜΑΤΑ

ἄρα (⏑ ⏑) *then, therefore.*
γωνίᾱ (ἡ) *angle, corner. Cf.* polygon.
ἐλάττων *less, smaller, shorter.*
ἤτοι . . . ἤ *either . . . or.*
μείζων (Acc. μείζονα) *larger, greater.*
μὲν οὖν . . . οὐδὲ μήν. ΣΧΟΛΙΑ.
ὅτι *that.* **λέγω ὅτι** *I say that.*
οὐδέ *and not, nor yet.* ΣΧΟΛΙΑ.
πλευρᾱ́ (ἡ) *side. Cf.* pleurisy.
τρίγωνον (τό) *triangle* (γωνίᾱ).
ὑπό *under, sub* (συπο, § 19 a).
ὑπο-τείνω *stretch under, subtend.*

ΤΟΥ ΠΡΩΤΟΥ ΒΙΒΛΙΟΥ ΕΥΚΛΕΙΔΟΥ ΠΡΟΤΑΣΙΣ ΙΘʹ

Παντὸς τριγώνου ὑπὸ τὴν μείζονα γωνίᾱν ἡ μείζων πλευρᾱ̀ ὑπο-τείνει.

Ἔστω τρίγωνον τὸ ΑΒΓ, μείζονα ἔχον τὴν ὑπὸ ΑΒΓ γωνίᾱν τῆς ὑπὸ ΒΓΑ· λέγω ὅτι καὶ πλευρᾱ̀ ἡ ΑΓ πλευρᾶς τῆς ΑΒ μείζων ἐστίν.

Εἰ γὰρ μή, ἤτοι ἴση ἐστὶν ἡ ΑΓ τῇ ΑΒ ἢ ἐλάττων. ἴση μὲν οὖν οὐκ ἔστιν ἡ ΑΓ τῇ ΑΒ· ἴση γὰρ ἂν ἦν καὶ γωνίᾱ ἡ ὑπὸ ΑΒΓ τῇ ὑπὸ ΑΓΒ. οὐκ ἔστι δέ. οὐκ ἄρα ἴση ἐστὶν ἡ ΑΓ τῇ ΑΒ. οὐδὲ μὴν ἐλάττων ἐστὶν ἡ ΑΓ τῆς ΑΒ. ἐλάττων γὰρ ἂν ἦν καὶ γωνίᾱ ἡ ὑπὸ ΑΒΓ τῆς ὑπὸ ΑΓΒ. οὐκ ἔστι δέ. οὐκ ἄρα ἐλάττων ἐστὶν ἡ ΑΓ τῆς ΑΒ.

Ἐδείχθη δὲ ὅτι οὐδὲ ἴση ἐστίν· μείζων ἄρα ἐστὶν ἡ ΑΓ τῆς ΑΒ.

Παντὸς ἄρα τριγώνου ὑπὸ τὴν μείζονα γωνίᾱν ἡ μείζων πλευρᾱ̀ ὑπο-τείνει. ὅπερ ἔδει δεῖξαι.

ΣΧΟΛΙΑ

1. παντὸς τριγώνου *of every triangle.* (*We* say "*in every*," etc.)

3. ἔστω *let there be.* μείζονα ἔχον (*having*) τὴν ὑπὸ ΑΒΓ γωνίᾱν κτλ. *having the angle under* ΑΒΓ (*we* say "*at B*") *greater*, etc.

4. Note the order: πλευρᾱ̀ ἡ ΑΓ for ἡ ΑΓ πλευρᾱ́. So in line 9 (γωνίᾱ ἡ ὑπὸ ΑΒΓ), etc.

6. εἰ γὰρ μή *for if not.*

7. μὲν οὖν . . . οὐδὲ μήν *now* (οὖν) *on the one hand . . . nor yet.* οὖν *now*, *now then*, ties the sentence with the preceding sentence, while μέν looks forward to a balancing clause with δέ (§ 190), thus:

μὲν οὖν . . . δέ *now on the one hand . . . on the other hand*, etc. In this instance, however, δέ has been supplanted by the more emphatic οὐδὲ μήν *nor yet surely.*

7. Observe the emphatic position of ἴση (§ 198) : *EQUAL is not*, etc. So in lines 8, 10, and ἐλάττων in 10, 13.

8. ἂν ἦν *it would be* (but is not).

14. ἐδείχθη *it was shown.*

17. ὅπερ ἔδει δεῖξαι *the very (point) which it-was-necessary* (ἔδει) *to show* (δεῖξαι). *Q. E. D.*

XII. δώδεκα. ιβʹ

Τὸ Δωδέκατον Μάθημα

Ἐντὸς ἐμῆς κραδίης τὰν εὔλαλον Ἡλιοδώρᾱν
ψῡχὴν τῆς ψῡχῆς αὐτὸς ἔπλασσεν Ἔρως.
— Μελέαγρος.

Within my heart the sweetly prattling maid,
soul of my soul, hath Love himself portrayed.
— Translation by Dr. Walter Headlam.

The First Declension (entire), § 28 A, B, C, D (ἡ γῆ).
The Declension of Adjectives (first-second declension), § 40 A, B (entire).

ΤΟΥ ΠΡΩΤΟΥ ΒΙΒΛΙΟΥ ΕΥΚΛΕΙΔΟΥ ΠΡΟΤΑΣΙΣ ΚΕʹ

Ἐᾱ̀ν δύο τρίγωνα τᾱ̀ς δύο πλευρᾱ̀ς ταῖς δυοῖν πλευραῖς ἴσᾱς ἔχῃ, ἑκατέρᾱν ἑκατέρᾳ, τὴν δὲ βάσιν τῆς βάσεως μείζονα ἔχῃ· καὶ τὴν γωνίᾱν τῆς γωνίᾱς μείζονα ἕξει, τὴν ὑπὸ τῶν ἴσων εὐθειῶν περι-εχομένην.

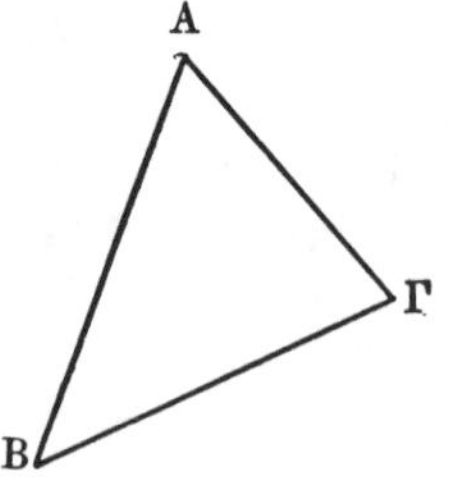

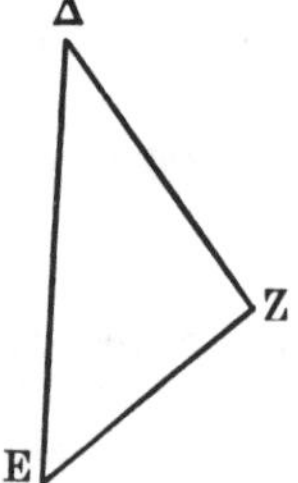

Ἔστω δύο τρίγωνα τὰ ΑΒΓ, ΔΕΖ, τᾶς δύο πλευρᾶς τᾶς ΑΒ, ΑΓ ταῖς δυοῖν πλευραῖς ταῖς ΔΕ, ΔΖ ἴσᾱς ἔχοντα, ἑκατέρᾱν ἑκατέρᾳ, τὴν μὲν ΑΒ τῇ ΔΕ, τὴν δὲ ΑΓ τῇ ΔΖ· βάσις δὲ ἡ ΒΓ βάσεως τῆς ΕΖ μείζων ἔστω. λέγω ὅτι καὶ γωνίᾱ ἡ ὑπὸ ΒΑΓ γωνίᾱς τῆς ὑπὸ ΕΔΖ μείζων ἐστίν.

Εἰ γὰρ μή, ἤτοι ἴση ἐστὶν αὐτῇ, ἢ ἐλάττων. ἴση μὲν οὖν οὐκ ἔστιν ἡ ὑπὸ ΒΑΓ τῇ ὑπὸ ΕΔΖ, ἴση γὰρ ἂν ἦν καὶ ἡ βάσις ἡ ΒΓ βάσει τῇ ΕΖ. οὐκ ἔστι δέ. οὐκ ἄρα ἴση ἐστὶ γωνίᾱ ἡ ὑπὸ ΒΑΓ τῇ ὑπὸ ΕΔΖ. οὐδὲ μὴν ἐλάττων ἐστὶν ἡ ὑπὸ ΒΑΓ τῆς ὑπὸ ΕΔΖ, ἐλάττων γὰρ ἂν ἦν καὶ βάσις ἡ ΒΓ βάσεως τῆς ΕΖ. οὐκ ἔστι δέ. οὐκ ἄρα ἐλάττων ἐστὶν ἡ ὑπὸ ΒΑΓ γωνίᾱ τῆς ὑπὸ ΕΔΖ. ἐδείχθη δὲ ὅτι οὐδ' ἴση· μείζων ἄρα ἐστὶν ἡ ὑπὸ ΒΑΓ τῆς ὑπὸ ΕΔΖ.

Ἐὰν ἄρα δύο τρίγωνα τᾶς δύο πλευρᾶς ταῖς δυοῖν πλευραῖς ἴσᾱς ἔχῃ, ἑκατέρᾱν ἑκατέρᾳ, τὴν δὲ βάσιν τῆς βάσεως μείζονα ἔχῃ· καὶ τὴν γωνίᾱν τῆς γωνίᾱς μείζονα ἕξει, τὴν ὑπὸ τῶν ἴσων εὐθειῶν περι-εχομένην. ὅπερ ἔδει δεῖξαι.

ΟΝΟΜΑΤΑ ΚΑΙ ΣΧΟΛΙΑ

βάσις (ἡ) *step*, base. Gen. βάσεως, Dat. βάσει, Acc. βάσιν.

ἑκάτερος -ᾱ -ον *each* (of two).

ἑκατέρᾱν ἑκατέρᾳ *each to each.*

ἐντός *within* (Gen.). ἐντὸς ἐμῆς κραδίης = ἐντὸς τῆς καρδίᾱς μου.

εὐθεῖα (ἡ) *a straight line, side.*

εὔλαλος -ον *sweetly prattling* (**εὖ, λαλεῖν** *to prattle*).

τὰν εὔλαλον Ἡλιοδώρᾱν = τὴν εὔλαλον Ἡ.
ἔπλασσεν Ἔρως *love* (*cf.* Eros) *fashioned* (*cf.* plastic).

3. *καὶ τὴν γωνίᾱν . . . ἕξει they will have also the angle* (of the one) *greater*, etc.

4. *τὴν ὑπὸ τῶν ἴσων εὐθειῶν περι-εχομένην the (angle) inclosed by the equal sides.* See § 129 g.

Η ΤΟΥΤΟΥ ΤΟΥ ΜΑΘΗΜΑΤΟΣ ΤΕΛΕΥΤΗ

Ζεύς ἐστιν αἰθήρ, Ζεὺς δὲ γῆ, Ζεὺς δ' οὐρανός,
Ζεύς τοι[1] τὰ πάντα, χὤτι[2] τῶνδ' ὑπέρτερον.

—Αἰσχύλος, 'Απ. 70 N².

Ἐνιάλου, θυγατρὸς Σπουδίδου, κεραμ[έ]ως, στήλη

Of Eni'alon, daughter of Spou'dides (the) potter, (the) tombstone

A *retrograde* inscription of the seventh century B.C., found on a fragment of a marble tombstone.

XIII. τρεισκαίδεκα. ιγ'

Τὸ Τρίτον καὶ Δέκατον Μάθημα

Ἢ λέγε τι σῑγῆς κρεῖττον ἢ σῑγὴν ἔχε. —Μένανδρος, Μον. 208.

Review:

The First Declension, § 28; Second Declension, § 29 A, B, C (ὁ νοῦς); Demonstrative Pronouns: **ὅδε ἥδε τόδε**, § 24 b, and **ἐκεῖνος ἐκείνη ἐκεῖνο**, § 25 b; The Article **ὁ ἡ τό**, § 24 a; Uses of the Article, § 103; Position of Article

[1] *τοι in truth.*

[2] *χὤτι* (*καὶ ὅ τι*), *κτλ. and whatever is higher than these.*

and Attributive, § 104; Position of Demonstrative Pronouns, § 105; Uses of **αὐτός**, § 106; Uses of Cases, § 111.

Herewith Exercise 11.

ΠΡΟΣΘΗΚΗ

ΤΟΥ ΠΡΩΤΟΥ ΒΙΒΛΙΟΥ ΕΥΚΛΕΙΔΟΥ ΠΡΟΤΑΣΙΣ Λ'

Αἱ τῇ αὐτῇ εὐθείᾳ παράλληλοι καὶ ἀλλήλαις εἰσὶ παράλληλοι.

Ἔστω ἑκατέρᾱ τῶν ΑΒ, ΓΔ *τῇ* ΕΖ *παράλληλος. λέγω ὅτι καὶ ἡ* ΑΒ *τῇ* ΓΔ *ἐστὶ παράλληλος.*

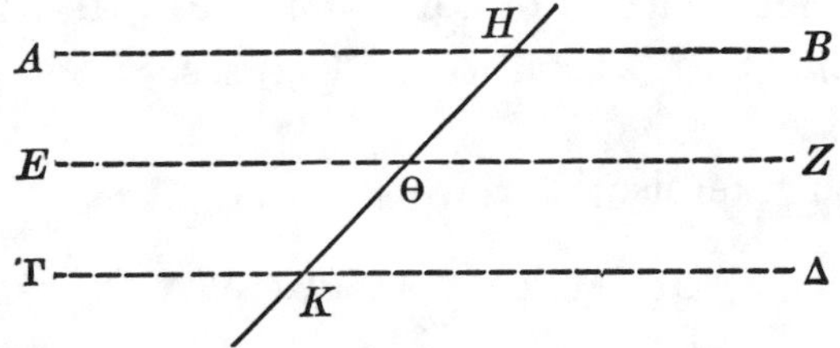

Ἐμ-πιπτέτω γὰρ εἰς αὐτᾱ̀ς εὐθεῖα ἡ ΗΚ. *καὶ ἐπεὶ εἰς παραλλήλους εὐθείᾱς τᾱ̀ς* ΑΒ, ΕΖ *εὐθεῖα ἐμ-πέπτωκεν ἡ* ΗΚ, *ἴση ἐστὶν ἡ ὑπὸ* ΑΗΘ *γωνίᾱ τῇ ὑπὸ* ΗΘΖ. *πάλιν, ἐπεὶ εἰς τᾱ̀ς παραλλήλους εὐθείᾱς τᾱ̀ς* ΕΖ, ΓΔ *εὐθεῖα ἐμ-πέπτωκεν ἡ* ΗΚ, *ἴση ἐστὶν ἡ ὑπὸ* ΗΘΖ *τῇ ὑπὸ* ΗΚΔ. *ἐδείχθη δὲ καὶ ἡ ὑπὸ* ΑΗΚ *τῇ ὑπὸ* ΗΘΖ *ἴση. καὶ ἡ ὑπὸ* ΑΗΚ *ἄρα τῇ ὑπὸ* ΗΚΔ *ἐστὶν ἴση· καί εἰσιν ἐναλλάξ. παράλληλος ἄρα ἐστὶν ἡ* ΑΒ *τῇ* ΓΔ.

Αἱ ἄρα τῇ αὐτῇ εὐθείᾳ παράλληλοι καὶ ἀλλήλαις εἰσὶ παράλληλοι. ὅπερ ἔδει δεῖξαι.

5. **ἐμ-πιπτέτω εἰς αὐτάς** *let there fall upon* (*intersect*) *them*.
7. **ἐμ-πέπτωκεν** (*it has fallen upon*) *it intersects*.
12. **ἐναλλάξ** *interchangeable*.

XIV. τετταρεσκαίδεκα. ιδʹ

Τὸ Δέκατον καὶ Τέταρτον Μάθημα

Ὡς οὐδὲν ἡ μάθησις, ἂν μὴ νοῦς παρ-ῇ.
— Μένανδρος, Μον. 557.

Εἰ ἀναγκαῖον εἴη ἀδικεῖν ἢ ἀδικεῖσθαι, ἑλοίμην ἂν μᾶλλον ἀδικεῖσθαι ἢ ἀδικεῖν.
— Σωκράτης ἐν τῷ Πλάτωνος Γοργίᾳ, 469.

Pronunciation of **γγ**, **γκ**, **γχ**, § 5 e. Double Negatives: **οὐκ ἔστιν οὐδείς** *there is no one*, § 180 a.

Conjugation (entire) of **εἰμί** *I am*, § 91; also of **ἄπ-ειμι** and **πάρ-ειμι**, § 92. Conditional Clauses, §§ 165 A, 166 A, 167 A, 168 A.

Herewith Exercise 12.

ΟΝΟΜΑΤΑ ΚΑΙ ΡΗΜΑΤΑ

(α)

ἀδικεῖν *to do wrong, treat unjustly.* **ἀδικεῖσθαι** *to be wronged.*

ἑλοίμην ἄν *I should choose.*

κατ-έχω, F. καθ-έξω *hold down* (κατά), *restrain.* § 6 f.

πέμπω, F. πέμψω *send; conduct, escort. Cf.* πομπή (ἡ) *procession. Cf.* pomp.

(β)

αἴτιος αἰτίᾱ αἴτιον *(the) cause of* (Gen.).

ἄλλος ἄλλη ἄλλο *another.*

ἀναγκαῖος ἀναγκαίᾱ ἀναγκαῖον *necessary.*

γλῶσσα (ἡ) *tongue. Cf.* glossary.

δεινότερον *more dreadful.*

ἤ *or than.* **ἤ . . . ἤ** *either . . . or.*

κάλλῑον *more beautiful, better.*

μάθησις (ἡ) *the act of learning. Cf.* μάθημα *the thing learned.*

μᾶλλον *more.* **μᾶλλον . . . ἤ** *rather . . . than.*

μητρυιᾱ́ (ἡ) *stepmother* (μήτηρ).

πενίᾱ (ἡ) *poverty. Cf.* πόνος.

σκιᾱ́ (ἡ) *shadow. Cf.* sciagraph.

σώφρων *prudent, discreet, sober. Cf.* Sophronia.

ὕμνος (ὁ) hymn.

ὡς *as, how!*

1. Οὐκ ἔσθ' ὑγιείᾱς κρεῖττον οὐδὲν ἐν βίῳ.
—Μένανδρος, Μον. 408.

2. Οὐκ ἔστιν οὐδὲν κτῆμα κάλλῑον φίλου.
—Τοῦ αὐτοῦ, Μον. 423.

3. Ἡ γλῶσσα πολλῶν ἐστὶν αἰτίᾱ κακῶν.
—Καὶ τοῦ αὐτοῦ, Μον. 220.

4. Εἰ μὴ καθ-έξεις γλῶσσαν, ἔσται σοι κακά.
—Εὐριπίδης, Ἀπ. 5 N[2].

5. Εἴθ' ἦσθα σώφρων ἔργα τοῖς λόγοις ἴσα.
—Σοφοκλῆς, Ἀπ. 810 N[2].

6. Λόγος ἔργου σκιᾱ́.—Δημόκριτος, ὁ φιλόσοφος.

7. Οὐκ ἔστι πενίᾱς οὐδὲ ἓν μεῖζον κακόν.
—Μένανδρος, Μον. 436.

8. Δεινότερον οὐδὲν ἄλλο μητρυιᾶς κακόν.
—Τοῦ αὐτοῦ, Μον. 127.

9. Ὦ Ζεῦ, τὸ πάντων κρεῖττόν ἐστι νοῦν ἔχειν.
—Τοῦ αὐτοῦ, Μον. 637.

10. Ζεῦ πάντων ἀρχᾱ́, ∸ — | ∸ — | ∸ ∧
πάντων ἁγήτωρ, ∸ — | ∸ — | ∸ ∧
Ζεῦ, σοὶ πέμπω ∸ — | ∸ —
ταύτᾱν ὕμνων ἀρχᾱ́ν. ∸ — | ∸ — | ∸ —

ΣΧΟΛΙΑ

1. οὐκ ἔσθ' ὑγιείᾱς. §§ 6 f, g. 10 c (*3 c*).

5. εἴθ' ἦσθα *would that thou wert!* § 153 a. σώφρων ἔργα. § 113 d.

10. ἀρχᾱ́ Doric for ἀρχή. So ταύτᾱν ἀρχᾱ́ν for ταύτην τὴν ἀρχήν. ἁγήτωρ for ἡγήτωρ *leader*.

These verses are from *Terpander;* see Vocabulary of Proper Names. The meter is spondaic (a spondee is ∸ —) and the time very slow. The verses should be chanted or sung.

XV. πεντεκαίδεκα. ιέ

Τὸ Δέκατον Μάθημα καὶ Πέμπτον

Μὴ σπεῦδ' ἃ μὴ δεῖ, μηδ' ἃ δεῖ σπεύδειν μένε.
— Τοῦ Μενάνδρου, Μον. 744.

Review the conjugation of **εἰμί**, § 91 (entire).

Interrogative Sentences: *Sentence* Questions with **οὐ**, **οὐκοῦν**, **ἆρα**, § 178, II; Verbal in **-τέον** (λεκτέον *one must* (*ought to*) *speak*), § 177; Alpha-privative, § 99; Relative Pronoun: **ὅς** *who*, § 24 c; Relative Clauses with the Indic., Subj., Opt., §§ 165 B, 166 B, 167 B, 168 B.

Herewith Exercise 13.

ΟΝΟΜΑΤΑ ΚΑΙ ΡΗΜΑΤΑ

(α)

βλάπτω, F. βλάψω *injure, harm* (βλᾰβ-).

δεῖ (*there is need*) *one ought, one should.* Governs an infinitive with accusative as subject.

μένω *wait, wait for, abide, tarry, delay.*

σπεύδω, F. σπεύσω *urge on, press on, hasten.*

(β)

ἆρα; § 178, II.

βλαβερός -ά -όν *harmful.*

γέ, § 185.

εὖ *well.* Adv. to ἀγαθός. **εὖγε** *good! well done!*

εὐ-πρᾱγίᾱ (ἡ) *well-being, prosperity.*

ἦ; = ἆρα; **ἦ γάρ**; *is it not so? nicht wahr?* § 184.

μηδέ = οὐδέ.

μήν *surely, truly, vero.* **ἀλλὰ μήν** *but surely.*

οὐδαμῶς *by no means.*

οὐδέ *and not, nor, nor yet.*

οὐκοῦν; *not then?* § 178, II.

πάνυ γε or **καὶ πάνυ γε** *certainly.*

πῶς γάρ; *how? of course.* § 184.

τῷ ὄντι *in fact, in truth.*

ὠφέλιμος -ον *beneficial.*

Ο ΓΕ ΘΕΟΣ ΑΓΑΘΟΣ ΕΣΤΙΝ. Α'

Οὐκοῦν ἀγαθός ἐστιν ὅ γε θεὸς τῷ ὄντι καὶ λεκτέον οὕτως;

Ναί.

Ἀλλὰ μὴν οὐδέν γε τῶν ἀγαθῶν βλαβερόν ἐστιν· ἦ γάρ;

Οὔ μοι δοκεῖ.

Ἆρ᾽ οὖν ὃ μὴ βλαβερόν ἐστι, βλάπτει;

Οὐδαμῶς.

Ὃ δὲ μὴ βλάπτει, κακόν τι ποιεῖ;

Οὐδὲ τοῦτο.

Ὃ δέ γε μηδὲν κακὸν ποιεῖ, οὐδ᾽ ἂν εἴη κακοῦ τινος αἴτιον;

Πῶς γάρ;

Τί δέ; ὠφέλιμον τὸ ἀγαθόν;

Ναί.

Αἴτιον ἄρα εὐπρᾱγίᾱς;

Ναί.

Οὐκ ἄρα πάντων γε αἴτιόν ἐστι τὸ ἀγαθόν, ἀλλὰ τῶν μὲν ἀγαθῶν αἴτιον, τῶν δὲ κακῶν ἀναίτιον.

Καὶ πάνυ γε.

— Πλάτων ἐν τῇ Πολιτείᾳ, 379 B.

ΣΧΟΛΙΑ

In the dialogue from which this brief passage is taken Socrates (see Vocabulary of Proper Names) is represented as leading the conversation. The answers are made in this particular instance by Adimantus. Socrates contends that *God is good and therefore* (see the second portion of the extract) *is not the cause of evil.*

1. ὅ γε θεός = ὁ θεός γε (§ 185), a frequent order. γε emphasizes as usual: *GOD* (as contrasted with the false representations of Him in popular myths) *is good.*

4. οὐδὲν τῶν ἀγαθῶν. *Partitive* genitive, § 114.

7. For the neg. μή (also μηδέν, l 9) see Exercise 13.

9. κακόν τι ποιεῖ; *does it do any evil?*

11. ὃ δέ γε. γε indicates that this is the last of this series of questions. A new series begins in l. 14. κακοῦ τινος genitive of κακόν τι.

14. ὠφέλιμον (ἐστι). τί δέ; (*but what?*) *well then.*

XVI. ἑκκαίδεκα. ιϛʹ

Τὸ Ἕκτον Μάθημα καὶ Δέκατον

Οὐκ ἄρα πάντων γε αἴτιόν ἐστι τὸ ἀγαθόν, ἀλλὰ τῶν μὲν ἀγαθῶν αἴτιον, τῶν δὲ κακῶν ἀναίτιον. — *Πλάτων.*

Review the conjugation of **εἰμί**, § 91 (**πάρ-ειμι**, etc., § 92); **μέν-δέ**, §§ 190, 191; **γάρ**, § 184; **γε**, § 185.

Verbs in **-εω**. A large number of verbs have in the progressive action-stem an **ε** preceding the *thematic vowel* (§ 54), thus: **ποιέω** *I am making* (stem: *ποιε%ε-*). In Attic Greek these verbs regularly contract this **ε** with the thematic vowel (including *-ω -εις -ει*).

Learn the conjugation of **ποιέω** in the pres. and fut. indic. active, together with the subj., opt., imper., infin., and partic. of the progressive action-stem, § 81 A. For the future, see also § 61 b.

In the same manner conjugate: **φιλέω**, F. **φιλήσω** *treat affectionately, love, kiss;* **μῑσέω**, F. **μῑσήσω** *hate* (*cf.* misogynist); **ἀδικέω**, F. **-ήσω** *do wrong* (*to*), *treat unjustly;* **δοκέω**, F. **δόξω** *seem.*

Herewith Exercise 14.

ΟΝΟΜΑΤΑ ΚΑΙ ΡΗΜΑΤΑ

(α)

ἐπι-θῡμέω, F. *-ήσω set one's heart upon, long for, desire.* Regularly followed by genitive (§ 115 d).

(β)

ἐπειδή *when, since.*

θῡμός (ὁ) *spirit:* (a) *life,* (b) *desire.* *Cf.* Lat. *fūmus.*

ὀλίγος *-η -ον few, scant, little* (in number). *Cf.* oligarchy.

πολύ *much.* *Cf.* polygamy.

ὡς *as.*

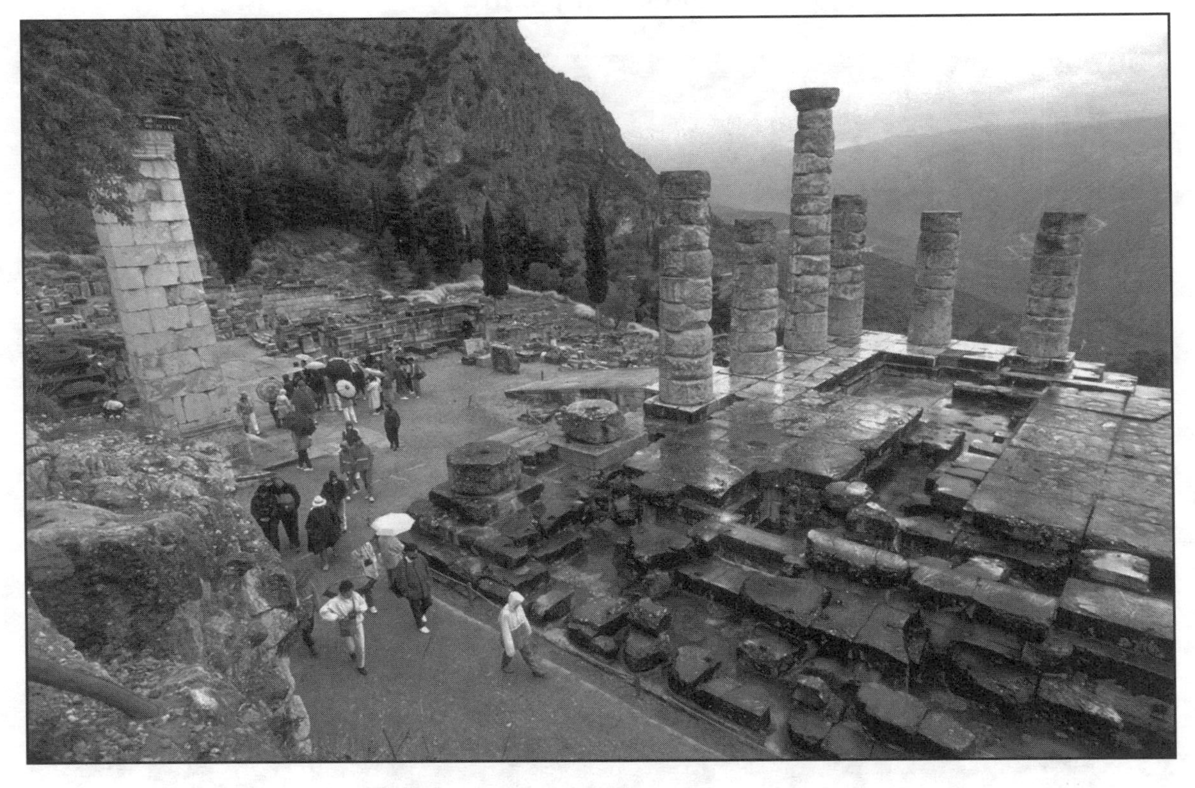

Delphi

Entry to Acropolis

Ο ΓΕ ΘΕΟΣ ΑΓΑΘΟΣ ΕΣΤΙΝ. Β′

Οὐδ᾽ ἄρα ὁ θεός, ἐπειδὴ ἀγαθός ἐστι, πάντων ἂν εἴη αἴτιος, ὡς οἱ πολλοὶ λέγουσιν, ἀλλ᾽ ὀλίγων μὲν τοῖς ἀνθρώποις αἴτιος, πολλῶν δ᾽ ἀναίτιος. πολὺ γὰρ ἐλάττω τἀγαθὰ τῶν κακῶν ἡμῖν.

Ἀληθῆ δοκεῖς μοι λέγειν.

—Ἐκ τοῦ αὐτοῦ διαλόγου, 379 Β.

ΣΧΟΛΙΟΝ

23. πολὺ γὰρ ἐλάττω (ἐστὶ) τὰ ἀγαθὰ (§ 15) τῶν κακῶν ἡμῖν *the blessings* (in life) *are for us far fewer* (πολὺ ἐλάττω) *than the ills.* This is similar to the old Greek proverb : οἱ πολλοὶ κακοί (εἰσιν).

It is recommended that this passage be learned by heart :

ταῦτα ἐκ-μανθανόντων οἱ μαθηταί.

ΠΡΟΣΘΗΚΗ

Μὴ θησαυρίζετε ὑμῖν θησαυροὺς ἐπὶ τῆς γῆς, ὅπου σὴς καὶ βρῶσις ἀφανίζει, καὶ ὅπου κλέπται δι-ορύσσουσι καὶ κλέπτουσι. θησαυρίζετε δὲ ὑμῖν θησαυροὺς ἐν οὐρανῷ, ὅπου οὔτε σὴς οὔτε βρῶσις ἀφανίζει, καὶ ὅπου κλέπται οὐ δι-ορύσσουσιν οὐδὲ κλέπτουσιν. ὅπου γάρ ἐστιν ὁ θησαυρός σου, ἐκεῖ ἔσται καὶ ἡ καρδίᾱ.

ὁ λύχνος τοῦ σώματός ἐστιν ὁ ὀφθαλμός. ἐὰν οὖν ᾖ ὁ ὀφθαλμός σου ἁπλοῦς, ὅλον τὸ σῶμά σου φωτινὸν ἔσται. ἐὰν δὲ ὁ ὀφθαλμός σου πονηρὸς ᾖ, ὅλον τὸ σῶμά σου σκοτινὸν ἔσται. εἰ οὖν τὸ φῶς τὸ ἐν σοὶ σκότος ἐστί, τὸ σκότος ὅσον.

—Ἐκ τοῦ εὐαγγελίου τοῦ κατὰ Μαθθαῖον, ϛ′, ιθ′-κγ′.

XVII. ἑπτακαίδεκα. ιζʹ

Τὸ Ἕβδομον καὶ Δέκατον Μάθημα

Ὃν οἱ θεοὶ φιλοῦσιν, ἀπο-θνῄσκει νέος.
— Μενάνδρου, Μον. 425.

Review Lessons XV–XVI.
Infinitive as a Noun (*Articular* Infinitive), § 172, II a.
Exercise 15.

ΟΝΟΜΑΤΑ ΤΕ ΚΑΙ ΡΗΜΑΤΑ

(α)

ἀπο-θνῄσκω *die.*
βλέπω *look, have sight, see.*
γαμέω *marry. Cf.* γάμος (ὁ) *wedding, marriage. Cf.* bigamy.
νοέω, F. νοήσω *use one's mind* (νοῦς), *think,* etc.
σκοπέω *examine closely, consider,* etc. *Cf.* sceptic (σκεπ- σκοπ-).
φρονέω, F. φρονήσω *use one's wits* (φρένες), *think, have understanding, be prudent; have in mind, intend.*

(β)

ἀεί *always.*
ἀλήθεια (ἡ) *truth.*
ἀλλά (before a vowel, ἀλλ') *but.*
κρυπτός -ή -όν *hidden, secret. Cf.* cryptogram.
μάλιστα *most (of all), especially.* As a reply : *certainly!*
μόνος -η -ον *alone, only. Cf.* monotone.
νέος -ᾱ -ον *new, young. Cf.* neophyte.
ὀρθός -ή -όν *upright, straight. Cf.* orthodoxy.
χρόνος (ὁ) *time. Cf.* chronology.

1. Ἢ μὴ ποίει τὸ κρυπτόν, ἢ μόνος ποίει.
— Μένανδρος, Μον. 225.
2. Οὐδεὶς ὃ νοεῖς μὲν οἶδεν, ὃ δὲ ποιεῖς βλέπει.
—Τοῦ αὐτοῦ, Μ. 424.
3. Τὸ γαμεῖν, ἐάν τις τὴν ἀλήθειαν σκοπῇ,
κακὸν μέν ἐστιν, ἀλλ' ἀναγκαῖον κακόν.
— Μένανδρος.

4. Ὁ μὴ γαμῶν ἄνθρωπος οὐκ ἔχει κακά.
— Τοῦ αὐτοῦ, Μον. 437.

5. Ὀρθὸν ἀλήθει' ἀεί. — Σοφοκλῆς, Ἀντιγόνη 1195.

6. Τὸ μὴ κακῶς φρονεῖν
θεοῦ μέγιστον δῶρον.
— Αἰσχύλος, Ἀγαμέμνων 928.

7. Ἡ δὲ μωρίᾱ
μάλιστ' ἀδελφὴ τῆς πονηρίᾱς ἔφυ.
— Σοφοκλῆς, Ἀπόσ. 839 N².

8. Πάντων ἰᾱτρὸς τῶν ἀναγκαίων κακῶν
χρόνος ἐστίν. — Μένανδρος (?).

ΣΧΟΛΙΑ

2. οἶδεν *he knows.*

4. ὁ μὴ γαμῶν ἄνθρωπος *the man who does not marry. Cf.* ὁ μένων ἐν τῇ ἀγάπῃ.

5. ὀρθόν ἐστιν ἡ ἀλήθεια. §§ 101, 15.

7. ἔφῡ poetic for ἐστί.

Η ΤΟΥ ΔΕΚΑΤΟΥ ΚΑΙ ΕΒΔΟΜΟΥ ΜΑΘΗΜΑΤΟΣ ΤΕΛΕΥΤΗ

XVIII. ὀκτωκαίδεκα. ιη'

Τὸ Ὄγδοον καὶ Δέκατον Μάθημα

Πάντ' ἐκ-καλύπτων ὁ χρόνος εἰς τὸ φῶς ἄγει.
— Σοφοκλῆς, Ἀπόσμασμα 832 N².

The Demonstrative Pronoun **οὗτος**, § 25 a; Position of Article and Attributive, § 104; Position of Demonstrative Pronouns, § 105; Meanings of Demonstrative Pronouns, § 110; Prepositions, §§ 123–129: learn the prepositions listed in these sections, together with their fundamental meanings, and compound each of these prepositions in turn with the verbs **βαίνω** *step, go*, **βάλλω** *throw* (*e.g.*, ἀμφι-βαίνω, ἀνα-βαίνω), observing that the preposition *precedes* the verb and that **ἐν** and **σύν** become **ἐμ-, συμ-** before **β** (§ 18).

Herewith Exercise 16.

ΠΡΟΣΘΗΚΗ

1. Γῆ μήτηρ θεῶν. — Σοφοκλῆς, Ἀπ. 268 N².
2. Εἰ δείν' ἔδρᾱσας, δεινὰ καὶ παθεῖν σε δεῖ.
   — Τοῦ αὐτοῦ, Ἀπ. 877 N².
3. Χρόνος τὰ κρυπτὰ πάντα πρὸς τὸ φῶς ἄγει.
   —Μένανδρος, Μον. 592.
4. Ἄγει δὲ πρὸς φῶς τὴν ἀλήθειαν χρόνος.
   — Τοῦ αὐτοῦ, Μον. 11.
5. Ἔμοιγ' οὐδεὶς δοκεῖ
   εἶναι πένης ὢν ἄνοσος, ἀλλ' ἀεὶ νοσεῖν.
   —Τοῦ αὐτοῦ, Ἀπ. 328 N².
6. Τὸ μὴ γὰρ εἶναι κρεῖττον ἢ τὸ ζῆν κακῶς.
   — Τοῦ αὐτοῦ, Ἀπ. 448 N².
7. Οὐκ ἔστιν οὐδὲν χωρὶς ἀνθρώποις θεῶν.
   — Εὐριπίδης, Ἀπ. 391 N².
8. Θεοῦ γὰρ οὐδεὶς χωρὶς εὐ-τυχεῖ βροτῶν.
   — Μένανδρος, Μον. 250.
9. Ἰᾱτρὸς ἀδόλεσχος ἐπὶ νόσῳ νόσος.
   — Καὶ τοῦ αὐτοῦ, Μον. 268.
10. Ἀγαθὸν μέγιστον ἡ φρόνησίς ἐστ' ἀεί.
    — Τοῦ αὐτοῦ, Μον. 12.
11. Βέλτῑόν ἐστι σῶμά γ' ἢ ψῡχὴν νοσεῖν.
    — Τοῦ αὐτοῦ, Μον. 75.

12. Δύναται τὸ πλουτεῖν καὶ φιλανθρώπους ποιεῖν.
— Μενάνδρου, Μον. 120.

13. Οὐδεὶς ποιῶν πονηρὰ λανθάνει θεόν.
— Καὶ τοῦ Μενάνδρου, Μ. 582.

14. Καλῶς πένεσθαι μᾶλλον ἢ πλουτεῖν κακῶς.
— Καὶ Μενάνδρου, Μ. 300.

15. Πολλοὶ μὲν εὐ-τυχοῦσιν, οὐ φρονοῦσι δέ.
— Μενάνδρου, Μον. 447.

ΣΧΟΛΙΑ

2. δεῖν', § 12 c. ἔδρασας *you did.* παθεῖν *to suffer.* *Cf.* sympathy.
6. τὸ ζῆν *(the) to live.*
11. σῶμά γε *in BODY.* § 113 d.
12. δύναται *he (she, it) is able.*
14. πένεσθαι *to be poor.* *Cf.* πένης.

XIX. ἐννεακαίδεκα. ιθ'

Τὸ Ἔνατον καὶ Δέκατον Μάθημα

Τὸ μὴ κακῶς φρονεῖν
θεοῦ μέγιστον δῶρον. — Αἰσχύλου.

The Formation of Words, § 99.

Μέν . . . δέ, §§ 190–191; **δή**, § 187; **γε**, § 185; **γάρ**, § 184; **τοι**, § 196.[1]

[1] "... that laborious study of words, and syntax, and idiom, which no serious student of the Classics can afford to neglect. We desire to recreate the world of Plato and Sophocles, to see what they saw, as they saw it, think what they thought, as they thought it; and in the wonderful language which they spoke, there is no shade of expression, however delicate, no particle, however trivial, in which there may not lurk a subtle force, to miss which is to fall short of apprehending the full significance of ancient life and thought." — J. Adam, *The Vitality of Platonism*, p. 219.

The two negatives (§ 144) and some of their compounds:

οὐ (οὐκ, οὐχ, οὐχί)[1]	**μή**
οὐδείς, οὐδέν	**μηδείς, μηδέν**
οὔτε . . . οὔτε	**μήτε . . . μήτε**
οὐδέ *but not, and not, nor*	**μηδέ**
οὐκέτι *no longer* (ἔτι)	**μηκέτι**
οὔποτε *never* (ποτέ)	**μήποτε**
οὐδέποτε *never*	**μηδέποτε**

Conjugate the verbs in the following phrases, repeating the full phrase with each form:

1. *οὐ ταῦτα ποιῶ.*
2. *μὴ ταῦτα ποιοίην.*
3. *οὔποτε ταῦτα ποιῶ.*
4. *μήποτε ταῦτα ποιοίην.*
5. *οὔποτε ταῦτα ποιήσω.*
6. *ἐὰν μήποτε ταῦτα ποιῶ.*
7. *οὔποτ' ἂν ταῦτα ποιοίην.*
8. *μὴ ταῦτα ποίει.*
9. *εἰ μὴ ταῦτα ποιοίην.*
10. *μηδέποτε οὕτω ποίει.*

Construct similar series from the sentences:

1. *τὸν ἀδελφὸν μῑσῶ.*
2. *μέγα φρονῶ I am conceited (have big thoughts), proud, presumptuous.*

Herewith Exercise 17.

ΠΡΟΣΘΗΚΗ

1. Ὁ θεὸς καὶ ἡ φύσις οὐδὲν μάτην ποιοῦσιν.
   — Ἀριστοτέλης.
2. Θάρρει· τό τοι δίκαιον ἰσχύει μέγα. — Εὐριπίδης.
3. Φεῦ, μήποτ' εἴην ἄλλο πλὴν θεοῖς φίλος,
   ὡς πᾶν τελοῦσι, κᾂν βραδύνωσιν χρόνῳ.
   — Εὐριπίδης.

[1] Use *οὐ* and its compounds with the indic. and the pot. opt., when these are used in independent clauses; use *μή* and its compounds in cond. clauses and with the subj., imper., inf., and the opt. of *wish*.

4. Εἰ μὲν φιλοσοφητέον, φιλοσοφητέον, καὶ εἰ μὴ φιλοσοφητέον, φιλοσοφητέον· πάντως ἄρα φιλοσοφητέον. — Ἀριστοτέλης.

5. Τῑμητέον[1] τὸ καλὸν καὶ τᾱ̀ς ἀρετᾱ̀ς καὶ τὰ τοιαῦτα, ἐᾱ̀ν ἡδονὴν παρα-σκευάζῃ· ἐᾱ̀ν δὲ μὴ παρα-σκευάζῃ, χαίρειν ἐᾱτέον.[2]
—Ἐπίκουρος, ὁ φιλόσοφος.

XX. εἴκοσι. κʹ

Τὸ Εἰκοστὸν Μάθημα

Σοφὸς Σοφοκλῆς, σοφώτερος δ' Εὐριπίδης,
ἀνδρῶν δὲ πάντων Σωκράτης σοφώτατος.
—Ancient Oracle.[3]

The Middle Voice, § 140: Primary Personal Endings, § 54. Learn the conjugation of the present and future indicative, and the subjunctive of the progressive action-stem, middle-passive, of (λύω) **λύομαι** *I release* (*for myself*), § 79 B, and of **δύναμαι** *I am able* § 80.

Like **δύναμαι** conjugate **ἐπίσταμαι** *I understand* (Greek says "*stand upon*" (ἐπί)).

Like **λύομαι** conjugate: **βούλομαι**, F. **βουλήσομαι** *I am willing, I wish;* **οἴομαι**, F. **οἰήσομαι** *I think;* **γίγνομαι** F. **γενήσομαι** *be born, become.* See § 141, first paragraph.

1 τῑμητέον (τῑμάω *honor*).

2 χαίρειν ἐᾱτέον *one must* (*ought to*) *dismiss* (*permit it to say* "*Farewell*").

3 These verses are an apocryphal version of the famous oracular response regarding Socrates.

ΟΝΟΜΑΤΑ ΤΕ ΚΑΙ ΡΗΜΑΤΑ

(α)

ἀν-ελίττω *unroll* (a scroll), *turn the pages*. ΣΧΟΛΙΑ.

ἔρχομαι *come, go*. **δι-έρχομαι** *go through* (a book, etc.).

ἔφη *he said*.

ἥδομαι *take pleasure in, please oneself with* (Dat.), *feel delight*. *Cf.* ἡδύς *pleasant, sweet, suāvis* (σϝᾱδ- ; see § 19). **ἥδομαι γράφων** *I delight in writing*; **ἵπποις ἥδομαι** *I take delight in horses*. § 121.

λέγομαι and **ἐκ-λέγομαι** *pick out, choose out*. *Cf.* Lat. *lego*.

(β)

ἀνήρ (ὁ) *man, vir*. Gen. pl. ἀνδρῶν.

βέλτιστος -η -ον *best*. ΣΧΟΛΙΑ.

ἔτι *longer, still, furthermore*. **ἔτι μᾶλλον** *still more*.

κέρδος (τό) *profit, gain*.

κοινῇ *in common* (κοινός).

κύων (ὁ, ἡ) *dog*. Dat. κυνί. *Cf.* cynic.

ὄρνις (ὁ, ἡ) *bird*. Dat. ὄρνῑθι. *Cf.* ornithology.

πάλαι *long ago*. ΣΧΟΛΙΑ. *Cf.* palæography.

σοφός. **σοφώτερος**, **σοφώτατος** *wiser, wisest*.

ὥσπερ *just as*.

ΗΔΟΜΑΙ ΦΙΛΟΙΣ ΑΓΑΘΟΙΣ

Ὁ Σωκράτης "Ἐγώ," ἔφη, "ὦ βέλτιστε, καὶ αὐτός, ὥσπερ ἄλλος τις ἢ ἵππῳ ἀγαθῷ ἢ κυνὶ ἢ ὄρνῑθι ἥδεται, οὕτως ἔτι μᾶλλον ἥδομαι φίλοις ἀγαθοῖς, καὶ ἐάν τι ἔχω ἀγαθόν, διδάσκω τοὺς φίλους. καὶ τοὺς θησαυροὺς τῶν πάλαι σοφῶν ἀνδρῶν, οὓς ἐκεῖνοι κατ-έλιπον ἐν βιβλίοις γράψαντες, ἀν-ελίττων κοινῇ σὺν τοῖς φίλοις δι-έρχομαι, κἂν τι ὁρῶμεν ἀγαθόν, ἐκ-λεγόμεθα καὶ μέγα νομίζομεν κέρδος, ἐὰν ἀλλήλοις ὠφέλιμοι γιγνώμεθα.

—Ἐκ τῶν Ξενοφῶντος Ἀπομνημονευμάτων, Α′, ϛ′.

ΣΧΟΛΙΑ

1. ὦ βέλτιστε *my friend*. See below.
2. ἵππῳ ἥδομαι, κοινῇ (6), § 121. ὄρνῑθι, *i.e.* a fighting-cock.
5. τῶν πάλαι ἀνδρῶν. πάλαι is here employed as an adjective. **οὓς**

ἐκεῖνοι κατ-έλιπον ἐν βιβλίοις γράψαντες *which they left in books, having written (them)*, i.e. *in the form of writing.*

6. ἀν-ελίττων. The ancient "book" was a roll.

7. ὁρῶμεν *we see.*

Modes of Address

In ancient Greece it was the custom to address one's friend either by his given name, ὦ Φίλιππε, or else to employ a complimentary epithet, such as ὦ φίλε, ὦ ἀγαθέ, ὦ ἄριστε, ὦ βέλτιστε *good sir! my friend*, etc. Frequently epithet and name are combined: ὦ φίλε Σώκρατες.

Forms of address like *Sir!* or *Mr.* were not in use among equals, but belonged to the language of the slave and hireling. *Mister* is a corruption of *Master*. So the common address in Modern Greek, ὦ κύριε, meant originally *my Lord!* and was employed by slaves and other subordinates in addressing their superiors. In the New Testament the disciples regularly address their Lord as Κύριε. Compare the refrain common in Greek Christian hymns: Κύριε ἐλέησον *Lord, have mercy!*

XXI. εἴκοσι καὶ εἷς. κα´

Τὸ Πρῶτον καὶ Εἰκοστὸν Μάθημα

Μέγα νομίζομεν κέρδος ἐὰν ἀλλήλοις ὠφέλιμοι γιγνώμεθα.

— *Σωκράτης.*

Review Lesson XX.

The Participle with the Article: **ὁ ταῦτα λέγων** *the (one) saying* (i.e. *who says*) *this*, § 174. Note that the middle-passive participle ends in **-μενος -μένη -μενον** (*-όμενος -ομένη -όμενον*), and is declined exactly like a first-second-declension adjective, such as **μέγιστος**, § 40 B; thus: *βουλόμενος -η -ον wishing*, *οἰόμενος -η -ον thinking*, *γιγνόμενος -η -ον becoming*, *δυνάμενος -η -ον being able*, *ἐπιστάμενος -η -ον understanding.*

Herewith Exercise 18.

ΟΝΟΜΑΤΑ ΚΑΙ ΡΗΜΑΤΑ

(α)

ἀκούω, F. ἀκούσομαι (§ 62) *hear. Cf.* acoustic. **καλῶς ἀκούειν** *to hear (oneself) well (spoken of)*; **κακῶς ἀκούειν** *to hear (oneself) ill (spoken of).*

βούλομαι, F. βουλήσομαι *will, be willing, wish, desire, prefer. Cf.* volo, and βουλή (ἡ) *will, plan, counsel, senate.*

ἐθέλω, F. ἐθελήσω (in poetry also θέλω, θελήσω) *be willing, wish, consent, desire, will.* "Ἐθέλω and βούλομαι are nearly synonymous and may often be interchanged; yet, in strict distinction, ἐθέλω expresses the *wish* or *will* more as a *feeling*, and βούλομαι more as a *rational purpose* or *preference.*"

πλουτέω, F. ήσω *be wealthy.*

(β)

δίκαιος -ᾱ -ον *just, righteous.*

θύρᾱ (ἡ) *door. Cf.* thyroid.

ὅστις *whoever.* § 27.

φαῦλος -η -ον *slight, worthless, mean.*

πάντες *all.* Masc. plural.

1. Ἀνὴρ δίκαιός ἐστιν οὐχ ὁ μὴ ἀδικῶν,
ἀλλ' ὅστις ἀδικεῖν δυνάμενος μὴ βούλεται.
— Φιλήμων.

2. Βουλόμεθα πλουτεῖν πάντες, ἀλλ' οὐ δυνάμεθα.
— Μένανδρος, Μ. 64.

3. Θέλων καλῶς ζῆν μὴ τὰ τῶν φαύλων φρόνει.
— Τοῦ αὐτοῦ, Μον. 232.

4. Θέλομεν καλῶς ζῆν πάντες, ἀλλ' οὐ δυνάμεθα.
— Τοῦ αὐτοῦ, Μον. 236.

5. Καλῶς ἀκούειν μᾶλλον ἢ πλουτεῖν θέλε.
— Καὶ τοῦ αὐτοῦ, Μ. 285.

6. Ἀρίστιππος ὁ φιλόσοφος ἐρωτηθεὶς διὰ τί οἱ μὲν φιλόσοφοι ἐπὶ τᾱ̀ς τῶν πλουσίων θύρᾱς ἔρχονται, οἱ δὲ πλούσιοι ἐπὶ τᾱ̀ς τῶν φιλοσόφων οὐκέτι, "Ὅτι," ἔφη, "οἱ μὲν ἴσᾱσιν ὧν δέονται, οἱ δὲ οὐκ ἴσᾱσιν." — Διογένης Λαέρτιος.

6. ἐρωτηθείς *when asked.* ὅτι *because.* ἴσᾱσιν ὧν δέονται *they know what they need.*

XXII. εἴκοσι καὶ δύο. κβ′

Τὸ Δεύτερον καὶ Εἰκοστὸν Μάθημα

Ὁ στέφανος περὶ κρᾱτὶ μαραίνεται Ἡλιοδώρᾱς,
αὐτὴ δ' ἐκ-λάμπει τοῦ στεφάνου στέφανος.
— Μελέαγρος.

On Heliodora's brow the garland pines,
But she the garland of the garland shines.
— Translation by Dr. Walter Headlam.

Review §§ 54, 140. Learn the conjugation of the present indicative and the subjunctive, optative, imperative, infinitive and participle of the *progressive action-stem*, and of the future indicative, optative, infinitive, and participle of **λύομαι**, § 79 B, and of **δύναμαι**, § 80.

Uses of the Subjunctive:
- a) *Exhortation*, § 155.
- b) *Question*, § 156.
- c) *Conditional Clauses*, § 167 A.

Uses of the Optative:
- a) *Wish*, § 162.
- b) *Potential*, § 163.
- c) *Conditional Clauses*, § 168 A.

Herewith Exercise 19.

ΟΝΟΜΑΤΑ ΤΕ ΚΑΙ ΡΗΜΑΤΑ

(α)

ἀπο-κρῑ́νομαι *be answering, answer.*

ἔοικε(ν) *it is likely.* **ὡς ἔοικε** *as is likely, as it seems.*

λάμπω and **λάμπομαι** *shine. Cf.* lamp. ἐκ-λάμπω.

μαραίνομαι *die out* (of fire), *fade, waste away.*

(β)

αἰσχρός αἰσχρᾱ́ αἰσχρόν *shameful.*
αἴσχῑόν ἐστι *it is more shameful.*
εἴπερ *if indeed.* § 194.
ἥκιστα *least, by no means.* ἥκιστά γε.
κάκῑόν ἐστι *it is worse.*
μάλα *very.* μᾶλλον *more.* μάλιστα *most.* μάλιστά γε *certainly!*
οὐδέτερος -ᾱ -ον *neither.*
οὐ δῆτα *certainly not!* § 187.

περὶ κρᾱτί *about the head* (poetic).
πότερος; ποτέρᾱ; πότερον; *which* (of two)? *uter?*
πότερον . . . ἤ; *whether . . . or?* *utrum . . . an?* ΣΧΟΛΙΟΝ.
πῶλος (ὁ) *colt.* Common as a proper name: *Polus.*
στέφανος (ὁ) *wreath, crown, garland.* *Cf.* Stephen.

ΠΟΤΕΡΟΝ ΤΟ ΑΔΙΚΕΙΝ Η ΤΟ ΑΔΙΚΕΙΣΘΑΙ;

Πότερον δοκεῖ σοι, ὦ Πῶλε, κάκῑον εἶναι, τὸ ἀδικεῖν ἢ τὸ ἀδικεῖσθαι;

Τὸ ἀδικεῖσθαι ἔμοιγε.

Τί δὲ δὴ αἴσχῑον; πότερον τὸ ἀδικεῖν ἢ τὸ ἀδικεῖσθαι; ἀποκρίνου.

Τὸ ἀδικεῖν.

Οὐκοῦν καὶ κάκῑον, εἴπερ αἴσχῑον;

Ἥκιστά γε.

Μανθάνω· οὐ τὸ αὐτὸ νομίζεις σύ, ὡς ἔοικε, καλόν τε καὶ ἀγαθόν, καὶ κακὸν καὶ αἰσχρόν.

Οὐ δῆτα.

. . . .

Τί δέ; οὐ μέγιστον τῶν κακῶν ἐστὶ τὸ ἀδικεῖν;

Ἆρα τοῦτο μέγιστον; οὐ τὸ ἀδικεῖσθαι μεῖζον;

Ἥκιστά γε.

Σὺ ἄρα, ὦ Σώκρατες, βούλοιο ἂν ἀδικεῖσθαι μᾶλλον ἢ ἀδικεῖν;

Βουλοίμην μὲν ἂν ἔγωγε οὐδέτερα, ὦ Πῶλε. εἰ δ' ἀναγκαῖον εἴη ἀδικεῖν ἢ ἀδικεῖσθαι, ἑλοίμην ἂν μᾶλλον ἀδικεῖσθαι ἢ ἀδικεῖν.

—Πλάτων ἐν τῷ Γοργίᾳ, 474, 469.

ΣΧΟΛΙΟΝ

Πότερον . . . ἤ; Classical Greek regularly employed πότερον . . . ἤ; *whether . . . or?* to introduce the two members of a direct alternative question (*utrum . . . an ?*). Compare the usage in archaic English: "*Whether is Herod or that youngling king.*"—BEAUMONT, *Psyche*, 161.

ΠΡΟΣΘΗΚΗ

1. Σύμβουλος ἀγαθός, μὴ κακός, γίγνου φίλοις.
   — Μένανδρος, Μον. 714.
2. Σύμβουλος οὐδείς ἐστι βελτίων χρόνου.
   — Ὁ αὐτός, Μον. 479.
3. Σύμβουλος ἀγαθῶν, μὴ κακῶν, εἶναι θέλε.
   — Καὶ ὁ αὐτός, Μον. 631.
4. Ἄριστόν ἐστι πάντ' ἐπίστασθαι καλά.
   — Καὶ ὁ αὐτός, Μον. 33.
5. Ἆγις ὁ Ἀρχιδᾱ́μου ἐρωτηθεὶς τί μάλιστα μάθημα ἐν Σπάρτῃ ἀσκεῖται, "Τὸ γιγνώσκειν," ἔφη, "ἄρχειν τε καὶ ἄρχεσθαι."
   — Πλούταρχος, Λακωνικά 215 D.
6. Μέγιστον ὀργῆς ἐστὶ φάρμακον λόγος.
   — Μένανδρος, Μον. 346.
7. Ἄριστον ἀνδρὶ κτῆμα συμπαθὴς γυνή.
   — Εὐριπίδης, Ἀπόσ. 164 N².
8. Μή μοι γένοιθ' ἃ βούλομ', ἀλλ' ἃ συμφέρει.
   — Μένανδρος, Μον. 366.
9. Θῡμῷ χαρίζου μηδέν, ἄνπερ νοῦν ἔχῃς.
   — Τοῦ αὐτοῦ, Μον. 245.
10. Κακῆς ἀπ' ἀρχῆς γίγνεται τέλος κακόν.
    — Εὐριπίδης, Ἀπ. 32, N².
11. Πολυμαθίᾱ νοῦν οὐ διδάσκει.
    — Ἡράκλειτος, ὁ φιλόσοφος.

5. Agis, the son of Archida'mus. ἀσκεῖται *is studied.* 7. ἀνδρί *for a man.*

XXIII. εἴκοσι τρεῖς. κγʹ

Τὸ Τρίτον καὶ Εἰκοστὸν Μάθημα

Ἃ μὴ δεῖ ποιεῖν, μηδὲ ὑπο-νοοῦ ποιεῖν.
— Πυθαγόρᾱς, ὁ φιλόσοφος.

Contract Verbs in **-εω**: Learn the conjugation of the present indicative, and the subjunctive, optative, imperative, infinitive, and participle of the *progressive action-stem* of (*ποιέομαι*) **ποιοῦμαι** *I am making for myself*, § 81 B. Conjugate in the same way (*ἡγέομαι*) **ἡγοῦμαι** *I believe, regard.*

Verbs of ***thinking*** (see § 179):

νομίζω *hold as customary, regard, deem, suppose.*

οἴομαι (first person singular also *οἶμαι*), F. **οἰήσομαι** *think.*

ἡγέομαι F. **ἡγήσομαι** *believe, hold, suppose.*

Conjugate the verbs in the following phrases:

1) *οἴομαι*[1] (or *οἶμαι*) *εἰδέναι* (*I think to know*) *I think I know.*
2) *οἴομαι οὐκ εἰδέναι I think I do not know.*
3) *οὐκ οἴομαι εἰδέναι I do not think I know.*
4) *σοφὸς οἴομαι εἶναι I think I am* ***wise.***
5) *πλούσιον νομίζω τὸν σοφὸν εἶναι.*
6) *αἰσχρὸν ἡγοῦμαι τὸ ψευδῆ λέγειν disgraceful I consider the telling of falsehoods.*

Herewith Exercise 20.

[1] The second person singular, present indicative of *οἴομαι* is *οἴει*, not *οἴῃ*.

ΟΝΟΜΑΤΑ ΤΕ ΚΑΙ ΡΗΜΑΤΑ

(α)

βούλομαι, *βουλήσομαι.*

βουλεύομαι, *βουλεύσομαι deliberate, plan.*

ἐπι-μελέομαι, F. *ἐπιμελήσομαι care for, take care of* (Gen.). § 115.

οἶδα, infin. **εἰδέναι** *to know* (*ϝειδ- ϝοιδ- ϝιδ-*).

πρᾱ́ττω, F. *πρᾱ́ξω do, fare* (*πρᾱγ- cf.* pragmatic, practical).

σημαίνω *make signs to, indicate, point out. Cf.* semaphore.

ὑπο-νοέω, *ὑπο-νοήσω suspect, think secretly* (*ὑπό*).

(β)

πανταχοῦ *everywhere* (*οὗ where*).

τε . . . καί *both . . . and.* § 195.

τρόπος (ὁ) *turn, manner, way.*

ὃν τρόπον *in which way, in the way in which.* § 113 e.

ΠΑΝΤΑ ΟΙΜΑΙ ΘΕΟΥΣ ΕΙΔΕΝΑΙ

Καὶ Σωκράτης, "Ἐγώ," ἔφη, "ἐπι-μελεῖσθαι θεοὺς νομίζω ἀνθρώπων οὐχ ὃν τρόπον οἱ πολλοὶ νομίζουσιν. οὗτοι μὲν γὰρ οἴονται τοὺς θεοὺς τὰ μὲν εἰδέναι, τὰ δὲ οὐκ εἰδέναι· ἐγὼ δὲ πάντα μὲν οἶμαι θεοὺς εἰδέναι, τά τε λεγόμενα καὶ πρᾱττόμενα καὶ τὰ σῑγῇ βουλευόμενα, πανταχοῦ δὲ παρ-εῖναι καὶ σημαίνειν τοῖς ἀνθρώποις περὶ τῶν ἀνθρωπείων πάντων.

—Ἐκ τῶν Ξενοφῶντος Ἀπομνημονευμάτων, Α', ιθ'.

ΤΟ ΚΑΛΩΣ ΑΚΟΥΕΙΝ

Εἰ βούλει καλῶς ἀκούειν, μάνθανε καλῶς λέγειν. μαθὼν δὲ καλῶς λέγειν πειρῶ καλῶς πρᾱ́ττειν, καὶ οὕτως καρπώσῃ τὸ καλῶς ἀκούειν.

—Ἐπίκτητος, ὁ φιλόσοφος.

ΣΧΟΛΙΑ

μηδὲ ὑπο-νοοῦ do not even be suspected, do not even permit yourself to be suspected.

ἐπι-μελεῖσθαι ἀνθρώπων. § 115 h. *σῑγῇ*, § 121.

μαθών having learned. πειρῶ try!

καρπώσῃ you will reap the fruit (*καρπός. καρπόω*).

ΠΡΟΣΘΗΚΗ

ἄλλος ἄλλο λέγει (*another says another* (*thing*)) *one says one thing, another another*, alius aliud dicit.

ἄλλοτε ἄλλος ἔχει *one has at one time, another at another.*

1. Ἄλλος ἄλλοις μᾶλλον ἥδεται τρόποις.
   —Εὐριπίδης, Ἀπ. 560 N².
2. Δίκαιος ἀδικεῖν οὐκ ἐπίσταται τρόπος.
   — Μένανδρος, Μον. 136.
3. Οὐ τὸ ζῆν περὶ πολλοῦ ποιητέον, ἀλλὰ τὸ εὖ ζῆν. — Πλάτων.
4. Τῶν δοξῶν ἃς οἱ ἄνθρωποι δοξάζουσιν, δεῖ τὰς μὲν περὶ πολλοῦ ποιεῖσθαι, τὰς δὲ μή.
   — Καὶ τοῦ αὐτοῦ.
5. Οὐ γὰρ δοκεῖν ἄριστος ἀλλ' εἶναι θέλει.
   — Αἰσχύλος.
6. Δίκαιος εἶναι μᾶλλον ἢ χρηστὸς θέλε.
   — Μένανδρος, Μον. 114.
7. Ἀρχὴ μεγίστη τῶν ἐν ἀνθρώποις κακῶν ἀγαθά, τὰ λίᾱν ἀγαθά. — Καὶ τοῦ αὐτοῦ.
8. Λίᾱν φιλῶν σεαυτὸν οὐχ ἕξεις φίλον.
   — Καὶ τοῦ αὐτοῦ, M. 310.
9. Ἂν καλὸν ἔχῃ τις σῶμα καὶ ψῡχὴν κακήν, καλὴν ἔχει ναῦν καὶ κυβερνήτην κακόν.
   — Καὶ τοῦ αὐτοῦ.
10. Οὐκ ἔστιν ἡδέως ζῆν ἄνευ τοῦ φρονίμως καὶ καλῶς καὶ δικαίως, οὐδὲ φρονίμως καὶ καλῶς καὶ δικαίως ἄνευ τοῦ ἡδέως. εἰ δέ τῳ μὴ ἔξ-εστι ζῆν φρονίμως καὶ καλῶς καὶ δικαίως, οὐκ ἔστι τοῦτον ἡδέως ζῆν.
    —Ἐπίκουρος, ὁ φιλόσοφος.

11. ΣΕΜΑ ΦΡΑΣΙΚΛΕΙΑΣ
ΚΟΡΕ : ΚΕΚΛΕΣΟΜΑΙ
ΑΙΕΙ ΑΝΤΙ ΓΑΜΟ
ΠΑΡΑ ΘΕΟΝ ΤΟΥΤΟ
ΛΑΧΟΣ ΟΝΟΜΑ

Σῆμα Φρασικλείᾱς· κούρη κεκλήσομαι αἰεί,
ἀντὶ γάμου παρὰ θεῶν τοῦτο λαχοῦσ' ὄνομα.

ΣΧΟΛΙΑ

7. λίᾱν *too much.*

8. σεαυτόν = σὲ αὐτόν.

10. ἔστι and ἔξ-εστι *it is possible.* ἄνευ *without* (Gen.). ἄνευ τοῦ φρονίμως (ζῆν) *without living wisely.* τῳ *for any one.*

11. A metrical tomb inscription found in Attica, and written in the old Attic alphabet (date c. 600 B.C.). κούρη (κόρη) κεκλήσομαι αἰεί (ἀεί) *I shall always be called a maiden.* τοῦτο λαχοῦσα ὄνομα *having received this name.*

XXIV. εἴκοσι τέτταρες. κδʹ

Τὸ Εἰκοστὸν καὶ Τέταρτον Μάθημα

Τὴν πυρὶ νηχομένην ψῡχὴν ἂν πολλάκι καίῃς,
φεύξετ', Ἔρως· καὐτή, σχέτλι', ἔχει πτέρυγας.

— Μελέαγρος.

My soul that swims in fire forbear,
O Love, to burn so oft;
She too hath wings, thou wretch! beware,
Or she will fly aloft.

— Translation by Dr. Walter Headlam.

Review the forms already learned of **λύω, λύομαι, δύναμαι, ποιέω, ποιέομαι,** §§ 79 A, B; 80; 81 A, B.

Formation of the Future: §§ 61, 62 (entire). Master the verbs cited in these sections.

Herewith Exercise 21.

ΟΝΟΜΑΤΑ ΤΕ ΚΑΙ ΡΗΜΑΤΑ

(α)

καίω, F. καύσω and καύσομαι *set fire to, burn.* *Cf.* caustic (καυ- κα-).

πένομαι *toil, work* (*cf.* πόνος), *be poor.* *Cf.* πένης, πενίᾱ, penury.

φεύγω, F. φεύξομαι *flee. fugio.* (φευγ- φυγ-. *Cf.* φυγή (ἡ) *flight.*)

(β)

αἰεί = ἀεί.

ἀρετή (ἡ) *excellence, virtue.*

ἔμπεδον *firm, lasting.*

Ἔρως (ὁ) *Love.* *Cf.* Eros.

πολλάκις (in poetry also πολλάκι) *many times.*

πτέρυξ (ἡ) *wing.* Acc. pl. πτέρυγας.

σχέτλιος *unflinching, cruel.*

χρήματα *possessions.*

Πολλοί τοι πλουτοῦσι κακοί, ἀγαθοὶ δὲ πένονται.
ἀλλ' ἡμεῖς τούτοις οὐ δι-αμειψόμεθα
Τῆς ἀρετῆς τὸν πλοῦτον, ἐπεὶ τὸ μὲν ἔμπεδον αἰεί,
χρήματα δ' ἀνθρώπων ἄλλοτε ἄλλος ἔχει.
— Θέογνις, 315–318.

ΣΧΟΛΙΑ

Τὴν πυρὶ νηχομένην ψῡχήν *the soul swimming in fire.*

οὐ δι-αμειψόμεθα τῆς ἀρετῆς τὸν πλοῦτον *we will not take-in-exchange their wealth for our respectability* (Gen. of *Value* or *Exchange*, § 116 e). In this quotation the κακοί are the vulgar; the ἀγαθοί those of good birth and breeding.

XXV. πέντε καὶ εἴκοσι. κε΄

Τὸ Εἰκοστὸν καὶ Πέμπτον Μάθημα

Μὴ μάχαιραν παιδί. — Παροιμίᾱ Ἑλληνική.

The Third Declension: Read carefully § 30 A, and learn the declensions of **ἡ μάστῑξ** *goad*, **ἡ νύξ** *night*, **ὁ λέων** *lion*, **ὁ παῖς** *child, boy*, § 31; **ὁ δαίμων** *divinity*, **ὁ Ἕλλην** *Greek*, § 33; **ὁ πατήρ** *father*, **ἡ μήτηρ** *mother*, **ὁ ἀνήρ** *man*, § 34.

ΟΝΟΜΑΤΑ ΤΕ ΚΑΙ ΡΗΜΑΤΑ

(α)

κρίνω, F. *κρῐνῶ* (§ 61 d) *separate, distinguish, judge. Cf.* critic.

(β)

ἄγκῡρα (ἡ) anchor.
ἄπειρος -ον *without experience of* (Gen.).
γέρων (ὁ) -οντος *old man, old.*
ἔρως (ὁ) -ωτος *love. Cf.* Eros.
μάχαιρα (ἡ) *dirk, large knife.*
μέγας. Acc. *μέγαν*.
ὅστις *whoever.*
σκαιός -ά -όν *on the left side, left-handed, awkward, loutish.*
ὑπέρτατος -η -ον *highest (of all).*
φωνή (ἡ) *voice. Cf.* megaphone.

1. Ἔρωτα δ' ὅστις μὴ θεὸν κρίνει μέγαν
καὶ τῶν ἁπάντων δαιμόνων ὑπέρτατον,
ἢ σκαιός ἐστιν ἢ καλῶν ἄπειρος ὢν
οὐκ οἶδε τὸν μέγιστον ἀνθρώποις θεόν.
— Εὐριπίδης, Ἀπ. 269 N².

2. Τί δ' ἄλλο; φωνὴ καὶ σκιᾶ γέρων ἀνήρ.
— Τοῦ αὐτοῦ, Ἀπ. 509 N².

3. Ἀλλ' εἰσὶ μητρὶ παῖδες ἄγκῡραι βίου.
— Σοφοκλῆς, Ἀπ. 623 N².

4. Ὦ Σόλων, Σόλων, Ἕλληνες ἀεὶ παῖδές ἐστε, γέρων δε Ἕλλην οὐκ ἔστιν. νέοι γάρ ἐστε τὰς ψῡχὰς πάντες.
— Πλάτων ἐν τῷ Τιμαίῳ 22 B.

5. Ἀνὴρ δίκαιος πλοῦτον οὐκ ἔχει ποτέ.
— Μένανδρος, Μον. 52.

6. Ἀνδρὸς δικαίου καρπὸς οὐκ ἀπ-όλλυται.
— Τοῦ αὐτοῦ, Μον. 27.

7. Ἄριστον ἀνδρὶ κτῆμα συμπαθὴς γυνή.
— Εὐριπίδης, Ἀπ. 164 N².

8. Χρηστὴ γυνὴ κτῆμ' ἐστὶν ἀνδρὶ σώφρονι.
— Μένανδρος, Μον. 634.

9. Δὶς ἐξ-αμαρτεῖν ταὐτὸν οὐκ ἀνδρὸς σοφοῦ.
— Τοῦ αὐτοῦ, Μ. 121.

10. Πέμπω σοι μύρον ἡδύ, μύρῳ παρ-έχων χάριν, οὐ σοί·
αὐτὴ γὰρ μυρίσαι καὶ τὸ μύρον δύνασαι.
— Ἐκ τῆς Ἀνθολογίᾱς.

ΣΧΟΛΙΑ

4. Plato tells us that these words were said to have been spoken by an Egyptian priest in the course of a conversation with the Athenian statesman Solon. They serve to remind us of "the eternal boyhood of the Greeks."

6. ἀπ-όλλυται *it perishes.*

9. δὶς ἐξ-αμαρτεῖν τὸ αὐτόν *twice to make the same error.*

10. μύρον ἡδύ *perfume sweet.* παρ-έχων χάριν *giving grace.* μυρίσαι *to perfume* (μυρίζω).

XXVI. εἴκοσιν ἕξ. κϛʹ

Τὸ Ἕκτον καὶ Εἰκοστὸν Μάθημα

Μήτε παῖδας περὶ πλείονος ποιοῦ μήτε τὸ ζῆν μήτ' ἄλλο μηδὲν πρὸ τοῦ δικαίου. — Πλάτων.

Review the preceding lesson, and add the declensions of the numerals: **εἷς** (*οὐδείς*), **δύο, τρεῖς, τέτταρες,** § 51. Herewith Exercise 22.

ΟΝΟΜΑΤΑ ΤΕ ΚΑΙ ΡΗΜΑΤΑ

(α)

γνωρίζω, F. -ιῶ *make known*; usually in this sense as a passive: γνωρίζομαι.

ὀνειδίζω, F. -ιῶ *reproach, upbraid*.

πνέω, F. πνεύσομαι *blow, breathe*.

τίκτω, F. τέξομαι *give birth to, bear* (τεκ-, τοκ-).

ὑγιαίνω, F. ὑγιᾰνῶ *be in good health* (ὑγίεια). **ὑγίαινε** *vale!*

(β)

ἀδόλως *without fraud* (δόλος (ὁ) *cunning*).

ἀ-θάνατος -ον *immortal*.

ἀλώπηξ (ἡ) -εκος *fox*.

ἀμφότεροι -αι -α *both*.

θνητός -ή -όν *mortal* (θᾰν-).

λέαινα (ἡ) *lioness*.

ὅρκος (ὁ) *oath*. *Cf.* Orcus.

σκόλιον (τό) *banquet-song*. Contrast σχόλιον.

ὕδωρ (τό) *water*. § 39. *Cf.* hydrant, hydrophobia.

φυή (ἡ) *growth, stature* (φύω).

χαρακτήρ (ὁ) -ῆρος *a mark engraved* or *impressed, distinctive mark*, character.

1. Εἷς ἐστὶ δοῦλος οἰκίᾱς, ὁ δεσπότης.
—Μενάνδρου, Μον. 168.

2. Λέαινα, ὀνειδιζομένη ὑπὸ ἀλώπεκος ἐπὶ τῷ ἀεὶ ἕνα τίκτειν, "Ἕνα," ἔφη, "ἀλλὰ λέοντα."
—Αἴσωπος.

3. Ἀνδρὸς χαρακτὴρ ἐκ λόγου γνωρίζεται.
—Μενάνδρου, Μον. 26.

4. Ἀνδρῶν δὲ φαύλων ὅρκον εἰς ὕδωρ γράφε.
—Τοῦ αὐτοῦ, Μον. 25.

5. Ἓν ἀνδρῶν, ἓν θεῶν γένος· ἐκ μιᾶς δὲ πνέομεν ματρὸς ἀμφότεροι.—Πίνδαρος, Νεμ. VI, 1.

6. Τί δὴ οἱ ἄνθρωποι; θεοὶ θνητοί. τί δὲ δὴ οἱ θεοί; ἄνθρωποι ἀθάνατοι.
—Ἡράκλειτος ὁ φιλόσοφος.

7. Οὐκ ἔσθ' ὑγιείᾱς κρεῖττον οὐδὲν ἐν βίῳ.
—Μενάνδρου, Μον. 408.

8. Ὑγιαίνειν μὲν ἄριστον ἀνδρὶ θνητῷ,
δεύτερον δὲ φυὴν καλὸν γενέσθαι,
τὸ τρίτον δὲ πλουτεῖν ἀδόλως,
καὶ τὸ τέταρτον ἡβᾶν μετὰ τῶν φίλων.
—Σκόλιον Ἑλληνικόν.

ΣΧΟΛΙΑ

2. ὑπὸ ἀλώπεκος *by a fox*, § 129 g. ἐπὶ τῷ ἕνα τίκτειν *for giving birth to one (only).*

5. γένος (τό) *race.* Gods and men are of the same race. The mother of both is the Earth.

8. φυὴν καλὸν γενέσθαι *to become beautiful in growth (stature, appearance).* ἡβᾶν μετὰ τῶν φίλων *to be young with one's friends.*

XXVII. εἴκοσι καὶ ἑπτά. κζʹ

Τὸ Εἰκοστὸν καὶ Ἕβδομον Μάθημα

Ἀνὴρ γὰρ ὅστις ἥδεται λέγων ἀεί,
λέληθεν αὑτὸν τοῖς συν-οῦσιν ὢν βαρύς.
—Σοφοκλῆς, Ἀπ. 99 N².

Review Lesson XXI and Exercise 18.

The Participle. The active participle of the progressive action-stem has the suffix **-ντ** and is declined according to the first and third declensions: the masculine and neuter being of the third declension, the feminine being declined like **τράπεζα**, § 28.

Learn the declension of **ὤν οὖσα ὄν** *being*, **λέγων λέγουσα λέγον** *telling*, § 50 A, and **ποιῶν ποιοῦσα ποιοῦν** *making, doing*, § 50 B.

Decline: **παρ-ών** *being present*, **συν-ών** *being with*, **γράφων, φιλῶν, ἀπο-κρῑνόμενος, φιλούμενος** *being loved.*

Uses of the Participle: §§ 173–176 (especially with *τυγχάνω, οἶδα, ἀκούω*).

Herewith Exercise 23.

ΟΝΟΜΑΤΑ ΤΕ ΚΑΙ ΡΗΜΑΤΑ

(α)

ἀγνοέω, -ήσω *be ignorant* (ἀ-γνο-. *Cf.* know).

δια-φέρω, δι-οίσω *bear apart, differ.* **οὐδὲν δια-φέρει** *it makes no difference.*

εὐπορέω, -ήσω *be* εὔπορος, *prosper, thrive, find a way* (πόρος).

οὐ πάνυ εὐπορῶ *I am all in a muddle.*

μέμνησο *remember!* (Imperative).

πιστεύω, -σω *trust, have faith* (*in*), *believe* (*in*) (Dat.).

φαίνεται *it appears* (*so*).

(β)

ἀνασχετός -όν *endurable.*

αὖ *in turn, again.*

βαρύς *heavy. Cf.* barometer.

ἕτερος ἑτέρᾱ ἕτερον *the one* (of two), *the other. Cf.* ἄλλος *another. Cf.* heterodoxy.

ἐν τῷ τοιούτῳ *in such* (*a case*).

καιρός (ὁ) *due measure, the right point of time, opportunity.*

οὐδέτερος οὐδετέρᾱ οὐδέτερον *neither.*

ὕστερον *later. Cf.* hysteronproteron.

ὡς *as, how! that* (= ὅτι). § 197.

1. Πιστεύειν δεῖ τοὺς μανθάνοντας.

— Ἀριστοτέλης.

2. Οὐκ ἔστιν αἰσχρὸν ἀγνοοῦντα μανθάνειν.

— Μενάνδρου, Μον. 405.

3. Πολλοὺς ὁ καιρὸς οὐκ ὄντας ποιεῖ φίλους.

— Τοῦ αὐτοῦ, Μον. 446.

4. Ὡς τῶν ἐχόντων πάντες ἄνθρωποι φίλοι.

— Καὶ τοῦ αὐτοῦ, Μ. 558.

5. Πολλοὶ τραπεζῶν, οὐ φίλων, εἰσὶν φίλοι.

— Καὶ τοῦ αὐτοῦ, Μον. 627.

6. Μέμνησο νέος ὢν ὡς γέρων ἔσῃ ποτέ.

— Καὶ Μενάνδρου, Μ. 354.

7. Φεῦγ' ἡδονὴν φέρουσαν ὕστερον βλάβην.

— Καὶ τοῦ αὐτοῦ, Μον. 532.

8. Ἀνὴρ δίκαιός ἐστιν οὐχ ὁ μὴ ἀδικῶν,
ἀλλ' ὅστις ἀδικεῖν δυνάμενος μὴ βούλεται.
— Φιλήμων.

9. Κακοὶ γὰρ εὖ πράττοντες οὐκ ἀνασχετοί.
— Αἰσχύλος, Ἀπ. 398 N[2].

10. ΠΟΤΕΡΟΣ ΠΟΤΕΡΟΥ ΦΙΛΟΣ;

Ἐπειδάν τίς τινα φιλῇ, πότερος ποτέρου φίλος γίγνεται, ὁ φιλῶν τοῦ φιλουμένου ἢ ὁ φιλούμενος τοῦ φιλοῦντος; ἢ οὐδὲν δια-φέρει; Οὐδέν, ἔφη, ἔμοιγε δοκεῖ δια-φέρειν. Πῶς λέγεις; ἀμφότεροι ἄρα ἀλλήλων φίλοι γίγνονται, ἐὰν μόνος μόνον ὁ ἕτερος τὸν ἕτερον φιλῇ; Ἔμοιγε δοκεῖ, ἔφη.

Τί δέ; οὐκ ἔστι φιλοῦντα μὴ ἀντι-φιλεῖσθαι ὑπὸ τούτου ὃν ἂν φιλῇ; Ἔστιν. Τί δέ; ἆρα ἔστι καὶ μισεῖσθαι φιλοῦντα; Ἐμοὶ δοκεῖ. Οὐκοῦν ἐν τῷ τοιούτῳ ὃ μὲν φιλεῖ, ὃ δὲ φιλεῖται; Ναί. Πότερος οὖν αὐτῶν ποτέρου φίλος ἐστίν, ὁ φιλῶν τοῦ φιλουμένου, ἐάν τε μὴ ἀντιφιλῆται, ἐάν τε καὶ μισῆται, ἢ ὁ φιλούμενος τοῦ φιλοῦντος; ἢ οὐδέτερος αὖ ἐν τῷ τοιούτῳ οὐδετέρου φίλος ἐστίν, ἂν μὴ ἀμφότεροι ἀλλήλους φιλῶσιν; Φαίνεται, ἔφη, ἀλλὰ μὰ τὸν Δία, ὦ Σώκρατες, οὐ πάνυ εὐπορῶ ἔγωγε.

— Πλάτων ἐν τῷ Λύσιδι.

ΣΧΟΛΙΑ

λέληθεν αὐτὸν . . . ὢν βαρύς he fails to observe that he is a bore (he escapes his own notice being heavy). 6. *ἔσῃ you will be.*

10, 1. *ἐπειδάν τίς τινα φιλῇ, πότερος, κτλ. whenever one loves another which,* etc.

7. *οὐκ ἔστι φιλοῦντα μὴ ἀντι-φιλεῖσθαι, κτλ. is it not possible for one who loves not to be loved in return (ἀντί) by this one whom he loves?*

Erectheum, Acropolis

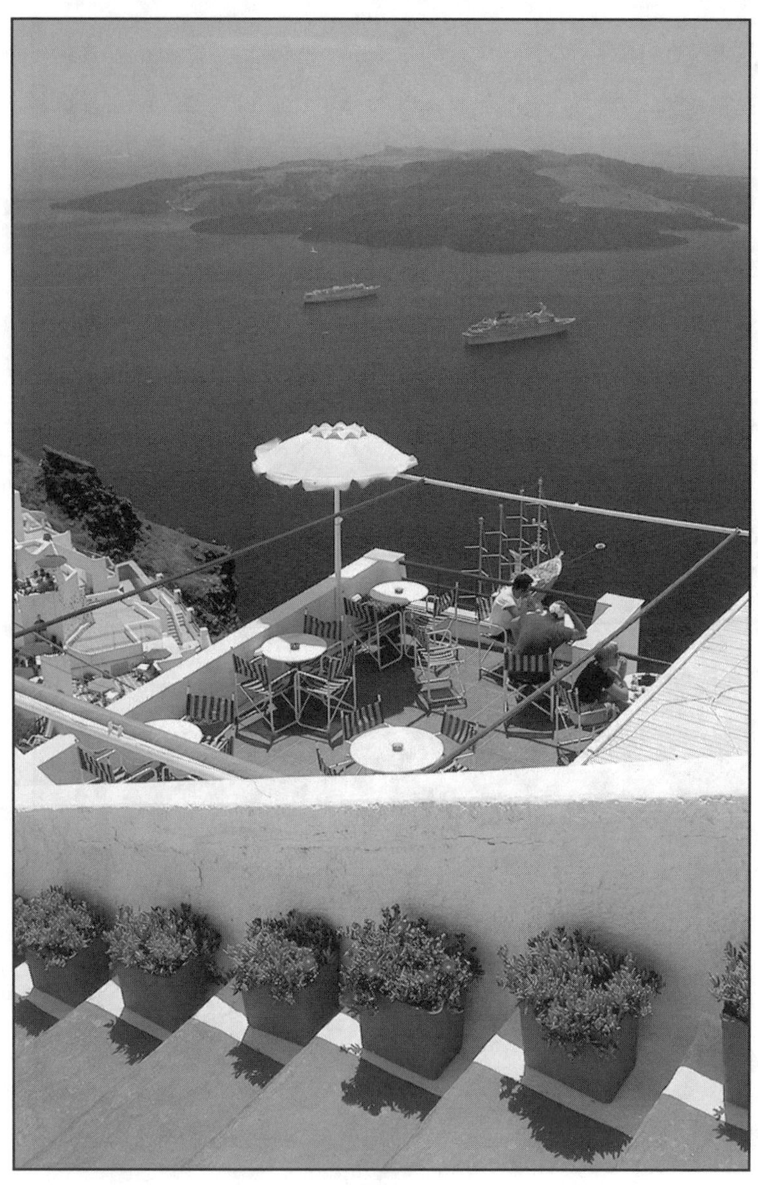

Fira, Thera

XXVIII. ὀκτὼ καὶ εἴκοσι. κή

Τὸ Εἰκοστὸν Μάθημα καὶ Ὄγδοον

Πιστεύειν δεῖ τοὺς μανθάνοντας. —Ἀριστοτέλης.

Copy several times the selection ΠΟΤΕΡΟΣ ΠΟΤΕΡΟΥ ΦΙΛΟΣ (Lesson XXVII).

ΠΡΟΣΘΗΚΗ

1. Ὀργὴ φιλοῦντος μῑκρὸν ἰσχῡ́ει χρόνον.
— Μένανδρος, Μον. 410.

2. Μοχθεῖν ἀνάγκη τοὺς θέλοντας εὐτυχεῖν.
— Εὐριπίδης, Ἀπ. 701 N².

3. Ἀνήρ τις, μέσην ἔχων ἥβην, δύο ἔσχεν[1] ἑταίρᾱς, μίαν μὲν γραῦν,[2] τὴν δὲ ἑτέρᾱν νέᾱν. τούτῳ ἡ μὲν γραῦς τᾱ̀ς μελαίνᾱς τρίχας ἔτιλλεν,[3] ὡς γέροντα τοῦτον θέλουσα, ἡ δὲ νέᾱ τᾱ̀ς πολιᾱ́ς· ἕως αὐτὸν φαλακρὸν ἐποίησαν[4] καὶ ὄνειδος ἁπάντων. — Αἴσωπος.

4. Ἀνθρώπων ἕκαστος δύο πήρᾱς φέρει, τὴν μὲν ἔμπροσθεν, τὴν δὲ ὄπισθεν, γέμει[5] δὲ κακῶν ἑκατέρᾱ· ἀλλʼ ἡ μὲν ἔμπροσθεν ἀλλοτρίων γέμει, ἡ δʼ ὄπισθεν τῶν αὐτοῦ τοῦ φέροντος. καὶ διὰ τοῦτο οἱ ἄνθρωποι τὰ μὲν ἐξ αὑτῶν[6] κακὰ οὐχ ὁρῶσι,[7] τὰ δὲ ἀλλότρια πάνυ ἀκριβῶς θεῶνται.[8]
— Αἴσωπος.

[1] ἔσχεν *he got, he had.* [2] γραῦς (Acc. γραῦν) *an old woman.*
[3] τρίχας ἔτιλλεν *pulled out the hairs.* [4] ἐποίησαν *they made.*
[5] γέμει κακῶν *is full of evils (faults).* [6] ἐξ αὑτῶν *from themselves.*
[7] οὐχ ὁρῶσι *they do not see.*
[8] πάνυ ἀκριβῶς θεῶνται *they observe very accurately.*

Before proceeding to the following lessons the pupil should have a thorough mastery of the pronouns: **ἐγώ, σύ, ὁ ἡ τό, ὅδε ἥδε τόδε, ὅς ἥ ὅ, αὐτός -ή -ό, οὗτος αὕτη τοῦτο, ἐκεῖνος -η -ο**, §§ 21–25; of the first and second declensions of nouns and adjectives, §§ 28, 29, 40; of the third declension, as presented in Lessons XXV–XXVIII; and of the forms of the verb indicated in Lesson XXIV. Moreover, he should make himself master of the vocabulary, both words and phrases, employed in Lessons I-XXVIII and in Exercises 1–23.

XXIX. ἑνὸς δέοντες τριάκοντα. κθʹ

Τὸ Ἔνατον καὶ Εἰκοστὸν Μάθημα

Ἀεὶ καλὸς πλοῦς ἐσθ', ὅταν φεύγῃς κακά.
—*Σοφοκλῆς, Φιλ.*, 641.

Review Lesson XV and Exercise 13.

The Infinitive with Verbs of ***Preventing***, § 172, II b (γ).

Indefinite Relative and Temporal Clauses, §§ 166 B, 167 B, 168 B, 170.

Herewith Exercise 24.

ΟΝΟΜΑΤΑ ΤΕ ΚΑΙ ΡΗΜΑΤΑ

(α)

δουλεύω, -*εύσω be a slave* (*δοῦλος*).

ἐπι-πλήττω *strike at, punish, upbraid.*

ἐῶσι(ν) *they permit, allow.*

ἦν δ' ἐγώ *said I* (*and I said*). **ἦ δ' ὅς** *said he* (*and he said*).

κωλύω, -*ύσω* and **δια-κωλύω**, -*ύσω prevent, forbid* (Infin.).

(β)

δῆλος δήλη δῆλον *clear, visible, manifest.* **δῆλον ὅτι** *it is clear, clearly.*

εὐδαίμων Acc. *εὐδαίμονα blessed with a good genius* (*δαίμων*), *happy.* ΣΧΟΛΙΑ.

ἦ = ἆρα; ΣΧΟΛΙΑ.
θῡμός (ὁ) *spirit, soul, desire.*
Λύσις (ὁ) Lysis. Voc. ὦ Λύσι.
μακάριος -ίᾱ -ιον *happy, blessèd.*
ὅπως *how (that)* (πῶς;). ΣΧΟΛΙΑ.
πλοῦς (ὁ) *voyage* (πλέω *sail*).
που (encl.) *I suppose, methinks.*
σφόδρα *very much.*
τρόπος (ὁ). **παντὶ τρόπῳ** *in every way, altogether.*
ὧδε *thus, as follows.* Adv. of ὅδε. *Cf.* οὕτως (οὗτος).
ὡς with superlative *quam.* **ὡς εὐδαιμονέστατος** *as happy as possible, quam beatissimus.*

ΤΑΥΤΑ ΜΕΝ ΕΠΙΣΤΑΜΑΙ ΕΚΕΙΝΑ ΔΕ ΟΥ. Α′[1]

Ἦ που, ἦν δ' ἐγώ, ὦ Λύσι, σφόδρα φιλεῖ σε ὁ πατὴρ καὶ ἡ μήτηρ; Πάνυ γε, ἦ δ' ὅς. Οὐκοῦν βούλοιντο ἄν σε ὡς εὐδαιμονέστατον εἶναι; Πῶς γὰρ οὔ; Δοκεῖ δέ σοι εὐδαίμων εἶναι ἄνθρωπος δουλεύων τε καὶ ᾧ μηδὲν ἔξεστι ποιεῖν ὧν ἐπι-θῡμεῖ; Μὰ Δί' οὐκ ἔμοιγε, ἔφη. Οὐκοῦν εἴ σε φιλεῖ ὁ πατὴρ καὶ ἡ μήτηρ καὶ εὐδαίμονά σε ἐπι-θῡμοῦσι γενέσθαι, τοῦτο παντὶ τρόπῳ δῆλον ὅτι προ-θῡμοῦνται ὅπως ἂν εὐδαιμονοίης. Πῶς γὰρ οὐχί; ἔφη.

Ἐῶσιν ἄρα σε ἃ βούλει ποιεῖν, καὶ οὐδὲν ἐπι-πλήττουσιν οὐδὲ δια-κωλύουσι ποιεῖν ὧν ἂν ἐπι-θῡμῇς; Ναὶ μὰ Δία ἐμέ γε, ὦ Σώκρατες, καὶ μάλα γε πολλὰ κωλύουσιν. Πῶς λέγεις; ἦν δ' ἐγώ. βουλόμενοί σε μακάριον εἶναι δια-κωλύουσι τοῦτο ποιεῖν ὃ ἂν βούλῃ; ὧδε δέ μοι λέγε.

ΣΧΟΛΙΑ

1. *ἦ που . . . ; I suppose . . . ?* These particles suggest a certain hesitation in putting the question.

[1] This selection from the *Lysis* (pron. *lī′sis*) of Plato extends through Lesson XXXIII, and is later repeated and expanded. Socrates is seated with the lad Lysis upon a bench in a gymnasium at Athens.

8. *γενέσθαι to become.*

9. προ-θῡμοῦνται ὅπως ἂν εὐδαιμονοίης (*they are eager*) *they eagerly consider how you might be happy.* ὅπως is the indirect form of πῶς; *cf.* ποῦ; ὅπου, ποῖ; ὅποι.

XXX. τριᾱ́κοντα. λʹ

Τὸ Τριᾱκοστὸν Μάθημα

Τῶν πόνων πωλοῦσιν ἡμῖν πάντα τἀγάθ' οἱ θεοί.

— Ἐπίχαρμος.

Genitive of *Price*, *Value*, etc., § 116 e; with Verbs of *Ruling*, § 115 g.

The Third Declension: Learn the declension of **τίς; τί;** *who? what?* and **τις, τι** *some one, any one*, etc., § 27; also of **τὸ ἅρμα** *chariot*, § 32, **τὸ γένος** *race*, etc., and **ὁ Σωκράτης**, § 35.

Herewith Exercise 25.

ΟΝΟΜΑΤΑ ΤΕ ΚΑΙ ΡΗΜΑΤΑ

(α)

ἄρχω *rule.*

ἐπι-τρέπω *turn* (*over*) *to* one, *entrust to, permit.*

(πωλέω) πωλῶ, F. -ήσω *offer for sale, sell.*

(τελέω) τελῶ, F. τελῶ (for τελέσω, § 19 b) *bring to an end* (τέλος), *complete, execute, pay* (a debt), *pay.*

(β)

ἀλλὰ τί μήν; *quid vero?*

ἀργύριον (τό) *coined silver, money* (ἄργυρος (ὁ) *silver*).

ἐλεύθερος -ᾱ -ον *free.*

ἡνίᾱ (ἡ) *bridle.* Pl. *reins.*

ἡνίοχος (ὁ) *driver* (ἔχω).

μέντοι *surely, in truth.*

μήν, see § 192.

μισθός (ὁ) *hire, wages.*

μισθωτός (ὁ) *hired servant.*

παρά *from* (Gen.).

προσέτι *furthermore.*

ΤΑΥΤΑ ΜΕΝ ΕΠΙΣΤΑΜΑΙ ΕΚΕΙΝΑ ΔΕ ΟΥ. Βʹ

Πῶς λέγεις; ἦν δ' ἐγώ. βουλόμενοί σε μακάριον εἶναι δια-κωλύουσι τοῦτο ποιεῖν ὃ ἂν βούλῃ;

ὧδε δέ μοι λέγε· ἢν ἐπι-θῡμήσῃς ἐπί τινος τῶν τοῦ πατρὸς ἁρμάτων ὀχεῖσθαι λαβὼν τᾱ̀ς ἡνίᾱς, ὅταν ἁμιλλᾶται, οὐκ ἂν ἐῷεν σε ἀλλὰ δια-κωλύοιεν; Μὰ Δί' οὐ μέντοι ἄν, ἔφη, ἐῷεν. Ἀλλὰ τίνα μήν; Ἔστι τις ἡνίοχος παρὰ τοῦ πατρὸς μισθὸν φέρων. Πῶς λέγεις; μισθωτῷ μᾶλλον ἐπι-τρέπουσιν ἢ σοὶ ποιεῖν ὃ ἂν βούληται περὶ τοὺς ἵππους, καὶ προσέτι αὐτοῦ τούτου ἀργύριον τελοῦσιν; Ἀλλὰ τί μήν; ἔφη.

ΣΧΟΛΙΑ

19. ἢν ἐπιθῡμήσῃς . . . ὀχεῖσθαι *if you-conceive-a-desire to ride* (ὀχεῖσθαι) *upon* (*some*) *one*, etc.

20. λαβών *and to take* (strictly: *taking*). ὅταν ἁμιλλᾶται *when he is contending* (in a race).

22. ἐῷεν ἄν *they would permit* (*cf.* ἐῶσι). ἀλλὰ τίνα μήν (ἂν ἐῷεν); *but whom then?* etc. μήν is an intensive particle, and is employed with great frequency after interrogatives, § 192.

26. αὐτοῦ τούτου, §§ 106, 116 e.

ΠΡΟΣΘΗΚΗ

ΤΑΥΤΑ ΜΕΝ ΕΠΙΣΤΑΜΑΙ ΕΚΕΙΝΑ ΔΕ ΟΥ. Γ'

Ἀλλὰ τοῦ ὀρικοῦ ζεύγους, οἶμαι, ἐπι-τρέπουσί σοι ἄρχειν, κἂν εἰ βούλοιο λαβὼν τὴν μάστῑγα τύπτειν, ἐῷεν ἄν. Πόθεν ἄν, ἦ δ' ὅς, ἐῷεν; Τί δέ; ἦν δ' ἐγώ, οὐδενὶ ἔξεστιν αὐτοὺς τύπτειν; Καὶ μάλα γε, ἔφη, τῷ ὀρεωκόμῳ. Δούλῳ ὄντι ἢ ἐλευθέρῳ; Δούλῳ, ἔφη. Καὶ δοῦλον, ὡς ἔοικεν, ἡγοῦνται περὶ πλείονος ἢ σὲ τὸν υἱόν, καὶ ἐπι-τρέπουσι τὰ ἑαυτῶν μᾶλλον ἢ σοί, καὶ ἐῶσι ποιεῖν ὃ ἂν βούληται, σὲ δὲ δια-κωλύουσιν;

ΣΧΟΛΙΑ

28. τοῦ ὀρικοῦ ζεύγους *the mule team.*

29. κἂν, τοῦτ' ἔστι, καὶ ἄν. The ἄν is repeated later: ἐῷεν ἄν. τύπτω *strike.*

30. πόθεν; *whence? wherefore? how?* (the tone is scornful).

31. οὐδενί (*to*) *no one.*

32. ὀρεωκόμος (ὁ) *muleteer.*

33. ἡγοῦνται περὶ πλείονος *they hold in higher esteem, think more of.*

34. τὰ ἑαυτῶν *their affairs.*

XXXI. τριάκοντα καὶ εἷς. λα'

Τὸ Πρῶτον καὶ Τριᾱκοστὸν Μάθημα

Γλαῦκ' Ἀθήναζε. — Παροιμίᾱ Ἑλληνική.

An owl to Athens. Cf. "*Coals to Newcastle.*"

The Genitive with Verbs of ***Touching***, etc., § 115 c.
The Third Declension: §§ 30–35.
The Reflexive Pronouns: **ἐμαυτοῦ, σεαυτοῦ, ἑαυτοῦ,** § 23.
Herewith Exercise 26.

ΟΝΟΜΑΤΑ ΤΕ ΚΑΙ ΡΗΜΑΤΑ

(α)

ἄγω, ἄξω *lead. Cf.* παιδ-αγωγός.

ἅπτομαι, ἅψομαι *touch, handle* (Gen.).

(β)

ἄρχων (ὁ) -οντος *ruler* (ἄρχω).
αὖ *in turn, again.*
δήπου *of course, doubtless.*
ἑκών *willingly, intentionally.*
ἡμέτερος -ᾱ -ον *our* (ἡμεῖς).
μῶν . . .; *surely not . . .?* § 178, II.
ἔτι *still, furthermore.*
παιδαγωγός (ὁ) *a slave who attended a boy.* ΣΧΟΛΙΑ.
πάμπολλοι -αι -α *very many* (πᾶς).
πάντως *altogether, wholly, by all means, yes.*
ὑμέτερος -ᾱ -ον *your* (ὑμεῖς).

ΤΑΥΤΑ ΜΕΝ ΕΠΙΣΤΑΜΑΙ ΕΚΕΙΝΑ ΔΕ ΟΥ. Δ'

Καί μοι ἔτι τόδε εἰπέ· σὲ αὐτὸν ἐῶσιν ἄρχειν σεαυτοῦ; ἢ οὐδὲ τοῦτο ἐπι-τρέπουσί σοι; Πῶς γάρ, ἔφη, ἐπι-τρέπουσιν; Ἀλλ' ἄρχει τίς σου; Ὅδε, παιδαγωγός, ἔφη. Μῶν δοῦλος ὤν; Ἀλλὰ τί μήν; ἡμέτερός γε, ἔφη. Ἦ δεινόν, ἦν δ' ἐγώ, ἐλεύθερον ὄντα ὑπὸ δούλου ἄρχεσθαι. τί δὲ ποιῶν αὖ οὗτος ὁ παιδαγωγός σου ἄρχει; Ἄγων δήπου, ἔφη, εἰς διδασκάλου. Μῶν καὶ οὗτοί σου ἄρχουσιν, οἱ διδάσκαλοι; Πάντως δήπου. Παμπόλλους ἄρα σοι δεσπότᾱς καὶ ἄρχοντας ἑκὼν ὁ πατὴρ ἐφ-ίστησιν.

ΣΧΟΛΙΑ

37. εἰπέ = λέγε.

39. ἄρχει τίς σου; This is the interrogative τίς;

40. παιδαγωγός (ὁ τὸν παῖδα ἄγων). The slave who conducted the Athenian lad to school, carried his writing-tablet, musical instruments, etc., is a familiar figure on Athenian vases.

41. ἦ δεινόν . . . ἐλεύθερον ὄντα, κτλ. *surely it-is-a-dreadful-thing* (δεινόν ἐστι) *for one who is free*, etc. Accusative and infinitive construction after δεινόν ἐστι.

44. εἰς διδασκάλου, § 114.

47. ἐφ-ίστησιν *he sets over* (ἐπί *upon*).

ΠΡΟΣΘΗΚΗ

ΤΑΥΤΑ ΜΕΝ ΕΠΙΣΤΑΜΑΙ ΕΚΕΙΝΑ ΔΕ ΟΥ. Ε'

Ἀλλ' ἆρα ἐπειδὰν οἴκαδε ἔλθῃς παρὰ τὴν μητέρα, ἐκείνη σε ἐᾷ ποιεῖν ὅ τι ἂν βούλῃ, ἵνα αὐτῇ μακάριος ᾖς, ἢ περὶ τὰ ἔρια ἢ περὶ τὸν ἱστόν, ὅταν ὑφαίνῃ; οὔ τι γάρ που δια-κωλύει σε τούτων ἅπτεσθαι. καὶ ὃς γελάσᾱς, Μὰ Δία, ἔφη, ὦ Σώκρατες, οὐ μόνον γε δια-κωλύει, ἀλλὰ καὶ τυπτοίμην ἄν, εἰ ἁπτοίμην. Ἡράκλεις· ἦν δ' ἐγώ, μῶν μή τι ἠδίκηκας τὸν πατέρα ἢ τὴν μητέρα; Μὰ Δί' οὐκ ἔγωγε, ἔφη.

ΣΧΟΛΙΑ

48. ἐπειδὰν οἴκαδε ἔλθῃς *when(ever) you return home.*

49. ἐκείνη . . . ἐᾷ *SHE permits.* § 110. ἵνα αὐτῇ μακάριος ᾖς *that you may be her happy boy* (αὐτῇ *for her*, § 120 a).

51. τι *in any respect, at all.*

52. καὶ ὃς γελάσᾱς, ἔφη *and he said with a laugh.*

54. μῶν μὴ . . . ἠδίκηκας *surely you haven't wronged . . . ?*

XXXII. δύο καὶ τριᾱ́κοντα. λβʹ

Τὸ Δεύτερον καὶ Τριᾱκοστὸν Μάθημα

Βάδιζε τὴν εὐθεῖαν, ἵνα δίκαιος ᾖς. — Μενάνδρου, Μον. 62.

Uses of the Subjunctive: (a) *Exhortation*, § 155; (b) *Question*, § 156; (c) *Modest Assertion*, § 158; (d) *Conditional Clauses*, §§ 165, 167; (e) *Final Clauses*, § 160.

Make an intensive study of the passage contained in the preceding ΠΡΟΣΘΗΚΗ, ll. 48–56.

ΟΝΟΜΑΤΑ ΤΕ ΚΑΙ ΡΗΜΑΤΑ

(α)

ἀνα-μένω *wait for, await* (μένω).

τάττω, τάξω *arrange, put in order, post, station, assign a task to (one).*

τρέφω, θρέψω *rear, nourish* (θρεφ-). Contrast τρέπω *turn.*

(β)

ἀντὶ τίνος μήν; *on what account, pray? why?*

ἄρτι *just now, a minute ago.*

δεινός -ή -όν *dreadful.* Adv. δεινῶς.

διὰ ἡμέρᾱς ὅλης *throughout the entire day.*

ἑνὶ λόγῳ *in a word.* § 121.

ἐνταῦθα *here, in this case.*

ἡλικίᾱ (ἡ) *time of life, age.* **ἡλικίᾱν ἔχειν** *be of age.*

ὀλίγου (*it lacks little*, § 116 b), *almost.*

πω *yet.* **οὐ . . . πω** *not yet.*

τί ποτε; *what, pray? what in the world? why?*

ΤΑΥΤΑ ΜΕΝ ΕΠΙΣΤΑΜΑΙ ΕΚΕΙΝΑ ΔΕ ΟΥ. ϛ'

'Αλλ' ἀντὶ τίνος μὴν οὕτω σε δεινῶς δια-κωλύουσιν εὐδαίμονα εἶναι καὶ ποιεῖν ὅ τι ἂν βούλῃ, καὶ δι' ἡμέρᾱς ὅλης τρέφουσί σε ἀεί τῳ δουλεύοντα καὶ ἑνὶ λόγῳ ὀλίγου ὧν ἐπι-θῡμεῖς οὐδὲν ποιοῦντα; Οὐ γάρ πω, ἔφη, ἡλικίᾱν ἔχω, ὦ Σώκρατες. Μὴ οὐ τοῦτό σε, ὦ παῖ Δημοκράτους, κωλύῃ, ἐπεὶ τό γε τοσόνδε, ὡς ἐγῷμαι, καὶ ὁ πατὴρ καὶ ἡ μήτηρ σοι ἐπιτρέπουσι καὶ οὐκ ἀναμένουσιν ἕως ἂν ἡλικίᾱν ἔχῃς· ὅταν γὰρ βούλωνται αὑτοῖς τι ἢ ἀναγνωσθῆναι ἢ γραφῆναι, σέ, ὡς ἐγῷμαι, πρῶτον τῶν ἐν τῇ οἰκίᾳ ἐπὶ τοῦτο τάττουσιν· ἦ γάρ; Πάνυ γε, ἔφη. Οὐκοῦν ἔξεστί σοι ἐνταῦθα ὅ τι ἂν βούλῃ πρῶτον τῶν γραμμάτων γράφειν καὶ ὅ τι ἂν δεύτερον· καὶ ἀναγιγνώσκειν ὡσαύτως ἔξεστιν· ἦ γάρ; Ναί. Τί ποτ' ἂν οὖν εἴη τὸ αἴτιον, ὦ Λύσι, ὅτι ἐνταῦθα μὲν οὐ διακωλύουσιν, ἐν οἷς δὲ ἄρτι ἐλέγομεν κωλύουσιν; Ὅτι, οἶμαι, ἔφη, ταῦτα μὲν ἐπίσταμαι, ἐκεῖνα δ' οὔ.

ΣΧΟΛΙΑ

60. *ὀλίγου ὧν ἐπιθῡμεῖς οὐδὲν ποιοῦντα* *doing almost none of the things* (*ὧν*) *you desire.* *ὀλίγου* modifies *οὐδέν.*

61. *μὴ οὐ τοῦτο . . . κωλύῃ.* § 158.

62. *ἐπεὶ τό γε τοσόνδε* *since such a matter as THIS*, referring to *ὅταν γὰρ βούλωνται, κτλ.*

63. *ὡς ἐγῷμαι, τοῦτ' ἔστιν, ὡς ἐγὼ οἶμαι.*

65. *τι ἢ ἀναγνωσθῆναι ἢ γραφῆναι* *something either to be read or to be written.*

66. *σὲ πρῶτον τῶν ἐν τῇ οἰκίᾳ* *you first of those*, etc.

72. *ἐν οἷς δὲ ἄρτι ἐλέγομεν* *whereas in those matters of which we were just speaking* (*ἐν τούτοις ἃ ἄρτι ἐλέγομεν*, § 102).

XXXIII. τριάκοντα καὶ τρεῖς. λγʹ

Τὸ Τρίτον καὶ Τριᾱκοστὸν Μάθημα

Ἐμπειρίᾱ τοι τῆς ἀπειρίᾱς κρατεῖ. —Μένανδρος, Μον. 169.

The Reflexive Pronouns, § 23. The Formation of the Future, § 61. Declension of **τίς**, § 27.

Review Exercises 21, 25, 26. Dictation exercise based on ll. 48–56.

ΟΝΟΜΑΤΑ ΤΕ ΚΑΙ ΡΗΜΑΤΑ

(α)

αἰσθάνομαι, αἰσθήσομαι *perceive, see, hear,* etc. *Cf.* aesthetic.

ἐπι-στατέω, ἐπι-στατήσω *stand over* (as director), *have charge of* (στα-).

κρατέω -ήσω *hold sway* (*over*), *be master of, rule, prevail* (Gen., § 115 g) (κράτος (τό) *might*).

οἰκονομέω (-ήσω) *manage as a house-steward, manage, direct. Cf.* οἰκονομίᾱ (ἡ) *household management, thrift, administration. Cf.* economy.

(β)

ἀπειρίᾱ (ἡ) *inexperience* (ἀ-, πεῖρα (ἡ) *trial, experiment*).

γείτων (ὁ) -ονος *neighbor.*

εἶεν *very well! well then!*

ἐμπειρίᾱ (ἡ) *experience* (ἐν).

ἱκανός -ή -όν *sufficient.*

ὅρος (ὁ) *limit, boundary, standard. Cf.* horizon.

ὅσπερ *which very* (*one*).

ΤΑΥΤΑ ΜΕΝ ΕΠΙΣΤΑΜΑΙ ΕΚΕΙΝΑ ΔΕ ΟΥ. Ζʹ

Εἶεν, ἦν δ' ἐγώ, ὦ ἄριστε, οὐκ ἄρα τὴν ἡλικίᾱν σου ἀνα-μένει ὁ πατὴρ ἐπι-τρέπειν πάντα, ἀλλ' ᾗ ἂν ἡμέρᾳ ἡγήσηται σὲ βέλτῑον αὑτοῦ φρονεῖν, ταύτῃ ἐπι-τρέψει σοι καὶ αὑτὸν καὶ τὰ αὑτοῦ. Οἶμαι ἔγωγε, ἔφη. Εἶεν, ἦν δ' ἐγώ, τί δέ; τῷ γείτονι ἆρ' οὐχ ὁ αὑτὸς ὅρος ὅσπερ τῷ πατρὶ περὶ σοῦ ; πότερον οἴει αὐτὸν ἐπι-τρέψειν σοι τὴν αὑτοῦ οἰκίᾱν οἰκονομεῖν, ὅταν σέ ἡγήσηται βέλτῑον περὶ οἰκονομίᾱς ἑαυτοῦ φρονεῖν, ἢ αὐτὸν ἐπι-στατήσειν ; Ἐμοὶ ἐπι-τρέψειν οἶμαι. Τί δέ ; Ἀθηναίους οἴει σοι οὐκ ἐπι-τρέψειν τὰ αὑτῶν, ὅταν αἰσθάνωνται ὅτι ἱκανῶς φρονεῖς ; Ἔγωγε.

ΣΧΟΛΙΟΝ

75. ᾗ ἂν ἡμέρᾳ ἡγήσηται . . . ταύτῃ *on the very day on which he-comes-to-believe . . . on this day.*

ΠΡΟΣΘΗΚΗ

ΤΑΥΤΑ ΜΕΝ ΕΠΙΣΤΑΜΑΙ ΕΚΕΙΝΑ ΔΕ ΟΥ. Η'

Οὕτως ἄρα ἔχει, ἦν δ' ἐγώ, ὦ φίλε Λύσι. εἰς μὲν ταῦτα, ἃ ἂν φρόνιμοι γενώμεθα, ἅπαντες ἡμῖν ἐπι-τρέψουσιν, Ἕλληνες τε καὶ βάρβαροι καὶ ἄνδρες καὶ γυναῖκες, ποιήσομέν τε ἐν τούτοις ὅ τι ἂν βουλώμεθα, καὶ οὐδεὶς ἡμᾶς ἑκὼν ἐμποδιεῖ, ἀλλ' αὐτοί τε ἐλεύθεροι ἐσόμεθα ἐν αὐτοῖς καὶ ἄλλων ἄρχοντες· εἰς ἃ δὲ ἂν νοῦν μὴ κτησώμεθα, οὔτε τις ἡμῖν ἐπιτρεψει περὶ αὐτὰ ποιεῖν τὰ ἡμῖν δοκοῦντα, ἀλλ' ἐμποδιοῦσι πάντες καθ' ὅ τι ἂν δύνωνται, οὐ μόνον οἱ ἀλλότριοι ἀλλὰ καὶ ὁ πατὴρ καὶ ἡ μήτηρ. συγχωρεῖς οὕτως ἔχειν ; Συγχωρῶ.

ΟΝΟΜΑΤΑ ΚΑΙ ΣΧΟΛΙΑ

86. οὕτως ἔχειν *to be so.* *Cf.* καλῶς ἔχειν. εἰς ταῦτα ἃ ἂν φρόνιμοι γενώμεθα *in these (matters) in which we become expert* (φρόνιμος *wise, sagacious*).

90. ἐμποδίζω, F. ἐμποδιῶ *stand in one's way, hinder, impede, impedio* (ἐν . . . ποῦς (ποδ-)).

92. εἰς ἃ δὲ ἂν νοῦν μὴ κτησώμεθα, τοῦτ᾽ ἔστιν, εἰς δὲ ταῦτα ἃ ἄν, κτλ. . . . κτησώμεθα (*come-to-possess*).

93. τὰ . . . δοκοῦντα *that which seems best.*

94. καθ᾽ (κατὰ) ὅ τι *so far as.*

95. συγχωρέω, -ήσω *agree with* (σύν).

XXXIV. τριάκοντα καὶ τέτταρες. λδ´

Τὸ Τριᾱκοστὸν καὶ Τέταρτον Μάθημα

Μοχθεῖν ἀνάγκη τοὺς θέλοντας εὐτυχεῖν. — Εὐριπίδης.

The Verb. Verb-roots, etc., § 52; Personal-endings (thematic and non-thematic formations), §§ 53–56; Augment, § 57; Meanings of the Imperfect, § 135.

The Progressive Action-stem. As we have seen (Lesson VI), the first of the action-stems, upon which the conjugational system of the Greek verb is built, is the progressive action-stem, and upon this stem are formed a subjunctive, optative, imperative, infinitive, and participle. In the *indicative* mood this stem, moreover, forms *two tenses:* (*a*) the *present tense*, and (*b*) the *past imperfect tense;* or (*a*) the present indicative, and (*b*) the past imperfect indicative.[1] See § 133.

The pupil should now master *all* of the forms built upon the progressive action-stem, both active and middle, using **λύω** as the type-verb, § 79, A, B.

Conjugate in the same way: **κελεύω** *I am urging, commanding*, **κωλύω** *I am preventing*, **γράφω** *I am writing*, **ἐσθίω** *I am eating* (Past-Impf. ἤσθιον), **ἀπο θνῄσκω** *I am*

[1] Usually called for the sake of brevity simply imperfect tense or imperfect indicative.

dying (Past-Impf. ἀπ ἐθνῃσκον), **ἔχω** *I am holding, I have* (Past-Impf. εἶχον), **βούλομαι** *I wish, am willing,* **βουλεύομαι** *I am taking counsel,* **κωλύομαι** *I am being prevented,* **γίγνομαι** *I am becoming,* **ἀπο-κρῖνομαι** *I am answering* (Past-Impf. ἀπ-εκρῖνόμην), **δύναμαι** (Past-Impf. ἐδυνάμην).

Herewith Exercise 27.

ΟΝΟΜΑΤΑ ΤΕ ΚΑΙ ΡΗΜΑΤΑ

(α)

ἐσθίω, Past-Impf. ἤσθιον *eat.*

κτενίζω, Past-Impf. ἐκτένιζον *comb, curry* (κτείς (ὁ), *comb*).

τρέπω, τρέψω, Past-Impf. ἔτρεπον *turn* (τρεπ- τροπ-). **ἐπι-τρέπω**, ἐπι-τρέψω, Past-Impf. ἐπ-έτρεπον *turn (over) to, intrust to, permit, allow* (Dat.).

τρίβω, τρίψω, Past-Impf. ἔτρῖβον *rub. Cf.* diatribe.

(β)

ἀληθῶς *truly* (ἀληθῆ).

ἡμέρᾱ (ἡ) *day. Cf.* ephemeral.

ἱπποκόμος (ὁ) *a groom.*

κρῖθή (ἡ) *barley.* Usually plural.

φάτνη (ἡ) *manger.*

ΚΥΩΝ ΕΝ ΦΑΤΝΗΙ

Κύων τις ἐν φάτνῃ κατα-κειμένη οὔτε αὐτὴ τῶν κρῑθῶν ἤσθιεν οὔτε τῷ ἵππῳ δυναμένῳ φαγεῖν ἐπ-έτρεπεν.

—Ἐκ τῆς τῶν Αἰσωπείων Μύθων Συναγωγῆς, 228 H.

ΙΠΠΟΣ ΚΑΙ ΙΠΠΟΚΟΜΟΣ

Κρῑθὴν τὴν τοῦ ἵππου ἱπποκόμος τις κλέπτων καὶ πωλῶν τὸν ἵππον ἔτρῑβε καὶ ἐκτένιζε πάσᾱς ἡμέρᾱς. ὁ δ' ἵππος, "Εἰ ἐθέλεις," ἔφη, "ἀληθῶς με καλὸν εἶναι, τὴν κρῑθὴν μὴ πώλει."

—Ἐκ τῆς αὐτῆς.

ΣΧΟΛΙΑ

κατα-κειμένη *lying.* φαγεῖν *to eat.* πάσας ἡμέρᾱς *every day* (*all the days,* Acc. of *Extent of time,* § 113 f.

ΠΡΟΣΘΗΚΗ

ΕΙΣ ΤΗΝ ΛΥΡΑΝ

θέλω λέγειν Ἀτρείδᾱς,
θέλω δὲ Κάδμον ᾄδειν,
ὁ βάρβιτος δὲ χορδαῖς
Ἔρωτα μοῦνον ἠχεῖ.
ἤμειψα[1] νεῦρα πρώην
καὶ τὴν λύρᾱν ἅπᾱσαν·
κἀγὼ μὲν ᾖδον ἄθλους
Ἡρακλέους, λύρᾱ δὲ
ἔρωτας ἀντ-εφώνει.[2]
χαίροιτε λοιπὸν ἡμῖν,
ἥρωες· ἡ λύρᾱ γὰρ
μόνους Ἔρωτας ᾄδει.

—Ἐκ τῆς τῶν Ἀνακρεοντείων Μελῶν Συναγωγῆς.

XXXV. τριᾱ́κοντα πέντε. λε´

Τὸ Πέμπτον καὶ Τριᾱκοστὸν Μάθημα

Ἁπλᾶ γάρ ἐστι τῆς ἀληθείᾱς ἔπη. — Αἰσχύλου Ἀπόσ. 176.

Review Lesson XXVI, and the three types of neuter nouns: **τὸ τρίγωνον**, § 29 B; **τὸ ἅρμα**, § 32; **τὸ γένος**, § 35.

Like **τὸ γένος** decline: **τὸ ἔπος** *word* (*cf.* epic); **τὸ ζεῦγος** *yoke;* **τὸ τεῖχος** *wall* (of a city).

[1] ἤμειψα νεῦρα πρώην *I changed the strings* (νεῦρα) *yesterday.*
[2] ἀντ-εφώνει, past imperfect of ἀντι-φωνέω.

ΟΝΟΜΑΤΑ ΤΕ ΚΑΙ ΡΗΜΑΤΑ

(α)

δια-τρίβω, *δια-τρίψω* *rub* (*τρίβω*) *through, rub away, spend* (*time*), *waste* (*time*). *Cf.* *διατρῐβή* (*ἡ*) *pastime.*

παρα-βάλλω, *παρα-βαλῶ* *throw* (*βάλλω*) *alongside, heave* (a boat) *to, come alongside, come in.*

πορεύομαι, *πορεύσομαι* *proceed, go, be on one's way.*

(β)

Ἀκαδήμεια (*ἡ*) *the* Academy. ΣΧΟΛΙΑ.

ἄξιος *-ίᾱ -ιον* *worth while, worthy.*

αὐτόθι *here, in this place.*

δεῦρο *hither.*

ἐνταῦθα = *αὐτόθι.*

εὐθύ *straight toward, to* (Gen.).

ἔξω *outside, without* (Gen.).

ᾗ *in which place, where.*

καταντικρύ *opposite* (*to*), *over against* (Gen.) (*κατά, ἀντί*).

ἐν τῷ καταντικρύ *in the place opposite, opposite.*

κρήνη (*ἡ*) *spring, fountain.*

Λύκειον (*τό*) *the* Lyceum. ΣΧΟΛΙΑ.

μέντοι *surely, truly, however.*

νεᾱνίσκος (*ὁ*) *young man, youth.*

περίβολος (*ἡ*) *an enclosure* (*περιβάλλω* (*βελ- βολ- βᾰλ-*)).

πόθεν; *whence?*

πυλίς (*ἡ*) *-ίδος* *a small gate, postern* (*πύλη* (*ἡ*) *gate*). *Cf.* Thermopylae. **κατὰ τὴν πυλίδα** *near the postern.*

ΛΥΣΙΣ, Η ΠΕΡΙ ΦΙΛΙΑΣ. Α′

(*Ἐκλογὴ ἐκ τοῦ Λύσιδος τοῦ Πλάτωνος*)

Τὰ τοῦ διαλόγου πρόσωπα

Σωκράτης, Ἱπποθάλης, Κτήσιππος, Μενέξενος, Λύσις

Ἐπορευόμην μὲν ἐξ Ἀκαδημείᾱς εὐθὺ Λυκείου τὴν ἔξω τείχους ὑπ᾽ αὐτὸ τὸ τεῖχος· ἐπειδὴ δ᾽ ἐγενόμην κατὰ τὴν πυλίδα ᾗ ἡ Πάνοπος κρήνη, ἐνταῦθα συν-έτυχον Ἱπποθάλει τε τῷ Ἱερωνύμου καὶ Κτησίππῳ τῷ Παιανιεῖ καὶ ἄλλοις μετὰ τούτων νεᾱνίσκοις πολλοῖς. καί με προσ-ιόντα ὁ Ἱπποθάλης ἰδών, Ὦ Σώκρατες, ἔφη, ποῖ δὴ πορεύει καὶ πόθεν; Ἐξ Ἀκαδημείᾱς, ἦν δ᾽ ἐγώ, πορεύομαι εὐθὺ Λυκείου. Δεῦρο δή, ἦ δ' ὅς, εὐθὺ ἡμῶν. οὐ παρα-βάλλεις; ἄξιον μέντοι. Ποῖ, ἦν δ' ἐγώ, λέγεις, καὶ παρὰ τίνας τοὺς ὑμᾶς; Δεῦρο, ἔφη, δείξᾱς μοι ἐν τῷ καταντικρὺ τοῦ τείχους περίβολόν τέ τινα καὶ θύρᾱν ἀνεῳγμένην. δια-τρῑ́βομεν δέ, ἦ δ' ὅς, αὐτόθι ἡμεῖς τε αὐτοὶ καὶ ἄλλοι πάνυ πολλοὶ καὶ καλοί.

ΣΧΟΛΙΑ

1. ἡ 'Ακαδήμεια . . . τὸ Λύκειον. These were gymnasia in the suburbs of Athens, the former to the north of the city, the latter to the east. Plato established his school in the Academy, Aristotle his in the Lyceum.

2. κατὰ τὴν ἔξω τείχους (ὁδόν) *along the road outside*, etc. ἐπειδὴ ἐγενόμην *when I arrived* (lit., *became*).

3. ἡ Πάνοπος κρήνη *the spring of Panops* (Πάνοψ). Its exact location is not known.

4. συν-έτυχον 'Ιπποθάλει, κτλ. *I came upon both Hippo'thales, the son of Hiero'nymus, and Ctesippus of the deme of Paea'nia.* Note the position of τε; so in line 13. § 195.

6. με προσ-ιόντα . . . ἰδών *seeing* (*as he saw*) *me approaching.*

10. ἄξιον μέντοι (ἐστί). παρὰ τίνας τοὺς ὑμᾶς; τοὺς ὑμᾶς represents εὐθὺ ἡμῶν (9). "*Whom do you mean by 'us'?*"

12. δείξᾱς *pointing out, with a gesture toward.*

13. θύρᾱν ἀν-εῳγμένην *a door standing open.*

XXXVI. ἓξ καὶ τριᾱ́κοντα. λϛʹ

Τὸ Ἕκτον καὶ Τριᾱκοστὸν Μάθημα

Μή μοι ἀνὴρ εἴη γλώσσῃ φίλος, ἀλλὰ καὶ ἔργῳ·
χερσίν τε σπεύδοι χρήμασί τ', ἀμφότερα.

—Θέογνις, 979–980.

Review the conjugation of **εἰμί**, § 91 (and **ἄπ-ειμι**, **πάρ-ειμι**, § 92), and learn the conjugation of **εἶμι** *I am going*, § 93.

Herewith Exercise 28.

ΟΝΟΜΑΤΑ ΤΕ ΚΑΙ ΡΗΜΑΤΑ

(α)

εἶμι *I am going;* used as a future of ἔρχομαι.

ἕπομαι, ἕψομαι *follow* (Dat.) (σεπ-. *Cf. sequor*).

(β)

ἅμα *at the same time, together with.*

ἐπαινέτης (ὁ) *admirer* (ἐπαινέω *praise*).

ἡδέως *gladly* (ἡδύς).

ἱκανός -ή -όν *sufficient, able, worthy.*

νεωστί *recently* (νέος). **νεωστὶ ᾠκοδομημένη** *recently built.*

παλαίστρᾱ (ἡ) palaestra, *wrestling-school* (παλαίω *wrestle*).

τὰ πολλά *for the most part.*

σοφιστής (ὁ) *a master* (of one's craft), *professor,* sophist.

ὕστερος -ᾱ -ον *later than* (Gen.), *after.*

ΛΥΣΙΣ, Η ΠΕΡΙ ΦΙΛΙΑΣ. Β′

Ἔστι δὲ δὴ τί τοῦτο, ἦν δ' ἐγώ, καὶ τίς ἡ διατριβή; Παλαίστρᾱ, ἔφη, νεωστὶ ᾠκοδομημένη· ἡ δὲ διατριβὴ τὰ πολλὰ ἐν λόγοις, ὧν ἡδέως ἂν σοι μετα-διδοῖμεν. Καλῶς δέ, ἦν δ' ἐγώ, ποιοῦντες· διδάσκει δὲ τίς αὐτόθι; Σὸς ἑταῖρός γε, ἦ δ' ὅς, καὶ ἐπαινέτης, Μίκκος. Μὰ Δί', ἦν δ' ἐγώ, οὐ φαῦλός γε ἀνήρ, ἀλλ' ἱκανὸς σοφιστής. Βούλει οὖν ἕπεσθαι, ἔφη, ἵνα καὶ ἴδῃς τοὺς ὄντας αὐτόθι; Ταῦτα, ἦν δ' ἐγώ, δεῖ ποιεῖν. καὶ ἅμα λαβὼν τὸν Κτήσιππον εἰσ-ῆλθον εἰς τὴν παλαίστρᾱν, οἱ δ' ἄλλοι ὕστεροι ἡμῶν ἦσαν.

ΣΧΟΛΙΑ

16. ἔστι. Emphatic, *what IS?* § 198.
18. ὧν . . . ἂν σοι μετα-διδοῖμεν *which we would share with you* (§ 115 a).
19. καλῶς ποιοῦντες (*acting beautifully*) *you are very kind.*
20. σὸς ἑταῖρός γε *a comrade of YOURS.*
23. ἵνα καὶ ἴδῃς *in order that you may SEE.* καὶ emphasizes ἴδῃς. § 189.
24. λαβὼν τὸν Κ. εἰσ-ῆλθον *taking C. I went in.*

ΠΡΟΣΘΗΚΗ

ΛΥΣΙΣ, Η ΠΕΡΙ ΦΙΛΙΑΣ. Γʹ

Εἰσ-ελθόντες δὲ κατ-ελάβομεν αὐτόθι τεθυκότας τε τοὺς παῖδας καὶ τὰ περὶ τὰ ἱερεῖα σχεδόν τι ἤδη πεποιημένα, ἀστραγαλίζοντάς τε δὴ καὶ κεκοσμημένους ἅπαντας. οἱ μὲν οὖν πολλοὶ ἐν τῇ αὐλῇ ἔπαιζον ἔξω, οἱ δέ τινες τοῦ ἀποδυτηρίου ἐν γωνίᾳ ἠρτίαζον ἀστραγάλοις παμπόλλοις, ἐκ φορμίσκων τινῶν προ-αιρούμενοι· τούτους δὲ περι-έστασαν ἄλλοι θεωροῦντες, ὧν δὴ καὶ ὁ Λύσις ὁ Δημοκράτους ἦν.

καὶ ἡμεῖς εἰς τὸ καταντικρὺ ἀπο-χωρήσαντες ἐκαθεζόμεθα (ἦν γὰρ αὐτόθι ἡσυχίᾱ) καί τι ἀλλήλοις δι-ελεγόμεθα.

ΣΧΟΛΙΑ

27. εἰσ-ελθόντες κατ-ελάβομεν *on entering we found.*

27–29. Observe the free use of the participial construction: κατ-ελάβομεν τοὺς παῖδας τεθυκότας (Perf. Part., *having sacrificed*) . . . καὶ τὰ περὶ τὰ ἱερεῖα σχεδόν τι ἤδη πεποιημένα (Perf. Pass. Part.) *the* (*duties*) *connected with the offerings scarcely completed* (*having been done*) . . . ἀστραγαλίζοντας . . . κεκοσμημένους (*having been adorned*) *dressed in festal attire.* Translate: *We found the boys, the sacrifices finished and the duties at the altar scarcely yet completed, playing,* etc.

31. ἀποδυτηρίου. Note the position. *Cf.* ἐν τῇ αὐλῇ. ἠρτίαζον (ἀρτιάζω *play at 'odd and even'*).

33. προ-αιρούμενοι *selecting.* περι-έστασαν (*they*) *stood around.*

36. ἀπο-χωρήσαντες *withdrawing.*

"Put alongside of that, and for life-like charm side by side with Murillo's Beggar-boys (you catch them, if you look at his canvas on the sudden, actually moving their mouths to laugh and speak and munch their crusts, all at once) the scene in the *Lysis* of the dice-players. There the boys are in full dress to take part in a religious ceremony. It is scarcely over; but they are already busy with the knuckle-bones, some just outside the door, others in a corner.'' — PATER, *Plato and Platonism*, p. 114.

XXXVII. ἑπτὰ καὶ τριᾱ́κοντα. λζʹ

Τὸ Ἕβδομον καὶ Τριᾱκοστὸν Μάθημα

Interrogative Sentences (Direct and Indirect), § 178.

The Verb: Learn the conjugation of the past-imperfect (active and middle-passive) of the contract verbs in **-εω**, **ποιέω**, **ποιέομαι**, § 81 A–B, and conjugate in like manner the past-imperfect of: **φιλέω**, **φιλέομαι**, **μῑσέω**, **μῑσέομαι**, **ἀπορέω** *be at a loss*, *hesitate* (past-impf. **ἠπόρουν**), **ὀκνέω** *hesitate*, *shrink* (from doing) (past-impf. **ὤκνουν**).

Herewith Exercise 29.

ΟΝΟΜΑΤΑ ΤΕ ΚΑΙ ΡΗΜΑΤΑ

(α)

ἀμφισβητέω -ήσω (*stand apart* (ἀμφίς)) *dispute.*

δια-φέρω, δι-οίσω (§ 61 (end)).

ἐπι-σκοπέομαι *look at*, *observe*, *regard* (σκοπέω).

ἕπομαι, ἕψομαι (Past-Impf. εἱπόμην for ἐσεπόμην, § 19 b).

ἐρίζω *strive*, *vie with* (ἔρις (ἡ) -ιδος *strife*).

περι-στρέφω -ψω *turn* (*twist*) *about*. Mid. *turn oneself around.*

(β)

γενναῖος -ᾱ -ον *well-born*, *noble* (γεν-, γίγνομαι).

δῆλος ἦν *he was clearly.*

ἔπειτα *then*, *thereupon.*

θαμά *frequently*, *repeatedly.*

καὶ μὴν . . . γε. Intensive.

μεταξύ *between*, *in the midst*. **μεταξὺ παίζων** *in the midst of play.*

τέως *meanwhile*, *for a time.*

ὡσαύτως *in the same way.*

ὥστε *so as to*, *so that.*

ΛΥΣΙΣ, Η ΠΕΡΙ ΦΙΛΙΑΣ. Δ'

Περι-στρεφόμενος οὖν ὁ Λύσις θαμὰ ἐπ-εσκοπεῖτο ἡμᾶς, καὶ δῆλος ἦν ἐπι-θῡμῶν προσ-ελθεῖν. τέως μὲν οὖν ἠπόρει τε καὶ ὤκνει μόνος προσ-ιέναι · ἔπειτα ὁ Μενέξενος ἐκ τῆς αὐλῆς μεταξὺ παίζων εἰσ-έρχεται, καὶ ὡς εἶδεν ἐμέ τε καὶ τὸν Κτήσιππον, ᾔει παρα-καθ-ιζησόμενος. ἰδὼν οὖν αὐτὸν ὁ Λύσις εἵπετο καὶ συμ-παρ-εκαθέζετο μετὰ τοῦ Μενεξένου.

καὶ ἐγὼ πρὸς τὸν Μενέξενον ἀπο-βλέψᾱς, Ὦ παῖ Δημοφῶντος, ἦν δ' ἐγώ, πότερος ὑμῶν πρεσβύτερος ; Ἀμφισβητοῦμεν, ἔφη. Οὐκοῦν καὶ ὁπότερος γενναιότερος, ἐρίζοιτε ἄν, ἦν δ' ἐγώ. Πάνυ γε, ἔφη. Καὶ μὴν ὁπότερός γε καλλίων ὡσαύτως. ἐγέλασαν οὖν ἀμφότεροι. Οὐ μὴν ὁπότερός γε, ἦν δ' ἐγώ, πλουσιώτερος ὑμῶν, οὐκ ἐρήσομαι · φίλοι γάρ ἐστε, ἦ γάρ ; Πάνυ γε, ἔφασαν. Οὐκοῦν κοινὰ τά γε τῶν φίλων λέγεται, ὥστε τούτῳ γε οὐδὲν δι-οίσετε, εἴπερ ἀληθῆ περὶ τῆς φιλίᾱς λέγετε. συν-έφασαν.

ΣΧΟΛΙΑ

40–41. προσ-ελθεῖν, προσ-ιέναι *to come toward, to approach.*

43. ὡς εἶδεν *when he saw.*

44. ᾔει παρα-καθ-ιζησόμενος *he came to sit down beside.* Future Participle of *Purpose*, § 175.

46. ἀπο-βλέψᾱς *looking at, with a glance toward.*

50. καλλίων *more beautiful.* ἐγέλασαν *they laughed.*

52. οὐκ ἐρήσομαι *I shall not ask.*

53. ἔφασαν *they said.*

54. τούτῳ *in this respect.* 55. συν-έφασαν *they agreed.*

XXXVIII. ὀκτὼ καὶ τριάκοντα. λη′

Τὸ Τριᾱκοστὸν Μάθημα καὶ Ὄγδοον

Ἡ μάθησις οὐκ ἄλλο τι ἢ ἀνάμνησις τυγχάνει οὖσα.
—Πλάτων ἐν τῷ Φαίδωνι, 72 E.

The Participle with the Verb **τυγχάνω**, § 176 c.
The Four Uses of the Optative:
 a) *Wish*, § 162.
 b) *Potential*, § 163.
 c) *Conditional Clauses*, § 168.
 d) *Indirect Discourse*, etc., § 179, II, B.

Intensive Study of Λύσις, ll. 46–55 (Lesson XXXVII)

ΟΝΟΜΑΤΑ ΤΕ ΚΑΙ ΡΗΜΑΤΑ

(α)

ἐπι-χειρέω, -ήσω *put one's hand* (χείρ) *to* (a work), *attempt.*

ἐρωτᾶν *to ask.* **ἠρόμην** *I asked.*

οἴχομαι (Past-Impf. ᾠχόμην) *I have gone, am gone;* a sort of Perf. (and Plupf.) to ἔρχομαι. *Cf.* ἥκω *I have come, am come.*

τυγχάνω, τεύξομαι *hit* (Gen.), *hit upon, chance upon, obtain, gain; chance, happen* (constantly used with part.).

φάσκων *saying;* participle to φημί *declare, say* (Acc.-Infin.).

(β)

ἀνά-μνησις (ἡ) *recollection, a calling back* (ἀνά) *to memory.*

μάθησις (ἡ) *the act of learning.*

παιδοτρῑ́βης (ὁ) *a teacher of wrestling,* etc., *gymnasium-master* (τρῑ́βω).

ΛΥΣΙΣ, Η ΠΕΡΙ ΦΙΛΙΑΣ. Ε′

Ἐπ-εχείρουν δὴ μετὰ ταῦτα ἐρωτᾶν ὁπότερος δικαιότερος καὶ σοφώτερος αὐτῶν εἴη. μεταξὺ οὖν τις προσ-ελθὼν ἀν-έστησε τὸν Μενέξενον, φάσκων καλεῖν τὸν παιδοτρίβην· ἐδόκει γάρ μοι ἱεροποιῶν τυγχάνειν.

ἐκεῖνος μὲν οὖν ᾤχετο, ἐγὼ δὲ τὸν Λύσιν ἠρόμην Ἦ που, ἦν δ' ἐγώ, ὦ Λύσι, σφόδρα φιλεῖ σε ὁ πατὴρ καὶ ἡ μήτηρ; Πάνυ γε, ἦ δ' ὅς. . . .

(The continuation of this passage is found in Lessons XXIX–XXX; it should now be read carefully in review.)

ΣΧΟΛΙΑ

56. ἐπ-εχείρουν ἐρωτᾶν *I was on the point of asking.* ὁπότερος . . . εἴη, § 179, II B.

58. προσ-ελθὼν ἀν-έστησε *approaching he summoned* (lit., *caused to stand*). φάσκων καλεῖν τὸν παιδοτρίβην *saying that the gymnasium-master was calling* (*him*).

59. ἐδόκει . . . ἱεροποιῶν τυγχάνειν *he appeared to be officiating at the sacrifice* (*to be in charge of the sacrifice*). ἐτύγχανεν ἱεροποιῶν *he was* (*as it chanced*) *acting as* ἱεροποιός (*a magistrate who officiated at sacrifices*).

XXXIX. ἑνὸς δέοντες τριάκοντα. λθ'

Τὸ Ἔνατον καὶ Τριᾱκοστὸν Μάθημα

Comparison of Adjectives: (a) Regular; (b) Irregular §§ 46–48.

Read carefully, as in the preceding lesson, the portions of the Λύσις found in Lessons XXX (Προσθήκη) to XXXII, inclusive.

Herewith Exercise 30.

XL. τετταράκοντα. μ'

Τὸ Τετταρακοστὸν Μάθημα

The Third Declension; review §§ 27, 30–35, 48, 50 A–B (ποιῶν).

Intensive Study of Λύσις, ll. 39–45, 56–63.

Review Lesson XXXIII and Προσθήκη.

XLI. τετταράκοντα καὶ εἷς. μα´

Τὸ Πρῶτον καὶ Τετταρακοστὸν Μάθημα

Μόνος θεῶν τοι Θάνατος οὐ δώρων ἐρᾷ.
— Αἰσχύλος, Ἀπόσ. 161, N².

The Verb: Contract verbs in **-εω** constitute a very large and important class. Similar to these are contract verbs in **-αω**, which however are far less numerous than those in **-εω**.

Learn the conjugation of the verbs in **-αω** (active voice): **ἐρωτάω** (ἐρωτῶ) *ask* (*a question*), § 82 A.

Conjugate in the same way: **ἐράω** (ἐρῶ) *desire, yearn for, love passionately* (*cf.* ἔρως); **τῑμάω** (τῑμῶ) *honor* (*cf.* τῑμή (ἡ) *worth, value, honor*); **γελάω** (γελῶ) *laugh;* **ὁράω** (ὁρῶ) *see.*

Genitive with Verbs of ***Desiring***, etc., § 115 d.

Herewith Exercise 31.

ΟΝΟΜΑΤΑ ΤΕ ΚΑΙ ΡΗΜΑΤΑ

(α)

ἐρωτάω, ἐρωτήσω and ἐρήσομαι *ask* (*a question*).

ἔχω, ἕξω, Past-Impf. εἶχον (for ἔσε-χον, § 19 b). **προσ-έχω τὸν νοῦν** *I am paying attention.*

εἶπον *I said.* **εἰπέ** *say!*

ἥκω, ἥξω *have come.* *Cf.* οἴχομαι *have gone.*

ἴσθι *know!* **εὖ ἴσθι** *know well!*

σμῑκρὸν λέγω *whisper.* *Cf.* μέγα λέγω.

φημί *I declare, say,* F. ἐρέω (ἐρῶ) *I shall say, tell.*

(β)

ἐν τούτῳ *thereupon, at this moment* (χρόνῳ).

ἅπερ *the very things which.* § 194.

θάνατος (ὁ) *death* (θᾰν-, *cf.* thanatopsis. ἀπο-θνήσκω).

λάθρα *secretly, unnoticed by* (Gen.). **λάθρα Μενεξένου** *without the notice of Menexenus.*

ὅ τι μάλιστα = ὡς μάλιστα *to the best of one's ability.*

παιδικῶς *boyishly, playfully.*

πάλιν *again, back again.*

σαφῶς *clearly.* *Cf.* σοφῶς.

τοίνῦν *then, therefore.*

ὥρᾱ (ἡ) *season, time, hour.* **ὥρᾱ (ἐστὶν) ἀπ-ιέναι** *it is time to be going away.* **ὥρᾱ ἡμῖν ἀπ-ιέναι.**

ΛΥΣΙΣ, Η ΠΕΡΙ ΦΙΛΙΑΣ. ϛ′

Καὶ ἐν τούτῳ ὁ Μενέξενος πάλιν ἧκεν, καὶ ἐκαθέζετο παρὰ τὸν Λύσιν, ὅθεν καὶ ἐξ-αν-έστη. ὁ οὖν Λύσις μάλα παιδικῶς καὶ φιλικῶς, λάθρα τοῦ Μενεξένου, σμῑκρὸν πρός με λέγων ἔφη Ὦ Σώκρατες, ἅπερ καὶ ἐμοὶ λέγεις, εἰπὲ καὶ Μενεξένῳ. καὶ ἐγὼ εἶπον· Ταῦτα μὲν σύ γ' αὐτῷ ἐρεῖς, ὦ Λύσι· πάντως γὰρ προσ-εῖχες τὸν νοῦν. Πάνυ μὲν οὖν, ἔφη. Πειρῶ τοίνυν, ἦν δ' ἐγώ, ἀπομνημονεῦσαι αὐτὰ ὅ τι μάλιστα, ἵνα τούτῳ σαφῶς πάντα εἴπῃς. Ἀλλὰ ποιήσω, ἔφη, ταῦτα, ὦ Σώκρατες, πάνυ σφόδρα, εὖ ἴσθι. ἀλλά τι ἄλλο αὐτῷ λέγε, ἵνα καὶ ἐγὼ ἀκούω, ἕως ἂν οἴκαδε ὥρᾱ ᾖ ἀπ-ιέναι.

ΣΧΟΛΙΑ

65. *ὅθεν καὶ ἐξ-αν-έστη (in the place) from which he had arisen (to go) out (whence also he stood up (to go) out).* The καὶ is idiomatic; *cf.* ἅπερ καὶ ἐμοὶ λέγεις, εἰπὲ καὶ Μενεξένῳ (68) "*also to me . . . also to Men.*"

71. *ἀπομνημονεῦσαι to recall. Cf.* mnemonic (μνήμη).

72. *ἵνα πάντα εἴπῃς in order that you may tell*, etc.

ΠΡΟΣΘΗΚΗ

ΛΥΣΙΣ, Η ΠΕΡΙ ΦΙΛΙΑΣ. Ζ′

Ἀλλὰ δεῖ ταῦτα ποιεῖν, ἦν δ' ἐγώ, ἐπειδή γε καὶ σὺ κελεύεις. ἀλλ' ὅρᾱ ὅπως ἐπι-κουρήσεις μοι, ἐάν με ἐλέγχειν ἐπι-χειρῇ ὁ Μενέξενος· ἢ οὐκ οἶσθα ὅτι ἐριστικός ἐστιν; Ναὶ μὰ Δία, ἔφη, σφόδρα γε· διὰ ταῦτά τοι καὶ βούλομαί σε αὐτῷ δια-λέγεσθαι. Ἵνα, ἦν δ' ἐγώ, κατα-γέλαστος γένωμαι; Οὐ μὰ τὸν Δία, ἔφη, ἀλλ' ἵνα αὐτὸν κολάσῃς. Πόθεν; ἦν δ' ἐγώ, οὐ ῥᾴδιον· δεινὸς γὰρ ὁ ἄνθρωπος, Κτησίππου μαθητής. πάρ-εστι δέ τοι αὐτός — οὐχ ὁρᾷς; — Κτήσιππος. Μηδενός σοι, ἔφη, μελέτω, ὦ Σώκρατες, ἀλλ' ἴθι δια-λέγου αὐτῷ. Δια-λεκτέον, ἦν δ' ἐγώ.

ΣΧΟΛΙΑ

77. ὅρᾱ ὅπως ἐπι-κουρήσεις μοι *see that you aid me* (*see how you shall*, etc.).

81. ἵνα κατα-γέλαστος γένωμαι; *in order that I may become a laughing-stock?*

83. κολάσῃς *you may reprove* (κολάζω).

84. ὁ ἄνθρωπος *the fellow, the chap.*

85. μηδενός σοι μελέτω *don't you mind any one* (*have no care for any one*).

XLII. δύο καὶ τετταράκοντα. μβ'

Τὸ Δεύτερον καὶ Τετταρακοστὸν Μάθημα

Οὐκ ἔστι μητρὸς οὐδὲν ἥδῑον τέκνοις·
ἐρᾶτε μητρός, παῖδες, ὡς οὐκ ἔστ' ἔρως
τοιοῦτος ἄλλος ὅστις ἡδίων ἐρᾶν.
— Εὐριπίδης, 'Απ. 358, N².

The *Genitive Absolute*, § 175 g.

The Verb: Learn the conjugation of the contract verbs in **-αω** (middle voice), § 82 B. Like **πειράομαι** conjugate **ἐρωτάομαι** *I am being asked* (*a question*); **κτάομαι** *I am getting possession of, acquiring.*

Intensive Study of Λύσις, ll. 64–75 (Lesson XLI).

ΟΝΟΜΑΤΑ ΤΕ ΚΑΙ ΡΗΜΑΤΑ

(α)

ἑστιάομαι *be feasting, banqueting.* *Cf.* ἑστίᾱ (ἡ) *hearth.* *Cf.* Vesta.

κτάομαι, κτήσομαι *possess.* *Cf.* κτῆμα (τό) *possession.* **κτῆσις** (ἡ) *the* (*act of*) *possessing, possession.*

μετα-δίδοτε *you share, give a share of.* *Cf.* μετα-διδοῖμεν.

(β)

ἀλεκτρυών (ὁ) -όνος *cock.*
οἷος οἵᾱ οἷον (*such*) *as, what!*
ὄρτυξ (ὁ) -υγος *quail. Cf.* ortyx, ortygan.
πρᾴως *calmly, gently, mildly.*
πρᾴως ἔχω.
πρὸς ταῦτα *toward these.*

τέκνον (τό) *child* (τεκ-, τίκτω).
τῑμή (ἡ) *value, honor* (τῑμάω). *Cf.* timocracy.
τοιοῦτος τοιαύτη τοιοῦτο *such* (*as*).
τοιοῦτος . . . οἷος.
χρῡσίον (τό) *coined gold, money* (χρῡσός (ὁ) *gold*). *Cf.* ἀργύριον.

ΛΥΣΙΣ, Η ΠΕΡΙ ΦΙΛΙΑΣ. Η′

Ταῦτα οὖν ἡμῶν λεγόντων πρὸς ἡμᾶς αὐτούς, Τί ῡ̔μεῖς, ἔφη ὁ Κτήσιππος, αὐτοὶ μόνοι ἑστιᾶσθε, ἡμῖν δ' οὐ μετα-δίδοτε τῶν λόγων; Ἀλλὰ μήν, ἦν δ' ἐγώ, μετα-δοτέον. ὅδε γάρ τι ὧν λέγω οὐ μανθάνει, ἀλλά φησιν οἴεσθαι Μενέξενον εἰδέναι, καὶ κελεύει τοῦτον ἐρωτᾶν. Τί οὖν, ἦ δ' ὅς, οὐκ ἐρωτᾷς; Ἀλλὰ ἐρήσομαι, ἦν δ' ἐγώ, καί μοι εἰπέ, ὦ Μενέξενε, ὃ ἄν σε ἔρωμαι. τυγχάνω γὰρ ἐκ παιδὸς ἐπι-θῡμῶν κτήματός του, ὥσπερ ἄλλος ἄλλου. ὃ μὲν γάρ τις ἵππους ἐπι-θῡμεῖ κτᾶσθαι, ὃ δὲ κύνας, ὃ δὲ χρῡσίον, ὃ δὲ τῑμάς. ἐγὼ δὲ πρὸς μὲν ταῦτα πρᾴως ἔχω, πρὸς δὲ τὴν τῶν φίλων κτῆσιν πάνυ ἐρωτικῶς, καὶ βουλοίμην ἄν μοι φίλον ἀγαθὸν γενέσθαι μᾶλλον ἢ τὸν ἄριστον ἐν ἀνθρώποις — ὄρτυγα ἢ ἀλεκτρυόνα, καὶ ναὶ μὰ Δία ἔγωγε μᾶλλον ἢ ἵππον τε καὶ κύνα· οἶμαι δέ, νὴ τὸν κύνα, μᾶλλον ἢ τὸ Δαρείου χρῡσίον κτήσασθαι βουλοίμην ἂν πολὺ πρότερον ἑταῖρον· οὕτως ἐγὼ φιλέταιρός τίς εἰμι.

ΣΧΟΛΙΑ

90. μετα-δίδοτε τῶν λόγων *you share your conversation.*

92. ἀλλά φησιν οἴεσθαι Μ. εἰδέναι *but he says he thinks M. knows.*

95. ὃ ἂν σε ἔρωμαι *whatever I ask you.*

102. The Athenians were fond of pets. A fighting-cock was an especial favorite. Quails also were domesticated and used in various sports.

103. νὴ τὸν κύνα. A favorite oath of Socrates.

104. κτήσασθαι *to get possession of.*

XLIII. τετταράκοντα καὶ τρεῖς. μγʹ

Τὸ Τρίτον καὶ Τετταρακοστὸν Μάθημα

οἷός τ' εἰμί, § 172, II, c ; **ἅτε** (**οἷα**) with the Participle, § 175 e ; **τε καί**, § 195.

Intensive Study of Λύσις, ll. 93–106 (Lesson XLII).

Herewith Exercise 32.

ΟΝΟΜΑΤΑ ΤΕ ΚΑΙ ΡΗΜΑΤΑ

(α)

εὐδαιμονίζω *consider* (*one*) *fortunate* (εὐ-δαίμων).

(β)

ἔμπειρος -ον *experienced in* (Gen.) (ἐν, πεῖρα). *Cf.* empiric.

πόρρω (a) *far from* (Gen.) : **πόρρω τοῦ τείχους.** (b) *far along in* (Gen.) : **πόρρω τῆς νυκτός** *late at night.*

ῥᾳδίως *easily* (ῥᾴδιος).

ταχύ *quickly* (ταχύς). *Cf.* tachygraphy.

ὥστε *so as to, so that* (Infin. or Indic.).

ΛΥΣΙΣ, Η ΠΕΡΙ ΦΙΛΙΑΣ. Θʹ

ὑμᾶς οὖν ὁρῶν, σέ τε καὶ Λύσιν, εὐδαιμονίζω, ὅτι οὕτως νέοι ὄντες οἷοί τ' ἐστὲ τοῦτο τὸ κτῆμα ταχὺ καὶ ῥᾳδίως κτᾶσθαι, καὶ σύ τε τοῦτον οὕτω φίλον ἐκτήσω ταχύ τε καὶ σφόδρα, καὶ αὖ οὗτος σέ. ἐγὼ δ' οὕτω πόρρω εἰμὶ τοῦ κτήματος, ὥστε οὐδ' ὅντινα τρόπον γίγνεται φίλος ἕτερος ἑτέρου οἶδα, ἀλλὰ ταῦτα δὴ αὐτά σε βούλομαι ἐρέσθαι ἅτε ἔμπειρον.

ΣΧΟΛΙΑ

110. ἐκτήσω *you acquired.*
111. ὅντινα τρόπον *in what way* (τίνα τρόπον; § 113 e).
113. ἅτε ἔμπειρον (ὄντα).

XLIV. τετταράκοντα τέτταρες. μδʹ

Τὸ Τέταρτον Μάθημα καὶ Τετταρακοστόν

Declension of the Active Participles: **ὤν, λέγων, ποιῶν, ἐρωτῶν**, § 50 A, B; of the Middle (Passive) Participles: **δυνάμενος, βουλόμενος, ποιούμενος, ἐρωτώμενος.**

Intensive Study of *Λύσις*, ll. 107–113 (Lesson XLIII).

Herewith Exercise 33.

ΛΥΣΙΣ, Η ΠΕΡΙ ΦΙΛΙΑΣ. Γʹ

Καί μοι εἰπέ· ἐπειδάν τίς τινα φιλῇ, πότερος ποτέρου φίλος γίγνεται, ὁ φιλῶν τοῦ φιλουμένου ἢ ὁ φιλούμενος τοῦ φιλοῦντος; ἢ οὐδὲν δια-φέρει; Οὐδέν, ἔφη, ἔμοιγε δοκεῖ δια-φέρειν. Πῶς λέγεις; ἦν δ' ἐγώ. ἀμφότεροι ἄρα ἀλλήλων φίλοι γίγνονται, ἐὰν μόνος μόνον ὁ ἕτερος τὸν ἕτερον φιλῇ; Ἔμοιγε, ἔφη, δοκεῖ. Τί δέ; οὐκ ἔστι φιλοῦντα μὴ ἀντι-φιλεῖσθαι ὑπὸ τούτου ὃν ἂν φιλῇ; Ἔστιν. Τί δέ; ἆρ' ἔστι καὶ μῑσεῖσθαι φιλοῦντα; οἷόν που ἐνίοτε δοκοῦσι καὶ οἱ ἐρασταὶ πάσχειν πρὸς τὰ παιδικά· φιλοῦντες γὰρ ὡς οἷόν τε μάλιστα οἱ μὲν οἴονται οὐκ ἀντι-φιλεῖσθαι, οἱ δὲ καὶ μῑσεῖσθαι· ἢ οὐκ ἀληθὲς δοκεῖ σοι τοῦτο; Σφόδρα γε, ἔφη, ἀληθές. Οὐκοῦν ἐν τῷ τοιούτῳ, ἦν δ' ἐγώ, ὁ μὲν φιλεῖ, ὁ δὲ φιλεῖται; Ναί. Πότερος οὖν αὐτῶν ποτέρου φίλος ἐστίν, ὁ φιλῶν τοῦ φιλουμένου, ἐάν τε μὴ ἀντιφιλῆται, ἐάν τε καὶ μῑσῆται, ἢ ὁ φιλούμενος τοῦ φιλοῦντος; ἢ οὐδέτερος αὖ ἐν τῷ τοιούτῳ οὐδετέρου φίλος ἐστίν, ἂν μὴ ἀμφότεροι ἀλλήλους φιλῶσιν; Ἔοικεν. Ἀλλοίως ἄρα νῦν ἡμῖν δοκεῖ ἢ πρότερον ἔδοξεν. τότε μὲν γάρ, εἰ ὁ ἕτερος φιλοίη, ἀμφοτέρους εἶναι φίλους· νῦν δέ, ἂν μὴ ἀμφότεροι φιλῶσιν, οὐδέτερος φίλος. Φαίνεται, ἔφη. ἀλλὰ μὰ τὸν Δία, ὦ Σώκρατες, οὐ πάνυ εὐπορῶ ἔγωγε.

ΣΧΟΛΙΑ

120. ἔστι φιλοῦντα, κτλ. *is it possible for one-who-loves*, etc.

122. οἷόν που ἐνίοτε . . . οἱ ἐρασταί *the very* (*experience*) *which lovers sometimes I suppose* (ἐνίοτε που), etc.

123. τὰ παιδικά *their darlings, favorites. Cf. deliciae.*

124. ὡς οἷόν τε μάλιστα an intensified ὡς μάλιστα.

133. ἀλλοίως *otherwise, differently* (ἄλλος).

134. ἔδοξεν (*it*) *seemed.*

137. εὐπορῶ (εὐπορέω) *I am well off, have a way* (*to do*), *am able* (*to do*). οὐ πάνυ εὐπορῶ *I am totally at a loss, I am all in a muddle.* (*Cf.* ἄπορος.)

XLV. τετταράκοντα πέντε. μέ´

Τὸ Πέμπτον καὶ Τετταρακοστὸν Μάθημα

Review the past-imperfect (active and middle) of verbs in **-ω**, **-εω**, and **-αω**. Uses of the past-imperfect, § 135. Intensive Study of Λύσις, ll. 127–137 (Lesson XLIV).

ΟΝΟΜΑΤΑ ΤΕ ΚΑΙ ΡΗΜΑΤΑ

(α)

ἀγανακτέω -ήσω *feel irritation, be vexed, annoyed.*

ἀπ-ελαύνω *drive away.*

ἐξ-ευρίσκω, ἐξ-ευρήσω *find out, discover.*

κῑνέω -ήσω *set in motion, move, stir up. Cf.* kinetic.

παρα-καλέω *call to* (*one*), *summon.*

ὑπο-βαρβαρίζω *speak with a foreign accent, speak somewhat* (ὑπό) *brokenly.*

φροντίζω -ιῶ *pay heed to* (Gen. § 115 h) *regard* (φρονέω. φρένες).

(β)

εἶτα *then.*
ἐν νῷ ἔχω *have in mind, intend.*
ὀψέ *late in the day, late.*
περι-εστῶτες *the bystanders.*
συν-ουσίᾱ (ἡ) *a being together, intercourse, conversation* (συν-ών).

ΛΥΣΙΣ, Η ΠΕΡΙ ΦΙΛΙΑΣ. ΙΑ΄

Ταῦτα δ' εἰπὼν ἐν νῷ εἶχον ἄλλον ἤδη τινὰ τῶν πρεσβυτέρων κῑνεῖν. καὶ εἶτα, ὥσπερ δαίμονές τινες, προσ-ελθόντες οἱ παιδαγωγοί, ὅ τε τοῦ Μενεξένου καὶ ὁ τοῦ Λύσιδος, ἔχοντες αὐτῶν τοὺς ἀδελφούς, παρ-εκάλουν καὶ ἐκέλευον αὐτοὺς οἴκαδε ἀπ-ιέναι· ἤδη γὰρ ἦν ὀψέ· τὸ μὲν οὖν πρῶτον καὶ ἡμεῖς καὶ οἱ περι-εστῶτες αὐτοὺς ἀπ-ηλαύνομεν. ἐπειδὴ δὲ οὐδὲν ἐφρόντιζον ἡμῶν, ἀλλ' ὑπο-βαρβαρίζοντες ἠγανάκτουν τε καὶ οὐδὲν ἧττον ἐκάλουν, ἡττηθέντες οὖν αὐτῶν δι-ελῡ́σαμεν τὴν συν-ουσίᾱν.

ὅμως δ' ἔγωγε ἤδη ἀπ-ιόντων αὐτῶν, Νῦν μέν, ἦν δ' ἐγώ, ὦ Λύσι τε καὶ Μενέξενε, καταγέλαστοι γεγόναμεν ἐγώ τε, γέρων ὤν, καὶ ῡ̔μεῖς. ἐροῦσι γὰρ οἵδε ἀπ-ιόντες ὅτι οἰόμεθα ἡμεῖς ἀλλήλων φίλοι εἶναι — καὶ ἐμὲ γὰρ ἐν ῡ̔μῖν τίθημι — οὔπω δὲ ὅ τι ἔστιν ὁ φίλος οἷοί τε ἐγενόμεθα ἐξ-ευρεῖν.

ΣΧΟΛΙΑ

138. ταῦτα εἰπὼν *after saying these things.*
139. ὥσπερ δαίμονες *like (evil) spirits.*
145. ὑποβαρβαρίζοντες. Slaves were usually foreign-born.
147. ἡττηθέντες . . . αὐτῶν *yielding to them (becoming less than they).* δι-ελύσαμεν *we dissolved, brought to an end.*
148. ἀπ-ιόντων αὐτῶν *as they were going away.*
150. γεγόναμεν *we have become.*
152. τίθημι *I set, place, count.*
153. οἷοί τ' ἐγενόμεθα ἐξ-ευρεῖν *we were able to discover.*

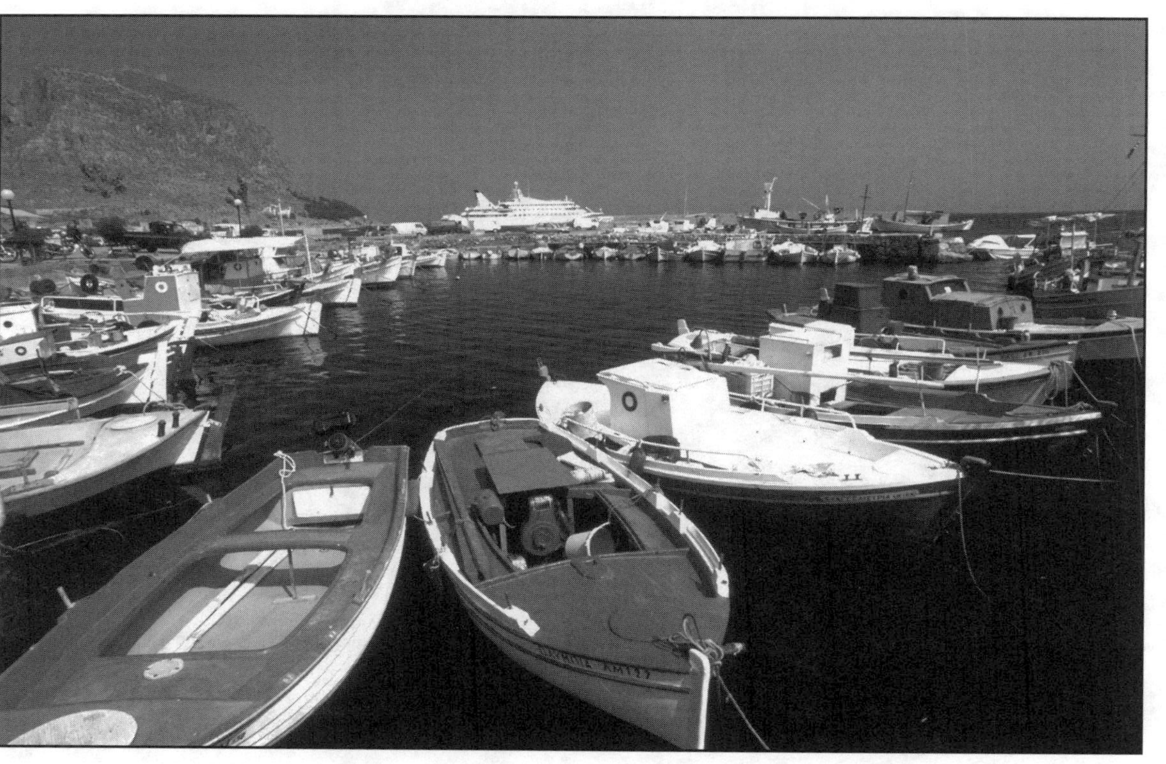

Fishing village, Monemvasia

Harbor front, Chania, Crete

The *Lysis* is one of the dialogues of Plato in which no definite conclusion is reached. Between the selection in Lesson XLIV and the closing paragraphs above about ten pages of the dialogue have been omitted. As question succeeds question and dilemma, dilemma, the unfortunate lad becomes more and more confused, until at length he exclaims in despair: ἐγὼ μὲν οὐκέτι ἔχω τί λέγω.

XLVI. ἓξ καὶ τετταράκοντα. μς´

Τὸ Ἕκτον καὶ Τετταρακοστὸν Μάθημα

Κρεῖττόν που σμῖκρὸν εὖ ἢ πολὺ μὴ ἱκανῶς περᾶναι.[1]
—Πλάτων ἐν τῷ Θεαιτήτῳ, 187 E.

Review the last four lessons, and the third declension (including §§ 48, 50 A, B), adding §§ 36–37: (ἡ πόλις, ὁ βασιλεύς).

Intensive Study of Λύσις, ll. 138–147 (Lesson XLV).

Herewith Exercise 34.

ΣΕΜΑ ΠΑΤΕΡ ΚΛΕ
ΒΟΛΟΣ: ΑΠΟΦΘΙΜΕ
ΝΟΙ ΧΣΕΝΟΦΑΝΤΟΙ
ΘΕΚΕ ΤΟΔ ΑΝΤ ΑΡΕΤΕΣ
ΕΔΕ ΣΑΟΦΡΟΣΥΝΕΣ

Σῆμα πατὴρ Κλείβουλος ἀποφθιμένῳ Ξενοφάντῳ
θῆκε τόδ᾽ ἀντ᾽ ἀρετῆς ἠδὲ σαοφροσύνης.

ἀποφθιμένῳ *having died.* θῆκε *he erected.* ἠδέ = καί. σαοφροσύνη = σωφροσύνη.

[1] περᾶναι *to bring to an end, to accomplish* (περαίνω).

XLVII. τετταράκοντα ἑπτά. μζ′

Τὸ Ἕβδομον καὶ Τετταρακοστὸν Μάθημα

The Verb: Action-stems, etc., §§ 131–133.

Verbs form their *aorist* action-stem in one of several ways, the most common formation consisting in the verb-stem plus the suffix **-σα** (§ 64), thus: **λύω**, aorist-stem **λῡσα-**, aorist indicative **ἔλῡσα** *I loosed.* Other examples are:

γράφω	Aor. st. **γραφ** + **σα-**	Aor. Indic. **ἔγραψα** *I wrote.*
πρᾱ́ττω	Aor. st. **πρᾱγ** + **σα-**	Aor. Indic. **ἔπρᾱξα** *I did.*
ποιέω	Aor. st. **ποιη** + **σα-**	Aor. Indic. **ἐποίησα** *I made.*
ἐρωτάω	Aor. st. **ἐρωτη** + **σα-**	Aor. Indic. **ἠρώτησα** *I asked.*
καλέω[1]	Aor. st. **καλε** + **σα-**	Aor. Indic. **ἐκάλεσα** *I called.*
γελάω	Aor. st. **γελᾰ** + **σα-**	Aor. Indic. **ἐγέλᾰσα** *I laughed, burst into laughter.*

Learn the conjugation of the aorist active of **λύω**, § 79 A, and decline in the same way each of the verbs given above.

Uses of the Subjunctive:

a) *Exhortation.*
b) *Question.*
c) *Aoristic Prohibition*, § 157.
d) *Modest Assertion.*
e) *Conditional Clauses.*
f) *Final Clauses.*

[1] καλέω and γελάω do not lengthen the final ε or α to η before the aorist suffix.

ΟΝΟΜΑΤΑ ΤΕ ΚΑΙ ΡΗΜΑΤΑ

(α)

ἀκούω, *ἀκούσομαι, ἤκουσα.*

ἀκολουθέω, *-ήσω, ἠκολούθησα follow.* (Dat.). *Cf.* acolyte.

ἀπο-τυγχάνω *fail of hitting, miss, fail.*

ἐρωτάω, *-ήσω, ἠρώτησα.*

κλέπτω, *κλέψω, ἔκλεψα (κλεπ-).*

κληρονομέω, *-ήσω, ἐκληρονόμησα inherit.*

μοιχεύω, *-εύσω, ἐμοίχευσα be an adulterer (μοιχός).*

ποιέω, *ποιήσω, ἐποίησα.*

τῑμάω, *τῑμήσω, ἐτίμησα.*

ψευδομαρτῡρέω, *-ήσω, -ησα bear false witness.*

φιλέω, *-ήσω, ἐφίλησα.*

φονεύω, *-εύσω, ἐφόνευσα murder (φόνος (ὁ) murder).*

φυλάττω, *φυλάξω, ἐφύλαξα guard (φυλακ-).*

(β)

αἰώνιος *-ον lasting for an age (αἰών.* *Cf.* aeon).

ζωή (*ἡ*) *life.* *Cf.* zoölogy.

ἐντολή (*ἡ*) *command.*

νεότης (*ἡ*) *-τητος youth.*

ὅσος *-η -ον as much as.*

περί-λῡπος *-ον very sad (λύπη).*

πτωχός (*ὁ*) *beggar.*

χαλεπός *-ή -όν difficult.* **χαλεπόν ἐστι** *it is difficult.*

ΧΑΛΕΠΟΝ ΤΟ ΜΗ ΦΙΛΗΣΑΙ

Χαλεπὸν τὸ μὴ φιλῆσαι·
χαλεπὸν δὲ καὶ φιλῆσαι.
χαλεπώτερον δὲ πάντων
ἀπο-τυγχάνειν φιλοῦντα.

—Ἐκ τῆς Ἀνακρεοντείων Μελῶν Συναγωγῆς.

Ο ΠΛΟΥΣΙΟΣ ΑΡΧΩΝ

Καὶ ἠρώτησεν τὸν Ἰησοῦν ἄρχων τις λέγων, Διδάσκαλε ἀγαθέ, τί ποιήσᾱς ζωὴν αἰώνιον κληρονομήσω; εἶπεν δ' αὐτῷ ὁ Ἰησοῦς, Τί με λέγεις ἀγαθόν; οὐδεὶς ἀγαθός, εἰ μὴ εἷς, ὁ θεός. τᾱ̀ς ἐντολᾱ̀ς οἶδας· Μὴ μοιχεύσῃς, Μὴ φονεύσῃς, Μὴ κλέψῃς, Μὴ ψευδομαρτῡρήσῃς, Τίμᾱ τὸν πατέρα σου καὶ τὴν μητέρα.

ὁ δὲ εἶπεν, Ταῦτα πάντα ἐφύλαξα ἐκ νεότητος.

ἀκούσᾱς δὲ ὁ Ἰησοῦς εἶπεν αὐτῷ, Ἔτι ἕν σοι λείπει· πάντα ὅσα ἔχεις πώλησον καὶ διά-δος πτωχοῖς, καὶ ἕξεις θησαυρὸν ἐν τοῖς οὐρανοῖς, καὶ δεῦρο ἀκολούθει μοι.

ὁ δὲ ἀκούσᾱς ταῦτα περί-λῡπος ἐγενήθη, ἦν γὰρ πλούσιος σφόδρα.

—Ἐκ τοῦ εὐαγγελίου τοῦ κατὰ Λοῦκαν, ΙΗ΄, ιη΄–κγ΄.

ΣΧΟΛΙΑ

2. τί ποιήσᾱς *by doing what . . . ?*
5. οἶδας = οἶσθα.
9. ἀκούσᾱς *having heard.*
10. λείπει *remains, is lacking.* διά-δος *distribute.*
13. ἐγενήθη *he became* = ἐγένετο.

On the style and language of the New Testament, see Vocabulary, *s.v.* Διαθήκη.

ΠΡΟΣΘΗΚΗ

Outline the conjugation of ten or a dozen verbs, including contract verbs in **-εω** and **-αω**, according to the following scheme (§ 79 A):

	Indic.	Subj.	Opt.	Imper.	Infin.	Part.
Progr. Action-stem	**λῡ́-ω** **ἔ-λῡ-ον**	**λῡ́-ω**	**λῡ́-οιμι**	**λῦ-ε**	**λῡ́-ειν**	**λῡ́-ων**
Future stem	**λῡ́-σω**		**λῡ́-σοιμι**		**λῡ́-σειν**	**λῡ́-σων**
Aorist Action-stem	**ἔ-λῡ-σα**	**λῡ́-σω**	**λῡ́-σαιμι**	**λῦ-σον**	**λῦ-σαι**	**λῡ́-σᾱς**

XLVIII. δυοῖν δέοντες πεντήκοντα. μή

Τὸ Ὄγδοον καὶ Τετταρακοστὸν Μάθημα

Ὦ ξεῖν', ἄγγειλον Λακεδαιμονίοις ὅτι τῇδε
κείμεθα τοῖς κείνων ῥήμασι πειθόμενοι.[1]

—Σιμωνίδης.

[1] This is the famous epitaph written in honor of the Spartans who fell in the battle of Thermopylae: *O passer-by, announce to the Lacedaemonians that here* (τῇδε) *we lie obedient to their commands* (τοῖς ῥήμασι). ὦ ξεῖνε = ὦ ξένε *O stranger.*

The First Aorist, § 64 (a); Aorists in **-α**, §§ 64 b, 85 A. Learn the declension of the aorist active participle in **-σᾱς**, **λῡ́σᾱς λῡ́σᾱσα λῦσαν**, § 50 C, and decline in the same way: **γράψᾱς**, **φυλάξᾱς**, **ποιήσᾱς**, and without the **σ** (§ 64 b) **κλῑ́νᾱς**, **ἀγγείλᾱς**.

The Meanings of the Aorist, § 136 (especially the *inceptive* aorist).

Herewith Exercise 35.

ΟΝΟΜΑΤΑ ΤΕ ΚΑΙ ΡΗΜΑΤΑ

(α)

ἀγγέλλω, ἀγγελῶ, ἤγγειλα *announce* (ἀγγελ-, *cf.* ἄγγελος *messenger*).

δάκνω *bite* (δακ-).

διώκω, διώξω and διώξομαι, ἐδίωξα *pursue.*

κλίνω, κλῐνῶ, ἔκλῑνα *make to lean, slant, incline, decline.*

κρατέω, -ήσω, ἐκράτησα *have power* (κράτος) *over, conquer.*

κρίνω, κρῐνῶ, ἔκρῑνα *separate, distinguish, judge.*

μένω, μενῶ, ἔμεινα *remain, wait for.*

σαίνω *wag the tail, fawn upon.*

σημαίνω, σημᾰνῶ, ἐσήμηνα *point out, indicate* (σῆμα).

φαίνω, φᾰνῶ, ἔφηνα *show.*

(β)

ἐχθρός -ά -όν *hateful, hated, hostile.*

λαγῶς (ὁ), Acc. λαγῶν *hare.*

ποτὲ μὲν . . . ποτὲ δέ *at one time . . . at another time.*

οὐρᾱ́ (ἡ) *tail.*

ΚΥΩΝ ΚΑΙ ΛΑΓΩΣ

Κύων τις λαγῶν διώξᾱς ἐκράτησε· καὶ ποτὲ μὲν ἔδακνε, ποτὲ δὲ σαίνων ἐφίλει. καὶ ὁ λαγῶς εἶπεν· "Εἰ μὲν φίλος εἶ, τί δάκνεις; εἰ δὲ ἐχθρός, τί σαίνεις οὐρᾱ́ν;"

—Ἐκ τῆς τῶν Αἰσωπείων Μύθων Συναγωγῆς, 229 H.

ΣΧΟΛΙΑ

2. ἔδακνε *he was biting, he would bite.* ἐφίλει *he would caress, kiss, lick.* § 135.

ΠΡΟΣΘΗΚΗ

ΟΡΝΙΣ ΧΡΥΣΟΤΟΚΟΣ

Ὄρνῑν ἀνήρ τις εἶχεν ᾠὰ χρῡσᾶ τίκτουσαν· καὶ νομίσᾱς ἔνδον αὐτῆς ὄγκον χρῡσοῦ εἶναι, ἀπο-κτείνᾱς εὗρεν ὁμοίᾱν οὖσαν τοῖς ἄλλοις ὄρνῑσι. ὃ δὲ ἀθρόον πλοῦτον ἐλπίσᾱς εὑρήσειν καὶ τοῦ μῑκροῦ ἐστέρηται ἐκείνου.

ὁ μῦθος δηλοῖ, ὅτι δεῖ τοῖς παρ-οῦσιν ἀγαθοῖς ἀρκεῖσθαι καὶ τὴν ἀπληστίᾱν φεύγειν.

—Ἐκ τῆς αὐτῆς, 343 H.

ΣΧΟΛΙΑ

1. ὄρνῑν, Acc. of ὄρνῑς.
3. εὗρεν ὁμοίᾱν οὖσαν *he found it similar* (lit., *being like*).
4. ἐλπίσᾱς *expecting* (ἐλπίζω).
5. ἐστέρηται *he is deprived.*

ΠΑΙΣ ΨΕΥΣΤΗΣ

Παῖς τις πρόβατα νέμων, ὡς λύκον ἐρχόμενον πρὸς διαφθορᾶν ὁρῶν, ἐπι-καλούμενος τοὺς γεωργοὺς ἔλεγε· "Βοηθεῖτέ μοι· ἔρχεται λύκος." οἱ δὲ γεωργοὶ τρέχοντες τοῦτον εὕρισκον οὐκ ἀληθεύοντα. τοῦτο δὲ ποιήσαντος πολλάκις τοῦ παιδός, εὕρισκον αὐτὸν ψευδόμενον. μετὰ δὲ ταῦτα τοῦ λύκου προσ-ερχομένου, καὶ τοῦ παιδὸς βοῶντος, "Δεῦρό μοι, λύκος," οὐκέτι τις ἐπίστευεν οὐδ' ἐβοήθησεν. ὁ δὲ λύκος πᾶσαν τὴν ποίμνην δι-έφθειρεν εὐκόλως.

ὁ μῦθος δηλοῖ, ὅτι τοσοῦτον ὄφελος τῷ ψεύστῃ, ὅτι καὶ ἀληθῆ λέγων πολλάκις οὐ πιστεύεται.

—Ἐκ τῆς αὐτῆς, 353 H.

XLIX. ἑνὸς δέοντες πεντήκοντα. μθʹ

Τὸ Τετταρακοστὸν Μάθημα καὶ Ἔνατον

Οὔτοι γ' ἐφ-ίξει τῶν ἄκρων ἄνευ πόνων.

—Σοφοκλῆς, Ἀπ. 365 N².

Review Lessons XLVII–XLVIII.
The Uses of the Genitive Case, §§ 111, 114–119.

1. Πόνος γάρ, ὡς λέγουσιν, εὐκλείᾱς πατήρ.
—Εὐριπίδης, Ἀπόσ. 474 N².
2. Ἀλήθεια δὴ πάντων μὲν ἀγαθῶν θεοῖς ἡγεῖται, πάντων δὲ ἀνθρώποις.
—Πλάτων ἐν τοῖς Νόμοις, 730 C.
3. Ἁπλᾶ γάρ ἐστι τῆς ἀληθείᾱς ἔπη.
—Αἰσχύλος, Ἀπόσ. 176 N².
4. Βραχεῖα τέρψις ἡδονῆς κακῆς.
—Εὐριπίδης, Ἀπόσ. 362, 23 N².
5. Δὶς ἐξ-αμαρτεῖν ταὐτὸν οὐκ ἀνδρὸς σοφοῦ.
— Μένανδρος, Μ. 121.
6. Τὸν ἄρα τῷ ὄντι φιλομαθῆ πάσης ἀληθείᾱς δεῖ εὐθὺς ἐκ νέου ὅτι μάλιστα ὀρέγεσθαι.
—Πλάτων ἐν τῇ Πολῑτείᾳ, 485 D.
7. Μαθημάτων φρόντιζε μᾶλλον χρημάτων.
τὰ γὰρ μαθήματ' εὐπορεῖ τὰ χρήματα.
—Φιλήμων, Ἀπόσ. 52 a, N².
8. Νέος ὢν ἀκούειν τῶν γεραιτέρων θέλε.
— Μένανδρος, Μον. 8.
9. Ἔρως τῶν θεῶν βασιλεύει.
—Πλάτων ἐν τῷ Συμποσίῳ, 195 C.

10. Μηδείς σου τῆς νεότητος κατα-φρονείτω.
—Ἐκ τῆς πρώτης Ἐπιστολῆς πρὸς Τῑμόθεον, Δʹ, ιβʹ.

11. Οἱ τῷ ὄντι πλούσιοι, οὐ χρῡσίου, ἀλλ' οὗ δεῖ τὸν εὐδαίμονα πλουτεῖν, ζωῆς ἀγαθῆς τε καὶ ἔμφρονος.
— Πλάτων ἐν τῇ Πολῑτείᾳ, 521 A.

12. Γλώσσης μάλιστα πανταχῆ πειρῶ κρατεῖν.
— Μένανδρος, Μον. 30.

ΣΧΟΛΙΑ

ἐφ-ικνέομαι, ἐφ-ίξομαι come to, attain to.
ἄκρα (τά) the heights. *Cf.* acro-polis.

1. *εὔκλειᾰ (ἡ). εὖ, καλεῖν.* *Cf.* Εὐκλείδης.
3. *ἔπη, τοῦτ' ἔστι, λόγοι.*
6. *τὸν . . . φιλομαθῆ, ὁ φιλομαθής.*
11. The sentence is incomplete : *those who are truly rich,* (*who are*) *rich not in gold,* etc. *πλουτεῖν* has the construction of *γέμειν.*

L. πεντήκοντα. νʹ

Τὸ Πεντηκοστὸν Μάθημα

Μηδείς σου τῆς νεότητος κατα-φρονείτω.
—Παῦλος, πρὸς Τῑμόθεον I, 4, 12.

Genitive of *Time*, § 119 ; Genitive after **κατά** in Composition, § 116 h.

The Verb: the Perfect Active, §§ 58, 65, 66.

Learn the perfect active of **λύω**, § 79 A, and see § 137.

Herewith Exercise 36.

ΟΝΟΜΑΤΑ ΤΕ ΚΑΙ ΡΗΜΑΤΑ

(α)

ἀγγέλλω, ἀγγελῶ, ἤγγειλα, ἤγγελκα.

ἀν-οίγω, ἀν-οίξω, ἀν-έῳξα, ἀν-έῳχα, *open (open up)*. § 57.

ἀφ-ικνέομαι, ἀφ-ίξομαι *arrive, arrive at.*

ἐγείρω, ἐγερῶ, ἤγειρα *awaken.* Sec. Pf. ἐγρήγορα *I am awake.*

ἐπι-δημέω, -ήσω, ἐπ-εδήμησα, ἐπι-δεδήμηκα *be in town* (δῆμος *district*, deme. *Cf.* democracy). *Cf.* epidemic.

καθ-εύδω *be asleep, lie down* (κατά) *to sleep.*

κατα-φρονέω, -ήσω, κατ-εφρόνησα *despise, look down upon* (Gen.).

κρούω, -σω *strike.* **τὴν θύρᾱν κρούειν** *to knock at the door.* **τὰς χεῖρας κρούειν** *to clap the hands.*

(β)

βακτηρίᾱ (ἡ) *walking stick.* **βακτήριον** (τό) *little walking stick. Cf.* bacteria.

εἴσω = ἔσω *into, within* (εἰς).

ἕνεκα *on account of, for the sake of* (Gen.). **τοῦ ἕνεκα;** *on what account?*

ἑσπέρᾱ (ἡ) *evening. Cf.* Vesper.

εὐθύς *straightway, straight.*

πρῴην *day before yesterday.*

τηνικάδε *at this time, so early.* **τοῦ ἕνεκα τηνικάδε ἀφίκου;** *why have you come so early;*

υἱός (ὁ) *son.*

The following selection, Πρωταγόρᾱς ἐπι-δεδήμηκεν *Protagoras is in Town*, is taken from the *Protagoras* of Plato, and extends through Lesson LXVII. Socrates relates to a friend how Hippoc′rates, the son of Apollodo′rus, came to see him "last night," or rather "early this morning," seeking an introduction to the famous sophist Protagoras.

This passage is written in Plato's noblest style, and is of its kind one of the most beautiful passages in Greek literature. It is therefore recommended that the class each day memorize so far as possible the portion contained in the lesson of the day before. The rate of progress may thereby be somewhat retarded, but the gain in power will more than compensate for any loss of time.

ΠΡΩΤΑΓΟΡΑΣ ΕΠΙΔΕΔΗΜΗΚΕΝ. Α′

Ἐκλογὴ ἐκ τοῦ Πρωταγόρου τοῦ Πλάτωνος

Τὰ τοῦ διαλόγου πρόσωπα

Σωκράτης Ἱπποκράτης Πρωταγόρᾱς Καλλίᾱς

Τῆς νυκτὸς ταυτησί, ἔτι βαθέος ὄρθρου, Ἱπποκράτης, ὁ Ἀπολλοδώρου υἱός, Φάσωνος δὲ ἀδελφός, τὴν θύρᾱν τῇ βακτηρίᾳ πάνυ σφόδρα ἔκρουε, καὶ ἐπειδὴ αὐτῷ ἀν-έῳξέ τις, εὐθὺς εἴσω ᾔειν ἐπειγόμενος, καὶ τῇ φωνῇ μέγα λέγων, Ὦ Σώκρατες, ἔφη, ἐγρήγορας ἢ καθ-εύδεις; καὶ ἐγὼ τὴν φωνὴν γνοὺς αὐτοῦ, Ἱπποκράτης, ἔφην, οὗτος· μή τι νεώτερον ἀγγέλλεις; Οὐδέν γ', ἦ δ' ὅς, εἰ μὴ ἀγαθά γε. Εὖ ἂν λέγοις, ἦν δ' ἐγώ· ἔστι δὲ τί, καὶ τοῦ ἕνεκα τηνικάδε ἀφ-ίκου; Πρωταγόρᾱς, ἔφη, ἥκει, στᾶς παρ' ἐμοί. Πρῴην, ἔφην ἐγώ· σὺ δὲ ἄρτι πέπυσαι; Νὴ τοὺς θεούς, ἔφη, ἑσπέρᾱς γε.

ΣΧΟΛΙΑ

1. *ταυτησί = ταύτης.*

1. *ἔτι βαθέος ὄρθρου (while it was) still very early. ὄρθρος (ὁ) cock-crow, dawn. ὄρθρος βαθύς early dawn, before daybreak.*

4. *εὐθὺς εἴσω ᾔει(ν) ἐπειγόμενος he came straight in with a rush (rushing).*

7. *γνούς recognizing.*

8. *νεώτερόν τι anything startling. Cf.* news.

9. *εὖ ἂν λέγοις that were well! Cf. εὖ λέγεις.* § 163.

11. *στάς taking his stand.*

12. *ἄρτι πέπυσαι; have you just heard?*

ΠΡΟΣΘΗΚΗ

γράφω γράψω ἔγραψα γέγραφα.
ἐρωτάω ἐρωτήσω ἠρώτησα ἠρώτηκα.
κελεύω κελεύσω ἐκέλευσα κεκέλευκα.
κωλύω κωλῡ́σω ἐκώλῡσα κεκώλῡκα.
μένω μενῶ ἔμεινα μεμένηκα.
μῑσέω μῑσήσω ἐμίσησα μεμίσηκα.
παύω παύσω ἔπαυσα πέπαυκα.
ποιέω ποιήσω ἐποίησα πεποίηκα.
πρᾱ́ττω πρᾱ́ξω ἔπρᾱξα πέπρᾱχα.
φυλάττω φυλάξω ἐφύλαξα πεφύλαχα.

LI. πεντήκοντα εἷς. να´

Τὸ Πρῶτον καὶ Πεντηκοστὸν Μάθημα

The Verb: Review the active forms of **λύω**, and learn the middle aorist and perfect, § 79 B, and §§ 67, 137.

ΟΝΟΜΑΤΑ ΤΕ ΚΑΙ ΡΗΜΑΤΑ

(α)

ἀνα-παύομαι *desist, go to rest, sleep.*

ἀπο-διδράσκω, ἀπο-δρᾱ́σομαι *run away.* **ἀπ-έδρᾱ** *he ran away, escaped.*

γιγνώσκω, γνώσομαι *recognize.* **ἀνα-γιγνώσκω** *read.*

δειπνέω -ήσω -ησα -ηκα *dine* (δεῖπνον *dinner, supper*). ΣΧΟΛΙΑ.

ἐπι-ψηλαφάω -ήσω -ησα *feel for, grope for* (Gen.).

μέλλω, μελλήσω *be about to, intend* (Infin.).

φράζω, φράσω, ἔφρασα, πέφρακα *point out to, tell, relate* (φραδ-).

(β)

ἀνδρείᾱ (ἡ) *manliness* (ἀνήρ).

δῆτα a strengthened δή.

ἐπειδὴ τάχιστα *as soon as.*

κόπος (ὁ) *weariness* (κόπτω).

πτοίησις (ἡ) *excitement.*

σκίμπους (ὁ) -ποδος *a pallet, bed.*

τότε *at that time, then.*

ὕπνος (ὁ) *sleep.* *Cf.* hypnotic.

ΠΡΩΤΑΓΟΡΑΣ ΕΠΙΔΕΔΗΜΗΚΕΝ. Β

καὶ ἅμα ἐπι-ψηλαφήσᾱς τοῦ σκίμποδος ἐκαθέζετο παρὰ τοὺς πόδας μου καὶ εἶπεν, Ἑσπέρᾱς δῆτα, μάλα γε ὀψὲ ἀφ-ικόμενος ἐξ Οἰνόης· ὁ γάρ τοι παῖς με ὁ Σάτυρος ἀπ-έδρᾱ· καὶ δῆτα μέλλων σοι φράζειν ὅτι διωξοίμην αὐτόν, ὑπό τινος ἄλλου ἐπ-ελαθόμην. ἐπειδὴ δὲ ἦλθον καὶ δεδειπνηκότες ἦμεν καὶ ἐμέλλομεν ἀνα-παύεσθαι, τότε μοι ἁδελφὸς λέγει, ὅτι ἥκει Πρωταγόρᾱς. καὶ ἔτι μὲν ἐπ-εχείρησα εὐθὺς παρὰ σὲ ἰέναι. ἔπειτά μοι λίᾱν πόρρω ἔδοξε τῶν νυκτῶν εἶναι. ἐπειδὴ δὲ τάχιστά με ἐκ τοῦ κόπου ὁ ὕπνος ἀν-ῆκεν, εὐθὺς ἀνα-στᾱ́ς, οὕτω δεῦρο ἐπορευόμην. καὶ ἐγὼ γιγνώσκων αὐτοῦ τὴν ἀνδρείᾱν καὶ τὴν πτοίησιν, Τί οὖν σοι, ἦν δ' ἐγώ, τοῦτο; μῶν τί σε ἀδικεῖ Πρωταγόρᾱς; καὶ ὃς γελάσᾱς, Νὴ τοὺς θεούς, ἔφη, ὦ Σώκρατες, ὅτι γε μόνος ἐστὶ σοφός, ἐμὲ δὲ οὐ ποιεῖ.

ΣΧΟΛΙΑ

15. ἀφ-ικόμενος ἐξ Οἰνόης *having arrived from Oe'noe*, a village and deme northwest from Athens near the border of Attica.

16. ὁ παῖς ὁ Σάτυρος *my slave* (*boy*) *Satyrus*. μέλλων σοι φράζειν ὅτι διωξοίμην *though intending to tell you that I was going to pursue*. διωξοίμην is a future optative representing after the past tense ἐπελαθόμην *I forgot* the future indicative διώξομαι. This is the only use of the future optative. § 179, II B.

17. ὑπό τινος ἄλλου ἐπ-ελαθόμην *because of something else I forgot* (*it*).

18. ἦλθον *I came*, i.e. *returned*. δεδειπνηκότες ἦμεν *we had dined* (i.e. *we were having-dined*).

19. ἀδελφός, τοῦτ' ἔστιν, ὁ ἀδελφός.

21. λίᾱν πόρρω τῶν νυκτῶν *too late* (i.e. *too far along* (πόρρω) *in the night* (*hours*)).

22. ἀν-ῆκεν *it released*. § 98.

23. ἀνα-στάς *arising* (*standing up*).

LII. πεντήκοντα καὶ δυό. νβ´

Τὸ Πεντηκοστὸν καὶ Δεύτερον Μάθημα

The Verb: Review the middle forms of **λύω**, § 79 B; and learn the conjugation of **φημί** *declare*, *say*, § 94.

Indirect Discourse, § 179.

Herewith Exercise 37.

ΟΝΟΜΑΤΑ ΤΕ ΚΑΙ ΡΗΜΑΤΑ

(α)

ἀκούω, ἀκούσομαι, ἤκουσα, ἀκήκοα.

ἐπ-αινέω, ἐπ-αινέσομαι, ἐπ-ήνεσα, ἐπ-ήνεκα *praise.*

κατα-λαμβάνω, κατα-λήψομαι *overtake, find.*

κατα-λύω -σω -σα -κα *unfasten, unyoke, lodge* (at one's house). **παρ' ἐμοὶ κατα-λύει** *he is my guest.*

θάρρει *be of good cheer!* (θαρρέω).

ὁράω, ὄψομαι, Aor. εἶδον, Pf. ἑώρᾱκα *see.*

πείθω, πείσω, ἔπεισα, πέπεικα *persuade* (πειθ-).

φημί, F. ἐρῶ (ἐρέω), Aor. εἶπον, Pf. εἴρηκα *say, declare.*

(β)

ἀλλα γάρ *but indeed, really.*

ἅμα μέν . . . ἅμα δέ *partly . . . partly*, etc.

ἀργύριον (τό) *coined silver, money.*

αὐτοῦ *here, there.*

εἰ γάρ *would that!* ΣΧΟΛΙΑ.

εἶτα *then.*

μήπω *not yet.*

νῦν *now, nunc.*

οὐ . . . πώποτε *never.*

τὸ πρότερον *formerly.*

πρῴ (*too*) *early.*

ὑπέρ *above, on behalf of* (Gen.). *super.* § 19 a.

ΠΡΩΤΑΓΟΡΑΣ ΕΠΙΔΕΔΗΜΗΚΕΝ. Γ'

Ἀλλὰ ναὶ μὰ Δία, ἔφην ἐγώ, ἂν αὐτῷ διδῷς ἀργύριον καὶ πείθῃς ἐκεῖνον, ποιήσει καὶ σὲ σοφόν. Εἰ γάρ, ἦ δ' ὅς, ὦ Ζεῦ καὶ θεοί, ἐν τούτῳ εἴη· ὡς οὔτ' ἂν τῶν ἐμῶν ἐπι-λίποιμι οὐδέν, οὔτε τῶν φίλων. ἀλλ' αὐτὰ ταῦτα καὶ νῦν ἥκω παρὰ σέ, ἵνα ὑπὲρ ἐμοῦ δια-λεχθῇς αὐτῷ. ἐγὼ γὰρ ἅμα μὲν καὶ νεώτερός εἰμι, ἅμα δὲ οὐδὲ ἑώρᾱκα Πρωταγόρᾱν πώποτε οὐδ' ἀκήκοα οὐδέν· ἔτι γὰρ παῖς ἦν, ὅτε τὸ πρότερον ἐπ-εδήμησεν. ἀλλὰ γάρ, ὦ Σώκρατες, πάντες τὸν ἄνδρα ἐπ-αινοῦσι καί φᾱσι σοφώτατον εἶναι λέγειν. ἀλλὰ τί οὐ βαδίζομεν παρ' αὐτόν, ἵνα ἔνδον κατα-λάβωμεν; κατα-λύει δ', ὡς ἐγὼ ἤκουσα, παρὰ Καλλίᾳ τῷ Ἱππονίκου· ἀλλ' ἴωμεν. καὶ ἐγὼ εἶπον, Μήπω γ', ὠγαθέ· πρῲ γάρ ἐστιν. ἀλλὰ δεῦρο ἐξ-ανα-στῶμεν εἰς τὴν αὐλήν, καὶ περι-ιόντες αὐτοῦ δια-τρίψωμεν, ἕως ἂν φῶς γένηται· εἶτα ἴωμεν. καὶ γὰρ τὰ πολλὰ Πρωταγόρᾱς ἔνδον δια-τρίβει· ὥστε θάρρει, κατα-ληψόμεθα αὐτόν, ὡς τὸ εἰκός, ἔνδον.

ΣΧΟΛΙΑ

28. ἄν . . . διδῷς *if you offer.*

30. εἰ γὰρ ἐν τούτῳ εἴη *would that it might depend upon this!*

30 f. ὡς οὔτ' ἂν τῶν ἐμῶν ἐπι-λίποιμι οὐδέν *as I would leave untouched neither anything of my own.*

31. οὔτε τῶν φίλων = οὔτε τῶν τῶν φίλων.

32. αὐτὰ ταῦτα *for this very purpose.* ἵνα . . . δια-λεχθῇς *in order that you may speak* (δια-λέγομαι *converse*).

35. οὐδέν, adverbial: (*not*) *at all.*

37. σοφὸς λέγειν *skilled in speaking.* § 172, II c.

38. ἵνα . . . κατα-λάβωμεν (*we may find*).

39. παρὰ Καλλίᾳ τῷ Ἱππονίκου *at the house of Callias, the son of Hipponi'cus.* Callias, of noble family, was a wealthy Athenian, who devoted himself to a life of pleasure and spent his money lavishly in the entertainment of sophists.

41. ὠγαθέ = ὦ ἀγαθέ. ἐξ-ανα-στῶμεν *let us stand up forth! let us arise and go out!*

43. ἕως ἂν φῶς γένηται (*become*).

44. τὰ πολλά, adverbial: *for the most part.*

45. ὡς τὸ εἰκός (ἐστι) *as is likely.*

LIII. τρεῖς καὶ πεντήκοντα. νγ'

Τὸ Πεντηκοστὸν καὶ Τρίτον Μάθημα

Δωρεὰν ἐλάβετε, δωρεὰν δότε.
—Ἐκ τοῦ εὐαγγελίου τοῦ κατὰ Μαθθαῖον, Ι', η'.

Ὁ κόσμος σκηνή, ὁ βίος πάροδος· ἦλθες, εἶδες, ἀπ-ῆλθες. —Λόγος ἀνώνυμος.

Uses of the Aorist: *Gnomic* Aorist, § 136.

The Second Aorist: The vast majority of verbs in Greek form the aorist stem by adding the suffix **-σα** or **-α**, and this formation is accordingly known as the *First* or *Sigmatic* Aorist.

Another group of verbs, fewer in number, but of great frequency, do not add a suffix to form the aorist, but employ the verb-root (regularly in its *shortest* form, if the root appear in more than one form). The aorists of these verbs accordingly are known as *Second* or *Root* Aorists. They are either (a) *thematic* or (b) *non-thematic* in formation (§ 53).

In this lesson we shall consider only the *thematic* second aorists. See § 63 and for the conjugation, § 84.

Herewith Exercise 38.

Master the following verbs and forms:

ἀπο-θνῄσκω, F. **ἀπο-θανοῦμαι**, A. **ἀπ-έθανον**, Pf. **τέθνηκα** *die* (*θαν-*).

A. **ἀπ-έθανον ἀπο-θάνω ἀπο-θάνοιμι ἀπό-θανε ἀπο-θανεῖν ἀπο-θανών.**

βάλλω, F. **βαλῶ**, A. **ἔβαλον**, Pf. **βέβληκα** *throw*, *pelt* (*βελ- βολ- βαλ-*).

ἔβαλον βάλω βάλοιμι βάλε βαλεῖν βαλών.

εἶπον *I said* (serves as an aorist to *λέγω* or *φημί*) (*ϝεπ-*).

εἶπον (for *ἔ-ϝεπον*) **εἴπω**[1] **εἴποιμι εἰπέ εἰπεῖν εἰπών.**

ἦλθον *I came, went* (serves as aorist to *ἔρχομαι*) (*ἐλυθ- ἐλθ-*).

ἦλθον ἔλθω ἔλθοιμι ἐλθέ ἐλθεῖν ἐλθών.

εὑρίσκω, F. **εὑρήσω**, A. **εὗρον** or **ηὗρον**, Pf. **εὕρηκα** or **ηὕρηκα** *find*. *Cf.* eureka.

εὗρον (ηὗρον) εὕρω εὕροιμι εὑρέ εὑρεῖν εὑρών.

[1] *εἴπω.* The augment is irregularly retained throughout the moods. § 57.

εἶδον *I saw* (serves as aorist to *ὁράω*) (*ϝειδ- ϝοιδ- ϝιδ-*; *cf.* *οἶδα* (*I have seen*) *I know*).
εἶδον ἴδω ἴδοιμι ἰδέ and **ἴδε ἰδεῖν ἰδών.**

λαμβάνω, F. **λήψομαι,** A. **ἔλαβον,** Pf. **εἴληφα** *take, receive* (*ληβ- λᾰβ-*).
ἔλαβον λάβω λάβοιμι λαβέ λαβεῖν λαβών.[1]

λείπω, F. **λείψω,** A. **ἔλιπον,** Pf. **λέλοιπα** *leave* (*λειπ- λοιπ- λῐπ-*).
ἔλιπον λίπω λίποιμι λίπε λιπεῖν λιπών.

μανθάνω, F. **μαθήσομαι,** A. **ἔμαθον,** Pf. **μεμάθηκα** *learn* (*μᾰθ-*).
ἔμαθον μάθω μάθοιμι μάθε μαθεῖν μαθών.

γίγνομαι, F. **γενήσομαι,** A. **ἐγενόμην,** Pf. **γέγονα** *become* (*γεν- γον- γν-*).
ἐγενόμην (for ***ἐγνόμην**) **γένωμαι γενοίμην γενοῦ γενέσθαι γενόμενος.**

ἐπι-λανθάνομαι or **ἐπι-λήθομαι,** F. **ἐπι-λήσομαι,** A. **ἐπ-ελαθόμην,** Pf. **ἐπι-λέλησμαι** *forget* (*ληθ- λᾰθ-*).
ἐπ-ελαθόμην ἐπι-λάθωμαι ἐπι-λαθοίμην ἐπι-λαθοῦ ἐπι-λαθέσθαι ἐπι-λαθόμενος.

LIV. *πεντήκοντα τέτταρες.* *νδʹ*

Τὸ Τέταρτον καὶ Πεντηκοστὸν Μάθημα

Review Lesson LIII, also the conjugation of verbs in **-αω**, § 82, and the first aorists in **-α**, § 85, especially the middle forms: **ἀπ-εκρῑνάμην.** See § 64.

Conditional Clauses: *Contrary to Fact Conditions*, § 152.

Herewith Exercise 39.

[1] Observe that the last five verbs accent the aorist imperative (second person singular) on the last syllable. *ἰδέ* means *behold!* But in compounds the accent is regular: *ἄπ-ελθε* *go away!*

ΟΝΟΜΑΤΑ ΤΕ ΚΑΙ ΡΗΜΑΤΑ

(α)

ἐρωτάω, F. ἐρωτήσω and ἐρήσομαι, A. ἠρώτησα and ἠρόμην, Pf. ἠρώτηκα *ask (a question).* A. ἠρόμην, ἔρωμαι, ἐροίμην, ἐροῦ, ἐρέσθαι, ἐρόμενος.

ἐπι-νοέω, ἐπι-νοήσω, ἐπ-ενόησα, ἐπι-νενόηκα *think on, have in mind, intend.*

ἐπι-χειρέω, ἐπι-χειρήσω, ἐπ-εχείρησα, ἐπι-κεχείρηκα *put one's hand to (a thing), attempt.*

κλΐνω, κλῐνῶ, ἔκλῑνα, κέκλῐκα *incline, decline* (κλῑν- κλῐν-).

κρΐνω, κρῐνῶ, ἔκρῑνα, κέκρῐκα *select, judge* (κρῑν- κρῐν-). **ἀπο-κρΐνομαι**, ἀπο-κρῐνοῦμαι, ἀπ-εκρῑνάμην, ἀπο-κέκρῐμαι *answer.*

περί-ειμι *go around* (εἶμι, § 93).

σκοπέω, σκέψομαι, ἐσκεψάμην, ἔσκεμμαι *examine critically, consider* (σκεπ- σκοπ-). **δια-σκοπέω**, κτλ. *examine thoroughly.*

τελέω, F. τελῶ (τελέω), ἐτέλεσα, τετέλεκα *bring to an end* (τέλος), *consummate, pay,* etc.

(β)

ἀγαλματοποιός (ὁ), *sculptor* (ἄγαλμα (τό), *statue*).

δῆλον ὅτι *clearly.*

ῑ̓ατρός (ὁ) *physician.*

μισθός (ὁ) *hire, wages, fee.*

ὁμώνυμος *of like name, namesake.*

ῥώμη (ἡ) *strength.*

ὥσπερ ἂν εἰ *just as if.*

ΠΡΩΤΑΓΟΡΑΣ ΕΠΙΔΕΔΗΜΗΚΕΝ. Δ'

μετὰ ταῦτα ἀνα-στάντες εἰς τὴν αὐλὴν περι-ῇμεν. καὶ ἐγὼ ἀπο-πειρώμενος τοῦ Ἱπποκράτους τῆς ῥώμης δι-εσκόπουν αὐτὸν καὶ ἠρώτων, Εἰπέ μοι, ἔφην ἐγώ, ὦ Ἱππόκρατες, παρὰ Πρωταγόρᾱν νῦν ἐπιχειρεῖς ἰέναι, ἀργύριον τελῶν ἐκείνῳ μισθὸν ὑπὲρ σεαυτοῦ, ὡς παρὰ τίνα ἀφ-ιξόμενος καὶ τίς γενησόμενος; ὥσπερ ἂν εἰ ἐπ-ενόεις παρὰ τὸν σαυτοῦ ὁμώνυμον ἐλθών, Ἱπποκράτη τὸν Κῷον, τὸν τῶν Ἀσκληπιαδῶν, ἀργύριον τελεῖν ὑπὲρ σαυτοῦ μισθὸν ἐκείνῳ, εἴ τίς σε ἤρετο, Εἰπέ μοι, μέλλεις τελεῖν, ὦ Ἱππόκρατες, Ἱπποκράτει μισθὸν ὡς τίνι ὄντι; τί ἂν ἀπ-εκρίνω; Εἶπον ἄν, ἔφη, ὅτι ὡς ἰατρῷ. Ὡς τίς γενησόμενος; Ὡς ἰατρός, ἔφη.

Εἰ δὲ παρὰ Πολύκλειτον τὸν Ἀργεῖον ἢ Φειδίᾱν τὸν Ἀθηναῖον ἐπ-ενόεις ἀφ-ικόμενος μισθὸν ὑπὲρ σαυτοῦ τελεῖν ἐκείνοις, εἴ τίς σε ἤρετο, Τελεῖν τοῦτο τὸ ἀργύριον ὡς τίνι ὄντι ἐν νῷ ἔχεις Πολυκλείτῳ τε καὶ Φειδίᾳ; τί ἂν ἀπ-εκρίνω; Εἶπον ἂν Ὡς ἀγαλματοποιοῖς. Ὡς τίς δὲ γενησόμενος αὐτός; Δῆλον ὅτι ἀγαλματοποιός.

ΣΧΟΛΙΑ

50. τελῶν, future participle expressing *purpose;* translate: *intending to pay.*

51. ὡς παρὰ τίνα ἀφ-ιξόμενος, καὶ τίς γενησόμενος (*as about to come to whom, and to become what*), translate: *To one of what profession do you think that you are going and what do you expect to become yourself, that you are now seeking to go to Protagoras*, etc.?

52 ff. ὥσπερ ἂν εἰ ἐπ-ενόεις . . . εἴ τίς σε ἤρετο . . . τί ἂν ἀπ-εκρίνω; *just as if you were intending (had in mind) . . . if some one had asked you . . . what would you have replied?* § 152.

53. Ἱπποκράτης ὁ Κῷος, ὁ τῶν Ἀσκληπιαδῶν *Hippoc'rates of Cos, of the family of the Asclepi'adae.* Hippocrates of Cos was a famous physician and founder of the science of medicine. The family of the Asclepiadae (descendants of Ascle'pius) formed a sort of guild of physicians.

56. Ἱπποκράτει ὡς τίνι ὄντι; *To Hippocrates as a representative of what profession?*

59. Polycli'tus, of Argos; and Phid'ias, of Athens, were the most famous sculptors during the latter half of the fifth century.

LV. πεντήκοντα πέντε. νε'

Τὸ Πέμπτον καὶ Πεντηκοστὸν Μάθημα

Herewith Exercise 40.

ΟΝΟΜΑΤΑ ΤΕ ΚΑΙ ΡΗΜΑΤΑ

(α)

ἔοικε *it is like, it seems likely* (a second perfect).

ὀνομάζω *name, call* (*by name*) (*ὄνομα*).

προσ-ερωτάω, A. *προσ-ηρόμην ask in addition, ask further.*

σπουδάζω *be zealous, be earnest,* etc. (*σπουδή zeal*).

(β)

εἶεν *well then!*

ἔμπροσθεν *earlier.*

ἕτοιμος *-η -ον ready.*

ἤδη *already.*

ὄνομα (*τό*) *name, word, noun.*

περί *around, about, concerning* (Gen. or Acc.).

σοφιστής (*ὁ*) *a master of one's craft, a wise man, a* sophist.

τοιοῦτος τοιαύτη τοιοῦτον *such* (*an one*).

ὥσπερ *just as.*

ΠΡΩΤΑΓΟΡΑΣ ΕΠΙΔΕΔΗΜΗΚΕΝ. Ε'

Εἶεν, ἦν δ' ἐγώ· παρὰ δὲ δὴ Πρωταγόρᾱν νῦν ἀφ-ικόμενοι ἐγώ τε καὶ σύ, ἀργύριον ἐκείνῳ μισθὸν ἕτοιμοι ἐσόμεθα τελεῖν ὑπὲρ σοῦ, ἂν μὲν ἐξ-ικνῆται τὰ ἡμέτερα χρήματα καὶ τούτοις πείθωμεν αὐτόν, — εἰ δὲ μή, καὶ τὰ τῶν φίλων προσ-ανᾱλίσκοντες. εἰ οὖν τις ἡμᾶς περὶ ταῦτα οὕτω σφόδρα σπουδάζοντας ἔροιτο, Εἰπέ μοι, ὦ Σώκρατές τε καὶ Ἱππόκρατες, ὡς τίνι ὄντι τῷ Πρωταγόρᾳ ἐν νῷ ἔχετε χρήματα τελεῖν; τί ἂν ἀπο-κρῑναίμεθα; τί ὄνομα ἄλλο γε λεγόμενον περὶ Πρωταγόρου ἀκούομεν, ὥσπερ περὶ Φειδίου ἀγαλματοποιόν, καὶ περὶ Ὁμήρου ποιητήν; τί τοιοῦτον περὶ Πρωταγόρου ἀκούομεν; Σοφιστὴν δή τοι ὀνομάζουσί γε, ὦ Σώκρατες, τὸν ἄνδρα, ἔφη.

Ὡς σοφιστῇ ἄρα ἐρχόμεθα τελοῦντες τὰ χρήματα; Μάλιστα. Εἰ οὖν καὶ τοῦτό τίς σε προσέροιτο, Αὐτὸς δὲ δὴ ὡς τίς γενησόμενος ἔρχει παρὰ τὸν Πρωταγόρᾱν; καὶ ὃς εἶπεν ἐρυθριάσᾱς — ἤδη γὰρ ὑπ-έφαινέ τι ἡμέρᾱς, ὥστε κατα-φανῆ αὐτὸν γενέσθαι — Εἰ μέν τι τοῖς ἔμπροσθεν ἔοικε, δῆλον ὅτι σοφιστὴς γενησόμενος.

ΣΧΟΛΙΑ

66. παρὰ δὲ δὴ Πρωταγόρᾱν. The particle δή is added for emphasis. The name of Protagoras closes the series, and is that to which Socrates has been leading.

68. ἂν μὲν ἐξ-ικνῆται τὰ ἡμέτερα χρήματα *if our money be sufficient.*

70. προσ-ανᾱλίσκοντες *spending besides (in addition).*

82. ἐρυθριάσᾱς *with a blush* (ἐρυθρός *red*, ἐρυθριάω *blush*).

83. ὑπ-έφαινέ τι ἡμέρᾱς *there was a glimmer of daylight.* ὑπο-φαίνω *show* (or *appear*) *just a little* (or *gradually*).

83. ὥστε κατα-φανῆ αὐτὸν γενέσθαι *so that he became visible.*

LVI. πεντήκοντα ἕξ. νϛʹ

Τὸ Ἕκτον Μάθημα καὶ Πεντηκοστόν

Learn the conjugation of **οἶδα**, § 95.

The Infinitive in Indirect Discourse, § 179, I; the Infinitive with Verbs of *Thinking*, § 179, I a.

Herewith Exercise 41.

ΟΝΟΜΑΤΑ ΤΕ ΚΑΙ ΡΗΜΑΤΑ

(α)

ἀγνοέω, -ήσω *be ignorant* (ἀ- privative, γνο-).

αἰσχῡ́νω, αἰσχυνῶ, ᾔσχῡνα *mar, disfigure, dishonor, disgrace.* Mid. *feel disgrace, be ashamed* (αἰσχρός).

δια-νοέομαι, -ήσομαι *have in mind, intend.*

ἔχω, F. ἕξω, A. ἔσχον *hold, have.* A. *got* (σεχ- σοχ- σχ-). **παρέχω**, παρ-έξω, παρ-έσχον, *furnish, supply, provide.*

θαυμάζω, θαυμάσομαι, ἐθαύμασα, τεθαύμακα *be surprised, wonder* (τὸ θαῦμα *a wonder, marvel* *Cf.* thaumaturgy).

θεραπεύω, -σω, -σα *serve, attend to, care for, heal.* *Cf.* therapeutic.

λανθάνω, λήσω, ἔλαθον, λέληθα *escape one's notice, elude* (ληθ- λᾰθ-).

χρή *one ought* (Infin.) = δεῖ.

(β)

εἰκών (ἡ) -όνος *image, portrait. Cf.* icon.

ἐπιστάτης (ὁ) *a master* (of one's profession).

ἐπιστήμων -ονος *master of.*

ἐργασίᾱ (ἡ) *work, business, a working, making.*

ζωγράφος (ὁ) *a painter of pictures* (ζῷον *animal*).

καίτοι *and yet.*

ὅ τι ποτέ *what in the world.*

οὐκοῦν *then, therefore.*

που *I suppose* (enclitic).

ποῖος; ποίᾱ; ποῖον; *of what sort?*

πρὸς θεῶν *by the gods!*

τέκτων (ὁ), -ονος *a builder, carpenter. Cf.* architect.

τοῦ πέρι; = περὶ τίνος; *what about?*

ΠΡΩΤΑΓΟΡΑΣ ΕΠΙΔΕΔΗΜΗΚΕΝ. ϛʹ

Σὺ δέ, ἦν δ' ἐγώ, πρὸς θεῶν, οὐκ ἂν αἰσχῦνοιο εἰς τοὺς Ἕλληνας σαυτὸν σοφιστὴν παρ-έχων; Νὴ τὸν Δία, ὦ Σώκρατες, εἴπερ γε ἃ δια-νοοῦμαι χρὴ λέγειν. . . . Οἶσθα οὖν ὃ μέλλεις νῦν πρᾱ́ττειν, ἤ σε λανθάνει; ἦν δ' ἐγώ. Τοῦ πέρι; Ὅτι μέλλεις τὴν ψῡχὴν τὴν σαυτοῦ παρα-σχεῖν θεραπεῦσαι ἀνδρί, ὡς φῄς, σοφιστῇ· ὅ τι δέ ποτε ὁ σοφιστής ἐστι, θαυμάζοιμι ἂν εἰ οἶσθα. καίτοι εἰ τοῦτ' ἀγνοεῖς, οὐδὲ ὅτῳ παρα-δίδως τὴν ψῡχὴν οἶσθα, οὔτ' εἰ ἀγαθῷ οὔτ' εἰ κακῷ πρᾱ́γματι. Οἶμαί γ', ἔφη, εἰδέναι. Λέγε δή, τί ἡγεῖ εἶναι τὸν σοφιστήν; Ἐγὼ μέν, ἦ δ' ὅς, ὥσπερ τοὔνομα λέγει, τοῦτον εἶναι τὸν τῶν σοφῶν ἐπιστήμονα. Οὐκοῦν, ἦν δ' ἐγώ, τοῦτο μὲν ἔξ-εστι λέγειν καὶ περὶ ζωγράφων καὶ περὶ τεκτόνων, ὅτι οὗτοί εἰσιν οἱ τῶν σοφῶν ἐπιστήμονες· ἀλλ' εἴ τις ἔροιτο ἡμᾶς, Τῶν τί σοφῶν εἰσιν οἱ ζωγράφοι ἐπιστήμονες; εἴποιμεν ἄν που αὐτῷ ὅτι Τῶν πρὸς τὴν ἀπ-εργασίᾱν τὴν τῶν εἰκόνων, καὶ τὰ ἄλλα οὕτως. εἰ δέ τις ἐκεῖνο ἔροιτο, Ὁ δὲ σοφιστὴς τῶν τί σοφῶν ἐπιστήμων ἐστί; τί ἂν ἀπο-κρῑνοίμεθα αὐτῷ; ποίᾱς ἐργασίᾱς ἐπιστάτης; Τί ἂν εἴποιμεν αὐτὸν εἶναι, ὦ Σώκρατες; ἢ ἐπιστάτην τοῦ ποιῆσαι δεινὸν λέγειν;

ΣΧΟΛΙΑ

94. *οὐδὲ ὅτῳ παρα-δίδως τὴν ψῡχὴν not even to whom you are handing over your soul.*

95. *πράγματι thing;* with mocking humor.

97. *τοὔνομα = τὸ ὄνομα.*

101. *τῶν τί σοφῶν. τί* is here accusative of *Specification*, § 113 d.

103. *τῶν πρὸς τὴν ἀπ-εργασίᾱν τὴν τῶν εἰκόνων of the knowledge which pertains to the execution* (i.e. *the painting*), etc.

104. *ἐκεῖνο this (that follows).*

107. *ἢ ἐπιστάτην τοῦ ποιῆσαι, κτλ. or (would we say that he is) master of the (art) of making*, etc.

LVII. ἑπτὰ καὶ πεντήκοντα. νζʹ

Τὸ Πεντηκοστὸν καὶ Ἕβδομον Μάθημα

Review the declension of **πόλις**, § 36. Decline **ἀπόκρισις, ἐρώτησις, δύναμις.**

ΟΝΟΜΑΤΑ ΤΕ ΚΑΙ ΡΗΜΑΤΑ

(α)

ἀνᾱλίσκω, *ἀνᾱλώσω spend, squander.*

ἔδει *it was necessary.* **εἰ . . . ἔδει** *if it were necessary.*

δέομαι, *δεήσομαι need, lack, be in need of* (Gen.) (*δεῖ*).

κινδῡνεύω, *-εύσω, -ευσα face peril* (*κίνδῡνος*), *run a risk.* **δια-κινδῡνεύω**, *-σω. διά* emphasizes.

παρα-καλέω *call to one's side. Cf.* Paraclete.

(β)

ἀπόκρισις (*ἡ*) *answer.*

δεινὸς λέγειν *clever at speaking, able to speak.*

δήπου *of course.*

ἐρώτησις (*ἡ*) *question(ing).*

ἴσως *perhaps.* Adverb of *ἴσος.*

κιθάρᾱ (*ἡ*) *lyre*, cithara.

κιθάρισις (*ἡ*) *lyre-playing.*

κιθαριστής (*ὁ*) *teacher of the lyre.*

κίνδῡνος (*ὁ*) *danger, peril, risk.*

περὶ ὅτου indirect form of **περὶ τοῦ;**

συμβουλή (*ἡ*) *counsel.*

Inside castle, Rhodes

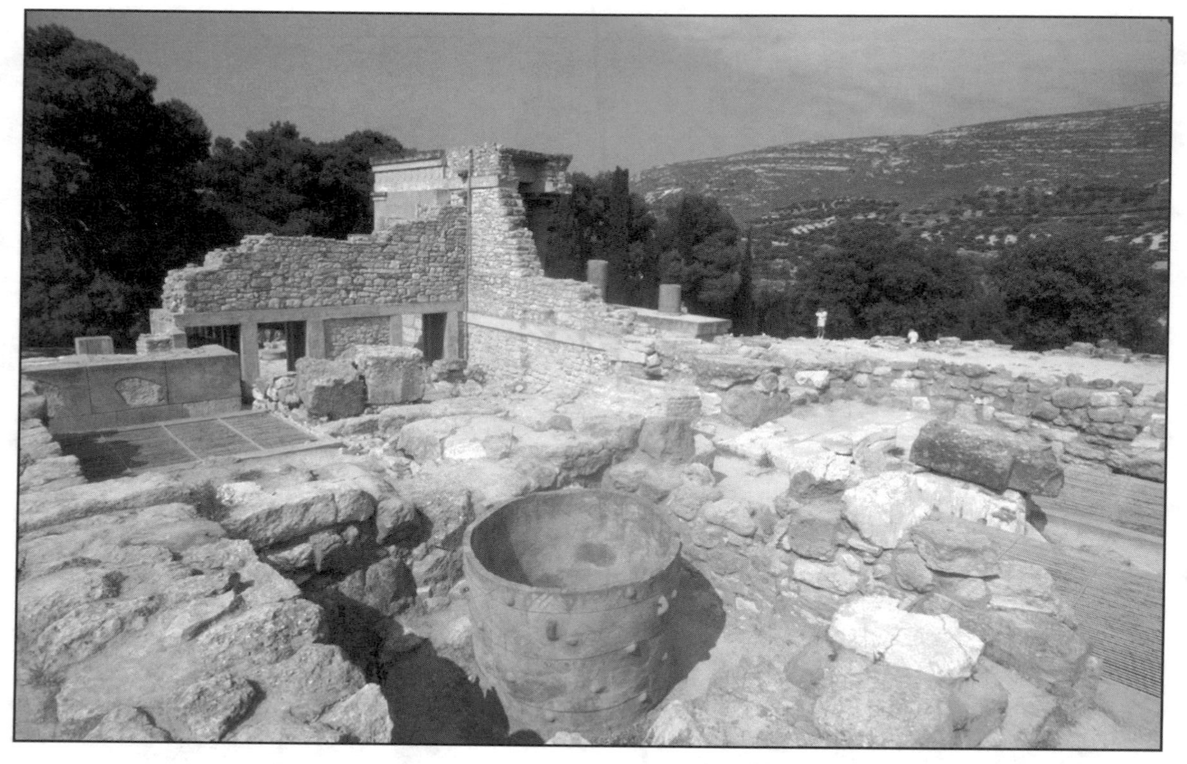

Knossos Palace, Crete

ΠΡΩΤΑΓΟΡΑΣ ΕΠΙΔΕΔΗΜΗΚΕΝ. Ζ'

Ἴσως ἄν, ἦν δ' ἐγώ, ἀληθῆ λέγοιμεν, οὐ μέντοι ἱκανῶς γε. ἐρωτήσεως γὰρ ἔτι ἡ ἀπόκρισις ἡμῖν δεῖται, περὶ ὅτου ὁ σοφιστὴς δεινὸν ποιεῖ λέγειν· ὥσπερ ὁ κιθαριστὴς δεινὸν δήπου ποιεῖ λέγειν περὶ οὗπερ καὶ ἐπιστήμονα, περὶ κιθαρίσεως· ἦ γάρ; Ναί. Εἶεν· ὁ δὲ δὴ σοφιστὴς περὶ τίνος δεινὸν ποιεῖ λέγειν; ἦ δῆλον ὅτι περὶ οὗπερ καὶ ἐπίσταται; Εἰκός γε. Τί δή ἐστι τοῦτο, περὶ οὗ αὐτός τε ἐπιστήμων ἐστὶν ὁ σοφιστὴς καὶ τὸν μαθητὴν ποιεῖ; Μὰ Δί', ἔφη, οὐκέτι ἔχω σοι λέγειν.

καὶ ἐγὼ εἶπον μετὰ τοῦτο· Τί οὖν; οἶσθα εἰς οἷόν τινα κίνδῡνον ἔρχει ὑπο-θήσων τὴν ψῡχήν; ἦ εἰ μὲν τὸ σῶμα ἐπι-τρέπειν σε ἔδει τῳ, δια-κινδῡνεύοντα ἢ χρηστὸν αὐτὸ γενέσθαι ἢ πονηρόν, πολλὰ ἂν περι-εσκέψω εἴτε ἐπι-τρεπτέον εἴτε οὔ, καὶ εἰς συμβουλὴν τούς τε φίλους ἂν παρ-εκάλεις καὶ τοὺς οἰκείους, σκοπούμενος ἡμέρᾱς πολλᾱ́ς. ὃ δὲ περὶ πλείονος τοῦ σώματος ἡγεῖ, τὴν ψῡχήν, καὶ ἐν ᾧ πάντ' ἐστὶ τὰ σὰ ἢ εὖ ἢ κακῶς πρᾱ́ττειν, χρηστοῦ ἢ πονηροῦ αὐτοῦ γενομένου, περὶ τούτου οὔτε τῷ πατρὶ οὔτε τῷ ἀδελφῷ ἐπ-εκοινώσω οὔτε ἡμῶν τῶν ἑταίρων οὐδενί, εἴτε ἐπι-τρεπτέον εἴτε καὶ οὐ τῷ ἀφ-ικομένῳ τούτῳ ξένῳ τὴν σὴν ψῡχήν. ἀλλ' ἑσπέρᾱς ἀκούσᾱς, ὡς φῄς, ὄρθριος ἥκων περὶ μὲν τούτου οὐδένα λόγον οὐδὲ συμβουλὴν ποιεῖ, εἴτε χρὴ ἐπι-τρέπειν σαυτὸν αὐτῷ εἴτε μή, ἕτοιμος δ' εἶ ἀνᾱλίσκειν τά τε σαυτοῦ καὶ τὰ τῶν φίλων χρήματα, ὡς ἤδη δι-εγνωκώς, ὅτι πάντως συν-εστέον Πρωταγόρᾳ, ὃν οὔτε γιγνώσκεις, ὡς φῄς, οὔτε δι-είλεξαι οὐδεπώποτε, σοφιστὴν δὲ ὀνομάζεις, τὸν δὲ σοφιστήν, ὅ τι ποτ᾽ ἔστιν, φαίνει ἀγνοῶν, ᾧ μέλλεις σαυτὸν ἐπι-τρέπειν; καὶ ὃς ἀκούσᾱς Ἔοικεν, ἔφη, ὦ Σώκρατες, ἐξ ὧν σὺ λέγεις.

ΣΧΟΛΙΑ

119. *εἰς οἷόν τινα κίνδῡνον into what sort of a danger.*

120. *ὑπο-θήσων to expose.* Future participle of *ὑπο-τίθημι place under.*

125. *ἡμέρᾱς πολλάς.* Accusative of *Extent of Time,* § 113 f.

125. *ὃ περὶ πλείονος ἡγεῖ what you consider of greater value* (*that which you estimate at a higher value*).

126. *ἐν ᾧ πάντ᾽ . . . πράττειν upon which depends your all for weal or woe.*

129. *ἐπ-εκοινώσω you took counsel with* (*ἐπι-κοινόομαι*).

132. *ὄρθριος ἥκων coming at daybreak. Cf. βαθέος ὄρθρου.*

136. *ὡς ἤδη δι-εγνωκώς as though you had already fully decided* (*δι-εγνωκώς,* perfect participle of *δια-γιγνώσκω recognize thoroughly*). *συν-εστέον one ought to associate with,* i.e. *become the pupil of.* Verbal of *σύν-ειμι.*

137. *δι-είλεξαι.* Perfect of *δια-λέγομαι.*

139. *φαίνει ἀγνοῶν you are clearly ignorant.* § 176 g.

LVIII. δυοῖν δέοντες ἑξήκοντα. νη´

Τὸ Ὄγδοον καὶ Πεντηκοστὸν Μάθημα

Τυγχάνω with Participle, § 176 c; **Ὅπως** with Future Indicative, § 148. Herewith Exercise 42.

ΟΝΟΜΑΤΑ ΤΕ ΚΑΙ ΡΗΜΑΤΑ

(**α**)

ἄγω, *ἄξω, ἤγαγον, ἦχα, ἤχθην lead, carry, convey* (*ἀγώγιμα*).

ἐξ-απατάω, *-ήσω, -ησα deceive, cheat.* ΣΧΟΛΙΑ.

καπηλεύω, *-σω. Cf. κάπηλος.*

πωλέω, *-ήσω sell.*

τρέφω, *θρέψω, ἔθρεψα rear, nourish* (*θρεφ- θροφ- θραφ-*). § 16.

τυγχάνω, *τεύξομαι, ἔτυχον hit, obtain* (Gen.); *chance, happen.*

ὠνέομαι, *-ήσομαι,* Aor. *ἐπριάμην buy.*

(β)

ἀγώγιμα (τά) *wares* (ἄγω).
ἀεί *always*. ΣΧΟΛΙΑ.
ἔμπορος (ὁ) *importer, wholesale merchant.*
κάπηλος (ὁ) *retail dealer, huckster.*
τάχα *perhaps.*
τροφή (ἡ) *nourishment* (τρέφω).

ΠΡΩΤΑΓΟΡΑΣ ΕΠΙΔΕΔΗΜΗΚΕΝ. Η´

Ἆρ᾽ οὖν, ὦ Ἱππόκρατες, ὁ σοφιστὴς τυγχάνει ὢν ἔμπορός τις ἢ κάπηλος τῶν ἀγωγίμων, ἀφ᾽ ὧν ψῡχὴ τρέφεται; Φαίνεται γὰρ ἔμοιγε τοιοῦτός τις. τρέφεται δέ, ὦ Σώκρατες, ψῡχὴ τίνι; Μαθήμασι δήπου, ἦν δ᾽ ἐγώ. καὶ ὅπως γε μή, ὦ ἑταῖρε, ὁ σοφιστὴς ἐπ-αινῶν ἃ πωλεῖ ἐξ-απατήσει ἡμᾶς, ὥσπερ οἱ περὶ τὴν τοῦ σώματος τροφήν, ὁ ἔμπορός τε καὶ ὁ κάπηλος. καὶ γὰρ οὗτοί που ὧν ἄγουσιν ἀγωγίμων οὔτε αὐτοὶ ἴσᾱσιν ὅ τι χρηστὸν ἢ πονηρὸν περὶ τὸ σῶμα, ἐπ-αινοῦσι δὲ πάντα πωλοῦντες, οὔτε οἱ ὠνούμενοι παρ᾽ αὐτῶν, ἐὰν μή τις τύχῃ γυμναστικὸς ἢ ἰᾱτρὸς ὤν. οὕτως δὲ καὶ οἱ τὰ μαθήματα περι-άγοντες κατὰ τὰς πόλεις, καὶ πωλοῦντες καὶ καπηλεύοντες τῷ ἀεὶ ἐπι-θῡμοῦντι, ἐπ-αινοῦσι μὲν πάντα ἃ πωλοῦσι, τάχα δ᾽ ἄν τινες, ὦ ἄριστε, καὶ τούτων ἀγνοοῖεν ὧν πωλοῦσιν ὅ τι χρηστὸν ἢ πονηρὸν πρὸς τὴν ψῡχήν. ὡς δ᾽ αὕτως καὶ οἱ ὠνούμενοι παρ᾽ αὐτῶν, ἐὰν μή τις τύχῃ περὶ τὴν ψῡχὴν αὖ ἰᾱτρικὸς ὤν.

ΣΧΟΛΙΑ

144. φαίνεται γάρ, κτλ. *surely it appears*, etc. In such a context γάρ retains its original sense of *surely*. *Cf.* ἦ γάρ; § 184.

146. ὅπως γε μή . . . ἐξ-απατήσει ἡμᾶς (*see to it*) *that he do not deceive us.* § 148.
149. ὧν ἄγουσιν ἀγωγίμων = τῶν ἀγωγίμων ἃ ἄγουσιν. § 102.
155. ἀεί here = ἑκάστοτε *for the time being.*
157. ὧν πωλοῦσιν = ἃ πωλοῦσιν. § 102.
158. ὡς δ' αὔτως = ὡσαύτως *in the same way.*

LIX. ἑνὸς δέοντες ἐξήκοντα. νθ'

Τὸ Ἔνατον καὶ Πεντηκοστὸν Μάθημα

The Uses of the Infinitive, § 172, especially the Infinitive with **πρίν** and **ὥστε**. Verbals, § 177.

ΟΝΟΜΑΤΑ ΤΕ ΚΑΙ ΡΗΜΑΤΑ

(α)

δέχομαι, -ξομαι, ἐδεξάμην, ἐδέχθην *receive* (δεχ- δοχ-).
ἐπ-αΐω *perceive, understand, have expert knowledge* (*of a subject*).
ὁ ἐπ-αΐων *the one who knows.*
κυβεύω *play at dice* (κύβος), *take risks.*
ὁρμάω, -ήσω, ὥρμησα *start, hasten.*
συμ-βουλεύομαι *seek advice, consult with.*
ὠφελέω, -ήσω *be of benefit to, help, aid* (τὸ ὄφελος *advantage*).

(β)

ἀγγεῖον (τό) *a receptacle, vessel, urn, sack,* etc.
ἀνάγκη (ἡ) *necessity.*
ἀσφαλής -ές *safe, secure.* § 42.
μακάριος -ίᾱ -ιον *blessed, happy.*
ὁτουοῦν, Gen. of ὁστισοῦν, *anyone, whosoever.* § 27 b.
ποτός -ή -όν *that which may be drunk* (πίνω).
πρίν *before* (Infin.).
σῖτία (τά) *food* (*bread,* etc.).
τῑμή (ἡ) *price, value, honor.*
ὠνή (ἡ) *buying, purchase* (ὠνέομαι).

ΠΡΩΤΑΓΟΡΑΣ ΕΠΙΔΕΔΗΜΗΚΕΝ. Θ'

Εἰ μὲν οὖν σύ, ὦ Ἱππόκρατες, τυγχάνεις ἐπιστήμων ὢν τούτων, τί χρηστὸν καὶ πονηρόν, ἀσφαλές σοι ὠνεῖσθαι μαθήματα καὶ παρὰ Πρωταγόρου καὶ παρ' ἄλλου ὁτουοῦν. εἰ δὲ μή, ὅρᾱ, ὦ μακάριε, μὴ περὶ τοῖς φιλτάτοις κυβεύῃς τε καὶ κινδῡνεύῃς. καὶ γὰρ δὴ καὶ πολὺ μείζων κίνδῡνος ἐν τῇ τῶν μαθημάτων ὠνῇ ἢ ἐν τῇ τῶν σῑτίων. σῑτία μὲν γὰρ καὶ ποτὰ πριάμενον παρὰ τοῦ καπήλου ἔξ-εστιν ἐν ἄλλοις ἀγγείοις ἀπο-φέρειν, καὶ πρὶν δέξασθαι αὐτὰ εἰς τὸ σῶμα πιόντα ἢ φαγόντα, κατα-θέμενον οἴκαδε ἔξ-εστι συμ-βουλεύσασθαι, παρα-καλέσαντα τὸν ἐπ-αΐοντα ὅ τί τε ἐδεστέον ἢ ποτέον καὶ ὅ τι μή, καὶ ὁπόσον καὶ ὁπότε. ὥστε ἐν τῇ ὠνῇ οὐ μέγας ὁ κίνδῡνος. μαθήματα δὲ οὐκ ἔστιν ἐν ἄλλῳ ἀγγείῳ ἀπο-φέρειν, ἀλλ' ἀνάγκη, κατα-θέντα τὴν τῑμήν, τὸ μάθημα ἐν αὐτῇ τῇ ψῡχῇ λαβόντα καὶ μαθόντα ἀπ-ιέναι ἢ βεβλαμμένον ἢ ὠφελημένον. ταῦτα οὖν σκοπώμεθα καὶ μετὰ τῶν πρεσβυτέρων ἡμῶν. ἡμεῖς γὰρ ἔτι νέοι ἐσμὲν ὥστε τοσοῦτον πρᾶγμα δι-ελέσθαι. νῦν μέντοι, ὥσπερ ὡρμήσαμεν, ἴωμεν καὶ ἀκούσωμεν τοῦ ἀνδρός, ἔπειτα ἀκούσαντες καὶ ἄλλοις ἀνα-κοινωσώμεθα. καὶ γὰρ οὐ μόνος Πρωταγόρᾱς αὐτοῦ ἐστίν, ἀλλὰ καὶ Ἱππίᾱς ὁ Ἠλεῖος· οἶμαι δὲ καὶ Πρόδικον τὸν Κεῖον· καὶ ἄλλοι πολλοὶ καὶ σοφοί.

ΣΧΟΛΙΑ

164. ὅρᾱ . . . μή *see to it lest.* μή with Subj. § 160 c.

168. πριάμενον . . . ἔξεστι *for one who has purchased it is possible.*

171. κατα-θέμενον *putting down.*

172. ἐδεστέον (ἐσθίω).

173. ποτέον (πΐνω).

176. κατα-θέντα *having put down;* with τὴν τῑμήν *having paid.*

177. *βεβλαμμένον ἢ ὠφελημένον.* Perfect passive participles of *βλάπτω* and *ὠφελέω* respectively.

179. *νέοι ἐσμὲν ὥστε τοσοῦτον πρᾶγμα δι-ελέσθαι we are (too) young to decide* (*δι-ελέσθαι*) *so weighty a matter.*

182. *ἀνα-κοινωσώμεθα let us consult with* (*κοινός*).

LX. ἑξήκοντα. ξʹ

Τὸ Ἑξηκοστὸν Μάθημα

The Verb: Review the perfect active, §§ 65, 66; the perfect middle (passive), § 67; and learn the aorist passive, §§ 69 and 79 C.

The Meanings of the Perfect, § 137; Passive Deponents, § 141.

Herewith Exercise 43.

Review and master the following verbs:

1. **ἄγω ἄξω ἤγαγον ἦχα ἤχθην.**
2. **ἀκούω ἀκούσομαι ἤκουσα ἀκήκοα ἠκούσθην.**
3. **αἰσχῡ́νω αἰσχῠνῶ ᾔσχῡνα ᾐσχύνθην.**
4. **βάλλω βαλῶ ἔβαλον βέβληκα ἐβλήθην** (*βελ- βολ- βᾰλ-*).
5. **βλάπτω βλάψω ἔβλαψα βέβλαφα ἐβλάφθην** and **ἐβλάβην** (*βλᾰβ-*).
6. **γράφω γράψω ἔγραψα γέγραφα ἐγράφην.**
7. **διώκω διώξω** and **διώξομαι ἐδίωξα ἐδιώχθην.**
8. **ἐρωτάω ἐρωτήσω** and **ἐρήσομαι ἠρώτησα** and **ἠρόμην ἠρώτηκα ἠρωτήθην.**
9. **εὑρίσκω εὑρήσω εὗρον** (*ηὗρον*) **εὕρηκα** (*ηὕρηκα*) **εὑρέθην** (*ηὑ-*).
10. **θαυμάζω θαυμάσομαι ἐθαύμασα τεθαύμακα ἐθαυμάσθην.**
11. **καλέω καλῶ** (*καλέω*) **ἐκάλεσα κέκληκα κέκλημαι ἐκλήθην.**

12. κελεύω -σω ἐκέλευσα κεκέλευκα κεκέλευσμαι ἐκελεύσθην.
13. κωλύω κωλῡ́σω ἐκώλῡσα κεκώλῡκα ἐκωλῡ́θην.
14. λαμβάνω λήψομαι ἔλαβον εἴληφα ἐλήφθην (*ληβ- λᾰβ-*).
15. λέγω ἐρῶ εἶπον εἴρηκα λέλεγμαι ἐλέχθην (*λεγ- λογ-*).
16. λείπω λείψω ἔλιπον λέλοιπα ἐλείφθην (*λειπ- λοιπ- λῐπ-*).
17. ὁράω ὄψομαι εἶδον ἑώρᾱκα ὤφθην.
18. παύω -σω ἔπαυσα πέπαυκα ἐπαύθην.
19. πείθω πείσω ἔπεισα πέπεικα ἐπείσθην.
20. ποιέω ποιήσω ἐποίησα πεποίηκα πεποίημαι ἐποιήθην.
21. πρᾱ́ττω πρᾱ́ξω ἔπρᾱξα πέπρᾱχα and πέπρᾱγα ἐπρᾱ́χθην (*πρᾱγ-*).
22. σκοπέω σκέψομαι ἐσκεψάμην ἔσκεμμαι ἐσκέφθην (*σκεπ- σκοπ-*).
23. τρέπω τρέψω ἔτρεψα τέτροφα τέτραμμαι ἐτρέφθην (*τρεπ- τροπ- τρᾰπ-*).
24. τρέφω θρέψω ἔθρεψα τέτροφα τέθραμμαι ἐθρέφθην and ἐτράφην (*θρεφ- θροφ- θρᾰφ-*).
25. φαίνω φανῶ ἔφηνα A. P. ἐφάνην (*φᾰν-*).
26. φημί φήσω and ἐρῶ (*ἐρέω*) εἶπον.
27. φυλάττω φυλάξω ἐφύλαξα πεφύλαχα πεφύλαγμαι ἐφυλάχθην.
28. ἀφ-ικνέομαι ἀφ-ίξομαι ἀφ-ῑκόμην ἀφ-ῖγμαι (*ἱκ-*).
29. βούλομαι βουλήσομαι βεβούλημαι ἐβουλήθην.
30. γίγνομαι γενήσομαι ἐγενόμην γέγονα γεγένημαι (*γεν- γον- γᾰ-*).
31. δέομαι δεήσομαι ἐδεήθην.
32. δέχομαι δέξομαι ἐδεξάμην δέδεγμαι ἐδέχθην.
33. δια-λέγομαι δια-λέξομαι δι-είλεγμαι δι-ελέχθην.
34. φαίνομαι φανοῦμαι ἐφάνην (*φᾰν*).

LXI. εἷς καὶ ἑξήκοντα. ξα'

Τὸ Ἑξηκοστὸν Μάθημα καὶ Πρῶτον

Verbs of *Coming, Going:*

ἀφ-ικνέομαι *arrive.* See Lesson LX.
βαδίζω βαδιοῦμαι ἐβάδισα *walk, go, come.* § 61 e.
βαίνω βήσομαι *step, walk, go, come* (*βα-*, *cf.* *βάσις*).
εἶμι *be going.* Used as the future of
ἔρχομαι, F. **ἐλεύσομαι** or (more commonly) **εἶμι, ἦλθον,** Pf. **ἐλήλῠθα** *come, go.*
ἥκω ἥξω *I am come, have come.* With the force of a perfect.
οἴχομαι οἰχήσομαι, Past Impf. **ᾠχόμην** *I am gone, have gone.* With the force of a perfect.
πορεύομαι πορεύσομαι ἐπορεύθην *proceed, go, march* (*πόρος way*).
φοιτάω -ήσω *come* (*go*) *frequently, go to and fro, go to school, etc.*

ΟΝΟΜΑΤΑ ΤΕ ΚΑΙ ΡΗΜΑΤΑ

(α)

ἄχθομαι *be burdened, vexed, annoyed* (ἄχθος (τό) *weight, burden*).

πίπτω, F. πεσοῦμαι, A. ἔπεσον, Pf. πέπτωκα *fall* (πετ-). A. ἔπεσον πέσω πέσοιμι πέσε πεσεῖν πεσών.

ἐμ-πίπτω, A. ἐν-έπεσον *fall in, fall upon, fall in with, occur to.*

ὁμολογέω, -ήσω, ὡμολόγησα, -κα *agree with* (Dat.), *agree* (ὁμός).

συν-ομολογέω *agree with.*

(β)

ἀτελής -ές *incomplete* (τέλος).
γοῦν *at any rate* (γε + οὖν).
ἔᾱ *ha! bah! vah!*
εὐνοῦχος (ὁ) eunuch.
θυρωρός (ὁ) *doorkeeper.*
μόγις *with a struggle, hardly, reluctantly* (μόγος *toil*).
πλῆθος (τό) *throng, crowd.*
πρόθυρον (τό) *vestibule.*

ΠΡΩΤΑΓΟΡΑΣ ΕΠΙΔΕΔΗΜΗΚΕΝ. Ι′

Ταῦτα εἰπόντες ἐπορευόμεθα. ἐπειδὴ δὲ ἐν τῷ προθύρῳ ἐγενόμεθα, ἐπι-στάντες περί τινος λόγου δι-ελεγόμεθα, ὃς ἡμῖν κατὰ τὴν ὁδὸν ἐν-έπεσεν. ἵνα οὖν μὴ ἀτελὴς γένοιτο, ἀλλὰ δια-περᾱνάμενοι οὕτως ἐσ-ίοιμεν, στάντες ἐν τῷ προθύρῳ δι-ελεγόμεθα, ἕως συν-ωμολογήσαμεν ἀλλήλοις.

δοκεῖ οὖν μοι, ὁ θυρωρός, εὐνοῦχός τις, κατ-ήκουεν ἡμῶν. κινδῡνεύει δὲ διὰ τὸ πλῆθος τῶν σοφιστῶν ἄχθεσθαι τοῖς φοιτῶσιν εἰς τὴν οἰκίᾱν. ἐπειδὴ γοῦν ἐκρούσαμεν τὴν θύρᾱν, ἀν-οίξᾱς καὶ ἰδὼν ἡμᾶς, Ἔα, ἔφη, σοφισταί τινες· οὐ σχολὴ αὐτῷ. Καὶ ἅμα ἀμφοῖν τοῖν χεροῖν τὴν θύρᾱν πάνυ προθῡ́μως ὡς οἷός τ᾽ ἦν ἐπ-ήραξεν. καὶ ἡμεῖς πάλιν ἐκρούομεν. καὶ ὅς, ἐγ-κεκλῃμένης τῆς θύρᾱς, ἀπο-κρῑνόμενος εἶπεν, Ὦ ἄνθρωποι, ἔφη, οὐκ ἀκηκόατε, ὅτι οὐ σχολὴ αὐτῷ; Ἀλλ᾽, ὠγαθέ, ἔφην ἐγώ, οὔτε παρὰ Καλλίᾱν ἥκομεν οὔτε σοφισταί ἐσμεν. ἀλλὰ θάρρει· Πρωταγόρᾱν γάρ τοι δεόμενοι ἰδεῖν ἤλθομεν. εἰσ-άγγειλον οὖν. Μόγις οὖν ποτὲ ἡμῖν ὁ ἄνθρωπος ἀν-έῳξε τὴν θύρᾱν.

ΣΧΟΛΙΑ

189. δια-περᾱνάμενοι *having finished* (περαίνω *complete*).

193. κινδῡνεύει *it is likely, probable.* κινδῡνεύω is constantly employed in this sense, followed by an infinitive. In this idiom the idea of *danger* has wholly faded out.

197. ἀμφοῖν τοῖν χεροῖν *with both hands* (Dual Dat.). προθύμως, κτλ. *as vigorously as he could he slammed the door* (ἐπ-αράττω).

199. ἐγ-κεκλῃμένος -η -ον *closed* (κλείω).

204. μόγις ποτέ *at last with reluctance.*

LXII. ἑξήκοντα δύο. ξβ′

Herewith Exercise 44.

(α)

εὐ-δοκιμέω, -ήσω *be of good repute, be famous* (δοκέω).

κηλέω, -ήσω, -ησα, -ηκα, κεκήλημαι, ἐκηλήθην *charm, bewitch.*

πατέω, -ήσω *walk, tread on.* περι-πατέω. *Cf.* peripatetic.

(β)

ἐκ μὲν τοῦ ἐπὶ θἄτερα *on the one side.*

ἑξῆς *in a row.*

ἐπι-χώριος -ον *in* (*or of*) *a locality or country, native, local. Cf.* epichoric (χώρᾱ).

Μενδαῖος *of Mende* (in Thrace).

ξένος (ὁ) *stranger, foreigner, friend, guest-friend.*

ὁμο-μήτριος -ον *born of the same mother*, i.e. *half-brother.*

ὄπισθεν *behind* (Gen.). *Cf.* πρόσθεν.

προ-στῷον (τό) *portico, colonnade.*

τέχνη (ἡ) *art, profession. Cf.* technical. **ἐπὶ τέχνῃ** *for a profession.*

ΠΡΩΤΑΓΟΡΑΣ ΕΠΙΔΕΔΗΜΗΚΕΝ. ΙΑ′

ἐπειδὴ δὲ εἰσ-ήλθομεν, κατ-ελάβομεν Πρωταγόρᾱν ἐν τῷ προστῷῳ περι-πατοῦντα, ἑξῆς δ' αὐτῷ συμπερι-επάτουν ἐκ μὲν τοῦ ἐπὶ θἄτερα Καλλίᾱς ὁ Ἱππονίκου καὶ ὁ ἀδελφὸς αὐτοῦ ὁ ὁμομήτριος, Πάραλος ὁ Περικλέους, καὶ Χαρμίδης ὁ Γλαύκωνος, ἐκ δὲ τοῦ ἐπὶ θἄτερα ὁ ἕτερος τῶν Περικλέους, Ξάνθιππος, καὶ Φιλιππίδης ὁ Φιλομήλου καὶ Ἀντίμοιρος ὁ Μενδαῖος, ὅσπερ εὐδοκιμεῖ μάλιστα τῶν Πρωταγόρου μαθητῶν καὶ ἐπὶ τέχνῃ μανθάνει, ὡς σοφιστὴς ἐσόμενος. τούτων δὲ ὄπισθεν οἳ ἠκολούθουν ἐπακούοντες τῶν λεγομένων, τὸ μὲν πολὺ ξένοι ἐφαίνοντο, οὓς ἄγει ἐξ ἑκάστων τῶν πόλεων ὁ Πρωταγόρᾱς, δι' ὧν δι-εξ-έρχεται, κηλῶν τῇ φωνῇ ὥσπερ Ὀρφεύς, οἱ δὲ κατὰ τὴν φωνὴν ἕπονται κεκηλημένοι. ἦσαν δέ τινες καὶ τῶν ἐπιχωρίων ἐν τῷ χορῷ.

LXIII. ἑξήκοντα καὶ τρεῖς. ξγ´

Learn the conjugation of **κάθ-ημαι** *sit down, sit*, § 96.

Conditional Clauses, Indefinite Relative and Temporal Clauses, Temporal Clauses, §§ 165–170, especially § 169 b.

Verbs of ***Sitting:***

ἧμαι *sit* (ἡσ-). Poetic; Attic prose uses the compound: **κάθ-ημαι ἐκαθήμην** *sit down, sit.* No future or aorist. § 96.

ἵζω and **ἵζομαι** and **ἕζομαι.** Poetic; Attic prose uses the compounds:

καθ-ίζω F. **καθ-ιῶ** A. **ἐκάθισα** *seat* (σιδ-, *cf.* Lat. *sido*).

καθ-ίζομαι Impf. **ἐκαθιζόμην** F. **καθ-ιζήσομαι** *sit down, sit.*

καθ-έζομαι Impf. **ἐκαθεζόμην** F. **καθ-εδοῦμαι** *sit down, sit* (σεδ-, *cf.* Lat. *sedeo*).

ΟΝΟΜΑΤΑ ΤΕ ΚΑΙ ΡΗΜΑΤΑ

(α)

εὐ-λαβέομαι, -ήσομαι *be cautious* (εὐλαβής).

δι-έξ-ειμι *expound, explain* (*go through*).

ἥδομαι, F. ἡσθήσομαι, A. ἥσθην *be pleased, take pleasure* (ἡδύς) (σϝηδ-, *cf.* Lat. *suāvis*).

σχίζω, F. σχίσω *split* (σχιδ-, *cf.* Lat. *scindo*, schism). **περι-σχίζομαι** *divide* (*and pass*) *around.*

(β)

βάθρον (τό) *bench.*

ἐμποδών *in the way* (of one's feet). *Cf.* impede.

ἔνθεν καὶ ἔνθεν *on this side and on that.*

ἐπήκοος -ον *listening to* (ἐπ-ακούω).

θρόνος (ὁ) *high-backed chair. Cf.* throne.

κόσμος (ὁ) *order, ornament, universe. Cf.* cosmos.

μετέωρος -ον *raised from off the ground; heavenly body. Cf.* meteor.

πως *somehow. Cf.* πῶς;

φύσις (ἡ) *nature* (φύω *grow*). *Cf.* physics.

χορός (ὁ) *band, company,* chorus.

ΠΡΩΤΑΓΟΡΑΣ ΕΠΙΔΕΔΗΜΗΚΕΝ. ΙΒʹ

τοῦτον τὸν χορὸν μάλιστα ἔγωγε ἰδὼν ἥσθην, ὡς καλῶς εὐ-λαβοῦντο μηδέποτε ἐμποδὼν ἐν τῷ πρόσθεν εἶναι Πρωταγόρου, ἀλλ' ἐπειδὴ αὐτὸς ἀναστρέφοι καὶ οἱ μετ' ἐκείνου, εὖ πως καὶ ἐν κόσμῳ περι-εσχίζοντο οὗτοι οἱ ἐπήκοοι ἔνθεν καὶ ἔνθεν, καὶ ἐν κύκλῳ περι-ιόντες ἀεὶ εἰς τὸ ὄπισθεν καθ-ίσταντο κάλλιστα.

"τὸν δὲ μετ' εἰσ-ενόησα," ἔφη Ὅμηρος, Ἱππίᾱν τὸν Ἠλεῖον, καθ-ήμενον ἐν τῷ κατ-αντικρὺ προστῴῳ ἐν θρόνῳ. περὶ αὐτὸν δ' ἐκάθηντο ἐπὶ βάθρων Ἐρυξίμαχός τε ὁ Ἀκουμενοῦ καὶ Φαῖδρος ὁ Μυρρινούσιος καὶ Ἄνδρων ὁ Ἀνδροτίωνος καὶ τῶν ξένων πολῖταί τε αὐτοῦ καὶ ἄλλοι τινές. ἐφαίνοντο δὲ περὶ φύσεώς τε καὶ τῶν μετεώρων ἀστρονομικά τινα δι-ερωτᾶν τὸν Ἱππίᾱν. ὁ δ' ἐν θρόνῳ καθ-ήμενος ἑκάστοις αὐτῶν δι-έκρῑνε καὶ δι-εξ-ῄει τὰ ἐρωτώμενα.

ΣΧΟΛΙΑ

226. καθ-ίσταντο *they took (their) positions.*

228. "*After this one I perceived.*" Plato is playfully quoting Homer, from the passage (Odyssey XI, 601) which describes Odysseus' visit to the underworld. Odysseus sees Sisyphus, Tantalus, Heracles, etc.

228. Hippias of Elis was one of the more prominent of the sophists.

231. Μυρρινούσιος *of the deme of* Μυρρινοῦς.

LXIV. ἑξήκοντα τέτταρες. ξδʹ

The Third Declension Adjectives: **ἀληθής, εὐδαίμων,** § 42. The Verb **κεῖμαι,** § 97. **Χράομαι** *serve oneself with,* *use*, with the Dative, § 121. The Dative Case, §§ 111, 120-122.

ΟΝΟΜΑΤΑ ΤΕ ΚΑΙ ΡΗΜΑΤΑ

(α)

καλύπτω, -ψω, -ψα, κεκάλυμμαι, ἐκαλύφθην *cover* (καλυβ-); rare in prose except in compounds, as **ἐγ-καλύπτω** *wrap up in* (ἐν).

χράομαι, χρήσομαι *serve oneself with, use* (Dat.). *Cf.* χρή.

(β)

ἀ-σαφής -ές *not clear* (σαφής).
βαρύτης (ἡ) -τητος *heaviness.*
βόμβος (ὁ) *a ringing, humming.*
ἔξωθεν *from without* (ἔξω).
ἰδέᾱ (ἡ) *appearance. Cf.* idea.
κατά-λυσις (ἡ) *dissolving; lodging.*
κλίνη (ἡ) *couch, bed.*
κώδιον (τό) *a fleece* (used as bedding).
μειράκιον (τό) *lad.*
οἴκημα (τό) *room, chamber.*
πλησίον *near.*
πρὸ τοῦ = πρὸ τούτου τοῦ χρόνου.
στρῶμα (τό) *mattress, bed-spread.*
ταμιεῖον (τό) *store-room.*

ΠΡΩΤΑΓΟΡΑΣ ΕΠΙΔΕΔΗΜΗΚΕΝ. ΙΓ'

καὶ μὲν δὴ "καὶ Τάνταλόν γε εἰσ-εῖδον." ἐπ-εδήμει γὰρ ἄρα καὶ Πρόδικος ὁ Κεῖος. ἦν δὲ ἐν οἰκήματί τινι ᾧ πρὸ τοῦ μὲν ὡς ταμιείῳ ἐχρῆτο ὁ Ἱππόνῑκος, νῦν δὲ ὑπὸ τοῦ πλήθους τῶν κατα-λυόντων ὁ Καλλίᾱς καὶ τοῦτο ἐκ-κενώσᾱς ξένοις κατάλυσιν πεποίηκεν. ὁ μὲν οὖν Πρόδικος ἔτι κατ-έκειτο, ἐγ-κεκαλυμμένος ἐν κωδίοις τισὶ καὶ στρώμασι καὶ μάλα πολλοῖς, ὡς ἐφαίνετο. παρ-εκάθηντο δὲ αὐτῷ ἐπὶ ταῖς πλησίον κλίναις Παυσανίᾱς τε καὶ μετὰ Παυσανίου νέον τι ἔτι μειράκιον, ὡς μὲν ἐγῷμαι, καλόν τε κἀγαθὸν τὴν φύσιν, τὴν δ' οὖν ἰδέᾱν πάνυ καλός. ἔδοξα ἀκοῦσαι ὄνομα αὐτῷ εἶναι Ἀγαθῶνα.

περὶ δὲ ὧν δι-ελέγοντο οὐκ ἐδυνάμην ἔγωγε μαθεῖν ἔξωθεν, καίπερ λῑπαρῶς ἔχων ἀκούειν τοῦ Προδίκου — πάσ-σοφος γάρ μοι δοκεῖ ἀνὴρ εἶναι καὶ θεῖος — ἀλλὰ διὰ τὴν βαρύτητα τῆς φωνῆς βόμβος τις ἐν τῷ οἰκήματι γιγνόμενος ἀσαφῆ ἐποίει τὰ λεγόμενα.

ΣΧΟΛΙΑ

239. Prodicus of Ceos was another of the more famous sophists.
242. ἐκ-κενώσᾱς *having emptied* (κενόω).
247. ὡς ἐγῷμαι = ὡς ἐγὼ οἶμαι.
248. δ' οὖν = γοῦν *at any rate.* ἔδοξα ἀκοῦσαι *I thought I heard.*
249. Agathon was a tragic poet.
251. καίπερ λῑπαρῶς ἔχων *although eager.*

LXV. ἑξήκοντα καὶ πέντε. ξε'

Verbs of ***Seeing:***

βλέπω βλέψομαι ἔβλεψα *have sight, look* (βλεφ-; *cf.* τὰ βλέφαρα *the eyelids*). *Cf.* ἀπο-βλέψᾱς, p. 70.

θεάομαι θεᾱ́σομαι ἐθεᾱσάμην *watch, view. Cf.* θέᾱτρον (τό) theatre. θεωρίᾱ (ἡ) *a viewing*, theory.

ὁράω *see* (ὁρα- ὀπ- ϝιδ-). See Lesson LX.

σκοπέω *examine* (σκεπ- σκοπ-). See Lesson LX. *Cf.* σκεπτικός *thoughtful*, sceptic.

ΟΝΟΜΑΤΑ ΤΕ ΚΑΙ ΡΗΜΑΤΑ

(α)

δια-τρῑ́βω, -ψω, -ψα *rub away, spend time, delay.*

(β)

ἐλ-λόγιμος -ον *famous* (ἐν, λόγος).

ἐν-άμιλλος -ον *engaged in equal contest with, a match for* (ἅμιλλα).

ἕνεκα *on account of* (Gen.). **οὗ ἕνεκα** *on what account.*

ἡλικιώτης (ὁ) *an equal in age* (ἡλικίᾱ), *comrade.*

σμῑκρὰ ἄττα *a little, a short time.* § 113 e.

ΠΡΩΤΑΓΟΡΑΣ ΕΠΙΔΕΔΗΜΗΚΕΝ. ΙΔ'

Ἡμεῖς οὖν ὡς εἰσ-ήλθομεν, ἔτι σμίκρ' ἄττα δια-τρίψαντες καὶ ταῦτα δια-θεᾱσάμενοι προσ-ῇμεν πρὸς τὸν Πρωταγόρᾱν, καὶ ἐγὼ εἶπον· Ὦ Πρωταγόρᾱ, πρὸς σέ τοι ἤλθομεν ἐγώ τε καὶ Ἱπποκράτης οὗτος. Πότερον, ἔφη, μόνῳ βουλόμενοι δια-λεχθῆναί μοι ἢ καὶ μετὰ τῶν ἄλλων; Ἡμῖν μέν, ἦν δ' ἐγώ, οὐδὲν δια-φέρει· ἀκούσᾱς δὲ οὗ ἕνεκα ἤλθομεν αὐτὸς σκέψαι. Τί οὖν δή ἐστιν, ἔφη, οὗ ἕνεκα ἥκετε; Ἱπποκράτης ὅδε, ἦν δ' ἐγώ, τῶν μὲν ἐπιχωρίων ἐστίν, Ἀπολλοδώρου υἱός, οἰκίᾱς μεγάλης τε καὶ εὐδαίμονος· αὐτὸς δὲ τὴν φύσιν δοκεῖ ἐν-άμιλλος εἶναι τοῖς ἡλικιώταις. ἐπι-θῡμεῖν δέ μοι ἐλ-λόγιμος γενέσθαι ἐν τῇ πόλει. τοῦτο δὲ οἴεταί οἱ μάλιστα ἂν γενέσθαι, εἰ σοὶ συγ-γένοιτο. ταῦτ' οὖν ἤδη σὺ σκόπει, πότερον περὶ αὐτῶν μόνος οἴει δεῖν δια-λέγεσθαι πρὸς μόνους ἢ μετ' ἄλλων.

ΣΧΟΛΙΑ

267. οἱ *to him(self)*. § 21 b. ἂν γενέσθαι, § 179, I b.
270. πρὸς μόνους *i.e. privately*.

LXVI. ἑξήκοντα ἕξ. ξϛ'

The Verb: The Second Aorist:

a) Thematic second aorists: review Lesson LIII.

b) Non-thematic second aorists: learn the conjugation of **ἔστην, ἀπ-έδρᾱν, ἔγνων, ἔδῡν**, § 86, and see §§ 55, 63.

The Aorist in Eager Questions, § 136.

ΟΝΟΜΑΤΑ ΤΕ ΚΑΙ ΡΗΜΑΤΑ

(α)

σκευάζω, *σκευάσω*, *ἐσκεύασα* *prepare, make ready* (food, etc.), *dress*, etc. (*σκεῦος* (*τό*) *vessel, implement*). **κατα-σκευάζω**, -*σω*, -*σα* *prepare, make ready* (what one has). **παρα-σκευάζω**, -*σω*, -*σα* *procure and prepare, prepare.*

ὑπ-οπτεύω, -*εύσω*, *ὑπ-ώπτευσα* *suspect* (*ὑπό* *under*, *ὀπ*-).

(β)

ἄσμενος -*η* -*ον* *glad(ly).*

ἐναντίον *in the presence of* (Gen.).

ἐραστής (*ὁ*) *lover, admirer* (*ἐράω*).

ἡδύς ἡδίων ἥδιστος *pleasant. Cf.* *ἥδομαι* (*σϝηδ*-), *suāvis.*

συνέδριον (*τό*) *a sitting together in council, council* (*σύν*, *σεδ*-, § 19 a).

ΠΡΩΤΑΓΟΡΑΣ ΕΠΙΔΕΔΗΜΗΚΕΝ. ΙΕʹ

Ὀρθῶς, ἔφη, προ-μηθεῖ, ὦ Σώκρατες, ὑπὲρ ἐμοῦ. . . . πολὺ δέ μοι ἥδιστόν ἐστιν, εἴ τι βούλεσθε περὶ τούτων ἁπάντων ἐναντίον τῶν ἔνδον ὄντων τὸν λόγον ποιεῖσθαι. καὶ ἐγώ — ὑπ-ώπτευσα γὰρ βούλεσθαι αὐτὸν τῷ τε Προδίκῳ καὶ τῷ Ἱππίᾳ ἐνδείξασθαι καὶ καλλωπίσασθαι, ὅτι ἐρασταὶ αὐτοῦ ἀφ-ιγμένοι εἶμεν — Τί οὖν, ἔφην ἐγώ, οὐ καὶ Πρόδικον καὶ Ἱππίᾱν ἐκαλέσαμεν καὶ τοὺς μετ' αὐτῶν, ἵνα ἐπ-ακούσωσιν ἡμῶν; Πάνυ μὲν οὖν, ἔφη ὁ Πρωταγόρᾱς. Βούλεσθε οὖν, ὁ Καλλίᾱς ἔφη, συν-έδριον κατα-σκευάσωμεν, ἵνα καθ-ιζόμενοι διαλέγησθε; Ἐδόκει χρῆναι. ἄσμενοι δὲ πάντες ἡμεῖς, ὡς ἀκουσόμενοι ἀνδρῶν σοφῶν, καὶ αὐτοὶ ἀντι-λαβόμενοι τῶν βάθρων καὶ τῶν κλῑνῶν κατεσκευάζομεν παρὰ τῷ Ἱππίᾳ. ἐν δὲ τούτῳ Καλλίᾱς τε καὶ Ἀλκιβιάδης ἧκον ἄγοντες τὸν Πρόδικον, ἀνα-στήσαντες ἐκ τῆς κλίνης, καὶ τοὺς μετὰ τοῦ Προδίκου.

ΣΧΟΛΙΑ

271. προ-μηθέομαι *be provident* (προ-μηθής), *cautious, careful.*

275–276. ἐν-δείξασθαι καὶ καλλωπίσασθαι *to show himself off and make a display.*

282. ἐδόκει χρῆναι. χρῆναι, infinitive of χρή.

283. ἡμεῖς καὶ αὐτοί, *i.e.* without waiting for the servants to arrange the seats.

284. ἀντι-λαβόμενοι *laying hold of* (Gen. § 115 c).

287. ἀνα-στήσαντες *having made* (*him*) *get up.*

ΠΡΟΣΘΗΚΗ

ΠΡΩΤΑΓΟΡΑΣ ΕΠΙΔΕΔΗΜΗΚΕΝ. Ιϛ'

ἐπεὶ δὲ πάντες συν-εκαθεζόμεθα, ὁ Πρωταγόρᾱς, Νῦν δὴ ἄν, ἔφη, λέγοις, ὦ Σώκρατες, ἐπειδὴ καὶ οἵδε πάρ-εισι, περὶ ὧν ὀλίγον πρότερον μνείᾱν ἐποιοῦ πρὸς ἐμὲ ὑπὲρ τοῦ νεᾱνίσκου. Καὶ ἐγὼ εἶπον ὅτι Ἡ αὐτή μοι ἀρχή ἐστιν, ὦ Πρωταγόρᾱ, ἥ περ ἄρτι, περὶ ὧν ἀφ-ῑκόμην. Ἱπποκράτης γὰρ ὅδε τυγχάνει ἐν ἐπι-θῡμίᾳ ὢν τῆς σῆς συν-ουσίᾱς. ὅ τι οὖν αὐτῷ ἀπο-βήσεται, ἐάν σοι συν-ῇ, ἡδέως ἄν φησι πυθέσθαι. τοσοῦτος ὅ γε ἡμέτερος λόγος.

ὑπο-λαβὼν οὖν ὁ Πρωταγόρᾱς εἶπεν· Ὦ νεᾱνίσκε, ἔσται τοίνυν σοι, ἐὰν ἐμοὶ συν-ῇς, ᾗ ἂν ἡμέρᾳ ἐμοὶ συγ-γένῃ, ἀπ-ιέναι οἴκαδε βελτίονι γεγονότι, καὶ τῇ ὑστεραίᾳ ταὐτὰ ταῦτα, καὶ ἑκάστης ἡμέρᾱς ἀεὶ ἐπὶ τὸ βέλτῑον ἐπι-διδόναι.

ΣΧΟΛΙΑ

291. μνείᾱν ποιεῖσθαι *to make mention.*

295. ὅ τι ἀπο-βήσεται *what(ever) will result* (ἀπο-βαίνω *step off, issue*).

296. ἡδέως ἂν φησι πυθέσθαι *he says he would gladly learn.* πυθέσθαι ἂν represents πυθοίμην ἄν. § 179, I b.

298. ὑπο-λαβὼν = ἀπο-κρῑνάμενος.

299. ᾗ . . . ἡμέρᾳ *on which(ever) day.*

300. τῇ ὑστεραίᾳ *on the next day.* § 122 a. γεγονότι *having become.*

301. ἐπὶ τὸ βέλτῑον ἐπι-διδόναι (*to advance to the better*) *to make progress.*

LXVII. ἑπτὰ καὶ ἑξήκοντα. ξζʹ

Review the declensions of (a) **τίς**; **τις**, § 27; (b) **βελτίων**, § 48; (c) thematic active participles, § 50 A–B.

ΟΝΟΜΑΤΑ ΤΕ ΚΑΙ ΡΗΜΑΤΑ

(α)

γιγνώσκω, γνώσομαι, A. ἔγνων, Pf. ἔγνωκα *recognize, come to know* (γνω- γνο-, *cf.* Lat. (*g*)*nosco*, know).

διδάσκω, διδάξω, ἐδίδαξα, ἐδιδάχθην *teach* (διδαχ-). *Cf.* didactic.

ἐπι-δώσει *he will advance, make progress.* Infin. ἐπι-δώσειν.

λωβάομαι, -ήσομαι *outrage, maltreat. Cf.* λώβη (ἡ) *outrage.*

μετα-βάλλω, -βαλῶ, μετ-έβαλον *throw differently, change.*

πάσχω, πείσομαι, ἔπαθον, πέπονθα *suffer* (πενθ- πονθ- πᾰθ-, *cf.* pathology. πάσχω is for παθ-σκω, πείσομαι for πενθ-σομαι).

(β)

αὔλησις (ἡ) *flute playing.*

αὐλός (ὁ) *flute.*

αὐτίκα *immediately.*

γραφικός -ή -όν *of drawing, writing, painting.*

ἡ γραφικὴ (τέχνη) *the art of painting. Cf.* graphic.

εἰκός (ἐστι) *it is likely, natural.*

θαυμαστός -ή -όν *wonderful, strange.*

καίπερ *although* (followed by participle).

τηλικοῦτος *of such an age, so old.*

ὥσπερ ἂν εἰ *just as if* . . .

Fira, Thera

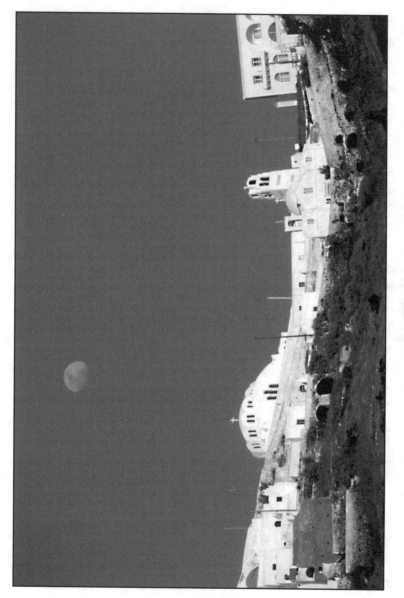

Thera's Chapels

ΠΡΩΤΑΓΟΡΑΣ ΕΠΙΔΕΔΗΜΗΚΕΝ. ΙΖ′

καὶ ἐγὼ ἀκούσᾱς εἶπον, Ὦ Πρωταγόρᾱ, τοῦτο μὲν οὐδὲν θαυμαστὸν λέγεις, ἀλλ᾽ εἰκός, ἐπεὶ κἂν σύ, καίπερ τηλικοῦτος ὢν καὶ οὕτω σοφός, εἴ τίς σε διδάξειεν ὃ μὴ τυγχάνεις ἐπιστάμενος, βελτίων ἂν γένοιο. ἀλλὰ μὴ οὕτως, ἀλλ᾽ ὥσπερ ἂν εἰ αὐτίκα μετα-βαλὼν τὴν ἐπιθῡμίᾱν Ἱπποκράτης ὅδε ἐπι-θῡμήσειε τῆς συν-ουσίᾱς τούτου τοῦ νεᾱνίσκου τοῦ νῦν νεωστὶ ἐπι-δημοῦντος, Ζευξίππου τοῦ Ἡρακλεώ-του, καὶ ἀφ-ικόμενος παρ᾽ αὐτόν, ὥσπερ παρὰ σὲ νῦν, ἀκούσειεν αὐτοῦ ταὐτὰ ταῦτα, ἅ περ σοῦ, ὅτι ἑκάστης ἡμέρᾱς συν-ὼν αὐτῷ βελτίων ἔσται καὶ ἐπι-δώσει, εἰ αὐτὸν ἐπ-αν-έροιτο, Τί δὴ φῄς με βελτίω ἔσεσθαι καὶ εἰς τί ἐπι-δώσειν; εἴποι ἂν αὐτῷ ὁ Ζεύξιππος, ὅτι πρὸς γραφικήν. κἂν εἰ Ὀρ-θαγόρᾳ τῷ Θηβαίῳ συγ-γενόμενος, ἀκούσᾱς ἐκείνου ταὐτὰ ταῦτα, ἅ περ σοῦ, ἐπ-αν-έροιτο αὐτὸν εἰς τί βελτίων καθ᾽ ἡμέρᾱν ἔσται συγ-γιγνόμενος ἐκείνῳ, εἴποι ἄν, ὅτι εἰς αὔλησιν. οὕτω δὴ καὶ σὺ εἰπὲ τῷ νεᾱνίσκῳ καὶ ἐμοὶ ὑπὲρ τούτου ἐρωτῶντι, Ἱπποκρά-της ὅδε Πρωταγόρᾳ συγ-γενόμενος, ᾗ ἂν αὐτῷ ἡμέρᾳ συγ-γένηται, βελτίων ἄπ-εισι γενόμενος καὶ τῶν ἄλλων ἡμερῶν ἑκάστης οὕτως ἐπι-δώσει — εἰς τί, ὦ Πρωταγόρᾱ, καὶ περὶ τοῦ;

ΣΧΟΛΙΑ

304. *ἐπεὶ κἂν (καὶ ἄν) σύ since even you would . . .* The ἄν is repeated in 306: *γένοιο ἄν.*

310. Zeuxippus of Heraclea was a painter.
312. ταὐτὰ ταῦτα = τὰ αὐτὰ ταῦτα.
314. ἐπ-αν-έροιτο (ἐπ-αν-ερωτάω *ask again*).
315. εἰς τί; *in what?*
316. Orthagoras of Thebes was a music teacher, his specialty being flute-playing.
319. καθ' ἡμέρᾱν *day by day.*

ΠΡΟΣΘΗΚΗ

ΠΡΩΤΑΓΟΡΑΣ ΕΠΙΔΕΔΗΜΗΚΕΝ. ΙΗ'

καὶ ὁ Πρωταγόρᾱς ἐμοῦ ταῦτ' ἀκούσᾱς, Σύ τε καλῶς ἐρωτᾷς, ἔφη, ὦ Σώκρατες, καὶ ἐγὼ τοῖς καλῶς ἐρωτῶσι χαίρω ἀπο-κρῑνόμενος. Ἱπποκράτης γὰρ παρ' ἐμὲ ἀφ-ικόμενος οὐ πείσεται, ἅ περ ἂν ἔπαθεν ἄλλῳ τῳ συγ-γενόμενος τῶν σοφιστῶν. οἱ μὲν γὰρ ἄλλοι λωβῶνται τοὺς νέους. τᾱ̀ς γὰρ τέχνᾱς αὐτοὺς πεφευγότας ἄκοντας πάλιν αὖ ἄγοντες ἐμ-βάλλουσιν εἰς τέχνᾱς, λογισμούς τε καὶ ἀστρονομίᾱν καὶ γεωμετρίᾱν καὶ μουσικὴν διδάσκοντες — καὶ ἅμα εἰς τὸν Ἱππίᾱν ἀπ-έβλεψε — παρὰ δ' ἐμὲ ἀφ-ικόμενος μαθήσεται οὐ περὶ ἄλλου του ἢ περὶ οὗ ἥκει. τὸ δὲ μάθημά ἐστιν εὐ-βουλίᾱ περί τε τῶν οἰκείων, ὅπως ἂν ἄριστα τὴν αὑτοῦ οἰκίᾱν δι-οικοῖ, καὶ περὶ τῶν τῆς πόλεως, ὅπως τὰ τῆς πόλεως δυνατώτατος ἂν εἴη καὶ πρᾱ́ττειν καὶ λέγειν.

Ἆρα, ἔφην ἐγώ, ἕπομαί σου τῷ λόγῳ; δοκεῖς γάρ μοι λέγειν τὴν πολῑτικὴν τέχνην καὶ ὑπ-ισχνεῖσθαι ποιεῖν ἄνδρας ἀγαθοὺς πολίτᾱς. Αὐτὸ μὲν οὖν τοῦτό ἐστιν, ἔφη, ὦ Σώκρατες, τὸ ἐπ-άγγελμα, ὃ ἐπ-αγγέλλομαι.

ΣΧΟΛΙΑ

331. τὰς τέχνᾱς *the arts*, *i.e.* the special studies which had been recently added to the curriculum in Athenian schools, such as arithmetic (λογισμοί *calculations*), geometry, astronomy, etc. Translate: *they lead back again against-their-will* (ἄκοντας) *those who have fled* (πεφευγότας) *from the technical subjects, and,* etc.

335. Ἱππίᾱν. Compare ll. 234 ff.

337. εὐ-βουλίᾱ (ἡ) *wise counsel, prudence.* ὅπως ἂν ἄριστα . . . δι-οικοῖ *how they might best administer, how best to administer.* δι-οικοῖ = δι-οικοίη (δι-οικέω).

342. ὑπ-ισχνέομαι, F. ὑπο-σχήσομαι *hold oneself under (an obligation), promise.*

345. ἐπ-αγγέλλομαι *announce, advertise, promise.*

Herewith ends this selection from the *Protagoras*, of which dialogue it constitutes the dramatic introduction. The conversation develops into a discussion of the nature of virtue.

LXVIII. δυοῖν δέοντες ἑβδομήκοντα. ξη´

Review: The conjugation of **οἶδα**, § 95; the declensions of the active participles, especially of the perfect active participle, § 50 C (·εἰδώς *knowing*). Like **εἰδώς** decline **δεδιώς** *fearing*, **πεφευγώς** *having fled*, **πεποιηκώς** *having made.*

The Infinitive as a Noun, § 172, II a; Infinitive with Verbs of ***Thinking***, § 179, I a; **Τυγχάνω** with a Participle, § 176 c.

Herewith Exercise 45.

Verbs of ***Fearing***:

δέδοικα *I fear* (perfect used as a present. *Cf.* *οἶδα*).

δέδοικα is not common in Attic prose, except in the singular of the indicative; more common is

δέδια *I fear* (second perfect as present). The most frequently occurring forms are :
δέδια, δέδιας, δέδιε, δέδιμεν, δέδιτε, δεδίᾱσι, infinitive **δεδιέναι**, participle **δεδιώς**.

φοβέω, -ήσω, -ησα, ἐφοβήθην *put to flight, terrify.*

φοβέομαι, -ήσομαι, ἐφοβήθην *flee in fear, be afraid, fear.* *Cf.* φόβος (ὁ) *flight, fear.* *Cf.* hydrophobia.

ΤΟ ΘΑΝΑΤΟΝ ΔΕΔΙΕΝΑΙ

When on trial before a court of his fellow-citizens on the twofold charge of not believing in the Gods in whom the Athenians believed, and of corrupting the young men, Socrates, holding the conviction that he was called of God to devote his life to the pursuit of philosophy, and to subject both himself and others to a searching examination (*φιλοσοφοῦντά με δεῖ ζῆν καὶ ἐξετάζοντα ἐμαυτὸν καὶ τοὺς ἄλλους*) summarily rejects the suggestion that by renouncing this mode of life he might escape condemnation. This, he says, would be conclusive proof that—

οὐ νομίζω θεοὺς εἶναι, ἀπειθῶν τῇ μαντείᾳ καὶ δεδιὼς θάνατον καὶ οἰόμενος σοφὸς εἶναι οὐκ ὤν.

τὸ γάρ τοι θάνατον δεδιέναι, ὦ ἄνδρες, οὐδὲν ἄλλο ἐστὶν ἢ δοκεῖν σοφὸν εἶναι, μὴ ὄντα· δοκεῖν γὰρ εἰδέναι ἐστὶν ἃ οὐκ οἶδεν. οἶδε μὲν γὰρ οὐδεὶς τὸν θάνατον, οὐδ᾽ εἰ τυγχάνει τῷ ἀνθρώπῳ πάντων μέγιστον ὂν τῶν ἀγαθῶν· δεδίᾱσι δ᾽ ὡς εὖ εἰδότες ὅτι μέγιστον τῶν κακῶν ἐστί. καὶ τοῦτο πῶς οὐκ ἀμαθίᾱ ἐστὶν αὕτη ἡ τοῦ οἴεσθαι εἰδέναι ἃ οὐκ οἶδεν;

ἐγὼ δ᾽, ὦ ἄνδρες, τούτῳ καὶ ἐνταῦθα ἴσως διαφέρω τῶν πολλῶν ἀνθρώπων, καὶ εἰ δή τῳ σοφώτερός του φαίην εἶναι, τούτῳ ἄν, ὅτι οὐκ εἰδὼς ἱκανῶς περὶ τῶν ἐν Ἅιδου οὕτω καὶ οἴομαι οὐκ εἰδέναι. τὸ δὲ ἀδικεῖν καὶ ἀπειθεῖν τῷ βελτίονι, καὶ θεῷ καὶ ἀνθρώπῳ, ὅτι κακὸν καὶ αἰσχρόν ἐστιν οἶδα. πρὸ οὖν τῶν κακῶν ὧν οἶδα ὅτι κακά ἐστιν, ἃ μὴ οἶδα εἰ ἀγαθὰ ὄντα τυγχάνει οὐδέποτε φοβήσομαι οὐδὲ φεύξομαι.

— Πλάτων ἐν τῇ Σωκράτους Ἀπολογίᾳ, 29 A–B.

ΣΧΟΛΙΑ

1. ἀπειθῶν τῇ μαντείᾳ *because I disobey the oracle.*
3. τὸ θάνατον δεδιέναι *the fear of death.*
4. δοκεῖν. Observe the order of emphasis.
9. αὕτη ἡ τοῦ, κτλ. *this ignorance of thinking,* etc.
11. τούτῳ καὶ ἐνταῦθα *in this (point) also here* (= *again*).
12. τῳ . . . του, *in any respect . . . than any one.*
14. τῶν ἐν Ἅιδου *the* (*conditions*) *in* (*the house*) *of Hades.* Ἅιδης *the Unseen* (*one*) (ἀ + ἰδ-). See § 4 b (end).
16. καὶ θεῷ καὶ ἀνθρώπῳ *whether God or man.*
17. πρὸ τῶν κακῶν ὧν (= ἃ) οἶδα *in preference to the evils which I know.* See § 102.

LXIX. ἑνὸς δέοντες ἑβδομήκοντα. ξθʹ

μεταβολὴ πάντων γλυκύ. — Παροιμίᾱ Ἑλληνική.

The First-Third-Declension Adjectives, §§ 43, 45.

ΟΝΟΜΑΤΑ ΤΕ ΚΑΙ ΡΗΜΑΤΑ

(α)

καθ-εύδω, καθ-ευδήσω *lie down to sleep, sleep.*

(β)

αἴσθησις (ἡ) *perception. Cf.* aesthetic (αἰσθάνομαι).

ἐνθένδε *from this place.*

θἆτερον = τὸ ἕτερον *the one* (*of two*).

θαυμάσιος -ίᾱ -ον *wondrous.*

μετα-βολή (ἡ) *change* (μετα-βάλλω).

μετ-οίκησις (ἡ) *change of residence.*

ὄναρ (τό) *dream.*

πολύς πλείων πλεῖστος *much, more, most. Cf.* polygamy.

τόπος (ὁ) *place. Cf.* topography.

Ο ΘΑΝΑΤΟΣ

Later in the course of his speech before the court Socrates remarks:

δυοῖν τοι θάτερόν ἐστι τὸ τεθνάναι· ἢ γὰρ οἷον μηδὲν εἶναι μηδ' αἴσθησιν μηδεμίαν μηδενὸς ἔχειν τὸν τεθνεῶτα, ἢ κατὰ τὰ λεγόμενα μεταβολή τις τυγχάνει οὖσα καὶ μετοίκησις τῇ ψῡχῇ τοῦ τόπου τοῦ ἐνθένδε εἰς ἄλλον τόπον. καὶ εἴτε μηδεμία αἴσθησίς ἐστιν, ἀλλ' οἷον ὕπνος ἐπειδάν τις καθεύδων μηδ' ὄναρ μηδὲν ὁρᾷ, θαυμάσιον κέρδος ἂν εἴη ὁ θάνατος. καὶ γὰρ οὐδὲν πλείων ὁ πᾶς χρόνος φαίνεται οὕτω δὴ εἶναι ἢ μία νύξ.

ΣΧΟΛΙΑ

1. τὸ τεθνάναι *death.* οἷον μηδὲν εἶναι, κτλ. *it is such (a condition) as to be nothing and to have no perception of anything.* § 180 a.

3. τὸν τεθνεῶτα *the one who is dead.* κατὰ τὰ λεγόμενα *according to,* etc., *as people say.*

ΠΡΟΣΘΗΚΗ

1. Τίς οἶδεν εἰ τὸ ζῆν μέν ἐστι κατθανεῖν,
τὸ κατθανεῖν δὲ ζῆν κάτω νομίζεται;
—Εὐριπίδης, Ἀπόσπασμα, 638, N².

2. Τίς δ' οἶδεν εἰ ζῆν τοῦθ' ὃ κέκληται θανεῖν,
τὸ ζῆν δὲ θνῄσκειν ἐστί; δῆλα δ' ὡς βροτῶν
νοσοῦσιν οἱ βλέποντες, οἱ δ' ὀλωλότες
οὐδὲν νοσοῦσιν οὐδὲ κέκτηνται κακά.
—Τοῦ αὐτοῦ, Ἀπ. 833, N².

3. Τίς οἶδεν εἰ τὸ ζῆν μέν ἐστι κατθανεῖν,
τὸ πνεῖν δὲ δειπνεῖν, τὸ δὲ καθ-εύδειν κῴδιον;
—Ἀριστοφάνης, Βάτραχοι, 1477–8.

4. Μόνος θεῶν τοι Θάνατος οὐ δώρων ἐρᾷ,
οὐδ' ἄν τι θύων οὐδ' ἐπι-σπένδων ἄνοις,
οὐδ' ἔστι βωμὸς οὐδὲ παιωνίζεται.
— Αἰσχύλος, 'Απ. 161, N².

5. Γῆς ἐπ-έβην γυμνός, γυμνός θ' ὑπὸ γαῖαν ἄπ-ειμι,
καὶ τί μάτην μοχθῶ, γυμνὸν ὁρῶν τὸ τέλος;
—'Ανθολογίᾱ, X, 58.

6. Θνητὰ τὰ τῶν θνητῶν, καὶ πάντα παρ-έρχεται ἡμᾶς.
ἢν δὲ μή, ἀλλ' ἡμεῖς αὐτὰ παρ-ερχόμεθα.
—Τῆς αὐτῆς, X, 31.

7. Οὐκ ἤμην, γενόμην· ἤμην, οὐκ εἰμί· τοσαῦτα·
εἰ δέ τις ἄλλ' ἐρέει, ψεύσεται· οὐκ ἔσομαι.
—Τῆς αὐτῆς.

ΣΧΟΛΙΑ

1. κατθανεῖν = κατα-θανεῖν.
2. κέκληται (καλέω). δῆλα δ' ὡς *it is clear that.* οἱ ὀλωλότες *the dead* (ὄλωλα *I am lost.* Prose: ἀπ-όλωλα). κέκτηνται *they have* (κτάομαι). § 137.
3. This is a parody of the first quotation above: "*breathing 's breakfast and lying down is eider-down.*"
4. ἄνοις ἄν = ἀνύοις ἄν *you could accomplish.*
5. ὑπὸ γαῖαν = ὑπὸ γῆν *beneath the earth.*
7. ἤμην a late form for ἦν *I was.* ἐρέει = ἐρεῖ.

LXX. ἑβδομήκοντα. ο'

Τὸ Ἑβδομηκοστὸν Μάθημα

Ἀστέρας εἰσ-αθρεῖς, Ἀστὴρ ἐμός· εἴθε γενοίμην
οὐρανός, ὡς πολλοῖς ὄμμασιν εἰς σὲ βλέπω.
— Ἐκ τῆς Ἀνθολογίᾱς, VII, 669.

Gazing at stars, O Star?
Star of my soul! Ah me!

That I were heaven, to gaze with all
Those myriad eyes on thee!
— Translation by Dr. Walter Headlam.

Review: The Third Declension—nouns and adjectives, §§ 30–38, 44.

Modes of Expressing ***Wish***:

a) With *Optative*, § 162.
b) With *Past Indicative*, § 153.

ΟΝΟΜΑΤΑ ΤΕ ΚΑΙ ΡΗΜΑΤΑ

(α)

ἀθρέω, -ήσω *gaze at, look earnestly at* (εἰσ-αθρέω).

γαμέω, F. γαμῶ (γαμέω), ἔγημα, γεγάμηκα *marry* (γάμος).

δέω, δήσω, ἔδησα, δέδεκα *bind*. *Cf.* δέω, δεήσω *need*.

θιγγάνω, A. ἔθιγον *touch* (poetic).

καίω (or κάω), καύσω, ἔκαυσα *kindle, burn* (καυ-, caustic).

πυνθάνομαι, πεύσομαι, ἐπυθόμην, πέπυσμαι *learn by inquiry, inquire* (πευθ- πυθ-).

(β)

ἀστήρ (ὁ), -έρος *star*. *Cf.* aster.

δωδεκετής *twelve years old.*

εἴθε = **εἰ γάρ** *O that!*

ἐλπίς (ἡ), -ίδος *hope* (ἐλπίζω).

ἤδη *now at length, already.*

ἰξός (ὁ) *mistletoe, bird-lime* (prepared from the mistletoe berry).

κέρας (τό), -ᾱτος *horn.*

κώνωψ (ὁ), -ωπος *gnat, mosquito.*

ὄμμα (τό) -ατος *eye* (poetic) (ὀπ-).

πάρος *formerly* (poetic).

ταῦρος (ὁ) *bull.* *Cf.* Minotaur.

φίλημα (τό), -ατος *a kiss.*

1. Ἰξὸν ἔχεις τὸ φίλημα, τὰ δ᾽ ὄμματα, Τῑμάριον, πῦρ·
ἢν ἐσ-ίδῃς, καίεις· ἢν δὲ θίγῃς, δέδεκας.
— Τοῦ Μελεάγρου.

Thine eyes are fire, Timarion,
Thy kiss a limèd lure;
Thou kindlest whom thou look'st upon,
Whom touchest, hast him sure.
— Translation by Dr. Walter Headlam.

2. EPITAPH ON AESIGENES

Παμ-μῆτορ Γῆ, χαῖρε· σὺ τὸν πάρος οὐ βαρὺν εἰς σὲ
Αἰσιγένην καὐτὴ νῦν ἐπ-έχοις ἀβαρής.
—Καὶ τοῦ Μελεάγρου.

Hail, Mother Earth! Aesigenes
That erst was unto thee
Not heavy, now in turn may'st please
To press not heavily.
— Translation by Dr. Walter Headlam.

3. EPITAPH ON A BOY

Δωδεκετῆ τὸν παῖδα πατὴρ ἀπ-έθηκε Φίλιππος
ἐνθάδε, τὴν πολλὴν ἐλπίδα, Νῑκοτέλην.
— Ἐκ τῆς Ἀνθολογίᾱς, VII, 453.

4. EPITAPH ON AN UNHAPPY MAN

Ἑξηκοντούτης Διονύσιος ἐνθάδε κεῖμαι
Ταρσεύς, μὴ γήμᾱς· εἴθε δὲ μηδ' ὁ πατήρ.
—Ἐκ τῆς αὐτῆς, VII, 309.

5. **Κώνωψ καὶ Ταῦρος**

Κώνωψ ἐπι-στᾱ̀ς κέρᾱτι ταύρου, καὶ πολὺν χρόνον ἐπι-καθ-ίσᾱς, ἐπειδὴ ἀπ-ελθεῖν ἔμελλεν, ἐπυνθάνετο τοῦ ταύρου, εἰ ἤδη βούλεται αὐτὸν ἀπ-ελθεῖν. ὁ δὲ ἀπο-κρῑνόμενος ἔφη, Ἀλλ' οὔτε ὅτε ἦλθες, ἔγνων, οὔτε ἐᾱ̀ν ἀπ-έλθῃς, γνώσομαι.
—Ἐκ τῆς τῶν Αἰσωπείων Μύθων Συναγωγῆς, 235 H.

ΣΧΟΛΙΑ

ὡς σὲ βλέπω. ὡς = ὡς ἂν = ἵνα. §§ 160 a, 197.

1. δέδεκας *thou hast (him) bound.*
2. ἐπ-έχοις *may'st thou have (thyself) upon!*

3. ἀπ-έθηκε *he put away, laid away.*
4. ἑξηκοντούτης *sixty years of age.*
   Ταρσεύς *of Tarsus.* εἴθε μὴ ὁ πατὴρ (ἔγημε).
5. ἐπι-στάς *alighting upon.* ἐπι-καθ-ίσᾱς *having sat upon.*

ΠΡΟΣΘΗΚΗ

δέχομαι, -ξομαι, -ξάμην *receive* (δεχ- δοχ-).
ἕρπω *creep, crawl.*
ζάω, ζήσω, and **ζήσομαι** *live* (Infin. ζῆν). (Cf. ζῷον (τό) *animal.*)
μειδιάω, A. **ἐμειδίᾱσα** *smile.* (*Cf.* γελάω *laugh.*)
ὀρχέομαι, -ήσομαι *dance.* (*Cf.* ὀρχήστρᾱ (ἡ) *place for dancing.*)
τίκτω, τέξομαι, ἔτεκον *bring forth, bear (young),* etc. (τεκ- τοκ-).

1. Ἄρκτος καὶ Ἀλώπηξ

Ἄρκτος τίς ποτε μεγάλως ἐκαυχᾶτο, ὅτι φιλανθρωπότατον πάντων ἐστὶ τῶν ζῴων· φᾱσὶ γὰρ ἄρκτον νεκρὸν μηδὲν ἐσθίειν. ἡ δ' ἀλώπηξ ἀκούσᾱσα ταῦτα ἐμειδίασε καὶ πρὸς αὐτὸν ἀντ-έφη, Εἴθε τοὺς νεκροὺς ἤσθιες καὶ μὴ τοὺς ζῶντας.

2. Ζεὺς καὶ Ὄφις

Τοῦ Διὸς γαμοῦντος πάντα τὰ ζῷα ἀν-έφερε δῶρα. ὄφις δ' ἕρπων ῥόδον ἀνα-λαβὼν τῷ στόματι ἀν-έβη. ἰδὼν δ' αὐτὸν ὁ Ζεὺς ἔφη, Τῶν ἄλλων ἁπάντων καὶ ἐκ ποδῶν δῶρα δέχομαι, ἀπὸ δὲ τοῦ σοῦ στόματος οὐ λαμβάνω.

3. Κάμηλος

Κάμηλός τις ἀναγκαζομένη ὑπὸ τοῦ δεσπότου ὀρχεῖσθαι εἶπεν, Ἀλλ' οὐ μόνον ὀρχουμένη εἰμὶ ἄσχημος, ἀλλὰ καὶ περι-πατοῦσα.

4. Γυνὴ καὶ Ὄρνις

Γυνή τις χήρᾱ ὄρνιν εἶχε καθ' ἑκάστην ἡμέρᾱν ᾠὸν αὐτῇ τίκτουσαν. νομίσᾱσα δ', εἰ πλείους τῇ ὄρνῑθι κρῑθὰς παρα-βάλοι, δὶς τῆς ἡμέρᾱς τέξεσθαι ἐκείνην, οὕτω ἐποίησεν. ἡ δ' ὄρνις πιμελὴς γενομένη οὐδ' ἅπαξ τῆς ἡμέρᾱς τεκεῖν ἐδύνατο.

—Ἐκ τῆς τῶν Αἰσωπείων Μῡ́θων Συναγωγῆς.

ΣΧΟΛΙΑ

1. ἐκαυχᾶτο *he was boasting.*
3. ἄσχημος *awkward.*
4. πιμελής *fat.*

LXXI. ἑβδομήκοντα εἷς. οα´

Τὸν εὐτυχεῖν δοκοῦντα μὴ ζήλου, πρὶν ἂν θανόντ' ἴδῃς.

—Εὐριπίδης, Ἡρακλ. 865–866.

Temporal Clauses, § 170; Imperative, § 171.
Verbs in **-οω**, § 83.
The Classification of Verbs according to the Progressive Action-stems, §§ 59, 60.

ΟΝΟΜΑΤΑ ΤΕ ΚΑΙ ΡΗΜΑΤΑ

(α)

δηλόω, -ώσω *make clear, show* (δῆλος).

ἐλευθερόω, -ώσω *set free* (ἐλεύθερος *free*).

ζηλόω, -ώσω, -ωσα, -ωκα *view with envy, admire, praise* (ζῆλος (ὁ) *emulation, envy*, etc.).

ὀλβίζω, F. ὀλβιῶ *deem happy* (poetic) (ὄλβιος *happy* (poetic)).

περάω, περάσω, ἐπέρᾱσα *pass through, complete* (πέρας (τό) *end*).

(β)

ἀγών (ὁ), -ῶνος *contest. Cf.* agony.

ἀλγεινός -ή -όν *painful.*

ἕδος (τό), -ους, *seat, abode.*

θήκη (ἡ) *chest, vault, tomb.*

μάντις (ὁ), -εως *seer. Cf.* mantic.

πατρίς (ἡ), -ίδος *fatherland.*

πατρῷος -ᾱ -ον *of one's father.*

πρόγονος (ὁ) *ancestor.*

τέρμα (τό), -ατος *end* (poetic).

1. Ἦ πολλὰ βροτοῖς ἐστὶν ἰδοῦσιν
γνῶναι· πρὶν ἰδεῖν δ' οὐδεὶς μάντις
τῶν μελλόντων ὅ τι πράξει.
—Σοφοκλῆς, Αἴᾱς 1417–1419.

2. Μηδέν' ὀλβίσῃς πρὶν ἂν
τέρμα τοῦ βίου περᾱ́σῃ, μηδὲν ἀλγεινὸν παθών.
—Σοφοκλῆς, 'Ο. Τ. 1529–1530.

3. Θνητῶν δὲ μηδεὶς μηδέν' ὄλβιόν ποτε
κρίνῃ, πρὶν αὐτὸν εὖ τελευτήσαντ' ἴδῃ.
—Διονύσιος ὁ τραγῳδοποιός, 'Απ. 3 N².

4. The call to battle as the Greeks entered the battle of Salamis, 480 B.C.

Ὦ παῖδες Ἑλλήνων ἴτε,
ἐλευθεροῦτε πατρίδ', ἐλευθεροῦτε δὲ
παῖδας, γυναῖκας, θεῶν τε πατρῴων ἕδη,
θήκᾱς τε προγόνων· νῦν ὑπὲρ πάντων ἀγών.
—Αἰσχύλος, Πέρσαι, 402–405.

ΣΧΟΛΙΑ

θανόντα = ἀπο-θανόντα.

4. *Cf.* Browning's translation in *Balaustion's Adventure:*

That song of ours which saved at Salamis:
" O sons of Greece, go, set your country free,
Free your wives," etc.

ΠΡΟΣΘΗΚΗ

1. Μή ποτ' ἐπ-αινήσῃς, πρὶν ἂν εἰδῇς ἄνδρα σαφηνῶς,
ὀργὴν καὶ ῥυθμὸν καὶ τρόπον ὅντιν'[1] ἔχει.
—Θέογνις, 963–964.

[1] ὅντινα accusative of ὅστις.

2. Μή μοι ἀνὴρ εἴη γλώσσῃ φίλος, ἀλλὰ καὶ ἔργῳ·
χερσίν τε σπεύδοι χρήμασί τ', ἀμφότερα.
—Τοῦ αὐτοῦ, 979–980.

3. Οὐκ ἔστιν οὐδὲν χωρὶς ἀνθρώποις θεῶν·
σπουδάζομεν δὲ πόλλ' ὑπ' ἐλπίδων, μάτην
πόνους ἔχοντες, οὐδὲν εἰδότες σαφές.
—Τοῦ Σοφοκλέους, 'Απ. 391 N[2].

LXXII. ἑβδομήκοντα καὶ δύο. οβ'

'Επὶ ξυροῦ ἵσταται ἀκμῆς.—Παροιμίᾱ 'Ελληνική.

Verbs with Second Aorists:

1) Verbs with *Thematic* Second Aorists, Lesson LIII.

2) Verbs with *Non-thematic* Second Aorists. (See §§ 63, 86.)

a) Those with *Thematic* Presents:

ἀπο-διδράσκω -δρᾱ́σομαι -έδρᾱν *run away* (δρα-).
ἀπ-έδρᾱν -δρῶ -δραίην —— **-δρᾶναι -δρᾱ́ς.**

βαίνω βήσομαι ἔβην βέβηκα *step, go* (βα-).
ἔβην βῶ βαίην βῆθι βῆναι βᾱ́ς.

γιγνώσκω γνώσομαι ἔγνων ἔγνωκα ἐγνώσθην *recognize* (γνο-).
ἔγνων γνῶ γνοίην γνῶθι γνῶναι γνούς.

δύω or **δῡ́νω** or **δύομαι δῡ́σομαι ἔδῡν δέδῡκα** *enter* (δυ-).
ἔδῡν δῡ́ω —— **δῦθι δῦναι δῡ́ς.**

b) Those with *Non-thematic* Presents:

ἵστημι (for *σίστημι, § 19 a) *make stand, set* (στη- στα-).

τίθημι *place, put* (θη- θε-).

δίδωμι *give, offer* (δω- δο-).

ἵημι *send, let go* (ἡ- ἑ-).

Learn the conjugation of **ἵστημι**, § 87 A–B. Personal endings and thematic and non-thematic formations, §§ 53–56 ; non-thematic second aorists, § 63 ; peculiarities of the **μι**-verbs, § 77 ; reduplication with **ι**, § 60 b ; the active participle in **-ᾱς**, § 50 C.

ἵστημι, στήσω, 1st A. **ἔστησα,** 2d A. **ἔστην, ἕστηκα** (for **σέστηκα*), **ἐστάθην.** M. **ἵσταμαι, στήσομαι, ἐστησάμην.**[1]

ΟΝΟΜΑΤΑ ΤΕ ΚΑΙ ΡΗΜΑΤΑ

(α)

ἀν-ίστημι, ἀνα-στήσω, ἀν-έστην, κτλ. *(make) stand up.*

ἀφ-ίστημι, ἀπο-στήσω, ἀπ-έστην, κτλ. *(make) stand away.*

ἐφ-ίστημι, ἐπι-στήσω, ἐπ-έστην, κτλ. *(make) stand upon.*[2]

παρ-ίστημι, παρα-στήσω, παρ-έστην, κτλ. *(make) stand beside.*

φράζω, φράσω, ἔφρασα, πέφρακα *point out.* Mid. *point out to oneself, think, consider* (φραδ-).

(β)

ἀκμή (ἡ) *point, edge. Cf.* acme.

ἄλλοτε . . . ἄλλοτε *at one time . . . at another time.*

ξυρόν (τό) *razor.*

παῦρος poetic for ὀλίγος.

Φράζεο· κίνδῡνός τοι ἐπὶ ξυροῦ ἵσταται ἀκμῆς·
ἄλλοτε πόλλ' ἕξεις, ἄλλοτε παυρότερα.
— Θεόγνιδος, 557–558.

[1] Very few verbs have both a first and a second aorist. In such instances the first aorist is regularly *transitive* in meaning ; the second, *intransitive*, thus : ἔστησα *I caused to stand*, ἔστην *I stood.* The aorist middle of this verb is transitive like the first aorist active : ἐστησάμην *I set up (for myself)*, etc. The perfect active is intransitive : ἕστηκα *I stand.* Many instances of the occurrence of this very important verb have already been met in the preceding lessons : ΠΡΩΤ. ΕΠΙΔ. 287, ἀνα-στήσᾱς ἐκ τῆς κλίνης, 23, ἀνα-στάς, 187, ἐπι-στάντες, ΛΥΣΙΣ 58, ἀν-έστησε τὸν Μενέξενον, κτλ.

[2] ἐπίσταμαι *I understand* (lit., *stand upon*), appears to be for ἐφ-ίσταμαι with a specialized meaning.

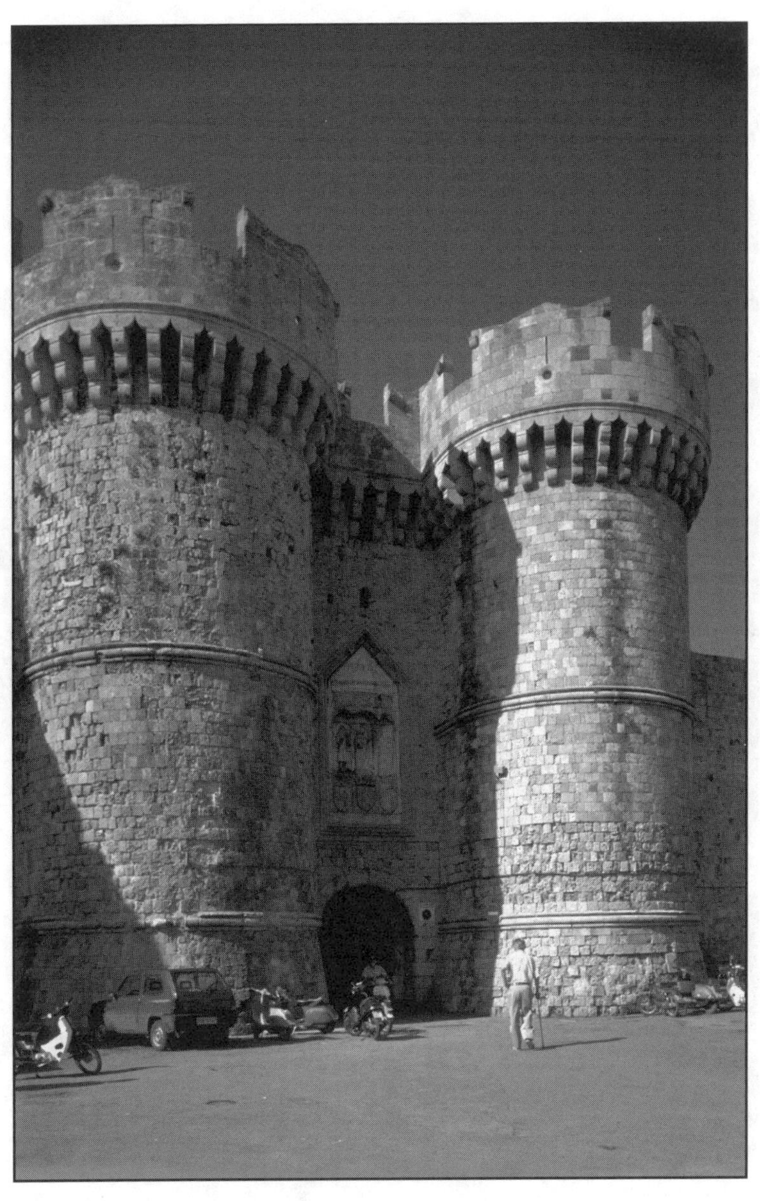

Marine Gate, Rhodes

Monemvasia

ΣΧΟΛΙΑ

φράζεο, uncontracted form of *φράζου*. *κίνδῡνος* here means *chance, risk*. *ἐπὶ ξυροῦ ἀκμῆς* (balanced) *upon the edge of a razor*. This is a common and very ancient proverb.

ΠΡΟΣΘΗΚΗ

Ἵστημι. First-Second Perfect: **ἕστηκα**, *κτλ.*, § 87 A.

1. Θεὸς συν-εργὸς πάντα ποιεῖ ῥᾳδίως.
— Μενάνδρου, Μον. 237.
2. Θεὸς δὲ τοῖς ἀργοῖσιν[1] οὐ παρ-ίσταται.
— Τοῦ αὐτοῦ, Μον. 242.
3. Θεὸς δ' ἁμαρτάνουσιν οὐ παρ-ίσταται.
— Τοῦ αὐτοῦ, Μον. 252.
4. Γνῶθι σεαυτόν. — Παροιμίᾱ Ἑλληνική.
5. Γίγνωσκε σαυτόν. — Αἰσχύλου Προμ. 309.
6. Ἐν ἐκείνῃ τῇ ὥρᾳ προσ-ῆλθον οἱ μαθηταὶ τῷ Ἰησοῦ λέγοντες, Τίς ἄρα μείζων[2] ἐστὶν ἐν τῇ βασιλείᾳ τῶν οὐρανῶν; καὶ προσ-καλεσάμενος παιδίον ἔστησεν αὐτὸ ἐν μέσῳ αὐτῶν καὶ εἶπεν· Ἀμὴν λέγω ῡ̔μῖν, ἐὰν μὴ στραφῆτε καὶ γένησθε ὡς τὰ παιδία, οὐ μὴ εἰσ-έλθητε[3] εἰς τὴν βασιλείᾱν τῶν οὐρανῶν. ὅστις οὖν ταπεινώσει ἑαυτὸν ὡς τὸ παιδίον τοῦτο, οὗτός ἐστιν ὁ μείζων ἐν τῇ βασιλείᾳ τῶν οὐρανῶν.
—Ἐκ τοῦ εὐαγγελίου τοῦ κατὰ Μαθθαῖον, ΙΗ', α'–δ'.

[1] *τοῖς ἀργοῖσιν* = *τοῖς ἀργοῖς*.

[2] *μείζων*, an instance of the use in late Greek of the comparative for the superlative (= *μέγιστος*).

[3] *οὐ μὴ εἰσ-έλθητε* *you will not enter*. § 159.

7. Καὶ ὅταν προσ-εύχησθε, οὐκ ἔσεσθε ὡς οἱ ὑποκριταί· ὅτι φιλοῦσιν ἐν ταῖς συναγωγαῖς καὶ ἐν ταῖς γωνίαις τῶν πλατειῶν ἑστῶτες προσ-εύχεσθαι, ὅπως[1] φανῶσιν τοῖς ἀνθρώποις· ἀμὴν λέγω ὑμῖν, ἀπ-έχουσι τὸν μισθὸν αὐτῶν.

σὺ δὲ ὅταν προσ-εύχῃ, εἴσ-ελθε εἰς τὸ ταμιεῖόν σου, καὶ κλείσᾱς τὴν θύρᾱν σου πρόσ-ευξαι τῷ πατρί σου τῷ ἐν τῷ κρυπτῷ. καὶ ὁ πατήρ σου ὁ βλέπων ἐν τῷ κρυπτῷ ἀπο-δώσει[2] σοι.

—Ἐκ τοῦ αὐτοῦ εὐαγγελίου, ϛ', ε'–ϛ'.

LXXIII. ἑβδομήκοντα τρεῖς. ογ'

Review the preceding lesson (**ἵστημι**, and participles in **-ᾱς**, § 50 c).

Herewith Exercise 46.

1. Ἄνθρωποι δύο ἀν-έβησαν εἰς τὸ ἱερὸν προσ-εύξασθαι, εἷς Φαρισαῖος καὶ ὁ ἕτερος τελώνης. ὁ μὲν Φαρισαῖος σταθεὶς ταῦτα πρὸς ἑαυτὸν προσ-ηύχετο· Ὁ θεός, εὐχαριστῶ σοι ὅτι οὐκ εἰμὶ ὥσπερ οἱ λοιποὶ τῶν ἀνθρώπων, ἅρπαγες, ἄδικοι, μοιχοί, ἢ καὶ ὡς οὗτος ὁ τελώνης· νηστεύω δὶς τοῦ σαββάτου, ἀπο-δεκατεύω πάντα ὅσα κτῶμαι.[3]

ὁ δὲ τελώνης μακρόθεν ἑστὼς οὐκ ἤθελεν οὐδὲ τοὺς ὀφθαλμοὺς ἐπ-ᾶραι[4] εἰς τὸν οὐρανόν, ἀλλ'

[1] ὅπως = ἵνα.

[2] ἀπο-δίδωμι, ἀπο-δώσω *give back, make return.*

[3] Equals ὅσα ἂν κτῶμαι *as much as I possess.*

[4] ἐπ-αίρω *lift up (upon), raise.*

ἔτυπτε τὸ στῆθος ἑαυτοῦ λέγων· Ὁ θεός, ἱλάσθητί μοι τῷ ἁμαρτωλῷ.

—Ἐκ τοῦ εὐαγγελίου τοῦ κατὰ Λοῦκαν, ΙΗʹ, ιʹ–ιγʹ.

2. Ὁ δοκῶν ἑστάναι βλεπέτω μὴ πέσῃ.

—Ἐκ τῆς πρώτης ἐπιστολῆς πρὸς Κορινθίους, Ιʹ, ιβʹ.

3. Ἰδού, ἕστηκα ἐπὶ τὴν θύρᾱν καὶ κρούω. ἐᾱ́ν τις ἀκούσῃ τῆς φωνῆς μου καὶ ἀν-οίξῃ τὴν θύρᾱν, εἰσ-ελεύσομαι πρὸς αὐτὸν καὶ δειπνήσω μετ᾽ αὐτοῦ καὶ αὐτὸς μετ᾽ ἐμοῦ.

—Τῆς ἀποκαλύψεως Ἰωάνου, Γʹ, κʹ.

4. Διὰ τοῦτο ἀνα-λάβετε τὴν πανοπλίᾱν τοῦ θεοῦ, ἵνα δυνηθῆτε ἀντι-στῆναι ἐν τῇ ἡμέρᾳ τῇ πονηρᾷ καὶ ἅπαντα κατ-εργασάμενοι στῆναι. στῆτε οὖν περι-ζωσάμενοι τὴν ὀσφῦν ῡ̔μῶν ἐν ἀληθείᾳ,[1] καὶ ἐν-δῡσάμενοι τὸν θώρᾱκα τῆς δικαιοσύνης, καὶ ὑπο-δησάμενοι τοὺς πόδας ἐν ἑτοιμασίᾳ τοῦ εὐαγ-γελίου τῆς εἰρήνης, ἐν πᾶσιν ἀνα-λαβόντες τὸν θυρεὸν τῆς πίστεως, ἐν ᾧ δυνήσεσθε πάντα τὰ βέλη τοῦ πονηροῦ πεπυρωμένα σβέσαι.[2]

—Τῆς πρὸς Ἐφεσίους ἐπιστολῆς, ϛʹ, ιγʹ–ιϛʹ.

LXXIV. ἑβδομήκοντα τέτταρες. οδʹ

Οἶδα Σωκράτη δεικνύντα τοῖς συν-οῦσιν ἑαυτὸν καλὸν κᾱ̓γαθὸν ὄντα καὶ δια-λεγόμενον κάλλιστα περὶ ἀρετῆς καὶ τῶν ἄλλων ἀνθρωπίνων.

—Ξενοφῶν ἐν τοῖς Σωκράτους Ἀπομνημονεύμασιν.

1 ἐν ἀληθείᾳ = τῇ ἀληθείᾳ. So ἐν ἑτοιμασίᾳ (6), ἐν ᾧ (8).

2 πεπυρωμένα (πυρόω *set on fire*). σβέσαι (σβέννῡμι) *to extinguish*. *Cf.* ἄ-σβεστος.

Review the forms (§ 50 A, B, C a–e) and uses (§§ 173–176) of the participles. Review Lesson XXVII and Exercise 18.

Master the following verbs:

αἱρέω αἱρήσω εἷλον ᾕρηκα ᾑρέθην *grasp*, *seize*, *take*, etc. *Cf.* Harpy.

αἱρέομαι -ήσομαι εἱλόμην (*take for oneself*) *choose.*

αἰσθάνομαι αἰσθήσομαι ᾐσθόμην ᾔσθημαι *perceive. Cf.* aesthetic.

δείκνῡμι δείξω ἔδειξα *point out*, *show* (δεικ-). **δεικνύντα** § 50 C.

δια-πρᾱ́ττω -ξω -ξα *accomplish* (Act. and Mid.).

δι-ηγέομαι -ήσομαι -σάμην *describe*, *narrate.*

κτάομαι κτήσομαι ἐκτησάμην κέκτημαι *acquire*, *possess.* § 137.

συλ-λέγω -ξω -ξα (M. **συλ-λέγομαι -ξομαι -ξάμην συν-είλεγμαι**) *collect.*

τυγχάνω τεύξομαι ἔτυχον τετύχηκα *hit*, *obtain* etc. (Gen.)

ΤΑ ΤΗΣ ΔΙΚΑΙΟΣΥΝΗΣ ΕΡΓΑ. Α´

Τοῖς νομίζουσι παιδείᾱς τε τῆς ἀρίστης τετυχηκέναι καὶ μέγα φρονοῦσιν ἐπὶ σοφίᾳ ὡς προσεφέρετο Σωκράτης, νῦν δι-ηγήσομαι. κατα-μαθὼν γὰρ Εὐθύδημον τὸν καλὸν γράμματα πολλὰ συν-ειλεγμένον ποιητῶν τε καὶ σοφιστῶν τῶν εὐδοκιμωτάτων, καὶ ἐκ τούτων ἤδη τε νομίζοντα δια-φέρειν τῶν ἡλικιωτῶν ἐν σοφίᾳ καὶ μεγάλᾱς ἐλπίδας ἔχοντα πάντων δι-οίσειν τῷ δύνασθαι λέγειν τε καὶ πράττειν, πρῶτον μὲν αἰσθανόμενος αὐτὸν διὰ νεότητα οὔπω εἰς τὴν ἀγορὰν εἰσ-ιόντα, εἰ δέ τι βούλοιτο δια-πρᾱ́ξασθαι, καθ-ίζοντα εἰς ἡνιοποιεῖόν τι τῶν ἐγγὺς τῆς ἀγορᾶς, εἰς τοῦτο καὶ αὐτὸς ᾔει τῶν μεθ' ἑαυτοῦ τινὰς ἔχων.

ΣΧΟΛΙΑ

2. ὡς προσ-εφέρετο τοῖς νομίζουσι *how he dealt with*, etc.
8. τῷ δύνασθαι, κτλ. *in the ability*, etc.
9. αἰσθανόμενος, the subject is Socrates. αὐτόν, *i.e.* Euthydemus.
13. ἔχων *having*, i.e. *with*.

ΠΡΟΣΘΗΚΗ

ΤΑ ΤΗΣ ΔΙΚΑΙΟΣΥΝΗΣ ΕΡΓΑ. Β'

Παρα-καθ-εζομένου δ' αὐτῷ τοῦ Εὐθυδήμου, "Εἰπέ μοι," ἔφη, "ὦ Εὐθύδημε, τῷ ὄντι, ὥσπερ ἐγὼ ἀκούω, πολλὰ γράμματα συν-ῆχας τῶν λεγομένων σοφῶν ἀνδρῶν γεγονέναι;" Καὶ ὁ Εὐθύδημος, "Νὴ τὸν Δία," ἔφη, "ὦ Σώκρατες· καὶ ἔτι γε συν-άγω, ἕως ἂν κτήσωμαι ὡς ἂν δύνωμαι πλεῖστα." "Νὴ τὴν Ἥρᾱν," ἔφη ὁ Σωκράτης, "ἄγαμαί γέ σου, διότι οὐκ ἀργυρίου καὶ χρῡσίου προ-είλου θησαυροὺς κεκτῆσθαι μᾶλλον ἢ σοφίᾱς. δῆλον γὰρ ὅτι νομίζεις ἀργύριον καὶ χρῡσίον οὐδὲν βελτίους ποιεῖν τοὺς ἀνθρώπους, τὰς δὲ τῶν σοφῶν ἀνδρῶν γνώμᾱς ἀρετῇ πλουτίζειν τοὺς κεκτημένους."

καὶ ὁ Εὐθύδημος ἔχαιρεν ἀκούων ταῦτα, νομίζων δοκεῖν τῷ Σωκράτει ὀρθῶς μετ-ιέναι τὴν σοφίᾱν.

ΣΧΟΛΙΑ

20. ἄγαμαί γέ σου *I ADMIRE you.*
27. μετ-ιέναι *to be pursuing.*

LXXV. *πέντε καὶ ἑβδομήκοντα.* οε´

Review the aorist passive (see Lesson LX) and learn the declension of the participles in **-είς**, § 50 C. Like **θείς** decline **ἡσθείς** *pleased*, **πεισθείς** *persuaded*, **φανείς** *having appeared.* Middle verbs with aorists of passive form, § 141.

Master the following verbs:

αἰσχῡ́νομαι αἰσχῠνοῦμαι ᾐσχύνθην *be ashamed, feel disgrace.*

ἀρνέομαι -ήσομαι ἠρνήθην *deny, refuse.*

βούλομαι βουλήσομαι ἐβουλήθην *wish, be willing.*

δέομαι δεήσομαι ἐδεήθην *be in need of, want* (Gen.).

δια-λέγομαι -λέξομαι δι-ελέχθην *converse with* (Dat.).

ἥδομαι ἡσθήσομαι ἥσθην (*please oneself with*), *be pleased with, delight in* (Dat. or Part.).

πορεύομαι -εύσομαι ἐπορεύθην *proceed, go.*

φαίνομαι φᾰνοῦμαι ἐφάνην *show oneself, appear.* (*Cf.* *φαίνω.*)

φοβέομαι -ήσομαι ἐφοβήθην *fear.* (*Cf.* *φόβος.*)

ΤΑ ΤΗΣ ΔΙΚΑΙΟΣΥΝΗΣ ΕΡΓΑ. Γ´

ὁ δὲ Σωκράτης κατα-μαθὼν αὐτὸν ἡσθέντα τῷ ἐπαίνῳ τούτῳ, "Τί δὲ δὴ βουλόμενος ἀγαθὸς γενέσθαι," ἔφη, "ὦ Εὐθύδημε, συλ-λέγει τὰ γράμματα;" ἐπεὶ δὲ δι-εσῑώπησεν ὁ Εὐθύδημος ὡς σκοπῶν ὅ τι ἀπο-κρῑ́ναιτο, πάλιν ὁ Σωκράτης, "Ἆρα μὴ ἰᾱτρός;" ἔφη. "πολλὰ γὰρ καὶ ἰᾱτρῶν ἐστὶ συγ-γράμματα." καὶ ὁ Εὐθύδημος, "Μὰ Δί᾽," ἔφη, "οὐκ ἔγωγε." "Ἀλλὰ μὴ ἀρχιτέκτων βούλει γενέσθαι;" "Οὔκουν ἔγωγε,” ἔφη. “Ἀλλὰ μὴ γεωμέτρης ἐπι-θῡμεῖς,” ἔφη, “γενέσθαι ἀγαθός, ὥσπερ ὁ Θεόδωρος;” “Οὐδὲ γεωμέτρης,” ἔφη. “Ἀλλὰ μὴ ἀστρολόγος,” ἔφη, “βούλει γενέσθαι;” ὡς δὲ καὶ τοῦτο ἠρνεῖτο, “Ἀλλὰ μὴ ῥαψῳδός;” ἔφη. “καὶ γὰρ τὰ Ὁμήρου σέ φᾱσιν ἔπη πάντα κεκτῆσθαι.” “Μὰ Δί’ οὐκ ἔγωγε,” ἔφη. “τοὺς γάρ τοι ῥαψῳδοὺς οἶδα τὰ μὲν ἔπη ἀκρῑβοῦντας, αὐτοὺς δὲ πάνυ ἠλιθίους ὄντας.”

καὶ ὁ Σωκράτης ἔφη· “Οὐ δήπου, ὦ Εὐθύδημε, ταύτης τῆς ἀρετῆς ἐφ-ίεσαι, δι’ ἣν ἄνθρωποι πολῑτικοὶ γίγνονται καὶ οἰκονομικοὶ καὶ ἄρχειν ἱκανοὶ καὶ ὠφέλιμοι τοῖς τ’ ἄλλοις ἀνθρώποις καὶ ἑαυτοῖς;” καὶ ὁ Εὐθύδημος, “Σφόδρα γ’,” ἔφη, “ὦ Σώκρατες, ταύτης τῆς ἀρετῆς δέομαι.”

ΣΧΟΛΙΑ

31. δι-εσῑώπησε *fell into a profound silence.*

31 f. ὅ τι ἀπο-κρῑναιτο for τί ἀπο-κρῑνωμαι. § 179, II B.

45. ἐφ-ίεσαι *you are seeking, you desire.* ἐφ-ίημι. § 98.

ΠΡΟΣΘΗΚΗ

ΤΑ ΤΗΣ ΔΙΚΑΙΟΣΥΝΗΣ ΕΡΓΑ. Δ’

“Νὴ Δί’,” ἔφη ὁ Σωκράτης, “καλλίστης ἀρετῆς καὶ μεγίστης ἐφ-ίεσαι τέχνης. ἔστι γὰρ τῶν βασιλέων αὕτη καὶ καλεῖται βασιλική. ἀτάρ,” ἔφη, “κατα-νενόηκας εἰ οἷόν τ’ ἐστὶ μὴ ὄντα δίκαιον ἀγαθὸν ταῦτα γενέσθαι;” “Καὶ μάλ’,” ἔφη ὁ Εὐθύδημος, “καὶ οὐχ οἷόν τέ γ’ ἄνευ δικαιοσύνης ἀγαθὸν πολίτην γενέσθαι.”

“Τί οὖν;” ἔφη, “σὺ δὴ τοῦτο κατ-είργασαι;” “Οἶμαί γ᾽,” ἔφη, “ὦ Σώκρατες, οὐδενὸς ἂν ἧττον φανῆναι δίκαιος.” “Ἆρ᾽ οὖν,” ἔφη, “τῶν δικαίων ἐστὶν ἔργα ὥσπερ τῶν τεκτόνων;” “Ἔστι μέντοι,” ἔφη.

ΣΧΟΛΙΑ

57. κατ-είργασαι *have you achieved* (κατ-εργάζομαι).
58. οὐδενὸς . . . δίκαιος *would appear as just as any* (*one else*).

LXXVI. ἑβδομήκοντα ἕξ. ος´

Σκηνὴ πᾶς ὁ βίος καὶ παίγνιον· ἢ μάθε παίζειν
τὴν σπουδὴν μετα-θείς, ἢ φέρε τὰς ὀδύνᾱς.

—Ἐκ τῆς Ἀνθολογίᾱς.

All Life is but a Stage, a Play;
Take then your part,
And put all seriousness away,
Or bear the smart.

—Translation by Dr. Walter Headlam.

Review the declension of the participles in **-είς** (§ 50 C) and learn the conjugation of **τίθημι** *put, place*, § 88.

Τίθημι is compounded with eighteen prepositions; note the following:

ἀνα-τίθημι *set up, dedicate. Cf.* anathema.

ἀπο-τίθημι *put off from, lay aside. Cf.* apothecary.

ἐπι-τίθημι *place upon. Cf.* epithet.

κατα-τίθημι *set down, deposit.*

μετα-τίθημι *transpose. Cf.* metathesis.

παρα-τίθημι *set by the side of. Cf.* parenthesis.

προσ-τίθημι *add to. Cf.* προσ-θήκη.

συν-τίθημι *put together, compose. Cf.* synthesis.

ΤΑ ΤΗΣ ΔΙΚΑΙΟΣΥΝΗΣ ΕΡΓΑ. Ε′

“Βούλει οὖν,” ἔφη ὁ Σωκράτης, “γράψωμεν ἐνταυθοῖ μὲν δέλτα, ἐνταυθοῖ δὲ ἄλφα; εἶτα ὅ τι μὲν ἂν δοκῇ ἡμῖν τῆς δικαιοσύνης ἔργον εἶναι, πρὸς τὸ δέλτα τιθῶμεν, ὅ τι δ' ἂν τῆς ἀδικίᾱς, πρὸς τὸ ἄλφα;” “Εἴ τί σοι δοκεῖ,” ἔφη, “προσ-δεῖν τούτων, ποίει ταῦτα.” καὶ ὁ Σωκράτης γράψᾱς ὥσπερ εἶπεν, “Οὐκοῦν,” ἔφη, “ἔστιν ἐν ἀνθρώποις ψεύδεσθαι;” “Ἔστι μέντοι,” ἔφη. “Ποτέρωσε οὖν,” ἔφη, “θῶμεν τοῦτο;” “Δῆλον,” ἔφη, “ὅτι πρὸς τὴν ἀδικίᾱν.” “Οὐκοῦν,” ἔφη, “καὶ ἐξ-απατᾶν ἔστι;” “Καὶ μάλα,” ἔφη. “Τοῦτο οὖν ποτέρωσε θῶμεν;” “Καὶ τοῦτο δῆλον ὅτι,” ἔφη, “πρὸς τὴν ἀδικίᾱν.” “Τί δὲ τὸ κακουργεῖν;” “Καὶ τοῦτο,” ἔφη. “Τὸ δὲ ἀνδραποδίζεσθαι;” “Καὶ τοῦτο.” “Πρὸς δὲ τῇ δικαιοσύνῃ οὐδὲν ἡμῖν τούτων κείσεται, ὦ Εὐθύδημε;” “Δεινὸν γὰρ ἂν εἴη,” ἔφη. “Τί δ'; ἐάν τις στρατηγὸς αἱρεθεὶς ἄδικόν τε καὶ ἐχθρᾱ̀ν πόλιν ἐξ-ανδραποδίσηται, φήσομεν τοῦτον ἀδικεῖν;” “Οὐ δῆτα,” ἔφη. “Δίκαια δὲ ποιεῖν οὐ φήσομεν;” “Καὶ μάλα.” “Τί δ'; ἐᾱ̀ν ἐξ-απατᾷ πολεμῶν αὐτοῖς;” “Δίκαιον,” ἔφη, “καὶ τοῦτο.” “Ἐᾱ̀ν δὲ κλέπτῃ τε καὶ ἁρπάζῃ τὰ τούτων, οὐ δίκαια ποιήσει;” “Καὶ μάλα,” ἔφη· “ἀλλ' ἐγώ σε τὸ πρῶτον ὑπ-ελάμβανον πρὸς τοὺς φίλους μόνον ταῦτα ἐρωτᾶν.” “Οὐκοῦν,” ἔφη, “ὅσα πρὸς τῇ ἀδικίᾳ ἐθήκαμεν, ταῦτα καὶ πρὸς τῇ δικαιοσύνῃ θετέον ἂν εἴη;” “Ἔοικεν,” ἔφη.

ΣΧΟΛΙΑ

65. *προσ-δεῖν τούτων* *to be in need of this*, i.e. *that this is necessary.*
77. *στρατηγὸς αἱρεθεὶς* *having been elected general.*

LXXVII. ἑβδομήκοντα ἑπτά. οζʹ

Μηδὲν ἄγᾱν. — Παροιμίᾱ.

Review the conjugation of **τίθημι**, § 88, making use also of the drill in Exercise 47.

ΤΑ ΤΗΣ ΔΙΚΑΙΟΣΥΝΗΣ ΕΡΓΑ. ϛʹ

"Βούλει οὖν," ἔφη, "ταῦτα οὕτω θέντες δι-ορισώμεθα πάλιν, πρὸς μὲν τοὺς πολεμίους δίκαιον εἶναι τὰ τοιαῦτα ποιεῖν, πρὸς δὲ τοὺς φίλους ἄδικον, ἀλλὰ δεῖν πρός γε τούτους ὡς ἁπλούστατον εἶναι;" "Πάνυ μὲν οὖν," ἔφη ὁ Εὐθύδημος. "Τί οὖν;" ἔφη ὁ Σωκράτης, "ἐάν τις στρατηγὸς ὁρῶν ἀθῡ́μως ἔχον τὸ στράτευμα ψευσάμενος φήσῃ συμ-μάχους προσ-ιέναι καὶ τῷ ψεύδει τούτῳ παύσῃ τῆς ἀθῡμίᾱς τοὺς στρατιώτᾱς, ποτέρωθι τὴν ἀπάτην ταύτην θήσομεν;" "Δοκεῖ μοι," ἔφη, "πρὸς τὴν δικαιοσύνην." "Τί δέ; ἐάν τις, ἐν ἀθῡμίᾳ ὄντος φίλου, δείσᾱς μὴ δια-χρήσηται ἑαυτόν, κλέψῃ ἢ ἁρπάσῃ ἢ ξίφος ἢ ἄλλο τι τοιοῦτον, τοῦτο αὖ ποτέρωσε θετέον;" "Καὶ τοῦτο νὴ Δί᾽," ἔφη, "πρὸς τὴν δικαιοσύνην." "Λέγεις," ἔφη, "σὺ οὐδὲ πρὸς τοὺς φίλους ἅπαντα δεῖν ἁπλοΐζεσθαι;" "Μὰ Δί᾽ οὐ δῆτα," ἔφη, "ἀλλὰ μετα-τίθεμαι τὰ εἰρημένα, εἴπερ ἔξ-εστι." "Δεῖ γέ τοι," ἔφη ὁ Σωκράτης, "ἐξ-εῖναι πολὺ μᾶλλον ἢ μὴ ὀρθῶς τιθέναι." "Ἀλλ', ὦ Σώκρατες, οὐκέτι μὲν ἔγωγε πιστεύω οἷς ἀπο-κρίνομαι· καὶ γὰρ τὰ πρόσθεν πάντα νῦν ἄλλως ἔχειν δοκεῖ μοι ἢ ὡς ἐγὼ τότε ᾤόμην."

—Ἐκ τῶν Ξενοφῶντος Ἀπομνημονευμάτων.

ΣΧΟΛΙΑ

88. δι-ορισώμεθα πάλιν, κτλ. *make a new distinction* (*and say*) *that it is right*, etc.

91. ἀλλὰ δεῖν, κτλ. *but that one ought*, etc.

93. ἀθύμως ἔχον *discouraged.*

94. ψευσάμενος φήσῃ συμ-μάχους προσ-ιέναι *falsely declare that reënforcements are coming.* φήσῃ aor. subj. of φημί.

99. δείσᾱς μὴ δια-χρήσηται ἑ. *fearing lest he destroy himself* (δια-χράομαι).

107. πιστεύω οἷς ἀ. = πιστ. τούτοις ἃ ἀ. § 102.

LXXVIII. ἑβδομήκοντα καὶ ὀκτώ. οη´

Contract Nouns of the First Declension, § 28 D; Uses of the Genitive: with verbs of *caring for*, etc., § 115 h; of *price*, § 116 e; with adjectives, § 117; with improper prepositions, § 130.

ΑΙ ΦΙΛΩΝ ΑΞΙΑΙ. Α´

Ἤκουσα δέ ποτε καὶ ἄλλον Σωκράτους λόγον, ὃς ἐδόκει μοι προ-τρέπειν τὸν ἀκούοντα ἐξ-ετάζειν ἑαυτόν, ὁπόσου τοῖς φίλοις ἄξιος εἴη. ἰδὼν γάρ τινα τῶν συν-όντων ἀμελοῦντα φίλου πενίᾳ πιεζομένου, ἤρετο Ἀντισθένη ἐναντίον τοῦ ἀμελοῦντος αὐτοῦ καὶ ἄλλων πολλῶν· "Ἆρ'," ἔφη, "ὦ Ἀντίσθενες, εἰσί τινες ἀξίαι φίλων, ὥσπερ οἰκετῶν; τῶν γὰρ οἰκετῶν ὃ μέν που δυοῖν μναῖν ἄξιός ἐστιν, ὃ δὲ οὐδ' ἡμι-μναίου, ὃ δὲ πέντε μνῶν, ὃ δὲ καὶ δέκα· Νῑκίᾱς δὲ ὁ Νῑκηράτου λέγεται ἐπιστάτην εἰς τἀργύρεια πρίασθαι ταλάντου· σκοποῦμαι δὴ τοῦτο," ἔφη, "εἰ ἄρα, ὥσπερ τῶν οἰκετῶν, οὕτω καὶ τῶν φίλων εἰσὶν ἀξίαι." "Ναὶ μὰ Δί'," ἔφη ὁ Ἀντισθένης· "ἐγὼ γοῦν βουλοίμην ἂν τὸν μέν τινα φίλον μοι εἶναι μᾶλλον ἢ δύο μνᾶς, τὸν δ' οὐδ' ἂν ἡμι-μναίου προ-τῑμησαίμην, τὸν δὲ καὶ πρὸ δέκα μνῶν ἑλοίμην ἄν, τὸν δὲ πρὸ πάντων χρημάτων καὶ πόνων πριαίμην ἂν φίλον μοι εἶναι."

—Καὶ ἐκ τῶν Ξενοφῶντος Ἀπομνημονευμάτων.

ΣΧΟΛΙΑ

2. ἐξ-ετάζειν ἑ. ὁπόσου, κτλ. *to examine himself as to how much*, etc.

5. ἐν. τοῦ ἀμελοῦντος αὐτοῦ *in the presence of the man himself* (i.e. *of the one who was neglecting his friend*).

8. δυοῖν μναῖν. Gen. of the dual: *two minae.*

11. πρίασθαι, and 18. πριαίμην *buy* (ὠνέομαι). σκοποῦμαι τοῦτο εἰ, κτλ. *I am considering* (*inquiring*, *wondering*) *this*, *whether*, etc.

14 ff. τὸν μὲν . . τὸν δέ. § 191.

LXXIX. ἑνὸς δέοντες ὀγδοήκοντα. οθʹ

Ἀπό-δοτε τὰ Καίσαρος Καίσαρι καὶ τὰ τοῦ θεοῦ τῷ θεῷ.
—Ἐκ τοῦ εὐαγγελίου τοῦ κατὰ Λοῦκαν, Κʹ, κεʹ.

Learn the conjugation of **δίδωμι** *offer*, *give*, § 89, including the participles in **-ούς**, § 50 c.

Herewith Exercise 48.

Of the compounds of **δίδωμι** note the following:

ἀντι-δίδωμι *give in return.* *Cf.* antidote.
ἀπο-δίδωμι *give back, restore.* *Cf.* apodosis.
ἀπο-δίδομαι *sell.*[1]
μετα-δίδωμι *give a share of* (Gen.).
παρα-δίδωμι *give to another, hand over to.*
προ-δίδωμι *betray.*

ΑΙ ΦΙΛΩΝ ΑΙΞΙΑΙ. Β′

“Οὐκοῦν,” ἔφη ὁ Σωκράτης, “εἴ γε ταῦτα τοιαῦτά ἐστι, καλῶς ἂν ἔχοι ἐξ-ετάζειν τινὰ ἑαυτόν, πόσου ἄρα τυγχάνει τοῖς φίλοις ἄξιος ὤν, καὶ πειρᾶσθαι ὡς πλείστου ἄξιος εἶναι, ἵνα ἧττον αὐτὸν οἱ φίλοι προ-διδῶσιν. ἐγὼ γάρ τοι,” ἔφη, “πολλάκις ἀκούω τοῦ μέν, ὅτι προὔδωκεν αὐτὸν φίλος ἀνήρ, τοῦ δέ, ὅτι μνᾶν ἀνθ’ ἑαυτοῦ μᾶλλον εἵλετο ἀνὴρ ὃν ᾤετο φίλον εἶναι. τὰ τοιαῦτα πάντα σκοπῶ, μὴ ὥσπερ ὅταν τις οἰκέτην πονηρὸν πωλῇ καὶ ἀπο-διδῶται τοῦ εὑρόντος, οὕτω καὶ τὸν πονηρὸν φίλον, ὅταν ἐξ-ῇ τὸ πλεῖον τῆς ἀξίᾱς λαβεῖν, ἐπαγωγὸν ᾖ ἀπο-δίδοσθαι. τοὺς δὲ χρηστοὺς οὔτε οἰκέτᾱς πάνυ τι πωλουμένους ὁρῶ οὔτε φίλους προ-διδομένους.”

ΣΧΟΛΙΑ

24. ἀκούω τοῦ μέν, ὅτι, κτλ. *I hear one (complaining) that*, etc. προὔδωκεν = προ-έδωκεν.

27. μὴ . . . ἐπαγωγὸν ᾖ (29–30) *lest it be a temptation.*

28. ἀπο-διδῶται τοῦ εὑρόντος *sell for what he will fetch.*

29. ὅταν ἐξ-ῇ . . . λαβεῖν *whenever it is possible to get*, etc.

[1] ἀπο-δίδοσθαι *to sell.* πωλεῖν *to offer for sale.*

LXXX. ὀγδοήκοντα. π′

Τὸ Ὀγδοηκοστὸν Μάθημα

Ὅ τι τοι φύσις ἀνέρι δῷ,
τόδ' οὔποτ' ἂν ἐξ-έλοις.
—Σοφοκλέους, Ἀπόσ. 739 N².

Review the conjugation of **δίδωμι**, § 89, and learn that of **δείκνῡμι** *point out*, *show*, § 90, together with the declension of the participles in **-ῡ́ς**, § 50 C.

Herewith Exercise 49.

1. Οὔ τοι δίκαιον οὔτε τοὺς κακοὺς μάτην
χρηστοὺς νομίζειν οὔτε τοὺς χρηστοὺς κακούς.
. . . .
χρόνος δίκαιον ἄνδρα δείκνῡσιν μόνος,
κακὸν δὲ κἂν ἐν ἡμέρᾳ γνοίης μιᾷ.
—Σοφοκλέους, Ὀ. Τ. 609–615.

2. Τήν τοι Δίκην λέγουσι παῖδ' εἶναι χρόνου,
δείκνῡσι δ' ἡμῶν ὅστις ἐστὶ μὴ κακός.
—Εὐριπίδου, Ἀπ. 222 N².

3. Χρήματα μὲν δαίμων καὶ παγκάκῳ ἀνδρὶ δίδωσιν,
Κύρν'· ἀρετῆς δ' ὀλίγοις ἀνδράσι μοῖρ' ἕπεται.
—Θεόγνιδος, 149–150.

4. Πάντας τοὺς διδάσκοντας ὁρῶ αὐτοὺς δεικνύντας τε τοῖς μανθάνουσιν, ᾗπερ αὐτοὶ ποιοῦσιν ἃ διδάσκουσι, καὶ τῷ λόγῳ προσ-βιβάζοντας. οἶδα δὲ καὶ Σωκράτη δεικνύντα τοῖς συν-οῦσιν ἑαυτὸν

καλὸν κἀγαθὸν ὄντα καὶ δια-λεγόμενον κάλλιστα περὶ ἀρετῆς καὶ τῶν ἄλλων ἀνθρωπίνων.

—Ξενοφῶν.

5. Ὦ φίλε Πάν τε καὶ ἄλλοι ὅσοι τῇδε θεοί, δοίητέ μοι καλῷ γενέσθαι τἄνδοθεν· ἔξωθεν δ' ὅσα ἔχω, τοῖς ἐντὸς εἶναί μοι φίλια. πλούσιον δὲ νομίζοιμι τὸν σοφόν. τὸ δὲ χρῡσοῦ πλῆθος εἴη μοι ὅσον μήτε φέρειν μήτε ἄγειν δύναιτ' ἄλλος ἢ ὁ σώφρων.

—Σωκράτης ἐν τῷ Πλάτωνος Φαίδρῳ.

ΣΧΟΛΙΑ

ὅ τι ἄνέρι δῷ = *ὅ τι ἂν ἀνδρὶ δῷ.*

1. *κἂν* = *καὶ ἄν.*

4. *τῷ λόγῳ προσ-βιβάζοντας* (sc. *αὐτούς*) *persuading them by their precepts.*

5. *δοίητε* = *δοῖτε.* *τἄνδοθεν* = *τὰ ἔνδοθεν in the inward parts.* *ἔξωθεν ὅσα ἔχω such outward advantages as I possess.* *μήτε φ. μήτε ἀ. neither bear nor carry.* See Lesson VI, ΣΧΟΛΙΟΝ, and § 164, 3.

An Attic Inscription, 600–500 b.c.

·ΛΚΙΒΙΟΣ
ΑΝΕΘΕΚΕΝ
ΚΙΘΑΡΟΙΔΟΣ
ΝΕΣΙΟΤΕΣ

[Ἀ]λκίβιος ἀν-έθηκεν κιθαρῳδὸς νησιώτης.

ADDITIONAL SELECTIONS FOR READING

I

Η ΑΡΠΑΓΟΥ ΤΙΜΩΡΙΑ

This selection, *The Punishment of Harpagus*, is taken from the first book of Herodotus (108 ff.), and serves to illustrate the studied cruelty of oriental torture.

Asty′ages (ὁ Ἀστυάγης), king of the Medes and Persians (594–559 B.C.), fearing lest his grandson would some day supplant him in the kingdom, determined to make away with the boy in his infancy. Accordingly, summoning the nobleman Har′pagus, his chief administrator and the most faithful of his subjects, Astyages gave orders that the child, the son of his daughter Man′danê and Cam′by′ses, the Persian, be put to death.

Ὁ οὖν Ἀστυάγης καλέσᾱς Ἅρπαγον, ἄνδρα οἰκεῖον καὶ πιστότατόν τε Μήδων καὶ πάντων ἐπίτροπον τῶν ἑαυτοῦ, ἔλεγεν αὐτῷ τοιάδε· "Ἅρπαγε, τὸ πρᾶγμα ὃ ἄν σοι προσ-θῶ, μηδαμῶς παρα-χρήσῃ, μηδὲ ἐμέ τε παρα-βάλῃ καὶ ἄλλους ἑλόμενος ἐξ ὑστέρᾱς σεαυτῷ περι-πέσῃς. λαβὲ ὃν Μανδάνη ἔτεκε παῖδα, φέρων δὲ ἐς σεαυτοῦ ἀπόκτεινον. μετὰ δὲ θάψον αὐτὸν ὅτῳ τρόπῳ σὺ αὐτὸς

4. μηδαμῶς παρα-χρήσῃ (παρα-χράομαι) *by no means disregard* (lit., *abuse, misuse*). § 157.

5. παρα-βάλῃ (παρα-βάλλομαι *throw aside, deceive*).

6. ἐξ ὑστέρᾱς (ὥρᾱς) *later*. σεαυτῷ περι-πέσῃς (περι-πίπτω) *fall foul of yourself, be your own undoing*.

7. ἐς σεαυτοῦ *to your own* (*home*). ἐς (= εἰς) is the form regularly employed by Herodotus, as by Thucydides. It is very common in early Greek. Attic prose (except Thucydides) regularly employs εἰς.

8. μετά *afterwards* = μετὰ ταῦτα. ὅτῳ τρόπῳ *in whatever manner*.

βούλει." ὃ δ' ἀπο-κρίνεται· "Ὦ βασιλεῦ, οὔτε ἄλλοτέ πω παρ-εῖδες τῷδε τῷ ἀνδρὶ ἄχαρι οὐδέν, ἔς τε τὸν ὕστερον χρόνον φυλαττόμεθα μηδὲν ἐς σὲ ἐξ-αμαρτεῖν. ἀλλ' εἴ σοι φίλον τοῦτο οὕτω γίγνεσθαι, χρὴ δὴ τό γ' ἐμὸν ὑπηρετεῖσθαι ἐπιτηδείως."

ταῦτα ἀπο-κρῑνάμενος ὁ Ἅρπαγος, ὡς παρ-εδόθη αὐτῷ τὸ παιδίον κεκοσμημένον τὴν ἐπὶ θανάτῳ, κλαίων οἴκαδε ἀπ-ῄει. παρ-ελθὼν δ' ἔφραζε τῇ ἑαυτοῦ γυναικὶ τὸν πάντα ὑπὸ Ἀστυάγους ῥηθέντα λόγον. ἣ δὲ πρὸς αὐτὸν λέγει· "Νῦν οὖν τί σοι ἐν νῷ ἐστὶ ποιεῖν;" ὃ δ' ἀπο-κρίνεται· "Οὐχ ᾗ ἐκέλευσεν Ἀστυάγης. οὐδ' εἰ παρα-φρονήσει τε καὶ μανεῖται κάκῑον ἢ νῦν μαίνεται, οὐκ ἔγωγε προσθήσομαι αὐτῷ τῇ γνώμῃ οὐδ' ἐς φόνον τοιοῦτον ὑπηρετήσω. πολλῶν δ' ἕνεκα οὐ φονεύσω αὐτόν, καὶ ὅτι ἐμοὶ αὐτῷ συγ-γενής ἐστιν ὁ παῖς, καὶ ὅτι ὁ Ἀστυάγης μὲν γέρων τ' ἐστὶ καὶ ἄ-παις. εἰ δ' ἐθελήσει, τούτου τελευτήσαντος, ἐς τὴν θυγατέρα ταύτην ἀνα-βῆναι ἡ τυραννίς, ἧς νῦν τὸν υἱὸν ἀπο-κτείνει δι' ἐμοῦ, ἄλλο τι ἢ λείπεται τὸ ἐντεῦθεν ἐμοὶ

9. οὔτε ἄλλοτέ πω παρ-εῖδες, κτλ. *neither at any time in the past* (πω) *have you observed any untowardness in this man* (i.e. *in myself*), *and*, etc.

13. χρὴ τό γ' ἐμὸν ὑπηρετεῖσθαι ἐπιτ. *my* (*service*) *must be rendered dutifully.*

15. κεκοσμημένον τὴν ἐπὶ θανάτῳ (στολήν) *dressed* (*in*) *the robe for death, robed for burial.*

17. ῥηθέντα *spoken* (φημί ἐρῶ εἶπον εἴρηκα ἐρρήθην).

22. οὐ προσ-θήσομαι αὐτῷ τῇ γνώμῃ *I will not give assent to his resolve.*

25. ἄ-παις *childless*, i.e. *without a son.*

26. ἐθελήσει . . . ἀνα-βῆναι *shall* (*is about to*) *pass to.*

28. ἄλλο τι ἤ; § 178, II.

κινδύνων ὁ μέγιστος; ἀλλὰ τῆς μὲν ἀσφαλείᾱς ἕνεκα ἐμοὶ δεῖ τοῦτον τελευτᾶν τὸν παῖδα, δεῖ μέντοι τινὰ τῶν τοῦ Ἀστυάγους αὐτοῦ φονέᾱ γενέσθαι καὶ μὴ τῶν ἐμῶν."

ταῦτ᾽ εἶπε καὶ αὐτίκα ἄγγελον ἔπεμπεν ἐπὶ τῶν βουκόλων τῶν Ἀστυάγους ὃν ἠπίστατο νομᾱ́ς τ᾽ ἐπιτηδειοτάτᾱς νέμοντα καὶ ὄρη θηριωδέστατα. τούτῳ ὄνομα ἦν Μιθραδᾱ́της. συν-ῴκει δ᾽ ἑαυτοῦ συν-δούλῃ, ὄνομα δὲ τῇ γυναικὶ ἦν, ᾗ συν-ῴκει, Κυνὼ κατὰ τὴν τῶν Ελλήνων γλῶτταν, κατὰ δὲ τὴν Μηδικὴν Σπακώ· τὴν γὰρ κύνα καλοῦσι σπάκα Μῆδοι.

ἐπεὶ οὖν ὁ βουκόλος σπουδῇ πολλῇ καλούμενος ἀφ-ῖκετο, ἔλεγεν ὁ Ἅρπαγος τάδε· "Κελεύει σε Ἀστυάγης τὸ παιδίον τοῦτο λαβόντα θεῖναι ἐς τὸ ἐρημότατον τῶν ὀρῶν, ὅπως ἂν τάχιστα δια-φθαρείη. καὶ τάδε σοι ἐκέλευσεν εἰπεῖν, ἢν μὴ ἀπο-κτείνῃς αὐτό, ἀλλὰ τρόπῳ τινὶ περι-ποιήσῃς, θανάτῳ τῷ κακίστῳ σε δια-χρήσεσθαι. ἐφ-ορᾶν δ᾽ αὐτὸ ἐκ-κείμενον τέταγμαι ἐγώ." ταῦτ᾽ ἀκούσᾱς ὁ βουκόλος καὶ ἀνα-λαβὼν τὸ παιδίον ᾖει τὴν αὐτὴν ὀπίσω ὁδόν, καὶ ἀφ-ικνεῖται ἐς τὴν ἔπαυλιν.

τούτῳ δ᾽ ἄρα καὶ αὐτῷ ἡ γυνή, ἐπίτεξ οὖσα πᾶσαν ἡμέρᾱν, τότε πως κατὰ δαίμονα τίκτει, οἰχομένου

31. τινὰ τῶν τοῦ Ἀστ. *some one of the (servants, household) of Ast.*

33. ἐπὶ τῶν βουκόλων . . . ὃν *to (one) of the herdsmen . . . whom.*

44. δια-φθαρείη (δια-φθείρω, A. P. δι-εφθάρην).

47. σε δια-χρήσεσθαι *(that) he will destroy you.*

48. τέταγμαι (τάττω).

51. ἐπίτεξ οὖσα πᾶσαν ἡμέρᾱν *being with child and daily expecting deliverance.*

τοῦ βουκόλου ἐς πόλιν. ἦσαν δ' ἐν φροντίδι ἀμφότεροι ἀλλήλων πέρι, ὁ μὲν περὶ τοῦ τόκου τῆς γυναικὸς ὀρρωδῶν, ἡ δὲ γυνὴ ὅ τι, οὐκ εἰωθώς, ὁ Ἅρπαγος μετα-πέμψαιτο αὐτῆς τὸν ἄνδρα. ἐπειδὴ δὲ οἴκαδ' ἐπ-αν-ελθὼν ἐπ-έστη, οἷα ἐξ ἀ-προσδοκήτου αὐτὸν ἰδοῦσα ἡ γυνὴ ἤρετο προτέρᾱ, ὅ τι οὕτω προθύμως αὐτὸν Ἅρπαγος μετ-επέμψατο. ὁ δ' εἶπεν· "Ὦ γύναι, εἶδόν τ' ἐς πόλιν ἐλθὼν καὶ ἤκουσα, ὃ μήτε ἰδεῖν ὤφελον μήτε ποτὲ γενέσθαι ἐς δεσπότᾱς τοὺς ἡμετέρους. πᾶς μὲν γὰρ ὁ οἶκος Ἁρπάγου κλαυθμῷ κατ-είχετο, ἐγὼ δ' ἐκ-πλαγεὶς ᾖα ἔσω. ὡς δὲ τάχιστα ἐσ-ῆλθον, ὁρῶ παιδίον προ-κείμενον ἀσπαῖρόν τε καὶ κραυγανώμενον, κεκοσμημένον χρῡσῷ τε καὶ ἐσθῆτι ποικίλῃ. Ἅρπαγος δ' ὡς εἶδέ με, ἐκέλευσε τὴν ταχίστην ἀνα-λαβόντα τὸ παιδίον οἴχεσθαι φέροντα καὶ θεῖναι ἐς τὸ θηριωδέστατον τῶν ὀρῶν, φάσκων τὸν Ἀστυάγη εἶναι τὸν ταῦτά μοι ἐπι-θέμενον, πολλὰ ἀπειλήσᾱς εἰ μὴ ταῦτα ποιήσαιμι. καὶ ἐγὼ ἀνα-λαβὼν ἔφερον, δοκῶν τῶν τινὸς οἰκετῶν εἶναι· οὐ γὰρ ἄν ποτε κατ-έδοξα ἔνθεν γε ἦν. ἀπ-εθαύμαζον δ' ὁρῶν αὐτὸ

55. ὅ τι, οὐκ εἰωθώς, κτλ. *for what reason, not being accustomed* (*to do so*). § 179, II B.

57. ἐπ-έστη *he stood over* (like a vision in sleep), *he* (*suddenly*) *appeared.* οἷα . . . ἰδοῦσα. § 175 e.

61. ὃ μήτε ἰδεῖν ὤφελον μήτε γενέσθαι (*that*) *which would that I had not seen*, etc. § 153 b.

63. ἐκ-πλαγείς (ἐκ-πλήττω, A. P. ἐξ-επλάγην *astonish*).

65. ἀσπαῖρόν τε καὶ κραυγανώμενον *gasping and screaming.*

68. οἴχεσθαι φέροντα (*to be gone carrying*) *to carry away.*

72. δοκῶν τὸ παιδίον εἶναί τινος τῶν οἰκετῶν. οὐ . . . ποτε ἂν κατ-έδοξα ἔνθεν γε ἦν *I could never have guessed whose child it really* (γε) *was.* § 145.

χρῡσῷ τε καὶ εἵμασι κεκοσμημένον, πρὸς δὲ τούτοις καὶ κλαυθμὸν καθ-εστῶτα ἐμ-φανῆ ἐν Ἁρπάγου. εὐθὺς δὲ καθ᾽ ὁδὸν πυνθάνομαι τὸν πάντα λόγον θεράποντος, ὃς προ-πέμπων μ᾽ ἔξω τῆς πόλεως ἐν-εχείρισε τὸ παιδίον, ὅτι ἄρα Μανδάνης τ᾽ εἴη παῖς τῆς Ἀστυάγους θυγατρὸς καὶ Καμβῡ́σου τοῦ Κῡ́ρου, καὶ Ἀστυάγης κελεύει αὐτὸ ἀποκτεῖναι. καὶ νῦν δὴ ὅδε ἐστίν."

ἅμα δὲ ταῦτα ἔλεγεν ὁ βουκόλος καὶ ἐκ-καλύψᾱς ἀπ-εδείκνῡ. ἣ δ᾽ ὡς εἶδε τὸ παιδίον μέγα τε καὶ εὐειδὲς ὄν, δακρῡ́σᾱσα καὶ λαβομένη τῶν γονάτων τοῦ ἀνδρὸς ἐδεῖτο μηδεμιᾷ τέχνῃ ἐκ-θεῖναι αὐτό. ὃ δ᾽ οὐκ ἔφη οἷός τ᾽ εἶναι ἄλλως ταῦτα ποιεῖν· ἐπι-φοιτήσειν γὰρ κατα-σκόπους ἐξ Ἁρπάγου ἐπ-οψομένους, ἀπ-ολεῖσθαι δ᾽ αὐτὸς κάκιστα, ἐὰν μὴ ταῦτα ποιήσῃ. ὡς δ᾽ οὐκ ἔπειθεν ἄρα τὸν ἄνδρα, δεύτερα λέγει ἡ γυνὴ τάδε· "Ἐπεὶ τοίνυν οὐ δύναμαί σε πείθειν μὴ ἐκ-θεῖναι, ὧδε σὺ ποίησον, εἰ δὴ πᾶσα ἀνάγκη ὀφθῆναι ἐκ-κείμενον. τέτοκα γὰρ καὶ ἐγώ, τέτοκα δὲ τεθνεός. τοῦτο μὲν φέρων πρό-θες, τὸν δὲ τῆς Ἀστυάγους θυγατρὸς παῖδα ὡς ἐξ ἡμῶν ὄντα τρέφωμεν. καὶ οὕτως οὔτε σὺ ἁλώσῃ ἀδικῶν

74. εἵμασι (εἷμα) *clothing*, especially *cloak*, *wrap*.
75. καθ-εστῶτα ἐμφανῆ (*existing openly*) *prevailing unrepressed*.
84. λαβομένη *clasping*. § 115 c.
86. ἐπι-φοιτήσειν (ἔφη) *he said there would come*.
87. ἐπ-οψομένους *to see* (*it*). Fut. Part. of *Purpose*, § 175.
88. ἀπ-ολεῖσθαι (ἀπ-όλλυμαι).
92. τέτοκα (τίκτω).
93. τεθνεός *a still-born child*.
95. ἁλώσῃ *you will be caught* (ἁλίσκομαι).

τοὺς δεσπότᾱς, οὔτε ἡμῖν κακῶς βεβουλευμένα ἔσται. ὅ τε γὰρ τεθνεὼς βασιλείᾱς ταφῆς τεύξεται, καὶ ὁ περι-ὼν οὐκ ἀπ-ολεῖ τὴν ψῡχήν.”

εὖ μάλα τ᾽ ἔδοξε τῷ βουκόλῳ πρὸς τὰ παρόντα λέγειν ἡ γυνή, καὶ αὐτίκα ἐποίει ταῦτα. ὃν μὲν ἔφερε θανατώσων παῖδα, τοῦτον μὲν παρα-δίδωσι τῇ ἑαυτοῦ γυναικί, τὸν δὲ ἑαυτοῦ ὄντα νεκρὸν λαβὼν ἔθηκε ἐς τὸ ἄγγος ἐν ᾧ ἔφερε τὸν ἕτερον. κοσμήσᾱς δὴ τῷ κόσμῳ παντὶ τοῦ ἑτέρου παιδὸς φέρων ἐς τὸ ἐρημότατον τῶν ὀρῶν τίθησι. ὡς δὲ τρίτη ἡμέρᾱ τῷ παιδίῳ ἐκ-κειμένῳ ἐγένετο, ᾔει ἐς πόλιν ὁ βουκόλος, τῶν τινὰ προβοσκῶν φύλακα αὐτοῦ κατα-λιπών, ἐλθὼν δὲ ἐς τοῦ Ἁρπάγου ἀπο-δεικνύναι ἔφη ἕτοιμος εἶναι τοῦ παιδίου τὸν νεκρόν. πέμψᾱς δ᾽ ὁ Ἅρπαγος τῶν ἑαυτοῦ δορυφόρων τοὺς πιστοτάτους εἶδέ τε διὰ τούτων καὶ ἔθαψε τοῦ βουκόλου τὸ παιδίον. καὶ τὸ μὲν ἐτέθαπτο, τὸν δὲ ὕστερον τούτων Κῦρον ὀνομασθέντα παρα-λαβοῦσα ἔτρεφεν ἡ γυνὴ τοῦ βουκόλου, ὄνομα ἄλλο πού τι καὶ οὐ Κῦρον θεμένη.

ἐπειδὴ δ᾽ ἦν δεκαετὴς ὁ παῖς, πρᾶγμα ἐς αὐτὸν τοιόνδε γενόμενον ἐξ-έφηνεν αὐτόν. ἔπαιζεν ἐν τῇ κώμῃ ταύτῃ ἐν ᾗ ἦσαν καὶ αἱ βουκολίαι αὗται, ἔπαιζε δὲ μετ᾽ ἄλλων ἡλίκων ἐν ὁδῷ. καὶ οἱ παῖ-

97. τεύξεται (τυγχάνω). § 115 e.

99. πρὸς τὰ παρόντα *in view of the present* (i.e. *existing*) *circumstances*.

101. θανατώσων *for the purpose of putting to death.* Future participle.

112. καὶ τὸ μὲν ἐτέθαπτο *and* (*now*) *the one* (*child*) *lay buried* (*had been buried*). § 138.

115. θεμένη *bestowing* (*upon*), *giving.* Aor. mid. of τίθημι.

δες παίζοντες εἵλοντο ἑαυτῶν βασιλέᾱ εἶναι τοῦτον δὴ τὸν τοῦ βουκόλου ἐπίκλησιν παῖδα.

ὃ δὲ αὐτῶν δι-έταξε τοὺς μὲν οἰκίᾱς οἰκοδομεῖν, τοὺς δὲ δορυφόρους εἶναι, τὸν δέ πού τινα αὐτῶν ὀφθαλμὸν βασιλέως εἶναι, τῷ δέ τινι τᾱ̀ς ἀγγελίᾱς φέρειν ἐδίδου γέρας, ὡς ἑκάστῳ ἔργον προσ-τάττων. εἷς δὲ τούτων τῶν παίδων συμ-παίζων, ὢν Ἀρτεμβάρους παῖς ἀνδρὸς δοκίμου ἐν Μήδοις (οὐ γὰρ δὴ ἐποίησε τὸ προσ-ταχθὲν ἐκ τοῦ Κῡ́ρου) ἐκέλευε αὐτὸν τοὺς ἄλλους παῖδας δια-λαβεῖν, πειθομένων δὲ τῶν παίδων ὁ Κῦρος τὸν παῖδα μάλα γε τρᾱχέως περι-εῖπε μαστῑγῶν. ὃ δὲ ἐπειδὴ ἀφ-είθη τάχιστα, ὥς γε δὴ ἀνάξια ἑαυτοῦ παθών, κατ-ελθὼν ἐς πόλιν πρὸς τὸν πατέρα ἀπ-ῳκτίζετο ὧν ὑπὸ Κῡ́ρου ἔτυχε, λέγων δὲ οὐ Κῡ́ρου (οὐ γάρ τί πω ἦν τοῦτο τὸ ὄνομα) ἀλλὰ πρὸς τοῦ βουκόλου τοῦ Ἀστυάγους παιδός. ὁ δὲ Ἀρτεμβάρης ὀργῇ ὡς εἶχεν ἐλθὼν παρὰ τὸν Ἀστυάγη καὶ ἅμα ἀγόμενος τὸν παῖδα ἀνάξια πράγματα ἔφη πεπονθέναι, λέγων, "Ὦ βασιλεῦ, ὑπὸ τοῦ σοῦ δούλου, βουκόλου δὲ παιδὸς ὧδε

121. ἐπίκλησιν *in name only.* Adverb. use of acc. ἐπίκλησις *an added name, surname.*

124. ὀφθαλμὸν βασιλέως. The *King's Eye* was in Persia the name of a confidential adviser to the king. τῷ δὲ . . . ἐδίδου γέρας *and to another he assigned the office.* γέρας (τὸ) *a gift of honor.*

125. ὡς ἑκάστῳ merely *to each one* (ἑκάστῳ).

128. ἐκέλευε. The subject is ὁ Κῦρος.

130. τρᾱχέως περι-εῖπε μαστῑγῶν *he handled him roughly, whipping him.*

131. ἐπειδὴ ἀφ-είθη τάχιστα *as soon as he was released.* § 98.

136. ὀργῇ ὡς εἶχεν *in anger just as he was*, i.e. *without delay, at once, without ceremony*, etc.

περι-ῡβρίσμεθα," δεικνὺς τοῦ παιδὸς τοὺς ὤμους. ἀκούσᾱς δὲ καὶ ἰδὼν Ἀστυάγης, ἐθέλων τῑμωρῆσαι τῷ παιδὶ τῑμῆς τῆς Ἀρτεμβάρους ἕνεκα, μετ-επέμπετο τόν τε βουκόλον καὶ τὸν παῖδα. ἐπειδὴ δὲ παρ-ῆσαν ἀμφότεροι, βλέψᾱς πρὸς τὸν Κῦρον ὁ Ἀστυάγης "Σὺ δή," ἔφη, "ὢν τοῦδε τοιούτου ὄντος παῖς ἐτόλμησας τὸν τοῦδε παῖδα πρώτου ὄντος παρ' ἐμοὶ αἰκίᾳ τοιᾷδε περι-έπειν;" ὃ δ' ἀπ-εκρίνετο ὧδε· "Ὦ δέσποτα," ἔφη, "ἐγὼ ταῦτα τοῦτον ἐποίησα σὺν δίκῃ. οἱ μὲν γὰρ ἐκ τῆς κώμης παῖδες, ὧν καὶ ὅδε ἦν, παίζοντες σφῶν αὐτῶν ἐστήσαντό με βασιλέᾱ. ἐδόκουν γὰρ αὐτοῖς εἶναι ἐς τοῦτο ἐπιτηδειότατος. οἱ μὲν νῦν ἄλλοι παῖδες τὰ ἐπιταττόμενα ἐπ-ετέλουν, οὗτος δὲ ἠνηκούστει τε καὶ λόγον εἶχεν οὐδένα ἐς ὃ ἔλαβε τὴν δίκην. εἰ οὖν δὴ τοῦδε ἕνεκα ἄξιος τοῦ κακοῦ εἰμί, ὅδε σοι πάρ-ειμι."

ταῦτα λέγοντος τοῦ παιδὸς τὸν Ἀστυάγη ἐσ-ῄει ἀνάγνωσις αὐτοῦ, καὶ αὐτῷ ὅ τε χαρακτὴρ τοῦ προσώπου προσ-φέρεσθαι ἐδόκει ἐς ἑαυτόν, καὶ ἡ ἀπόκρισις ἐλευθερωτέρᾱ εἶναι, καὶ ὁ χρόνος τῆς ἐκθέσεως τῇ ἡλικίᾳ τοῦ παιδὸς ἐδόκει συμ-βαίνειν.

142. *wishing to punish the boy for the sake of the honor of Artembares.*

150. σφῶν αὐτῶν *of themselves.*

153. ἠνηκούστει. ἀνηκουστέω *refuse to obey, disobey.*

154. ἐς ὃ *until.*

157. τὸν Ἀστυάγη ἐσ-ῄει ἀνάγνωσις (*there*) *came to Astyages recognition*, etc.

159. προσ-φέρεσθαι ἐς ἑαυτὸν *to correspond to himself, to be like his own.*

160. ἐλευθερωτέρᾱ *too independent* (i.e. *for a slave's child to utter*).

160. ὁ χρόνος τῆς ἐκθέσεως *the lapse of time since the exposure.*

ἐκ-πλαγεὶς δὲ τούτοις ἐπὶ χρόνον ἄφθογγος ἦν. μόγις δὲ δή ποτε ἀν-ενεχθεὶς εἶπεν, ἐθέλων ἐκ-πέμψαι τὸν Ἀρτεμβάρη, ἵνα τὸν βουκόλον μόνον λαβὼν βασανίσῃ, "Ἀρτέμβαρες," ἔφη, "ἐγὼ ταῦτα ποιήσω ὥστε σὲ καὶ τὸν παῖδα τὸν σὸν μηδὲν ἐπιμέμφεσθαι." τὸν μὲν δὴ Ἀρτεμβάρη πέμπει, τὸν δὲ Κῦρον ἦγον ἔσω οἱ θεράποντες κελεύσαντος τοῦ Ἀστυάγους. ἐπεὶ δὲ ὑπ-ελέλειπτο ὁ βουκόλος μόνος, τάδε ἤρετο αὐτὸν ὁ Ἀστυάγης, πόθεν λάβοι τὸν παῖδα καὶ τίς εἴη ὁ παρα-δούς. ὃ δὲ ἐξ ἑαυτοῦ τε ἔφη γεγονέναι καὶ τὴν τεκοῦσαν αὐτὸν εἶναι ἔτι παρ' ἑαυτῷ. Ἀστυάγης δ' αὐτὸν οὐκ εὖ βουλεύεσθαι ἔφη ἐπι-θῡμοῦντα ἐς ἀνάγκᾱς μεγάλᾱς ἀφ-ικνεῖσθαι, ἅμα τε λέγων ταῦτα ἐσήμαινε τοῖς δορυφόροις λαμβάνειν αὐτόν. ὃ δὲ ἀγόμενος ἐς τᾱ̀ς ἀνάγκᾱς οὕτω δὴ ἔφαινε τὸν ὄντα λόγον. ἀρχόμενος δὲ ἀπ' ἀρχῆς δι-εξ-ῄει τῇ ἀληθείᾳ χρώμενος, καὶ κατ-έβαινεν ἐς λιτᾱ́ς τε καὶ συγγνώμην ἑαυτῷ κελεύων ἔχειν αὐτόν.

Ἀστυάγης δὲ τοῦ μὲν βουκόλου τὴν ἀλήθειαν ἐκ-φήναντος λόγον ἤδη καὶ ἐλάττω ἐποιεῖτο, Ἁρπάγῳ δὲ καὶ μεγάλως μεμφόμενος καλεῖν αὐτὸν τοὺς δορυφόρους ἐκέλευεν. ἐπεὶ δὲ παρ-ῆν αὐτῷ ὁ Ἅρπαγος, ἤρετο αὐτὸν Ἀστυάγης· "Ἅρπαγε, τίνι δὴ μόρῳ τὸν παῖδα κατ-εχρήσω ὅν σοι παρ-

162. ἐκ-πλαγείς (ἐκ-πλήττω) *amazed, dumfounded.*

163. ἀν-ενεχθείς *recovering himself.*

174. ἀνάγκᾱς (*necessities*) *tortures.*

182. ἐκ-φήναντος. ἐκ-φαίνω. Aorist participle.

186. κατ-εχρήσω. κατα-χράομαι *use to the uttermost, make away with, kill.*

ἔδωκα ἐκ θυγατρὸς γεγονότα τῆς ἐμῆς;" ὁ δ' Ἅρπαγος ὡς εἶδε τὸν βουκόλον ἔνδον ὄντα, οὐ τρέπεται ἐπὶ ψευδῆ ὁδόν, ἵνα μὴ ἐλεγχόμενος ἁλίσκηται, ἀλλὰ λέγει τάδε· "Ὦ βασιλεῦ, ἐπειδὴ παρ-έλαβον τὸ παιδίον, ἐβούλευον σκοπῶν ὅπως σοί τε ποιήσω κατὰ νοῦν καὶ ἐγὼ πρός σε γιγνόμενος ἀναμάρτητος μήτε θυγατρὶ τῇ σῇ μήτε αὐτῷ σοὶ εἴην αὐθέντης. ποιῶ δὴ ὧδε. καλέσᾱς τὸν βουκόλον τόνδε παρα-δίδωμι τὸ παιδίον, φάσκων σὲ εἶναι τὸν κελεύοντα ἀπο-κτεῖναι αὐτό. καὶ λέγων τοῦτό γ' οὐκ ἐψευδόμην, σὺ γὰρ ἐν-ετέλλου οὕτω. παραδίδωμι μέντοι τῷδε κατὰ τάδε ἐν-τειλάμενος, θεῖναι αὐτὸν ἐς ἔρημον ὄρος καὶ παρα-μένοντα φυλάττειν ἕως ἂν τελευτήσῃ, ἀπειλήσᾱς παντοῖα τῷδε ἢν μὴ τάδε ἐπιτελῆ ποιήσῃ. ἐπειδὴ δὲ ποιήσαντος τούτου τὰ κελευόμενα ἐτελεύτησε τὸ παιδίον, πέμψᾱς τῶν εὐνούχων τοὺς πιστοτάτους καὶ εἶδον δι' ἐκείνου καὶ ἔθαψα αὐτόν. οὕτως εἶχεν, ὦ βασιλεῦ, περὶ τοῦ πρᾱ́γματος τούτου, καὶ τοιούτῳ θανάτῳ ἐχρήσατο ὁ παῖς."

Ἅρπαγος μὲν δὴ τὸν ἀληθῆ ἔφαινε λόγον, Ἀστυάγης δὲ κρύπτων ὃν αὐτῷ ἐν-εῖχε χόλον διὰ τὸ γεγονός, πρῶτον μέν, καθάπερ ἤκουσεν αὐτὸς παρὰ

189. *ἵνα μὴ ἐλεγχόμενος ἁλίσκηται be convicted on cross-examination. ἐλέγχω put to the test, cross-examine.*

191 ff. *ὅπως . . . ποιήσω* (aor. subj.) . . . *καὶ . . . εἴην* (= *ὦ*). §§ 156, 179, II B.

198. *κατὰ τάδε ἐν-τειλάμενος having given commands to this* (i.e. *the following*) *effect.*

208. *ὃν αὐτῷ ἐν-εῖχε χόλον the anger which he felt toward him.*

τοῦ βουκόλου τὸ πρᾶγμα, πάλιν δι-ηγεῖτο τῷ Ἁρπάγῳ, μετὰ δέ, ὡς ἐπαλιλλόγητο αὐτῷ, κατ-έβαινε λέγων ὅτι περί-εστί τε ὁ παῖς καὶ τὸ γεγονὸς ἔχει καλῶς· "Τῷ τε γὰρ πεποιημένῳ," ἔφη λέγων, "ἐς τὸν παῖδα τοῦτον ἔκαμνον μεγάλως, καὶ θυγατρὶ τῇ ἐμῇ δια-βεβλημένος οὐκ ἐν ἐλαφρῷ ἐποιούμην. ὡς οὖν τῆς τύχης εὖ μεθ-εστώσης, τοῦτο μὲν τὸν σεαυτοῦ παῖδα ἀπό-πεμψον παρὰ τὸν παῖδα τὸν νεήλυδα, τοῦτο δέ, σῶστρα γὰρ τοῦ παιδὸς μέλλω θύειν οἷς θεῶν ἡ τῑμὴ αὕτη πρόσ-κειται, πάρ-ισθί μοι ἐπὶ δεῖπνον."

Ἅρπαγος μὲν ὡς ἤκουσε ταῦτα, προσ-κυνήσᾱς καὶ μεγάλα ποιήσᾱς ὅτι ἐπὶ δεῖπνον ἐκέκλητο, ᾔει ἐς τὰ οἰκία. ἐσ-ελθὼν δὲ τὴν ταχίστην (ἦν γὰρ αὐτῷ παῖς εἷς μόνος, ἔτη τρία καὶ δέκα που μάλιστα γεγονώς), τοῦτον ἐκ-πέμπει ἰέναι τε κελεύων ἐς Ἀστυάγους καὶ ποιεῖν ὅ τι ἂν ἐκεῖνος κελεύῃ. αὐτὸς δὲ περιχαρὴς ὢν φράζει τῇ γυναικὶ τὰ συν-τυχόντα.

Ἀστυάγης δέ, ὡς αὐτῷ ἀφ-ίκετο ὁ Ἁρπάγου παῖς, σφάξᾱς αὐτὸν καὶ κατὰ μέλη δι-ελών, τὰ μὲν ὤπτησε, τὰ δὲ ἥψησε τῶν κρεῶν, εὔτυκτα δὲ ποιησάμενος εἶχεν ἕτοιμα. ἐπειδὴ δὲ τῆς ὥρᾱς γιγνομένης τοῦ δείπνου παρ-ῆσαν οἵ τ' ἄλλοι δαιτυμόνες

211. ἐπαλιλλόγητο *it had been repeated* (παλιλλογέω). § 120 b.
215. οὐκ ἐν ἐλαφρῷ ἐποιούμην *I did not bear it lightly.*
216. τοῦτο μέν . . . τοῦτο δέ = μέν . . . δέ.
222. ἐκέκλητο (καλέω).
224. ἔτη τρία καὶ δέκα που μάλιστα γεγονώς *about thirteen years of age.*
227. τὰ συν-τυχόντα *the things that had happened.*

καὶ ὁ Ἅρπαγος, τοῖς μὲν ἄλλοις καὶ αὐτῷ Ἀστυάγει παρ-ετίθεντο τράπεζαι μεσταὶ μηλείων κρεῶν, Ἁρπάγῳ δὲ τοῦ παιδὸς τοῦ ἑαυτοῦ, πλὴν κεφαλῆς τε καὶ ἄκρων χειρῶν τε καὶ ποδῶν, τὰ ἄλλα πάντα. ταῦτα δὲ χωρὶς ἔκειτο ἐπὶ κανῷ κατα-κεκαλυμμένα.

ἐπεὶ δὲ τῷ Ἁρπάγῳ ἐδόκει ἅλις ἔχειν τῆς βορᾶς, Ἀστυάγης ἤρετο αὐτὸν εἰ ἡσθείη τι τῷ δείπνῳ. ἀπο-κρῑνομένου δὲ Ἁρπάγου ὅτι καὶ μάλα ἥσθη, παρ-έφερον οἷς προσ-έκειτο τὴν κεφαλὴν τοῦ παιδὸς κατα-κεκαλυμμένην καὶ τᾱ̀ς χεῖρας καὶ τοὺς πόδας, Ἅρπαγον δὲ ἐκέλευον προσ-στάντες ἀπο-καλύπτειν τε καὶ λαβεῖν ὃ βούλεται αὐτῶν. πειθόμενος δὲ ὁ Ἅρπαγος καὶ ἀπο-καλύπτων ὁρᾷ τοῦ παιδὸς τὰ λείμματα, ἰδὼν δὲ οὔτε ἐξ-επλάγη ἐντός τε αὐτοῦ γίγνεται. ἤρετο δὲ αὐτὸν Ἀστυάγης εἰ γιγνώσκοι ὅτου θηρίου κρέα βεβρώκοι. ὃ δὲ καὶ γιγνώσκειν ἔφη καὶ ἀρεστὸν εἶναι πᾶν, ὃ ἂν ὁ βασιλεὺς ποιῇ. ταῦτα δ' ἀπο-κρῑνάμενος καὶ ἀνα-λαβὼν τὰ λοιπὰ τῶν κρεῶν οἴκαδ' ἀπ-ῄει. ἐντεῦθεν δ' ἔμελλεν, ὡς ἐγὼ δοκῶ, συλ-λέξᾱς θάψειν τὰ πάντα.

235. *τράπεζαι.* Each guest had a separate table, which was placed beside him.

237. *ἄκρων χειρῶν the hands.* In the famous feast of Thyestes, when he was made to eat the flesh of his own children, which was set before him by his kinsman Atreus, the same parts of the body, the head, hands, and feet, were kept apart in a basket. See the *Agamemnon* of Aeschylus, 1587 ff. The reason for this is disclosed in the concluding paragraph of the story.

240. *εἰ ἡσθείη τι τῷ δείπνῳ if he had enjoyed the dinner. τι at all.*

II–III

After so ferociously wreaking vengeance upon the nobleman Harpagus, Astyages sent the boy Cyrus to his parents in Persia, who received him with great rejoicing, forasmuch as they had supposed him dead. In course of time the lad grew to manhood, and conspired with Harpagus and others to overthrow his grandfather. The revolt was successful; Astyages was deposed; and Cyrus became king of the Medes and Persians, with Persia in the ascendency. By vastly enlarging the boundaries of his empire, Cyrus gained for himself the title of "The Great." His rule extended from 558–529 B.C.

About the time that Cyrus usurped the throne of Persia, Croesus, son of Alyat′tes, succeeded to the rule of Lydia (c. 560 B.C.), with his capital at Sardis. He extended his kingdom as far east as the Halys river, which was the westernmost boundary of the empire of Astyages, and attacked and subjugated the Aeolian, Ionian, and Dorian Greek cities of Asia Minor, except Miletus; and from the tribute levied upon his subjects and from the gold mines of Asia Minor he became fabulously rich.

Upon the fall of Astyages in 550, Croesus determined to attack Cyrus and the Persians, and for this purpose conducted an expedition across the Halys river, urged forward by the response of the oracle at Delphi: Κροῖσος, Ἅλυν δια-βάς, μεγάλην ἀρχὴν δια-λύσει *Croesus, if he cross the Halys, will destroy a great empire.* Croesus believed that "the great empire" would be that of Cyrus, but as events proved he was himself defeated and forced back into Sardis and there taken captive by Cyrus (c. 546 B.C.).

"The capture of Sardis was an eventuality of which no one had seriously thought. So great had been the wealth and might of Croesus, so dizzy the height of his power, that none deemed his overthrow possible; and the sheer and sudden fall into nothingness made perhaps a deeper and more abiding impression on the imagination of Hellas than any other historical event. It was the most illustrious example that the Greeks had ever witnessed of their favorite doctrine that the gods visit with jealousy men who enjoy too great prosperity. And the personality of Croesus himself crept into their sympathies — the admirer of Hellenic art and wisdom, the adorer of Hellenic gods, the generous giver out of his abundant wealth. Never more than for the memory of Croesus did Greece put forth the power of that genius, which she possessed in such full measure, of weaving round an event of history tales which have a deep and touching import as lessons for the life of man."[1]

[1] J. B. Bury, *History of Greece*, I, p. 238.

Mouse Island

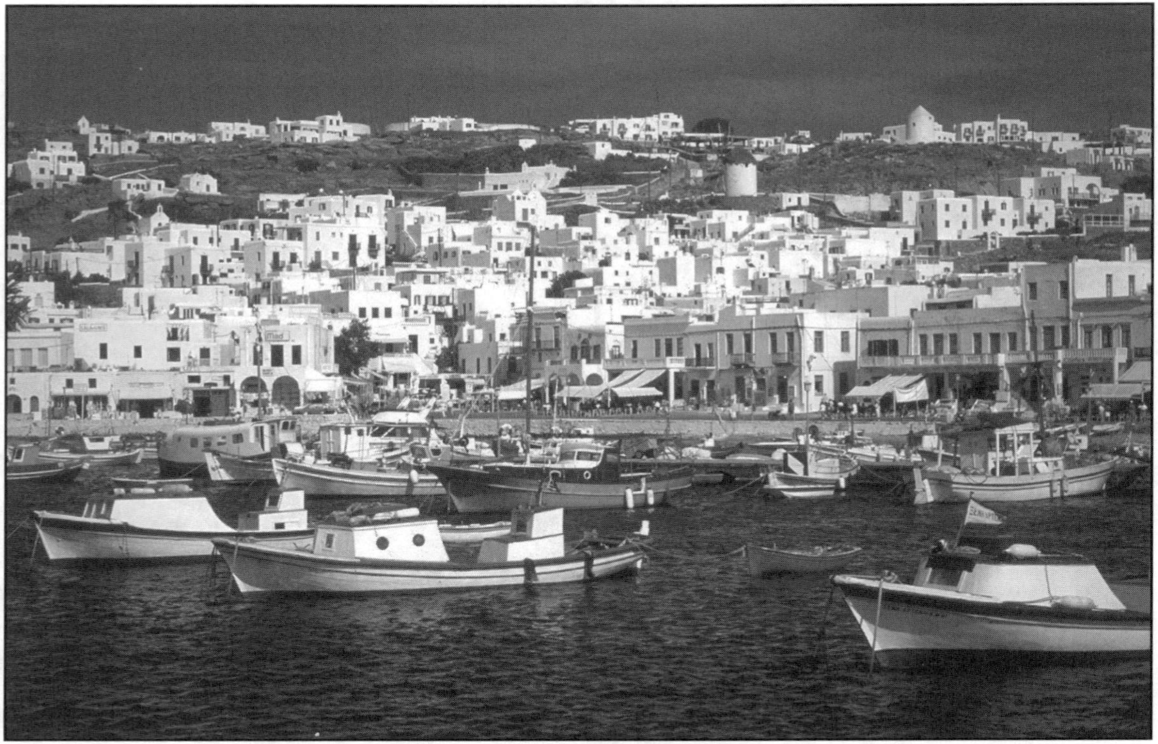

Main Harbor at Mykonos

Some of these tales are told in selections II and III, and revolve about the visit of the Athenian lawgiver, Solon, to the court of the Lydian monarch. In view of the fact, however, that Solon's archonship fell between 594 and 590 B.C., while Croesus did not ascend the throne until about 560 B.C., the story of the visit of Solon to Croesus is perhaps apocryphal, although Solon appears not to have died until after Croesus' accession. But whatever the element of truth in these tales, they admirably illustrate the style of Herodotus and his belief in divine nemesis.

II

ΠΑΝ ΕΣΤΙΝ ΑΝΘΡΩΠΟΣ ΣΥΜΦΟΡΑ

Ἀλυάττης μὲν ὁ Λῡδὸς . . . τελευτᾷ, βασιλεύσᾱς ἔτη ἑπτὰ καὶ πεντήκοντα. . . . τελευτήσαντος δὲ Ἀλυάττου, ἐξ-εδέξατο τὴν βασιλείᾱν Κροῖσος ὁ Ἀλυάττου, ἐτῶν ὢν ἡλικίᾱν πέντε καὶ τριᾱ́κοντα, καὶ τύραννος ἐγένετο πάντων τῶν ἐθνῶν τῶν ἐντὸς Ἅλυος ποταμοῦ, ὃς ῥέων ἀπὸ μεσημβρίᾱς μεταξὺ τῶν Συρίων τε καὶ τῶν Παφλαγόνων ἐκ-βάλλει πρὸς βορέᾱν ἄνεμον ἐς τὸν Εὔξεινον καλούμενον πόντον.

οὗτος ὁ Κροῖσος πρῶτος τῶν βαρβάρων ὧν ἴσμεν τοὺς μὲν Ἑλλήνων κατ-εστρέψατο ἐς φόρου ἀπ-αγωγήν, τοὺς δὲ φίλους προσ-εποιήσατο. κατ-εστρέψατο μὲν Ἴωνάς τε καὶ Αἰολέᾱς καὶ Δωριέᾱς τοὺς ἐν τῇ Ἀσίᾳ, φίλους δὲ προσ-εποιήσατο Λακεδαιμονίους. πρὸ δὲ τῆς Κροίσου ἀρχῆς πάντες Ἕλληνες ἦσαν ἐλεύθεροι.

χρόνου δ' ἐπι-γιγνομένου καὶ κατ-εστραμμένων

1. Alyattes was king of Lydia (c. 617–560 B.C.).
4. ἐτῶν ὢν ἡλικίᾱν, κτλ. *being 35 years of age.* §§ 113 d, 114.
9. βαρβάρων ὧν ἴσμεν for βαρβάρων οὓς ἴσμεν. § 102.
10. ἐς φόρου ἀπ-αγωγήν *to the payment of tribute.*
13. Λακεδαιμονίους, τοῦτ' ἔστι, τοὺς ἐν τῇ Ἑλλάδι Δωριέᾱς.

σχεδὸν πάντων τῶν ἐθνῶν τῶν ἐντὸς Ἅλυος ποταμοῦ (πλὴν γὰρ τῶν Κιλίκων καὶ Λυκίων, τοὺς ἄλλους πάντας ὑφ' ἑαυτοῦ εἶχε κατα-στρεψάμενος ὁ Κροῖσος), κατ-εστραμμένων δὲ τούτων ἀφ-ικνοῦνται ἐς Σάρδεις, ἀκμαζούσᾱς πλούτῳ, ἄλλοι τε οἱ πάντες ἐκ τῆς Ἑλλάδος σοφισταί, οἳ τοῦτον τὸν χρόνον ἐτύγχανον ὄντες, καὶ δὴ καὶ Σόλων ἀνὴρ Ἀθηναῖος. ἀφ-ικόμενος δ' ἐξενίζετο ἐν τοῖς βασιλείοις ὑπὸ τοῦ Κροίσου.

μετὰ δὲ ἡμέρᾳ τρίτῃ ἢ τετάρτῃ, κελεύσαντος τοῦ Κροίσου, τὸν Σόλωνα θεράποντες περι-ῆγον κατὰ τοὺς θησαυροὺς καὶ ἐπ-εδείκνυσαν πάντα μεγάλα τ' ὄντα καὶ ὄλβια. ἐπειδὴ δ' ἐθεᾱ́σατο καὶ ἐσκέψατο τὰ πάντα ὁ Σόλων, ὥς αὐτῷ κατὰ καιρὸν ἦν, ἤρετο ὁ Κροῖσος τάδε· "Ὦ ξένε Ἀθηναῖε, παρ' ἡμᾶς γὰρ περὶ σοῦ λόγος ἀφ-ῖκται πολὺς καὶ σοφίᾱς πέρι τῆς σῆς καὶ πλάνης, ὡς φιλοσοφῶν γῆν πολλὴν θεωρίᾱς ἕνεκεν ἐπ-ελήλυθας. νῦν οὖν ἐπ-ερωτᾶν σε ἵμερος ἐπ-ῆλθέ με εἴ τινα ἤδη πάντων εἶδες ὀλβιώτατον."

ὃ μὲν ἐλπίζων αὐτὸς εἶναι τῶν ἀνθρώπων ὀλβιώτατος ταῦτ' ἐπ-ηρώτᾱ. Σόλων δ' οὐδὲν θωπεύσᾱς,

19. εἶχε κατα-στρεψάμενος *he had made subject (he held having subdued).*

26. μετὰ δὲ ἡμέρᾳ τρίτῃ *afterward on the third day.* § 122 a.

30. ὡς αὐτῷ κατὰ καιρὸν ἦν *as he had opportunity.*

32. λόγος . . . πολύς *frequent report.*

33. ὡς φιλοσοφῶν *how through love of knowledge.*

35. ἵμερος ἐπ-ῆλθέ με *a desire has come upon me.*

37. ἐλπίζων *expecting, thinking.*

38. οὐδὲν θωπεύσᾱς *not resorting to flattery.*

ἀλλὰ τῇ ἀληθείᾳ χρησάμενος λέγει· "Ὦ βασιλεῦ, Τέλλον Ἀθηναῖον." ἀπο-θαυμάσᾱς δὲ Κροῖσος τὸ λεχθὲν ἤρετο ἐπι-στρεφῶς· "Διὰ τί δὴ κρίνεις Τέλλον εἶναι ὀλβιώτατον;" ὃ δ' εἶπε· "Τέλλῳ τοῦτο μέν, τῆς πόλεως εὖ ἐχούσης, παῖδες ἦσαν καλοί τε κἀγαθοί, καὶ εἶδεν αὐτοῖς ἅπᾱσι τέκνα ἐκ-γενόμενα καὶ πάντα παρα-μείναντα, τοῦτο δὲ τοῦ βίου εὖ ἔχοντι, ὡς τὰ παρ' ἡμῖν, τελευτὴ τοῦ βίου λαμπροτάτη ἐπ-εγένετο. γενομένης γὰρ τοῖς Ἀθηναίοις μάχης πρὸς τοὺς ἀστυ-γείτονας ἐν Ἐλευσῖνι, βοηθήσᾱς καὶ τροπὴν ποιήσᾱς τῶν πολεμίων ἀπ-έθανε κάλλιστα. καὶ αὐτὸν δημοσίᾳ τ' ἔθαψαν οἱ Ἀθηναῖοι αὐτόθι ᾗπερ ἔπεσε καὶ ἐτίμησαν μεγάλως."

ὡς δὲ τὰ κατὰ τὸν Τέλλον εἶπεν ὁ Σόλων πολλά τε καὶ ὄλβια, ἐπ-ήρετο αὐτὸν ὁ Κροῖσος τίνα δεύτερον μετ' ἐκεῖνον ἴδοι, δοκῶν πάνυ τὰ δευτεραῖα γοῦν οἴσεσθαι. ὃ δ' εἶπε· "Κλέοβίν τε καὶ Βίτωνα. τούτοις γὰρ οὖσι γένος Ἀργείοις βίος τ' ἀρκῶν

40. τὸ λεχθέν *the reply* (λέγω).

41. ἐπι-στρεφῶς *severely, earnestly* (lit., *turning upon*).

43. τοῦτο μέν . . . τοῦτο δέ (45) very frequent in Herodotus for μέν . . . δέ. τῆς πόλεως εὖ ἔχουσης *his city being prosperous.*

44. εἶδεν . . . τέκνα ἐκ-γενόμενα *he saw children born.*

45. τοῦ βίου εὖ ἔχοντι (αὐτῷ) (*to him being well off* (*in the means*) *of life*) *to him in the midst of prosperity.*

48. ἐν Ἐλευσῖνι *at Eleusis*, a few miles northwest of Athens.

51. αὐτόθι ᾗπερ *on the very spot where.*

52. τὰ κατὰ τὸν Τέλλον πολλά, κτλ. *the many blessings* (*the great prosperity*) *of Tellus.*

54. ἴδοι, § 179, II B. δοκῶν, κτλ. *supposing that he would at any rate* (γοῦν) *certainly* (πάνυ) *receive second place* (*carry away the second prize*).

56. βίος ἀρκῶν ὑπ-ῆν *livelihood sufficient* (*for their needs*) *was* (*theirs*)

ὑπ-ῆν καὶ πρὸς τούτῳ ῥώμη σώματος τοιάδε· ἀθλοφόροι τ' ἀμφότεροι ὁμοίως ἦσαν, καὶ δὴ καὶ λέγεται ὅδε ὁ λόγος. ἑορτῆς οὔσης τῇ Ἥρᾳ τοῖς Ἀργείοις, ἔδει πάντως τὴν μητέρα αὐτῶν, ἱέρειαν οὖσαν, ζεύγει κομισθῆναι ἐς τὸ ἱερόν. οἱ δὲ βόες ἐκ τοῦ ἀγροῦ οὐ παρ-εγίγνοντο αὐτοῖς ἐν ὥρᾳ. ἐκ-κλῃόμενοι δὲ τῇ ὥρᾳ οἱ νεᾱνίαι ὑπο-δύντες αὐτοὶ τὴν ζεύγλην εἷλκον τὴν ἅμαξαν, ἐπὶ δὲ τῆς ἁμάξης ὠχεῖτο ὑπ' αὐτῶν ἡ μήτηρ. σταδίους δὲ πέντε καὶ τετταράκοντα δια-κομίσαντες ἀφ-ῑκοντο ἐς τὸ ἱερόν.

“ταῦτα δ' αὐτοῖς ποιήσᾱσι καὶ ὀφθεῖσι ὑπὸ τῆς πανηγύρεως τελευτὴ τοῦ βίου ἀρίστη ἐπ-εγένετο, δι-έδειξέ τ' ἐν τούτοις ὁ θεὸς ὡς ἄμεινον εἴη ἀνθρώπῳ τεθνάναι ἢ ζῆν. οἱ μὲν γὰρ Ἀργεῖοι περι-στάντες ἐμακάριζον τὴν τῶν νεᾱνιῶν ῥώμην, αἱ δ' Ἀργεῖαι τὴν μητέρα αὐτῶν, οἵων τέκνων ἔτυχεν. ἡ δὲ μήτηρ περι-χαρὴς οὖσα τῷ τ' ἔργῳ καὶ τῇ φήμῃ, στᾶσα ἐναντίον τοῦ ἀγάλματος ηὔχετο Κλεόβει τε καὶ Βίτωνι, τοῖς ἑαυτῆς τέκνοις, οἳ αὐτὴν ἐτίμησαν

61. ζεύγει κομισθῆναι *to be conveyed by team, be taken by carriage.*

62. ἐν ὥρᾳ *in season.* ἐκ-κλῃόμενοι τῇ ὥρᾳ *being prevented* (*excluded*) *by the* (*lack of*) *time.*

63. ὑπο-δύντες. § 86.

67. ὀφθεῖσι (ὁράω).

69. ὁ θεός, but in l. 76 ἡ θεός (*i.e.* Ἥρᾱ). The masculine is used here of the divine power of the deity, regardless of the sex of the god in question.

70. τεθνάναι *to be dead* (ἀπο-θνῄσκω).

72. οἵων τέκνων ἔτυχεν *what children she had obtained,* i.e. *that she had been blessed with such children!*

74. ηὔχετο τὴν θεὸν δοῦναι Κλεόβει *she prayed the goddess to give to Kleobis,* etc.

75. αὐτήν *her,* i.e. *the goddess.*

μεγάλως, τὴν θεὸν δοῦναι ὃ ἀνθρώπῳ τυχεῖν ἄριστόν ἐστιν. μετὰ δὲ ταύτην τὴν εὐχήν, ὡς ἔθῡσάν τε καὶ εὐωχήθησαν, κατα-κοιμηθέντες ἐν αὐτῷ τῷ ἱερῷ οἱ νεᾱνίαι οὐκέτι ἀν-έστησαν, ἀλλὰ ἐν τῷ τέλει τούτῳ κατ-έσχοντο. οἱ δ' Ἀργεῖοι εἰκόνας αὐτῶν ποιησάμενοι ἀν-έθεσαν ἐς Δελφοὺς ὡς ἀνδρῶν ἀρίστων γενομένων."

Σόλων μὲν δὴ εὐδαιμονίᾱς τὰ δευτερεῖα ἔνεμε τούτοις, Κροῖσος δ' ἐς ὀργὴν πεσὼν εἶπεν· "Ὦ ξένε Ἀθηναῖε, ἡ δ' ἡμετέρᾱ εὐδαιμονίᾱ οὕτως ἀπ-έρριπται ἐς τὸ μηδὲν ὥστε οὐδὲ ἰδιωτῶν ἀνδρῶν ἀξίους ἡμᾶς ἐποίησας;" ὃ δ' εἶπεν· "Ὦ Κροῖσε, ἐπιστάμενόν με τὸ θεῖον, ὅτι φθονερόν ἐστιν, ἐρωτᾷς ἀνθρωπείων πρᾱγμάτων πέρι. ἐν γὰρ τῷ μακρῷ χρόνῳ πολλὰ μέν ἐστιν ἰδεῖν, ἃ οὐδεὶς ἐθέλει, πολλὰ δὲ καὶ παθεῖν. ἐς γὰρ ἑβδομήκοντα ἔτη ὅρον τῆς ζωῆς ἀνθρώπῳ προ-τίθημι. οὗτοι ὄντες ἐνιαυτοὶ ἑβδομήκοντα παρ-έχονται ἡμέρᾱς διᾱκοσίᾱς καὶ πεντακισχῑλίᾱς καὶ δισμῡρίᾱς, ἐμ-βολίμου μηνὸς μὴ γιγνομένου. εἰ δὲ δὴ μέλλει τὸ ἕτερον τῶν ἐτῶν μηνὶ μακρότερον γίγ-

80. *κατ-έσχοντο* (*κατ-έχειν*).
The great temple and the precinct of Hera near Argos was one of the most famous centres of her worship in Greece.

83. *τὰ δευτερεῖα τῆς εὐδαιμονίᾱς the second place* (*in point*) *of good-fortune.*

85. *ἀπ-έρριπται has been cast aside* (*ῥίπτω*).

87. *ἐρωτᾷς με ἐπιστάμενον, κτλ. you ask me* (*a man*) *who knows the divine nature*, etc.

89. *ἐν τῷ μακρῷ χρόνῳ* (*τῆς ζωῆς*).

93 ff. Herodotus makes Solon first reckon a year as having 360 days (70 × 360 = 25,200). He then adds an intercalary month (*μὴν ἐμ-βόλιμος*) each second year (*τὸ ἕτερον τῶν ἐτῶν*) in order to make the year cor-

νεσθαι, ἵνα δὴ αἱ ὧραι συμ-βαίνωσι παρα-γιγνόμεναι ἐς τὸ δέον, μῆνες μὲν παρὰ τὰ ἑβδομήκοντα ἔτη οἱ ἐμ-βόλιμοι γίγνονται τριᾱ́κοντα πέντε, ἡμέραι δ᾽ ἐκ τῶν μηνῶν τούτων χῑ́λιαι πεντήκοντα. τούτων δὲ τῶν πᾱσῶν ἡμερῶν τῶν ἐς τὰ ἑβδομήκοντα ἔτη, οὐσῶν πεντήκοντα καὶ διᾱκοσίων καὶ ἑξακισχῑλίων καὶ δισμῡρίων, ἡ ἑτέρᾱ αὐτῶν τῇ ἑτέρᾳ ἡμέρᾳ τὸ παράπαν οὐδὲν ὅμοιον προσ-άγει πρᾶγμα. οὕτως οὖν, ὦ Κροῖσε, πᾶν ἐστὶν ἄνθρωπος συμ-φορᾱ́.

“ἐμοὶ δὲ σὺ καὶ πλουτεῖν μέγα φαίνῃ, καὶ βασιλεὺς πολλῶν εἶναι ἀνθρώπων. ἐκεῖνο δ᾽ ὃ ἐρωτᾷς με οὔπω σε ἐγὼ λέγω, πρὶν ἂν τελευτήσαντα καλῶς τὸν βίον πύθωμαι. πολλοῖς γὰρ δὴ ὑπο-δείξᾱς ὄλβον ὁ θεὸς προρρίζους ἀν-έτρεψεν.”

ταῦτα λέγων ὁ Σόλων οὐ τῷ Κροίσῳ ἐχαρίζετο, καὶ Κροῖσος λόγου ποιησάμενος αὐτὸν οὐδενὸς ἀπο-πέμπεται, πάνυ γε δόξᾱς ἀμαθῆ εἶναι ὃς τὰ παρ-όντα ἀγαθὰ μεθ-εὶς τὴν τελευτὴν παντὸς χρήματος ὁρᾶν ἐκέλευεν.

respond with the seasons (ἵνα αἱ ὧραι συμ-βαίνωσι παρα-γιγνόμεναι ἐς τὸ δέον *that the seasons may correspond, falling at the proper time*). This makes 35 extra months in 70 years, and an average of 375 days in each year. In this reckoning Herodotus is of course in error.

102. ἡ ἑτέρᾱ τῇ ἑτέρᾳ ἡμέρᾳ *the one day . . . to the other.*

102. τὸ παράπαν *altogether, wholly.*

104. πᾶν ἐστὶν ἄνθρωπος συμ-φορᾱ́ *human life is all uncertainty.*

107. πρὶν ἂν . . . πύθωμαι *until I learn that you have ended your life in prosperity.*

109. προρρίζους ἀν-έτρεψεν *he overturns them root and branch.* Gnomic aorist. § 136.

111. λόγου αὐτὸν ποιησάμενος οὐδενός *holding him* (*to be*) *of no account.*

113. μεθ-είς *giving up, ignoring* (μεθ-ίημι, § 98).

III

ΝΕΜΕΣΙΣ ΕΚ ΘΕΟΥ

Σόλωνος δ' οὕτως ἀπο-πεμφθέντος, χρόνῳ ὕστερον οὐ πολλῷ νέμεσις ἐκ θεοῦ ἔλαβε Κροῖσον μεγάλη, ὡς εἰκάσαι, ὅτι ἐνόμισεν ἑαυτὸν εἶναι ἀνθρώπων ἁπάντων ὀλβιώτατον. αὐτίκα γὰρ καθ-εύδοντι αὐτῷ ὄνειρος ἐπ-έστη, ὃς τὴν ἀλήθειαν ἔφαινεν αὐτῷ τῶν μελλόντων γενέσθαι κακῶν κατὰ τὸν παῖδα. ἦσαν δὲ τῷ Κροίσῳ παῖδες δύο, ὧν ὁ μὲν ἕτερος δι-έφθαρτο (ἦν γὰρ δὴ κωφός), ὁ δ' ἕτερος τῶν ἡλίκων μακρῷ τὰ πάντα πρῶτος. ὄνομα δ' αὐτῷ ἦν Ἄτυς. τοῦτον δὴ οὖν τὸν Ἄτυν σημαίνει τῷ Κροίσῳ ὁ ὄνειρος ὡς ἀπ-ολεῖ αὐτὸν αἰχμῇ σιδηρᾷ βληθέντα. ὃ δ' ἐπειδὴ ἐξ-ηγέρθη καὶ ἑαυτῷ λόγον ἔδωκε, φοβούμενος τὸν ὄνειρον ἄγεται μὲν τῷ παιδὶ γυναῖκα, στρατηγεῖν δὲ τῶν Λῡδῶν οὐκέτι αὐτὸν ἐκ-πέμπει, καίπερ τὸ πρότερον εἰωθότα τοῦτο ποιεῖν. ἀκόντια δὲ καὶ δόρατα καὶ τὰ τοιαῦτα πάντα, οἷς ἐς πόλεμον χρῶνται ἄνθρωποι, ἐκ τῶν ἀνδρώνων ἐκ-κομίσᾱς ἐς τοὺς θαλάμους συν-ένησε, μή κρεμάμενόν τι τῷ παιδὶ ἐμ-πέσῃ.

3. *ὡς εἰκάσαι as one may conjecture.* § 172, g.
7. *δι-έφθαρτο was disabled, was blighted* (*δια-φθείρω*).
11. *ἀπ-ολεῖ* (*ἀπ-όλλῡμι*). *βληθέντα* (*βάλλω*).
12. *ἐξ-ηγέρθη* (*ἐξ-εγείρω*).
13. *ἄγεται γυναῖκα he got* (i.e. *brought home*) *a wife.*
15. *καίπερ . . . εἰωθότα although he* (i.e. *Atys*) *was accustomed*, etc.
18. *μὴ κρεμάμενόν τι lest something hanging* (*on the walls*), etc.

ἔχοντος δ' αὐτῷ ἐν χερσὶ τοῦ παιδὸς τὸν γάμον, ἀφ-ικνεῖται ἐς τὰς Σάρδεις ἀνὴρ συμ-φορᾷ ἐχόμενος καὶ οὐ καθαρὸς τὰς χεῖρας, Φρὺξ μὲν γενεᾷ ὤν, τοῦ δὲ βασιλείου γένους. παρ-ελθὼν δ' οὗτος ἐς τὰ Κροίσου οἰκία, κατὰ τοὺς νόμους τοὺς ἐπιχωρίους καθάρσεως ἐδεῖτο ἐπι-τυχεῖν. Κροῖσος δ' ἐκάθηρεν αὐτόν. ἔστι δὲ παρα-πλησίᾱ ἡ κάθαρσις τοῖς Λῡδοῖς καὶ τοῖς Ἕλλησι. ἐπειδὴ δὲ τὰ νομιζόμενα ἐποίησεν ὁ Κροῖσος, ἐπυνθάνετο ὁπόθεν τε καὶ τίς εἴη, λέγων τάδε· "Ὤνθρωπε, τίς τ' ὢν καὶ πόθεν τῆς Φρυγίᾱς ἥκων ἐφ-έστιός μοι ἐγένου; τίνα τε ἀνδρῶν ἢ γυναικῶν ἐφόνευσας;" ὃ δ' ἀπ-εκρίνετο, "Ὦ βασιλεῦ, Γορδίου μὲν τοῦ Μίδου εἰμὶ παῖς, ὀνομάζομαι δ' Ἄδραστος, φονεύσᾱς δ' ἀδελφὸν ἐμαυτοῦ ᾱ̓́κων πάρ-ειμι ἐξ-εληλαμένος θ' ὑπὸ τοῦ πατρὸς καὶ ἐστερημένος πάντων." καὶ ὁ Κροῖσος "Ἀνδρῶν τε φίλων," ἔφη, "τυγχάνεις ἔκ-γονος ὢν καὶ ἐλήλυθας ὡς φίλους, ἔνθα δεήσῃ χρήματος οὐδενὸς μένων ἐν ἡμῶν, τήν τε συμφορὰν ταύτην

20. ἔχοντος . . . τὸν γάμον *his son being occupied with the marriage* (*having the marriage in hand for him*).

21. συμ-φορᾷ ἐχόμενος *who was a victim of a calamity*, i.e. *who was guilty of murder.*

25. καθάρσεως ἐδεῖτο, κτλ. *he sought purification.* The murderer was under a ban, and could not enter again into social relations until he had been purified by some one who took pity upon him. The purification consisted in the main in the ceremony of sprinkling the blood of a pig on the hands and head of the guilty person.

33. The name Adrastus means: *The Unescapable.*

34. ἐξ-εληλαμένος *driven into exile* (ἐξ-ελαύνω).

37. ὡς φίλους *to friends.* § 130, c. δεήσῃ *you will need* (*lack*).

38. ἐν ἡμῶν (οἴκῳ). *Cf.* 40, ἐν Κροίσου (οἴκῳ).

ὡς κουφότατα φέρων κερδανεῖς πλεῖστον.” ὃ δὲ δὴ δίαιταν εἶχεν ἐν Κροίσου.

ἐν δὲ τῷ αὐτῷ χρόνῳ τούτῳ ἐν τῷ Μῡσίῳ Ὀλύμπῳ μέγα χρῆμα ὑὸς γίγνεται. ὁρμώμενος δ’ οὗτος ἐκ τοῦ ὄρους τούτου τὰ τῶν Μῡσῶν ἔργα δι-έφθειρεν. πολλάκις δ’ οἱ Μῡσοὶ ἐπ’ αὐτὸν ἐξ-ελθόντες ἐποίουν μὲν ἂν κακὸν οὐδέν, ἔπασχον δ’ ὑπ’ αὐτοῦ. τέλος δ’ ἀφ-ικόμενοι παρὰ τὸν Κροῖσον τῶν Μῡσῶν ἄγγελοι ἔλεγον τάδε· “Ὦ βασιλεῦ, ὑὸς χρῆμα μέγιστον ἀν-εφάνη ἡμῖν ἐν τῇ χώρᾳ, ὃς τὰ ἔργα δια-φθείρει. τοῦτον καίπερ προ-θῡμούμενοι ἑλεῖν οὐ δυνάμεθα. νῦν οὖν προσ-δεόμεθά σου τὸν παῖδα καὶ νεᾱνίᾱς καὶ κύνας συμ-πέμψαι ἡμῖν, ἵνα ἐξ-έλωμεν αὐτὸν ἐκ τῆς χώρᾱς.” οἳ μὲν δὴ τούτων ἐδέοντο. ὁ δὲ Κροῖσος μνημονεύων τοὺς τοῦ ὀνείρου λόγους ἔλεγεν αὐτοῖς τάδε· “Παιδὸς μὲν πέρι τοῦ ἐμοῦ μὴ μνησθῆτε ἔτι, οὐ γὰρ ἂν ῡ̔μῖν συμ-πέμψαιμι· νεόγαμός τε γάρ ἐστι καὶ ταῦτα νῦν αὐτῷ μέλει. τῶν μέντοι Λῡδῶν νεᾱνίᾱς καὶ τὸ κυνηγέσιον πᾶν συμ-πέμψω, καὶ κελεύσω αὐτοὺς εἶναι ὡς προθῡμοτάτους συν-εξ-ελεῖν ῡ̔μῖν τὸ θηρίον ἐκ τῆς χώρᾱς.”

ταῦτα μὲν ἀπ-εκρῖνετο ὁ Κροῖσος. ἀπ-ελθόντων δὲ τῶν Μῡσῶν, ἐπ-εσ-έρχεται ὁ τοῦ Κροίσου παῖς ἀκηκοὼς ὧν ἐδέοντο οἱ Μῡσοί. οὐ φάσκοντος δὲ τοῦ Κροίσου τόν γε παῖδα αὐτοῖς συμ-πέμψειν, λέγει

39. ὡς κουφότατα *as lightly as possible.*
42. χρῆμα ὑός *a monster of a boar.*
43. ἔργα *works*, i.e. *cultivated fields.*
44. ἐποίουν ἄν *they would* (*were wont to*) *do.* § 135.
58. ὡς προθῡμοτάτους *as zealously as possible.*
62. οὐ φάσκοντος . . . Κροίσου. *C. refusing* (*saying* ‘*no*’), etc.

πρὸς αὐτὸν ὁ νεᾱνίᾱς τάδε· "Ὦ πάτερ, τὰ κάλλιστα πρότερόν ποτε καὶ γενναιότατα ἡμῖν ἦν ἔς τε πολέμους καὶ ἐς ἄγρᾱς φοιτῶσι εὐδοκιμεῖν. νῦν δὲ ἀμφοτέρων με τούτων ἀπο-κλῄσᾱς ἔχεις, οὔτε δειλίᾱν τινά μοι παρ-ιδὼν οὔτε ἀθῡμίᾱν. νῦν δὲ τίσι δή με χρὴ ὄμμασι ἔς τ' ἀγορὰν καὶ ἐξ ἀγορᾶς φοιτῶντα φαίνεσθαι; ποῖος μέν τις τοῖς πολῑ́ταις δόξω εἶναι, ποῖος δέ τις τῇ νεογάμῳ γυναικί; ποίῳ δὲ ἐκείνη δόξει ἀνδρὶ συν-οικεῖν; ἐμὲ οὖν σὺ ἢ ἔᾱ ἐλθεῖν ἐπὶ τὴν θήρᾱν ἢ λόγῳ πεῖσόν με ἱκανῶς ὅπως μοι ἀμείνω ἐστὶ ταῦτα οὕτω ποιούμενα."

ὁ δὲ Κροῖσος ἀπο-κρῑνόμενος "Ὦ παῖ," ἔφη, "οὔτε δειλίᾱν οὔτε ἄλλο οὐδὲν κακὸν παρ-ιδών σοι τοῦτο ποιῶ, ἀλλά μοι ὄψις ὀνείρου ἐν τῷ ὕπνῳ ἐπιστᾶσα ἔφη σε ὀλιγοχρόνιον ἔσεσθαι. ὑπὸ γὰρ αἰχμῆς σιδηρᾶς ἀπ-ολεῖσθαι. πρὸς οὖν τὴν ὄψιν ταύτην τόν τε γάμον σοι τοῦτον ἔσπευσα καὶ ἐπὶ τοῦτο τὸ ἐπιχείρημα οὐκ ἀπο-πέμπω, φυλακὴν ἔχων εἴ πως δυναίμην σε ἐπὶ τῆς ἐμῆς ζωῆς δια-κλέψαι. εἷς γάρ μοι μόνος τυγχάνεις ὢν παῖς· τὸν γὰρ δὴ ἕτερον δι-εφθαρμένον τὴν ἀκοὴν οὐκ εἶναί μοι λογίζομαι." ὁ δὲ νεᾱνίᾱς ἀπ-εκρίνετο "Συγγνώμη μέν,

64. τὰ κάλλιστα . . . ἦν ἡμῖν ἐς πολέμους, . . . φοιτῶσι εὐδοκιμεῖν *it was formerly permitted us* (i.e. *me*) *going to wars and on hunting expeditions to enjoy the noblest reputation. Heretofore has it been permitted us to enjoy the fairest and noblest reputation through going*, etc.

67. ἀπο-κλῄσᾱς ἔχεις *you have shut out, have excluded.*

68. παρ-ιδών = ἰδών.

82. εἴ πως δυναίμην *if somehow I might be able.* ἐπὶ τῆς ἐμῆς ζωῆς *during my lifetime.*

85 ff. συγγνώμη σοι . . . φυλακὴν ἔχειν *it is pardonable for you*, etc.

ὦ πάτερ, σοὶ ἰδόντι γ' ὄψιν τοιαύτην περὶ ἐμὲ φυλακὴν ἔχειν. ὃ δ' οὐ μανθάνεις περὶ τοῦ ὀνείρου, ἐγώ σοί εἰμι δίκαιος φράζειν. φῂς γὰρ τὸν ὄνειρον ὑπὸ αἰχμῆς σιδηρᾶς φάναι ἐμὲ τελευτήσειν. ὑὸς δὲ ποῖαι μέν εἰσι χεῖρες, ποίᾱ δ' αἰχμὴ σιδηρᾶ ἣν σὺ φοβῇ; εἰ μὲν γὰρ ὑπὸ ὀδόντος σοι εἶπε τελευτήσειν με ἢ ἄλλου του τοιούτου, δικαίως γ' ἐποίεις ἂν ταῦτα. νῦν δὲ ὑπὸ αἰχμῆς. ἐπειδὴ οὖν οὐ πρὸς ἄνδρας ἡμῖν γίγνεται ἡ μάχη, ἔᾱσον καὶ ἐμὲ ἰέναι." ὁ δὲ Κροῖσος "Ὦ παῖ," ἔφη, "νῑκᾷς με, γνώμην ἀπο-φαίνων περὶ τοῦ ἐνυπνίου. ὡς οὖν νενῑκημένος ὑπὸ σοῦ μετα-γιγνώσκω καὶ ἐῶ σε ἰέναι ἐπὶ τὴν ἄγρᾱν."

ταῦτα δ' εἰπὼν ὁ Κροῖσος μετα-πέμπεται τὸν Φρύγα Ἄδραστον, καὶ αὐτῷ ἀφ-ικομένῳ λέγει τάδε· "Ἄδραστε, ἐγώ σε συμφορᾷ πεπληγμένον δεινῇ, ἥν σοι οὐκ ὀνειδίζω, ἐκάθηρα καὶ οἰκίοις ὑπ-εδεξάμην, παρ-έχων πᾶσαν τὴν δαπάνην. νῦν οὖν (ὀφείλεις γάρ, ἐμοῦ προ-ποιήσαντος ἀγαθὰ πρός σε, ἀγαθοῖς με ἀμείβεσθαι) φύλακα παιδός σε τοῦ ἐμοῦ ἐθέλω γενέσθαι ἐς ἄγρᾱν ὁρμωμένου, μή τινες καθ' ὁδὸν κλῶπες κακοῦργοι ἐπὶ βλάβην φανῶσιν ὑμῖν." ὁ δ' Ἄδραστος "Ὦ βασιλεῦ," ἔφη, "ἄλλως μὲν ἔγωγε οὐκ ἂν ᾖα ἐς ἆθλον τοιοῦτον· οὔτε γὰρ

89. φάναι *to say. You say that the dream said*, etc.

96. ὡς νενῑκημένος *as having been conquered, inasmuch as I have been overpersuaded.*

106. ὁρμωμένου *as he sets out*, etc.

108. ἄλλως μὲν . . . οὐκ ἂν ᾖα (*otherwise*) *under other circumstances I would not go*, etc.

ἄνδρα συμφορᾷ τοιαύτῃ πεπληγμένον δίκαιόν ἐστιν ἐς ὁμήλικας εὖ πράττοντας ἰέναι, οὔτε τὸ βούλεσθαι πάρ-εστιν. νῦν δέ, ἐπειδὴ σὺ σπεύδεις καὶ δεῖ με σοι χαρίζεσθαι (ὀφείλω γάρ σε ἀμείβεσθαι ἀγαθοῖς) ποιεῖν εἰμὶ ἕτοιμος ταῦτα, παῖδα δὲ τὸν σόν, ὃν κελεύεις με φυλάττειν, ἀπήμονα τοῦ φυλάττοντος ἕνεκα προσ-δόκᾱ σοι ἐπ-αν-ελθεῖν."

ἐπειδὴ δ' οὗτος ταῦτ' ἀπ-εκρίνετο τῷ Κροίσῳ, ἐξ-έρχονται μετὰ ταῦτα νεᾱνίαις τ' ἐξ-ηρτυμένοι καὶ κυσί. ἀφ-ικόμενοι δ' ἐς τὸν Ὄλυμπον τὸ ὄρος ἐζήτουν τὸ θηρίον, εὑρόντες δὲ καὶ περι-στάντες αὐτὸ κύκλῳ ἐσ-ηκόντιζον. ἔνθα δὴ ὁ ξένος, οὗτος δὴ ὁ καθαρθεὶς τὸν φόνον, καλούμενος δὲ Ἄδραστος, ἀκοντίζων τὸν ὗν, τούτου μὲν ἁμαρτάνει, τυγχάνει δὲ τοῦ Κροίσου παιδός. ὁ μὲν δὴ βληθεὶς τῇ αἰχμῇ ἐξ-έπλησε τοῦ ὀνείρου τὴν φήμην, ἔθει δέ τις ἀγγελῶν τῷ Κροίσῳ τὸ γεγονός. ἀφ-ικόμενος δ' ἐς τᾱ̀ς Σάρδεις τήν τε μάχην καὶ τὸν παιδὸς μόρον ἐσήμηνεν αὐτῷ.

Κροῖσος δὲ τῷ θανάτῳ τοῦ παιδὸς συν-τεταραγμένος μᾶλλον ἐδεινολογεῖτο ὅτι αὐτὸν ἀπ-έκτεινεν ἐκεῖνος ὃν αὐτὸς φόνου ἐκάθηρε. λῡπούμενος

115. ἀπήμονα τοῦ φυλάττοντος ἕνεκα προσ-δόκᾱ *expect . . . unharmed so far as his guardian is concerned, so far as depends on his guardian.*

118. νεᾱνίαις τε ἐξ-ηρτυμένοι καὶ κυσί *(equipped with) attended by men and dogs.*

123. τούτου μὲν ἁμαρτάνει, τυγχάνει δὲ τοῦ παιδός. Genitive with verbs of *hitting*, *missing*, etc. § 115 e.

126. ἀγγελῶν, future participle of *purpose.* § 175.

129. συν-τεταραγμένος *(thrown together in confusion) greatly distressed.* ταράσσω *trouble*, *confuse*, etc.

δ᾽ ἐπὶ τῇ συμφορᾷ μεγάλως, ἐκάλει μὲν Δία τὸν καθάρσιον, μαρτῡρόμενος ἃ ὑπὸ τοῦ ξένου πεπονθὼς εἴη, ἐκάλει δὲ Δία ἐφέστιόν τε καὶ ἑταιρεῖον, τὸν αὐτὸν τοῦτον ὀνομάζων θεόν, τὸν μὲν ἐφέστιον καλῶν, διότι δὴ τοῖς οἰκίοις ὑπο-δεξάμενος τὸν ξένον φονέᾱ τοῦ παιδὸς ἐλάνθανε βόσκων, τὸν δ᾽ ἑταιρεῖον καλῶν ὅτι φύλακα συμ-πέμψᾱς αὐτὸν εὑρήκοι πολεμιώτατον.

παρ-ῆσαν δὲ μετὰ τοῦτο οἱ Λῡδοὶ φέροντες τὸν νεκρόν, ὄπισθεν δ᾽ εἵπετο αὐτῷ ὁ φονεύς. στᾱ̀ς δ᾽ οὗτος πρὸ τοῦ νεκροῦ παρ-εδίδου ἑαυτὸν Κροίσῳ προ-τείνων τᾱ̀ς χεῖρας, ἐπι-κατα-σφάξαι αὐτὸν κελεύων τῷ νεκρῷ, λέγων τήν προτέρᾱν συμφορᾱ̀ν καὶ ὡς οὐκέτι αὐτῷ βιώσιμον. Κροῖσος δὲ τούτων ἀκούσᾱς τόν τε Ἄδραστον κατ-οικτΐρει, καίπερ ὢν ἐν κακῷ ἰδίῳ τοσούτῳ, καὶ λέγει πρὸς αὐτόν "Ἔχω, ὦ ξένε, παρὰ σοῦ πᾶσαν τὴν δίκην, ἐπειδὴ σεαυτοῦ κατα-δικάζεις θάνατον. σὺ δέ μοι οὐκ εἶ τοῦδε τοῦ κακοῦ αἴτιος, εἰ μὴ ὅσον ᾱ̓́κων ἐξ-ειργάσω, ἀλλὰ θεῶν πού τις, ὅς μοι καὶ πάλαι προ-εσήμηνε τὰ μέλλοντα ἔσεσθαι κακά."

Κροῖσος μὲν οὖν ἔθαψε τὸν ἑαυτοῦ παῖδα, Ἄδραστος δ᾽ ὁ Γορδίου τοῦ Μίδου, οὗτος δὴ ὁ φονεὺς μὲν τοῦ αὐτοῦ ἀδελφοῦ γενόμενος φονεὺς δὲ τοῦ

133. πεπονθὼς εἴη *he had suffered* (πάσχω). § 179, II B.

134. Δία ἐφέστιον *Zeus* (*God*) *of the hearth.*

137. ἐλάνθανε βόσκων (*he escaped notice feeding*) *he had without knowing it cared for the murderer.* § 176 c.

138. εὑρήκοι *he had found.* § 179, II B.

150. εἰ μὴ ὅσον, κτλ. *except so far as you wrought it,* etc.

καθήραντος, ἐπειδὴ ἡσυχίᾱ τῶν ἀνθρώπων ἐγένετο περὶ τὸ σῆμα, συγ-γιγνωσκόμενος ἀνθρώπων εἶναι, ὧν αὐτὸς ᾔδει, βαρυ-συμφορώτατος, ἐπι-κατα-σφάζει τῷ τύμβῳ αὑτόν.

156. ἡσυχίᾱ τῶν ἀνθρώπων *(quiet from men) when quiet prevailed about the tomb.*

157. συγ-γιγνωσκόμενος *(recognizing with himself) being conscious, believing.*

158. ᾔδει *he knew.* § 95.

ΓΥΜΝΑΣΙΑΙ—EXERCISES

1. Ἡ Πρώτη Γυμνασίᾱ

(*To accompany Lesson II*)

For additional drill in pronunciation :

βῆ βῆ *baa, baa!* βαῦ βαῦ *bow-wow!* πῶς; *how?* ποῦ; *where?* ποῖ; *whither?* ναί *yes!* οὔ *no!* οὐχί *NO!* ἐγώ *I.*

καὶ ἐγώ *I too, et ego.* σύ *you.* καὶ σύ *you too, et tu.*

χαῖρε *rejoice! good-morning! hail! farewell!*

χαῖρε καὶ σύ. πῶς ἔχεις μοι; *how are you (for me)?*[1]

καλῶς ἔχω *I am well.* κακῶς ἔχω *I am ill.*

μανθάνω *I am learning, I understand.* οὐ μανθάνω *I am not*, etc. οἶδα *I know.* οὐκ οἶδα *I do not know.*

ἑλληνίζω *I am speaking (I speak) Greek.* οὐχ ἑλληνίζω.[2]

Each pupil should make at this point a complete list of all the words in Lessons I–II and the exercise above, classifying them according to accentuation and arranging

[1] *μοι* = *mihi*, *i.e.* I am interested in your condition. § 120.

[2] *οὐ*, *not*, ordinarily has no accent, but attaches itself in pronunciation to the word that follows. But when it stands alone (in which case it means *no!*), and when it is the final word in its clause or sentence, it receives an acute accent : *οὔ*. Why ? See further § 6 f.

In ancient Greece it was not the custom to shake the head as we do to indicate denial or refusal, but to throw it up and backwards. *οὔ*, and especially *οὐχί*, should therefore be accompanied by a toss of the head.

each group in alphabetical order. These lists may be compared and kept for reference and drill. The groups are as follows:

I. Words with *acute* accent:

a) on *ultima:* **κακός** *bad.* **καλός** *beautiful.*
b) on *penult:* **σοφίᾱ** *wisdom.* **βιβλίον** *book.*
c) on *antepenult:*
α) penult and ultima both short: **δεύτερος** (⏑́ ⏑ ⏑) *second.*
β) penult long, ultima short: **μάθημα** (⏑́ — ⏑).

II. Words with *circumflex:*

a) on *ultima:* **σοφῶς** *wisely.* **πῶς;** **εἷς.**
b) on *penult* (ultima short): **πρῶτος.** **οὗτος.**

2. Ἡ Δευτέρᾱ Γυμνασίᾱ

(*To accompany Lesson III*)

The Greek language has been spoken as a living tongue for thousands of years, and is still spoken by many millions of people. But of course the ancient Attic dialect, to which these lessons and exercises are an introduction, is no longer employed in this way. In learning the Attic dialect, however, one should constantly emphasize *phrases* rather than isolated words. In the accompanying exercise, therefore, master each of the type-sentences, copying and repeating aloud each of the phrases involved until it veritably becomes a living phrase; then write the other sentences in conformity with the model, and repeat each one *aloud* many times.

I. **ἐγὼ μὲν μανθάνω, σὺ δ' οὔ** *I understand, you do not.*

σὺ μὲν μανθάνεις, ἐγὼ δ' οὔ *You understand, I do not.*

ὁ μὲν ἀδελφὸς μανθάνει, ἡ δ' ἀδελφὴ οὔ *The brother understands, the sister does not.*

1. I know, you do not. 2. I am writing (*γράφω*), you are not. 3. I am reading (*ἀναγιγνώσκω*), my brother (*ὁ δ' ἀδελφὸς*, § 103 b) is not. 4. You are writing, I am not. 5. The sister speaks Greek, the brother does not.

II. **ὃ μὲν μανθάνει, ὃ δ' οὔ** *One understands, the other does not.*

6. One is writing, the other is not. 7. One is reading, etc. 8. One speaks Greek, etc. 9. One knows (*οἶδεν*), etc.

III. **ἐμοὶ μὲν βιβλίον ἐστίν, σοὶ δ' οὔ** *I have a book, you have not.*

10. I have a friend, you have not. 11. I have roses (§ 100), etc. 12. You have a large book, I a small (one) (*μῑκρόν*).

IV. **ἔστι σοι βιβλίον;** *Have you a book?* Ans. **ναί** or **ἔστιν.**

ἔστι σοὶ βιβλίον; *Have YOU a book?* Ans. **ἐμοί.**

ἔστι καὶ σοὶ βιβλίον; *Have YOU too a book?* Ans. **καὶ ἐμοί.**

13. Have you a friend? Yes. 14. Have YOU roses? 15. Have YOU too beautiful roses? I too. 16. Have you a brother? 17. I have both (*καὶ*) a brother and (*καὶ*) a sister. 18. We have roses and books.

V. **οὐκ ἔστιν οὐδεὶς σοφός** *There is no one wise.*

οὐκ ἔστιν οὐδὲν κακόν *There is nothing evil.*

19. There is no one beautiful. 20. —— bad. 21. —— dear. 22. —— better. 23. —— worse. 24. There is nothing beautiful. 25. —— large. 26. —— useful.

3. Ἡ Τρίτη Γυμνασίᾱ

(Τῷ *τετάρτῳ μαθήματι προσ-ήκουσα*)

(*In this exercise proceed as in Exercise II*)

Enclitics, § 10 (the four accentual types).

I

φίλος	εἰμί	*amicus sum.*
φίλος	εἶ	*amicus es.*
φίλος	ἐστί(ν)	*amicus est.*
φίλοι	ἐσμέν	*amici sumus.*
φίλοι	ἐστέ	*amici estis.*
φίλοι	εἰσί(ν)	*amici sunt.*

II	III	IV	
σοφός	(φιλόσοφός,	δοῦλός)	εἰμι.
σοφὸς	(φιλόσοφος,	δοῦλος)	εἶ.
σοφός	(φιλόσοφός,	δοῦλός)	ἐστι(ν).
σοφοί	(φιλόσοφοί,	δοῦλοί)	ἐσμεν.
σοφοί	(φιλόσοφοί,	δοῦλοί)	ἐστε.
σοφοί	(φιλόσοφοί,	δοῦλοί)	εἰσι(ν).

Repeat with: 1. Ἕλλην *a Greek* (Pl. Ἕλληνες). 2. καλός. 3. κακός. 4. χρηστός. 5. φιλόβιβλος *fond of books.* 6. φίλιππος *fond of horses* (ἵππος). 7. μῶρος *foolish, a fool.*

Famed windmills, Mykonos

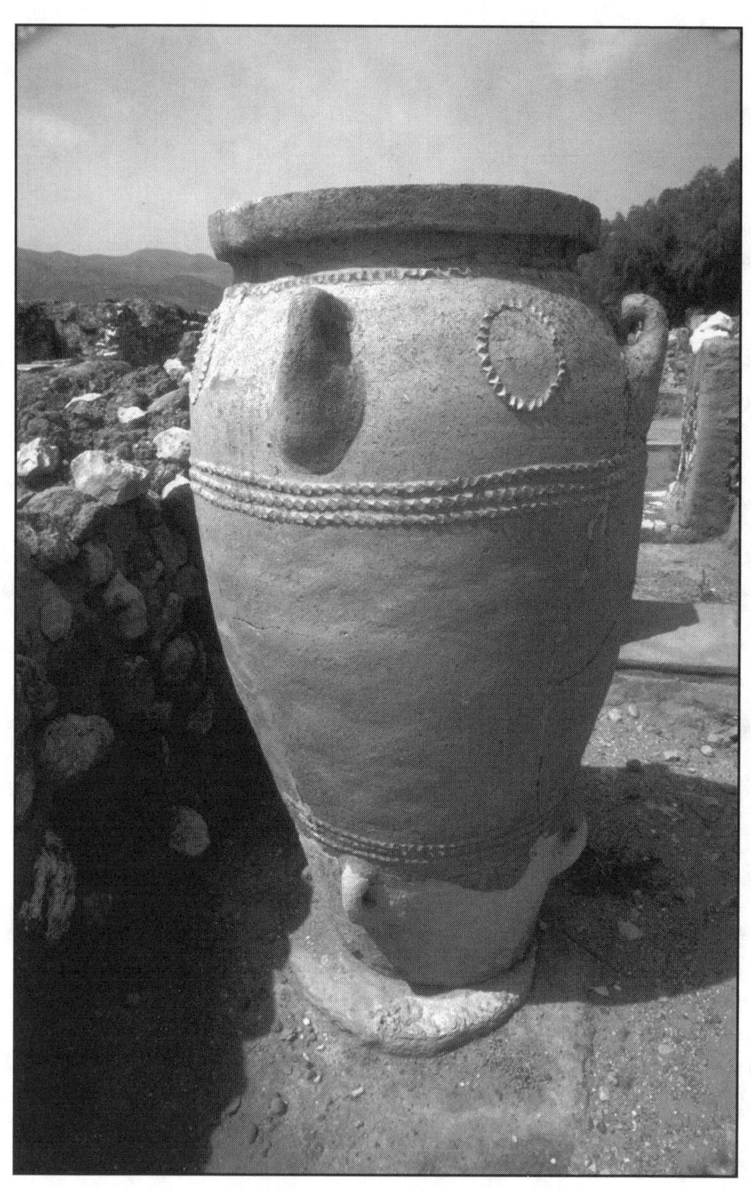

Palace of Malia, Crete

I. a) ἐγὼ μὲν σοφός εἰμι, σὺ δ' οὔ. b) σὺ μὲν σοφὸς εἶ, ἐγὼ δ' οὔ. c) ὁ μὲν γεωργὸς φίλιππός ἐστιν, ὁ δ' ἰᾱτρὸς φιλόβιβλος.

8. You are a philosopher, I am a farmer. 9. The farmers are wise, we are not. 10. Fond of horses is the farmer; fond of books, the physician. 11. Some (*οἱ μὲν*) are wise, some (*οἱ δὲ*) beautiful. 12. The roses are beautiful, the trees are not.

II. ὡς καλὸν τὸ ῥόδον ἐστίν *How beautiful the rose is!*

13. How beautiful (*καλὰ*) the roses are! 14. How beautiful the trees (*τὰ δένδρα*) are! 15. How tall (*μακρὰ*) the trees are! 16. How small (*μῑκρὸν*) the book is! 17. How fond of horses is the farmer!

III. a) οἶδα ὅτι οἶδα *I know that I know.* b) οἶδα ὅτι οὐκ οἶδα.

18. I do not know that I know. 19. This (one) knows (*οἶδεν*) that he knows. 20. He knows that he does not know. 21. He does not know that he knows. 22. You (*sing.*) know (*οἶσθα*) that you know. 23. You do not, etc. 24. We know (*ἴσμεν*) that we are wise. 25. We do not know that we are philosophers.

4. Ἡ Τετάρτη Γυμνασίᾱ

(Τῷ *πέμπτῳ μαθήματι προσ-ήκουσα*)

I. ὁ αὐτὸς ἀδελφός *the (self)same brother.*

ὁ ἀδελφὸς αὐτός,
αὐτὸς ὁ ἀδελφός, } [1] *the brother himself.*

[1] Strictly these differ slightly in emphasis. The former means *The BROTHER himself;* the latter, *The brother HIMSELF.*

Repeat with: 1. **ἰᾱτρός.** 2. **φιλόσοφος.** 3. **πατήρ.** 4. The same physician is wise. 5. —— is handsome. 6. The same farmers are fond of horses. 7. The father himself is wise. 8. The same (one) is both wise and good.

II. a) **οὕτως δοκεῖ μοι** *It seems so to me.* b) **οὕτως**[1] **ἐμοὶ δοκεῖ** *It seems so to ME.* c) **οὕτω καὶ ἐμοὶ δοκεῖ** —— *to ME also.* d) **οὕτω καὶ σοὶ δοκεῖ; καὶ ἐμοί.**

9. It seems so to the same physician. 10. —— to the physicians themselves. 11. —— to the philosopher himself. 12. —— to the same slaves. 13. Does it seem so to the brother himself? Yes!

III. a) **δός μοι τὸ βιβλίον** *Give me the book.* b) **ἐμοὶ τὸ βιβλίον δός** *Give the book to ME.*

14. Give the books to the same brother. 15. To the brother himself give the rose. 16. To me myself give the roses. 17. Give them to me.

IV. a) **τί δῶ σοι;** *What am I to give you?* b) **τίνι τὸ βιβλίον δῶ;** *To whom am I to give the book?*

18. Am I to give you the same rose? 19. Am I to give you the book itself? 20. Am I to give the books to the farmer? 21. —— to the same friend? 22. —— to the same wise physician?

V. **κάλεσον τὸν ἀδελφόν** *Call the brother.*

23. Call the same brothers. 24. —— the physician himself. 25. —— the philosophers themselves. 26. —— the fools.

[1] *οὕτως, thus, so* (*cf. οὗτος*), is often pronounced and written *οὕτω* before a consonant.

5. Ἡ Πέμπτη Γυμνασίᾱ

(Τῷ ἕκτῳ μαθήματι προσ-ήκουσα)

I. a) πῶς ἔχεις; b) μανθάνετε; c) πάνυ γε μανθάνω *I understand perfectly.* d) οὐ μανθάνομεν. e) οὐδὲν γράφει.

1. I am ill, you are well. 2. These (*οὗτοι μὲν*) are well, I am not. 3. What (*τί*) are you saying? 4. What are these saying? 5. They do not understand. 6. They understand perfectly. 7. We, etc. 8. We are telling you nothing. 9. You (*pl.*) are reading nothing.

II. a) καλῶς ἔχοιμι. b) μὴ κακῶς ἔχοιμεν. c) μηδὲν λέγοιμεν, *May we be telling* (*saying*) *nothing.*

10. May we be writing nothing. 11. May we be learning nothing. 12. May you not rejoice. 13. May these rejoice. 14. May these rejoice, but not you (*σὺ δὲ μή*). 15. May the farmers rejoice, the physicians not. 16. May this (one) consider the wise rich.

III. a) γράφε ταῦτα. b) μὴ γράφε ταῦτα *Do not be* (*do not keep*) *writing these* (*things*). c) μηδὲν ἀναγίγνωσκε.

17. Be (thou) speaking Greek. 18. Be (ye) learning these things. 19. Be (ye) not, etc. 20. Do not consider the wise rich. 21. Let these not consider the wise rich. 22. Let the brother not, etc. 23. Do not be urging these things. 24. Let him not be urging, etc.

IV. a) κελεύω σε ταῦτα γράφειν. b) κελεύω σε μὴ ταῦτα γράφειν. c) οὐδὲν ἔχω σοι λέγειν *I have nothing to tell you.* d) οὐκ ἔχω λέγειν *I cannot tell* (*say*), *non habeo dicere.* e) **πρὶν λέγειν** *before telling.* **πρὶν ταῦτά μοι λέγειν.**

25. We urge (are commanding) you to be learning these things. 26. These (*οὗτοι*) are urging us, etc. 27. —— not to be learning, etc. 28. —— not to be writing these things. 29. We have nothing to tell you. 30. These have nothing to tell us. 31. Can you tell me this? (*ἔχεις μοι ταῦτα λέγειν;*) 32. Can you (*pl.*), etc.? 33. Can he tell us this? 34. Before telling me this, call the physician. 35. —— the same physician. 36. Before writing this, give me the books.

6. (Lesson VII)

I. **καλῶς ἔχω. οὕτως ἔχει**[1] *it is so.* **ὧδε ἔχει** *it is as follows.*

1. You are well. 2. You are ill. 3. My (say '*the*') mother is ill, I am well. 4. It is not so. 5. It is not as follows.

II. **οὐ . . . ἀλλά** *not . . . but.* **οὐ σοφὸς ἀλλὰ μωρός εἰμι** *I am not wise, but foolish.*

6. Not the farmer, but the physician is fond of horses. 7. Not the sister, but the brother is fond of horses. 8. Not the books, but the roses are beautiful. 9. Not handsome, but wise is the philosopher. 10. It is not so, but as follows.

III. **οὐ μόνον . . . ἀλλὰ καί** *not only . . . but also.* **οὐ μόνον σοφός ἐστιν ὁ ἀνὴρ** (*the man*) **ἀλλὰ καὶ καλός.**

11. The man is not only handsome, but also rich.

[1] When accompanied by an adverb, ἔχω is intransitive: (*have oneself*) *be, fare.*

12. We are, etc. 13. The book is not only large, but also beautiful. 14. Do not only (*μὴ μόνον*) be writing these things, but also learning (them).[1]

7. (Lesson VIII)

I. **ἴωμεν** *let us be going.* **μὴ ταῦτα λέγωμεν.**

1. Let us be writing this. 2. Let us be reading the book. 3. Let us not, etc. 4. Let us not be going. 5. Let us be learning these things. 6. Let us not, etc.

II. **τί δῶ σοι;** *What am I to give you?* **τί γράφωμεν;**

7. What are we to tell the physician? 8. What are we to be reading? 9. What am I, etc.? 10. —— to be learning?

III. **ἐὰν οὕτως ἔχῃ** *if it be so.* **ἐὰν μὴ χρήματ' ἔχωμεν** *if we have not money.*

11. If we be learning these things. 12. If —— not, etc. 13. If I have money, I shall have (*ἕξω*) friends. 14. If you have money, you will have (*ἕξεις*) friends. 15. If these, etc., they will have (*ἕξουσι*) friends. 16. If they have not money, they will not have friends. 17. If we, etc.

IV. **ταῦτ' ἂν γράφοιμι. οὐκ ἂν ταῦτα γράφοιμεν.**

18. We should speak Greek. 19. We should not, etc. 20. Would you speak Greek? 21. Would you not be learning the lesson? 22. I should (might) be writing this. 23. We should be learning the lesson. 24. These would not be learning anything (Gk. *οὐδὲν ἂν*).

[1] Omit the word for '*them.*'

V. **εἰ οὕτως ἔχοι** *if it should be so.* **εἰ μὴ χρήματ' ἔχοιμεν** *if we should not have money.*

25. If it should not be so. 26. If you should not be well. 27. If we should be learning these things. 28. If we should have money, we should have friends. 29. If these should have friends, they would have money. 30. They would rejoice.

8. (Lesson IX)

I. **χαίρω ἀνα-γιγνώσκων** *I enjoy reading.* **οὐ χαίρομεν ἀνα-γιγνώσκοντες** *We do not*, etc.

1. Do you enjoy reading? 2. —— writing these things? 3. —— learning the lesson? 4. The one enjoys reading, the other (does) not. 5. These enjoy stealing.

II. a) **παύσω σε γράφοντα** *I shall make you stop writing.*[1]
b) **ὁρῶ σε ἀνα-γιγνώσκοντα** *I see you reading.*

6. I shall make you stop reading. 7. —— learning these things. 8. —— stealing. 9. This (one) will make us stop writing these things. 10. He will not, etc. 11. I see you writing. 12. I see my ('*the*') brothers reading the book. 13. —— learning the lesson. 14. I see you (*pl.*) writing. 15. —— reading. 16. I do not, etc.

III. a) **ταῦτα γράφων πολλὰ μανθάνω** *By writing* (*through writing*) *these* (*exercises*) *I learn many* (*things*). (Pl. *γράφοντες*.)

[1] *γράφοντα* is acc. sing. The acc. pl. is *γράφοντας*.

b) φίλους ἔχων νομίζω θησαυροὺς ἔχειν[1] *Having (if I have) friends, I believe that I have treasures.*

17. By reading this he learns many things. 18. —— you ——. 19. Having friends, we believe that we have treasures. 20. —— you ——. 21. —— they ——. 22. Though they have (say '*having*') friends, these do not believe, etc.

9. (Lesson X)

Repeat Exercise IV, substituting for

ὁ ἀδελφός, ἡ ἀδελφή.
ὁ γεωργός, ἡ νύμφη *bride*.
ὁ δοῦλος, ἡ δούλη.
ὁ ἰᾱτρός, ἡ κόρη.
ὁ μῶρος, ἡ μώρᾱ.
ὁ πατήρ, ἡ μήτηρ.
ὁ φίλος, ἡ φίλη.
ὁ φιλόσοφος, ἡ γυνή.[2]

10. (Lesson XI)

Repeat Exercise IV, substituting as in the preceding exercise and in the same order the following words:

ἡ κῡρίᾱ.
ὁ ἀθλητής athlete.
ὁ οἰκέτης *house-servant*.
ὁ ποιητής poet.
ἡ μητρυιᾱ́ *step-mother*.
ὁ δεσπότης.
ὁ ἑταῖρος.
ὁ νεᾱνίᾱς.

11. (Lesson XIII)

I. τόδε τὸ βιβλίον *this book*. τόδε τὸ μέγα βιβλίον. τάδε τὰ βιβλία *these books*. τάδε τὰ μεγάλα βιβλία. τόδε μὲν τὸ βιβλίον μέγα ἐστίν, τόδε δ' οὔ.

[1] See § 179, I a.

[2] *γυνή* is an irregular noun of the third declension; Dat. sing. *γυναικί*, Nom. pl. *γυναῖκες*, Acc. pl. *γυναῖκας*. § 39.

Repeat, substituting **ἐκεῖνο** (*-α*) for **τόδε** (*τάδε*).

1. How beautiful this rose is! 2. This rose is beautiful, this (one) is not. 3. These roses are small; these large. 4. This book is larger (*μεῖζον*) than that (one). 5. That book is larger than this rose. 6. These athletes are handsomer (*καλλίους*) than those. 7. Give the wreath (*τὸν στέφανον*. *Cf.* Stephen) to this athlete. 8. —— to those poets. 9. —— to these girls. 10. Call these sisters. 11. —— these philosophers themselves.

II. **τὸ τοῦ ἰᾱτροῦ βιβλίον** *the physician's book.* **τὰ τοῦ ποιητοῦ βιβλία. τὰ βιβλία μου** *my books.* **ἡ ἀδελφὴ ἡμῶν.**

φέρε, δός μοι, εἰ βούλει (or **εἰ φίλον σοι**), **τὰ τοῦ ἰᾱτροῦ βιβλία** *Come, give me, if you are willing* (or *if you please*), etc.

12. Give my book, if you please, to this sister. 13. Give her her ('*the*') brother's book. 14. —— the poet's wreath. 15. I will teach[1] your sister these (things). 16. —— your brothers. 17. —— the poet's servants. 18. Teach ME. 19. —— us. 20. —— the farmer's wife (*γυναῖκα*). 21. —— the farmer himself.

12. (Lesson XIV)

εἰ ἀναγκαῖόν ἐστι *if it is necessary.* **ἐὰν ἀναγκαῖον ᾖ** *if it be necessary.* **εἰ ἀναγκαῖον εἴη** *if it should be necessary.*

1. If I am wise. If you are wise. If he is wise, etc. 2. If I be wise, etc. 3. If I should be wise, etc.

Repeat, substituting for **σοφός** the words **καλός, κακός, ποιητής, ἀθλητής, διδάσκαλος** *teacher.* Repeat, using plural forms and making each clause negative.

[1] *διδάξω*, followed by two accusatives.

1. If I am speaking the truth (ἀληθῆ λέγω). 2. If you are speaking the truth. 3. If the pupil (ὁ μαθητής) is speaking the truth. 4. If I be speaking the truth, etc. 5. If I should be speaking the truth, etc.

Repeat in the plural and in negative form.

1. What is better in life than good health? 2. There is nothing, etc. 3. What better possession is there than a good friend? 4. There is no possession, etc. 5. The poet says that (λέγει ὅτι) the tongue is the cause of many ills. 6. Is the tongue not the cause also of many blessings (ἀγαθῶν)?

13. (LESSON XV)

I. a) **ἆρ' ἀληθῆ λέγει;** *Is he speaking (the) truth?*

b) (**ἆρα**) **οὐκ ἀληθῆ λέγει;** *Is he not*, etc.?

c) **μὴ ἀληθῆ λέγει;** *He is not speaking (the) truth, is he?*

1. Are you speaking the truth? 2. Are you not, etc.? 3. You are not, etc.? 4–9. Repeat with '*we*,' '*they*.' 10. Is the man a Greek? 11. Is he not a Greek? 12. He is not a Greek, is he? 13. By little labors we could not achieve greatness, could we? 14. By no means.

II. a) **ταῦτά μοι λεκτέον** or **ταῦτά με λεκτέον** *I must say this.* b) **ταῦτά σε δεῖ λέγειν.** c) **ταῦτ' οὐ δεῖ σε λέγειν.**

15–18. Repeat a) with **γραπτέον**, **ποιητέον**, *must do*, **μαθητέον** *must learn*, **νομιστέον** *must believe.*

19–22. Change the pronoun to **ἡμῖν** (or **ἡμᾶς**) and repeat.

23–25. Repeat b) with κελεύειν, ἀνα-γιγνώσκειν, σπεύδειν.

26–29. Repeat c), changing σε to με, ἡμᾶς, ὑμᾶς, τὸν ἀδελφόν.

III. a)
- ὃ βλαβερόν ἐστιν *that which is hurtful.* ὃ μὴ βλαβερόν ἐστιν.
- ὃ βλαβερὸν εἴη *what(ever) should be hurtful.* ὃ μὴ βλαβερὸν εἴη.
- ὃ ἂν βλαβερὸν ᾖ *what(ever) (may) be hurtful.* ὃ ἂν μὴ βλαβερὸν ᾖ.

b)
- ἃ μανθάνομεν, ταῦτα τὸν ἀδελφὸν διδάσκομεν.
- ἃ ἂν μανθάνωμεν, ταῦτα τὸν ἀδελφὸν διδάσκομεν.
- ἃ ἂν μανθάνωμεν, ταῦτα τὸν ἀδελφὸν διδάξομεν.
- ἃ μανθάνοιμεν, ταῦτα τὸν ἀδελφὸν ἂν διδάσκοιμεν.

30–41. Repeat the clauses under a) with καλόν, ἀγαθόν.

42–57. Repeat the sentences under b), changing the subject to *I*, *you*, *this (one)*, *these.*

14. (Lesson XVI)

I. ὃς τοιαῦτα ποιεῖ, μῑσῶ *Who(ever) does such (things), I hate.*

ὃς ἂν τοιαῦτα ποιῇ, μῑσῶ.

ὃς ἂν τοιαῦτα ποιῇ, μῑσήσω.

ὃς τοιαῦτα ποιοίη, μῑσοίην ἄν.

1–4. Repeat, changing ὃς to οἳ and making the verbs plural. 5–9. Repeat in negative form.

II. ποιῶ, ὧν ἐπιθῡμῶ (or ὧν ἂν ἐπιθῡμῶ). ποιήσω, ὧν ἂν ἐπιθῡμῶ. ποιοίην ἄν, ὧν ἐπιθῡμοίην.

10–25. Repeat, changing the subject to *the athlete*, *we*, *you (ye)*, *these.*

III. οὐκ ἔχω σε ταῦτα διδάσκειν. οὐ γὰρ διδάσκαλός εἰμι.

26–29. Repeat, changing the subject to *we*, *you*, *this farmer*, *these same girls*.

15. (Lesson XVII)

ἐμός ἐμή ἐμόν *my*, *mine*, *meus*. σός σή σόν *your*, *yours*, *tuus*.

ἡμέτερος ἡμετέρᾱ ἡμέτερον *our*, *noster*.

ῡ̔μέτερος ῡ̔μετέρᾱ ῡ̔μέτερον *your*, *vester*.

ἐμὸς ἀδελφός *a brother of mine.*	σὸς ἑταῖρος *a comrade of yours.*
ὁ ἀδελφός μου *my BROTHER.*	ὁ ἑταῖρός σου *your COMRADE.*
ὁ ἐμὸς ἀδελφός *MY brother.*	ὁ σὸς ἑταῖρος *YOUR comrade.*

Change ἀδελφός to ἀδελφή, ἑταῖρος to μήτηρ and repeat; repeat each with ἡμέτερος (ἡμῶν) and ῡ̔μέτερος (ῡ̔μῶν).

1. Your *brother* is wise; your *sister* (omit σου), beautiful. 2. *Your* father is a poet, *mine* is not. 3. *Our* friend is a teacher, *yours* a farmer. 4. Call my *brothers*. 5. Call *my* brothers. 6. —— my *sisters*. 7. —— *our* comrades. 8. To one (τῷ μὲν) give *my* book, to the other (τῷ δὲ) the *brother's* (book). 9. Be doing this! 10. Do not be doing such things! 11. Do not hate me! 12. Do not desire such things (τοιούτων). 13. Let my *brother* desire such things, but not my *sister*. 14. What are we to be doing? 15. Whom (τίνα) are we to hate? 16. Whom are we to love? 17. Whom are we to be

teaching? 18. Be teaching *me*. 19. —— my *slave*. 20. —— *our* slaves.

21. Let us not be doing these things. 22. May we never (*μηποτε*) do such things. 23. May this (one) never, etc. 24. May these never, etc. 25. If I should do such things, I should never (*οὔποτε*) learn this lesson. 26. If you, etc. 27. If we, etc. 28. If these girls, etc.

16. (Lesson XVIII)

Repeat Exercise XI, substituting **οὗτος αὕτη τοῦτο** for **ὅδε ἥδε τόδε**.

Master the following prepositional phrases:

παρ᾽ ἐμοῦ *from me.*
παρ᾽ ἐμοί *by me, at my house, chez moi.*
παρ᾽ ἐμέ *to me.*

παρὰ σοῦ *from you.*
παρὰ σοί *by you*, etc.
παρὰ σέ *to you.*

Repeat with **ἡμῶν**, *κτλ.*, **ὑμῶν**, *κτλ.*, **τοῦ ἀδελφοῦ**, *κτλ.*, **τῆς ἀδελφῆς**, *κτλ.*

ἀντὶ τίνος; *on what account? why?*
ἀντὶ τούτου *instead of this.*
διὰ τί; *on what account? why?*
διὰ τοῦτο *on this account.*
διὰ ταῦτα *on this account.*
ἐπὶ τούτοις *on these (conditions).*
κατὰ τὸν νόμον *according to the law.*
μετὰ τοῦτο, / **μετὰ ταῦτα,** } *after this.*

μετὰ τούτων *with these.*
μεθ᾽ ἡμῶν *with us.*
μεθ᾽ ὑμῶν *with you.*
παρὰ τὸν νόμον *contrary to the law.*
περὶ τούτου *concerning this.*
πρὸ τούτου *before this.*
πρὸς ταῦτα *in view of this, wherefore.*
πρὸς τούτοις *in addition to these (things).*
πρὸς θεῶν *by the gods!*

17. (Lesson XIX)

Master the following phrases:

ποῦ δή; *where pray?*
ποῖ δή;
πῶς δή;
τίς δή;
τί δή;
διὰ τί δή;
ἀντὶ τίνος δή;
φέρε δή *come now!*
πολὺ μέγιστος *much the greatest.*
πολὺ δὴ μέγιστος.

διὰ τοῦτό γε *on THIS account.*
ἐπὶ τούτοις γε *on THESE (conditions).*
ἔγωγε *I.* ἔμοιγε[1] *to ME.*
εὖ γε (usually written εὖγε).
μάλα σοφός *very wise.*
μάλα γε σοφός *VERY wise.*
μάλα γε and καὶ μάλα γε *certainly!*
πάνυ πολλοί *very many.*
πάνυ γε πολλοί *VERY many.*

πανυ γε and καὶ πάνυ γε *certainly!*

ὃ μὲν —— ὃ δὲ ——
ὃ μὲν γὰρ —— ὃ δὲ ——
ὃ μὲν οὖν —— ὃ δὲ ——
ὃ μὲν γὰρ οὖν —— ὃ δὲ ——

Repeat these phrases, substituting plural forms:
1) Masc.: οἳ μὲν —— οἳ δὲ οὔ. 2) Fem.

οὗτος μὲν —— ἐγὼ δὲ ——
οὗτος μὲν οὖν —— σὺ δὲ ——
ἡμεῖς μὲν γὰρ —— ὑμεῖς δὲ ——
ὅδε μὲν γὰρ οὖν —— ἐγὼ δὲ οὔ.

18. (Lesson XXI)

ὁ σοφὸς γιγνόμενος. ὁ οὐ σοφὸς γιγνόμενος. ὁ μὴ σοφὸς γιγνόμενος. (See § 174.)

[1] Observe that in these two words the accent is recessive. Contrast ἐμοῦ γε, ἐμέ γε.

1. The one who wishes to be rich. 2. The one who wishes to be becoming wise (*σοφὸς γίγνεσθαι*). 3. The one who understands these (matters). 4. The one who is learning this lesson. 5–12. Repeat each of these phrases 1) with the negative **οὐ**, 2) with **μή**. 13–48. Change 1) to the plural, 2) to the feminine (both sing. and pl.) and repeat.

1. The one wishes to be rich, the other (does) not. 2. You wish to become wise, we (do) not. 3. We delight in friends, you (do) not. 4. If we delight in friends, we shall have friends. 5. If you, etc. 6. The one who does not delight in friends does not have friends.

19. (Lesson XXII)

1. What pray are we to be replying? 2. Let us be replying that (*ὅτι*) we do not know. 3. Do not be making this reply (say '*be replying this*'). 4. Let one be replying that he does not know, let the other be making no reply (say '*be replying nothing*'). 5. If we be making this reply, shall we be telling the truth? 6. If you, etc.? 7. If these, etc.? 8. If we should be making this reply, should we be telling the truth? 9. If he should, etc.? 10. If I should, etc.? 11. If these poets should, etc.? 12. May you be making no reply. 13. May these, etc. 14. We have nothing to reply. 15. If we wish to be rich, what must we do? 16. May we delight in good friends. 17. In friends take delight, not in books. 18. Let the one delight in horses, the other in books.

19. Are we to delight in friends or in horses (*πότερον φίλοις — ἢ*)? 20. Are we to reply that we know or that

we do not know (*πότερον ὅτι ἴσμεν — ἤ*)? 21. Am I to reply that I delight in a good friend or in a good horse? 22. I might make this reply. 23. We should not make this reply, should we? 24. By no means.

20. (Lesson XXIII)

Review Exercises 16–17.

I. a) **τοῦτο περὶ πολλοῦ ποιοῦμαι** *This I consider of great value* (or *importance* or *worth*), *hold in high esteem.*

b) **τοῦτο περὶ πλείονος ποιοῦμαι** —— *of greater value* (*importance*), *hold in higher esteem.*

c) **τοῦτο περὶ πλείστου ποιοῦμαι** —— *of greatest value* (*importance*), *hold in highest esteem.*

Repeat each of these sentences, conjugating the verb in a) in the present indicative; in b) in the future indicative; in c) in the optative of the progressive action-stem.

Repeat, substituting the verb **ἡγοῦμαι** (in which case the meanings given above remain unchanged).

Repeat, substituting in a) **περὶ ὀλίγου** *of little worth* (*importance*); in b) **περὶ ἐλάττονος** *of less worth*, etc.; in c) **περὶ ἐλαχίστου** *of least*, etc.

1. Friends I consider of greater worth than money (*ἢ χρήματα*). 2. —— you ——. 3. —— he ——. 4. —— we ——. 5. —— these ——. 6. May I consider, etc. 7. May you, etc. 8. May you (*pl.*). 9. Do thou, etc. 10. Let these, etc. 11. We ought, etc.

21. (Lesson XXIV)

1. What are we doing? 2. What shall we do? 3. What are we to be doing? 4. Be doing nothing.

5. Be calling your (say '*the*') brothers. 6. I am calling them. 7. I shall call them. 8. We are calling them. 9. We shall, etc. 10. Who is calling me? 11. Who will call me? 12. Some will call you, some will not. 13. Consider me happy (*εὐδαίμονα*). 14. I shall consider you happy. 15. We, etc. 16. The poet, etc. 17. These friends, etc.

18. Some things I shall know, some things I shall not know. 19. —— you ——. 20. —— we ——. 21. —— these same farmers. 22. To-morrow (*αὔριον*) I shall become wise. 23. We, etc. 24. We should be becoming wise. 25. May we be becoming wise. 26. If any one ask (*ἔρηται*) me about this, what shall I reply (*ἀπο-κρινοῦμαι*)? 27. —— you ——? 28. —— these ——? 29. We shall reply that (*ὅτι*) we think we understand these (things). 30. The one is fleeing, the other stands firm (*μένει*). 31. The one will flee, the other will stand firm.

22. (Lesson XXVI)

Repeat the phrases with **παρά** (Exercise 16), substituting for **ἐμοῦ**, *κτλ.*, the appropriate forms (both sing. and pl.) of **ὁ πατήρ, ἡ μήτηρ, ὁ παῖς, ὁ ἀνήρ, ὁ γέρων, ὁ Ἕλλην.**

1. Call the boy. —— the father. —— the mother. —— the man. —— the Greeks. 2. Do not keep calling the same boy. —— the same fathers. —— the mothers themselves. 3. Am I to give the same gift to the old man? —— to the boys themselves? 4. What reply are we to be making to the mother? —— to the Greeks? —— to these men? 5. A boy has no possession more precious than a mother (say '*there is for a boy*,' etc.). 6. A mother has no possession more precious than a boy.

7. For boys are anchors of a mother's life (say '*of life for a mother*').

23. (Lesson XXVII)

Review Exercises 8 and 18, and study carefully the examples cited in §§ 174 and 176.

In the following sentences use the verb **τυγχάνω** in 1–4, **οἶδα** in 5–8, **ἀκούω**, followed by the genitive (§ 115, i), in 9–12.

1. The gods, as the philosopher says, are immortal men. 2. To have health is the best (thing) for a man. 3. A man's character is known from (his) speech. 4. We value nothing more highly than justice (*ἢ τὸ δίκαιον*).

5. I know that we are foolish. 6. We know that we are wise. 7. Whoever (*ὅστις*) knows that he is foolish is wise. 8. We know that *we* are foolish, but *you* are wise.

9. I hear you always saying the same (things). 10. To-morrow these will hear you making this same reply. 11. —— we ——. 12. May we hear you replying to the physician that you are well.

24. (Lesson XXIX)

Review Exercise 13.

1. My ('*the*') father always prevents me from doing (say '*to be doing*') whatever I wish. 2. Does *your* father prevent you from doing whatever you wish? 3. Fathers always prevent their ('*the*') children from doing whatever they wish. 4. Whenever (*ὅταν*) these children may wish to be reading something, their father will prevent (them). 5. If these be able, they will prevent us from doing whatever we may wish. 6. For these

men do not wish us to be as happy as possible. 7. For they happen not to love us. 8. Does it not seem so also to you? 9. By Zeus, to me also.

25. (Lesson XXX)

Repeat the phrases with **παρά** (Exercise 16), substituting for **ἐμοῦ**, *κτλ.*, the appropriate forms of **τίς**; **τις** (both sing. and pl.), **Σωκράτης**, **Λύσις** (Gen. *Λύσιδος*[1]), **Πλάτων** (Gen. *Πλάτωνος*).

I. **τίνος δὴ ἐπι-θῡμῶ;**

1. What do you desire? 2. —— he ——? 3. —— we ——? 4. —— these ——? 5. Are we to desire *these* (things)? 6. We desire nothing. 7. Let us desire nothing.

II. **πόσου δὴ πωλεῖς ταῦτα;** *For how much are you offering to sell these (things)? What are you asking for*, etc.?

8. How much do you ask for this horse? 9. How much is the farmer asking for this chariot? 10. For how much do the gods sell to us all the blessings of life?

1. Who are you? 2. I do not know who (*τίς* or *ὅστις*) you are. 3. Whose child are you (say '*of whom are you the child*')? 4. Whose are these children? 5. What are we to be replying? 6. On what account are we to be making this reply? 7. To whom, etc.? 8. Whom are we to be calling? 9. Whom do these permit to do whatever he wishes?

26. (Lesson XXXI)

1. Know (*γνῶθι*) thyself! 2. Love thyself! 3. Do not love thyself! 4. Do not love thyself too much

[1] Acc. *Λύσιν*.

(*λίāν*)! 5. The one who loves himself too much does not have friends. 6. If we love ourselves too much, we shall not have friends. 7. What am I touching? 8. —— we ——? 9. —— these ——? 10. Touch this! 11. Don't touch this! 12. My ('*the*') mother permits me to touch *these* (things). 13. Do not touch the chariot! 14. Does your father permit you to govern the mule-team? 15. By no means, for he thinks more of the slaves than of me, his ('*the*') son. 16. In the day-time (*ἡμέρāς μὲν*) these attendants rule me; at night[1] (*νυκτὸς δὲ*) my mother rules me.

27. (Lesson XXXIV)

1. What was I saying? —— you ——? —— we ——? —— these ——? 2. Whom was I ruling? —— we ——? —— this slave ——? 3. What was I eating? —— you ——? —— we ——? —— you (*pl.*) ——? 4. I was eating nothing. 5. We were neither eating nor drinking. 6. Who was preventing you from doing these (things)? 7. No one was preventing us from making this reply. 8. We were becoming wise, you were not. 9. Why was the dog in the manger (say '*the in manger dog*') not permitting the horse to eat? 10. The horse was eating the barley (say '*of the barley*'), for the dog was not able to prevent (it). 11. Who was dying? 12. We were not dying. 13. We were not replying. 14. We thought (*ᾠόμεθα*) we were dying.

28. (Lesson XXXVI)

κατὰ τὴν ὁδόν *down (along) the road.*
κατὰ τὴν πυλίδα *near the postern-gate.*

[1] See § 119.

κατὰ Πλάτωνα *according to Plato.*

τὸ καταντικρὺ τεῖχος *the opposite city-wall.*

ἐν τῷ καταντικρὺ τοῦ τείχους *in a position opposite the wall.*

εἰς τὸ καταντικρὺ τοῦ τείχους *to a position opposite the wall.*

ἐκ τοῦ καταντικρὺ τοῦ τείχους *from a position opposite the wall.*

Make an intensive study of *Λύσις, ἢ περὶ φιλίᾱς*, lines 1–15 (Lesson XXXV), preparatory to a dictation exercise based upon this passage.

1. I am going away. —— out. —— in. —— toward. 2. You were, etc. 3. We, etc. 4. These, etc. 5. It is time for me to be going away (*ὥρᾱ μοι ἀπ-ιέναι*). 6. —— for you ——. 7. —— for us ——. 8. —— these ——. 9. Come in! 10. Come out! 11. Approach! 12. Let us be going. —— away. —— out. —— in. —— toward. 13. I was going away. —— out. —— in. —— toward. 14. We were, etc. 15. These, etc. 16. We were absent, you were going away.

29. (Lesson XXXVII)

1. What was I doing? —— you ——? —— we ——? —— these ——? 2. I was not hesitating. You ——. We ——. These boys ——. 3. He kept turning around and regarding us (say '*turning around he was frequently regarding*'). 4. You kept, etc. 5. These boys, etc. 6. For they were plainly eager to approach. 7. My father was wont to regard (say '*was regarding*') the slaves as of more value than us his sons.

"Zeus"- Museum of Olympia

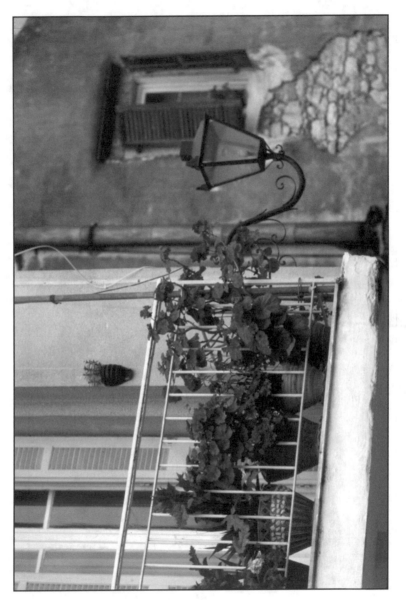

Balcony in Old Town Corfu

30. (Lesson XXXIX)

1. I am wiser than you. 2. I was saying that I was wiser than you. 3. We are more beautiful than you. 4. We were saying that we were more beautiful than you. 5. What is smaller than this book? 6. These books are smaller, these larger. 7. Which of these angles is the larger? 8. Which is the largest? 9. Which of these same boys is the happier? 10. I was hesitating to ask (ἐρέσθαι) which of these men was the worse. 11. This (one) they were wont to consider (say '*they were considering*') the worse. 12. My mother was wont to hold me in higher regard than these brothers. 13. There is nothing more beautiful than a good friend.

31. (Lesson XLI)

1. What are you asking me (με)? 2. What is he, etc.? 3. —— are these physicians ——? 4. What are we to be asking these men? 5. You are asking which (ὁπότερος) of us is the wiser. 6. You were asking which of us was the more beautiful. 7. Do not keep asking this. 8. Let them not be asking these (questions). 9. We have nothing to ask you. 10. If you ask this, we shall reply that we do not know. 11. If you should ask this, we should make no reply (say '*be replying nothing*'). 12. This boy was hesitating to ask me about this (matter). 13. The one was asking, the other was answering.

32. (Lesson XLIII)

I. **οἷός εἰμι** or **οἷός τ' εἰμὶ** { **βουλεύεσθαί τε καὶ μάχεσθαι** *I am able* (*fit, qualified*) *both to deliberate and to fight.*

Repeat this sentence, conjugating the verb εἰμί throughout the present and future indicative. Repeat, substituting ἄρχειν τε καὶ ἄρχεσθαι. Repeat with καὶ ἐμαυτοῦ καὶ τῶν ἄλλων ἄρχειν, making the necessary changes.

II. a) ἅτε (or οἷα) καλῶς ἀκούειν ἐπι-θῡμῶν πειρῶμαι καλῶς λέγειν τε καὶ πρᾱ́ττειν *Since I desire*, etc.

Repeat, conjugating the verb πειρῶμαι in the present and future indicative and making the other necessary changes.

b) τούτων πέρι καὶ σὲ ἅτ' ἔμπειρον ὄντα πειρᾱ́σομαι ἐρωτᾶν *Concerning these (matters) I shall try to question you also as one having experience.*

Repeat, substituting for σὲ (and making the other necessary changes, observing that ἔμπειρος, *experienced*, is a compound adjective and so has no distinctive feminine forms) ῡ̔μᾶς, τοῦτον τὸν παῖδα, ταύτην τὴν κόρην, τούτους τοὺς ἄνδρας, τᾱ́σδε τᾱ̀ς γυναῖκας.

33. (Lesson XLIV)

Review Exercises 23 and 32.

I. a) καίπερ γηράσκων ὅμως ἔτι πολλὰ μανθάνειν πειρῶμαι *Although growing old, I am nevertheless still trying to be learning many (things).*

Repeat (making the necessary changes) with οὗτος ὁ ἀνήρ, οἵδε οἱ φιλόσοφοι, αὕτη ἡ γυνή, ἡμεῖς, ῡ̔μεῖς, αἵδε αἱ γυναῖκες.

b) καίπερ σοφὸς ὢν οὐκ οἶδα τὴν φιλίᾱν ὅ τι ποτ' ἐστίν *Although wise, I do not know what friendship is (friendship what in the world it is).*

Repeat with ἡμεῖς, Λύσις ὅδε, ἡ αὐτὴ γυνή.

c) τούτων πέρι καὶ σὲ καίπερ νέον ὄντα πειρᾱ́σομαι ἐρωτᾶν.

Repeat, substituting for σὲ the words: ὑμᾶς, τοὺς παῖδας τούσδε, τᾱ̀ς κόρᾱς τᾱ́σδε.

II. a) ἐμοῦ ταῦτα λέγοντος οἱ ἄλλοι τῷ φιλοσόφῳ διελέγοντο.

b) τούτων οὕτως ἐχόντων *this being so.*

Repeat a), substituting for ἐμοῦ the words: ἡμῶν, ὑμῶν, τῶν παίδων, τῶν κορῶν.

1. While we were conversing with one another Lysis, being a boy, was playing in the courtyard. 2. While Lysis (Gen. *Λύσιδος*) was playing, the others were conversing with us. 3. As we are going away (*ἀπ-ιόντων*) the others will say (*ἐροῦσι*) that (*ὅτι*) I believe you to be friends. 4. And yet (*καίτοι*) you are not able to discover what friendship is.

34. (Lesson XLVI)

Repeat the phrases with παρά (Exercise 16), substituting for ἐμοῦ, *κτλ.*, the appropriate forms (both sing. and pl.) of ὁ βασιλεύς, ὁ ἱππεύς *the horseman*, ὁ ἱερεύς *the priest*, ἡ γυνή (§ 39), τίς ; ὁ σοφὸς δοκῶν.

1. From the city. 2. Out of ——. 3. In ——. 4. Into ——. 5. Far from ——. 6. Around ——. 7. Before ——.

Repeat each of these phrases in the plural.

Write in Greek each of the following questions together with an appropriate answer.

1. Come tell me, who was Socrates? 2. Was he a young man or an old man? 3. About what were he

and the boys conversing with one another? 4. Who was calling the boys and bidding them go home? 5. Were they going into the city? 6. Were they able to find out what friendship was? 7. What is better than good-health? 8. Who is happier than a king? 9. Which of these boys seemed to you to be the more beautiful?

35. (Lesson XLVIII)

Observe carefully the difference between the progressive and the aorist forms as illustrated by the following examples:

Progressive	Aorist
τί ἐποίουν; *what was I doing?*	τί ἐποίησα; *what did I do?*
τί ποιῶμεν; *what are we to be doing?*	τί ποιήσωμεν; *what are we to do?*
ταῦτα ποιῶμεν *let us be doing*, etc.	ταῦτα ποιήσωμεν *let us do*, etc.
ἐὰν τ. ποιῶ *if I be doing*, etc.	ἐὰν τ. ποιήσω *if I do*, etc.
εἰ τ. ποιοίην —— *should be* ——.	εἰ τ. ποιήσαιμι —— *should do*.
ταῦτα ποίει *be doing this!*	ταῦτα ποίησον *do this!*
μὴ τ. ποίει *don't*, etc.	μὴ τ. ποιήσῃς *don't do this!*
ποιεῖν *to be doing.*	ποιῆσαι *to do.*
ποιῶν *doing* (*while doing*, etc.).	ποιήσᾱς *doing* (*having done*).

Repeat with κελεύω, κλέπτω.

Observe further that the aorist participle:

I. Indicates an act merely as an occurrence *without reference to time or duration*, thus:

a) **γελάσᾱς ἔφη** *He said with a laugh.* Contrast **γελῶν ἔφη** *He said (while) laughing.*

b) **εὖ γε ἐποίησάς με ταῦτα ἀγγείλᾱς** *You did me a good turn in announcing this (it was kind of you to announce, thank you for announcing*, etc.).

Repeat a), substituting for **γελάσᾱς δακρῡ́σᾱς** *bursting into tears.* Repeat each in the feminine.

Repeat b), substituting for **ἀγγείλᾱς** the appropriate forms (both masc. and fem.) of **ποιεῖν, ἐρωτᾶν, κλέπτειν, γράφειν, φυλάττειν.**

c) **ἤκουσα τοῦ ἀδελφοῦ γελάσαντος** *I heard my brother laugh.* Contrast **ἤκουσα αὐτοῦ γελῶντος** *I heard him laughing.*

II. Because of its fundamental meaning, often refers to an act that is *prior in time* to that indicated by the leading verb, thus: **ταῦτα ποιήσᾱς ἔφη** *This done he said, having done*, etc.

Repeat, substituting for **ποιήσᾱς** the appropriate forms (both masc. and fem.) of **ἀγγέλλειν, φυλάττειν, ἀκούειν, ἐρωτᾶν.**

36. (Lesson L)

Study carefully §§ 65, 66, 137.

I. a) **τέθνηκα** *I am dead.* b) **ἐγρήγορα ἢ καθ-εύδω;** *Am I awake or asleep?* c) **ἔγνωκα μῶρος ὤν** *I have come to recognize that I am a fool (I know that I am foolish. Cf. οἶδα μῶρος ὤν*, Exercise 23). d) **ἔτη τριᾱ́κοντα γέγονα** *I am thirty years (of age).* e) **ἀπ-όλωλα** *I am lost, am undone!*

1. He is dead. 2. These are dead. 3. They appear (*φαίνονται*) to be dead. 4. Are you awake or asleep? 5. Are these, etc.? 6. We recognize that we are foolish. 7. These recognize that they are foolish, those do not. 8. I am ten years old. 9. We are about (*περὶ*, with accus.) twenty years of age. 10. You are lost! 11. We are undone!

II. a) **τί πεποίηκα;** *What have I done?*[1]

b) **πᾶσαν τὴν ἀλήθειαν εἴρηκα** *I have told (spoken) all the truth.*

c) **τὴν εἰρήνην λέλυκα** *I have violated the peace.*

d) **οὐδ' ἑώρᾱκα τὸν ἄνδρα οὐδ' ἀκήκοα** *I have neither seen nor heard the man.*

12. We have told *all* the truth. 13. These have not, etc. 14. Who has broken the peace? 15. Have you seen the men? 16. We have neither seen nor heard them. 17. To be awake. 18. To be dead. 19. To be thirty years of age. 20. To have spoken the truth. 21. To have seen and heard.

37. (Lesson LII)

Study carefully § 179.

I. a) **λέγω ὅτι τὴν ἀλήθειαν εἴρηκα** *I am saying that I have spoken*, etc.

b) **ἔλεγον ὅτι τὴν ἀλήθειαν εἰρήκοιμι** *I was saying*, etc.

c) **λέγω ὅτι τοῦ ἀνδρὸς οὐκ ἤκουσα** *I am saying that I did not hear the man.*

d) **ἔλεγον ὅτι τοῦ ἀνδρὸς οὐκ ἀκούσαιμι.**

[1] Observe that in English the perfect is constantly employed where, in Greek, an aorist would be more natural, thus: *What has he done?* = *τί ἐποίησε;* Compared with English, Greek employs the perfect infrequently.

e) τὴν ἀλήθειάν φημι (or ἔφην) εἰρηκέναι *I say* (or *said*) *that I have* (or *had*) *spoken*, etc.

f) τοῦ ἀνδρὸς οὔ φημι ἀκοῦσαι *I deny that I heard the man.*

g) οὔ φημι ἀπ-ιέναι *I say that I am not going away* (i.e. *I refuse to go away*).

h) ἐρῶ ὅτι οὐχ οἷός τ' εἰμὶ τὸ αἴτιον ἐξ-ευρεῖν[1] *I shall say*, etc.

Repeat each of these sentences in the second and third persons singular, and the first, second, and third persons plural.

Repeat with: 1. τοῦτο τὸ μάθημα μεμάθηκα. 2. τούτων ἐπι-λέλησμαι. 3. τούτων ἐπι-λήσομαι *I shall forget these things.* 4. οὐδένα ἑώρᾱκα. 5. τοιαῦτα ἐκέλευσα.

38. (Lesson LIII)

Review Exercise 35, and study carefully the following examples of progressive and aorist forms:

Progressive	Aorist
μανθάνω *I am learning.* ἐμάνθανον *I was learning.*	ἔμαθον *I learned.*
ἐὰν ταῦτα μανθάνω *if I be learning these (things).*	ἐὰν τ. μάθω *if I learn these (things).*
ταῦτα μανθάνοιμι *may I be learning*, etc.!	τ. μάθοιμι *may I learn*, etc.!
ταῦτα μάνθανε *be learning*, etc.!	τ. μάθε *learn*, etc.!
μὴ ταῦτα μάνθανε *don't be*, etc.!	μὴ τ. μάθῃς *don't learn!* § 157.
μανθάνειν *to be learning.*	μαθεῖν *to learn.*
μανθάνων (*while*) *learning.*	μαθών *learning, having learned.*

[1] Observe that ἐρῶ (ἐρέω) is the future in common use meaning *I will (shall) say.* φήσω is not common, and λέξω means *I shall speak.* ἐρῶ is followed by ὅτι.

Repeat with: 1. **τοιαῦτα λέγω, τοιαῦτα εἶπον.** 2. **ἀπο-θνῄσκω, ἀπ-έθανον.** 3. **οὐδὲν εὑρίσκω, οὐδὲν εὗρον.** 4. **σοφὸς γίγνομαι, σοφὸς ἐγενόμην.** 5. **τούτων ἐπι-λήθομαι, τούτων ἐπ-ελαθόμην.**

39. (Lesson LIV)

Study carefully §§ 85, 152.

I. a) **εἰ τοῦτό γ' ὁ παῖς μ' ἤρετο, οὐδὲν ἂν ἀπ-εκρῑνάμην** *If the boy had asked me THIS, I should have made no reply.*

b) **καὶ εἰ κακῶς εἶχον, συν-εῖναι τῷ φιλοσόφῳ ἐπ-εθῡ́-μουν ἄν** *Even if I were ill, I should desire to associate,* etc.

c) **εἰ μὴ νέος ἦν, οὐκ ἂν τοσαῦτα τὸν ἄνδρα τοῦτον ἠρώ-των** *If I were not young, I should not be asking this man so many (questions).*

Repeat each of these sentences, conjugating the leading verb in each throughout the indicative of the tense indicated, and making the other necessary changes.

40. (Lesson LV)

Two verbs of *asking:*

1. **ἐρωτάω** (Lesson LIV) *ask (a question).* Construction: *two accusatives.*

1. What am I asking this man? 2. What was I asking the same man? 3. What will I ask this woman? 4. What did I ask her? 5. If I be asking her many (questions) ——. 6. If I ask her many (questions) ——. 7. If I should not be asking the boys these (questions) ——. 8. If I should not ask them these (questions) ——.

Repeat, conjugating the verb throughout the mood or tense indicated.

9. Be asking me this. 10. Ask me this. 11. Don't keep asking me this. 12. Don't ask me this (§ 157). 13. Let him, etc. 14. Let them, etc. 15. Let them not, etc. 16. We have nothing to ask you.

II. **αἰτέω, αἰτήσω, ᾔτησα** *ask (a favor)*. Construction: *two accusatives*.

Repeat the preceding drill.

41. (Lesson LVI)

1. I know. 2. I do not know. 3. Do you know? 4. Does this man not know what friendship is? 5. Who knows what the sophist is? 6. I think I know. 7. I thought (*ᾤμην*) I knew. 8. May I never (*μήποτε*) know this! 9. May we, etc.! 10. May these, etc.! 11. I was saying that I knew. 12. If I knew this, I should not be asking so many (questions). 13. If you, etc. 14. If these boys, etc. 15. Know well (*εὖ ἴσθι*)! 16. Know well that these will say, as we are going away, that we were not able to discover what friendship is. 17. To know differs from seeming to know (say '*from the to seem to know*'). 18. Socrates we consider the wisest of all men. 19. For he knew that he knew nothing.

42. (Lesson LVIII)

Verbs of *telling*, *saying*. Review Exercise **37**.

I. **λέγω** / **φημί** } **ἐρῶ εἶπον εἴρηκα.**

1. What am I telling the boy? 2. What will I tell him? 3. What was I telling the man? 4. What did I say to him? 5. If I tell this ——. 6. If I say this ——. 7. If I should tell this ——. 8. If I should say this ——. 9. I should have said nothing.

Repeat, conjugating the verb throughout the mood or tense indicated.

10. Tell me this. 11. Don't keep telling me this same (thing). 12. Say this. 13. Don't say this (§ 157). 14. I have nothing to say. 15. We shall say that we do not know. 16. This is what (*ἅπερ*) I also chance to be saying (*λέγων*). 17. This is what I also chanced to say (*εἰπών*).

Repeat 16 and 17, conjugating the verb in the plural.

II. **φράζω, φράσω, ἔφρασα** *point out, declare, explain, tell.*

1. **φράσω τούτοις πάνθ' ἃ εἶπεν ὁ σοφιστής.** 2. **τούτων πέρι ἥκω τῷ πατρὶ φράσων** *I have come to tell*, etc. (§ 175). 3. **φράσον τί λέγεις** *Explain what you mean.* 4. **οὐδὲν ἔχω σοι φράσαι.** Repeat 1 and 2, conjugating the verb as before.

43. (Lesson LX)

1. **σοφιστὴς ἐκλήθην.** 2. **ἐπὶ σοφίᾳ ἐθαυμάσθην** *I was admired (marvelled at) for wisdom.* 3. **πολλὰ δὴ ἠρωτήθην.** 4. **ταῦτα δὴ τὸν σοφιστὴν ἐρωτᾶν ἐκωλῡ́θην.** 5. **οὐκ ἐπείσθην.** 6. **ἥσθην ἰδὼν τούτους τοὺς παῖδας** *I was delighted at seeing*, etc.

Repeat these sentences, conjugating the verbs throughout the singular and plural.

44. (Lesson LXII)

1. Protagoras was called a sophist. 2. Protagoras was called a sophist, but Plato a philosopher. 3. I was saying that Protagoras, etc. 4. I said (ἔφην) that, etc. 5. If I should be called a sophist, it would not please me (*οὐκ ἄν μοι ἀρέσκοι*). 6. If you, etc., would it please you? 7. May these men never be called sophists! 8. The boys were led home. 9. By whom (*ὑπὸ τοῦ*) was Lysis led home? 10. By his ('*the*') father, or by a slave (*πότερον — ἤ*)? 11. He was not persuaded to go home. 12. We were delighted at seeing these men conversing with one another.

45. (Lesson LXVIII)

1. Many fear death. 2. Few know what death is (say '*know the death what (it) is*'). 3. Those who fear death (*οἱ τὸν θ. δεδιότες*) are many, those who know what (it) is are few. 4. I fear death as though I knew well (*ὡς εὖ εἰδώς*) that (it) is the greatest of all evils.

Repeat 4, conjugating the verb throughout, both singular and plural, and making the other necessary changes.

5. For I chance to fear death, although not knowing that it is an evil.

Repeat 5, as above.

46. (Lesson LXXIII)

1. I stood (*ἔστην*). 2. I stand (*ἕστηκα*). 3. I am standing, *i.e.* I am in the act of standing (*ἵσταμαι*). 4. I made the boy stand (*ἔστησα τὸν παῖδα*). 5. I stood up. 6. I am arising. 7. I made the boys arise. 8. I should arise. 9. I should be arising. 10. I should make the

others arise. 11. I myself will arise. 12. I ran away. 13. I knew the man. 14. I arose and went home (say '*arising I went home*').

Repeat each of these sentences with *you, this same slave, we, you, those.*

15. Arise! 16. Do not arise! 17. Let these not arise! 18. Know thyself! 19. Be coming to know thyself! 20. Let each (one) know himself!

47. (Lesson LXXVII)

I. a) τί δὴ κατα-τίθημι; b) ποῖ δὴ ταῦτα κατα-θήσω; c) τίνι δὴ τούτων τὴν αἰτίᾱν ἀνα-θήσω; *To whom pray shall I ascribe the blame for this?* d) τοῖς παισὶ τὰ βιβλία παρ-έθηκα. e) ἐὰν ἴσα ἴσοις προσ-θῶ, ἴσα ἔσται καὶ τὰ ὅλα. f) εἰ ἄνισα ἴσοις προσ-θείην, ἆρ' ἴσ' ἂν εἴη τὰ ὅλα;

II. a) τούτους ἐν τῑμῇ τίθεμαι *These I hold in honor.* b) καὶ ἐκείνους ἐν ἀτῑμίᾳ ἐθέμην *Those also I held in dishonor.*

Repeat each of these sentences with *you, the man, we, you, they.*

1. Give me the book. 2. Set it down (*κατά-θες*). 3. Don't set it down. 4. Let the boy himself set it down. 5. Let the boys themselves, etc. 6. Let him not, etc. 7. Let them not, etc. 8. Where (*ποῖ*) am I to place the stool (*τὸν δίφρον*)? 9. Where are we, etc.? 10. These we should hold in dishonor, those in honor. 11. Plato ascribed the good to God, but not the evil.

48. (Lesson LXXIX)

I. a) τίνι δὴ ταῦτα δίδωμι; b) τούτοις χάριν ἀπο-δώσω ὧν εὖ πέπονθα *I shall make grateful return to these for the benefits*, etc. c) **τούτῳ τῷ ἀνδρὶ τὴν ἐπιστολὴν ἀπ-έδωκα** *I delivered*, etc. d) **μήποτε τὴν χάριν ταύτην δοίην** *May I never grant*, etc. e) **ἡδέως τούτων γ' ἂν τοῖς ἑταίροις μετα-διδοίην.**

II. **πόσου ταῦτα ἀπ-εδόμην;**

Repeat each of these sentences as before.

1. Grant me (*μοι*) the favor. 2. Don't, etc. 3. Don't betray your ('*the*') friends. 4. Let these not, etc. 5. Am I to betray my friends? 6. Are we, etc. 7. Let us not, etc. 8. If I betray these, I shall not have friends. 9. If we should share these (things) with you, would we not have friends? 10. I delight in sharing my pleasures (*τῶν ἡδονῶν*) with my comrades. 11. We delight in sharing all these (things) with you. 12. The herdsman (*ὁ βουκόλος*) gave the child to his wife (say '*woman*'). 13. Having placed the child in the basket (*εἰς τὸ ἄγγος*), he carried (it) into the mountains (*ἔφερεν εἰς τὰ ὄρη*). 14. Having placed the child in the basket, they, etc. 15. Having given the child to his wife, the herdsman went away. 16. These gave (say '*having given*') the child to the herdsman and went away.

49. (LESSON LXXX)

I. a) **οὐδὲν λέγει οὗτος** *He is speaking nonsense.* b) **τοῦτόν γ' οὐδὲν λέγοντα ἀπο-δείκνῡμι.** c) —— **ἀπο-δείξω.** d) —— **ἀπ-έδειξα.** e) **τίνα δὴ στρατηγὸν ἀπο-δείξω;** *Whom pray shall I appoint general?*

II. **τὴν σοφίᾱν ἐπι-δείκνυμαι** *I am making a display of my skill.*

Repeat, as above.

1. The just man time alone reveals (say '*shows*').

2. Sophocles the poet said that time alone reveals the just. 3. The man is showing off (ἐπι-δείκνυται). 4. These seem to us to be showing off. 5. The young man is eager (σπεύδει) to show his skill, the old man not. 6. Having displayed our skill, let us depart.

ΤΟ ΔΕΥΤΕΡΟΝ ΜΕΡΟΣ

ΤΑ ΓΡΑΜΜΑΤΑ

PART II

THE GRAMMAR

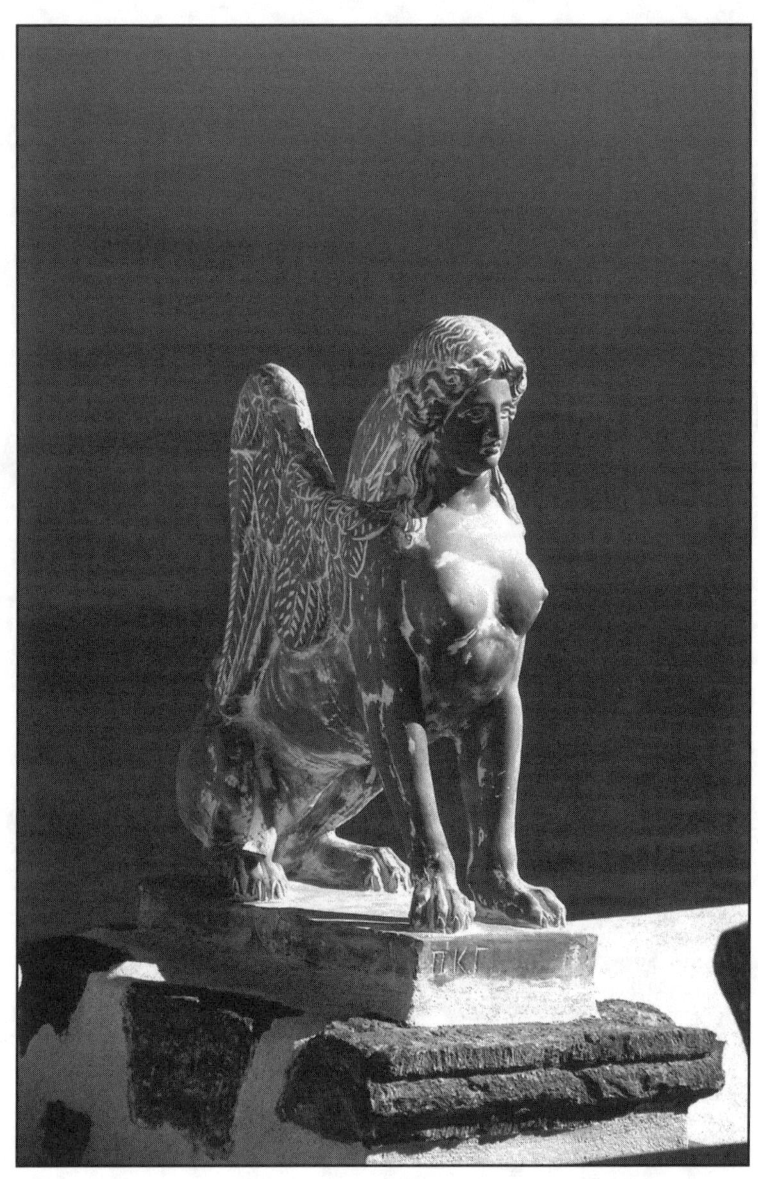

Thera

1. THE ALPHABET (Ὁ Ἀλφάβητος, τὰ γράμματα). — The standard Greek alphabet has twenty-four letters :

FORM	NAME		SOUND	
Α α	ἄλφα	alpha	ă, ā as in	Grănāda
Β β	βῆτα	beta	b	
Γ γ	γάμμα	gamma	g	gong
Δ δ	δέλτα	delta	d	
Ε ε	εἶ (ἒ ψῑλόν)	epsilon	ĕ	men
Ζ ζ	ζῆτα	zeta	z (§ 5 a)	daze
Η η	ἦτα	eta	ä, ê (§ 3)	*prägen*, *tête*
Θ θ	θῆτα	theta	th (§ 5 c)	thin
Ι ι	ἰῶτα	iota	ĭ, ī	ĭntrīgue
Κ κ	κάππα	kappa	k	
Λ λ	λά(μ)βδα	lambda	l	
Μ μ	μῦ	mu	m	
Ν ν	νῦ	nu	n	
Ξ ξ	ξεῖ (ξῖ)	xi	ks, x	tax
Ο ο	οὖ (ὂ μῑκρόν)	omicron	ŏ	ŏbey
Π π	πεῖ, πῖ	pi	p	
Ρ ρ	ῥῶ	rho	r (§ 5 b)	
Σ σ, ς	σίγμα	sigma	s	see
Τ τ	ταῦ	tau	t	
Υ υ	ὖ (ὖ ψῑλόν)	upsilon	ü	*müde*
Φ φ	φεῖ (φῖ)	phi	ph (§ 5 c)	Philip
Χ χ	χεῖ (χῖ)	chi	kh (§ 5 c)	loch
Ψ ψ	ψεῖ (ψῖ)	psi	ps	tipsy
Ω ω	ὦ (ὢ μέγα)	omega	ō (§ 3)	no

a) The form **ς** (sigma) is used only and always at the end of a word; elsewhere **σ** : **σεισμός** *earthquake*. *Cf.* seismograph.

b) The form of the alphabet given above is the form

that was officially adopted at Athens in the year 403 B.C. It was the Ionic alphabet. Before this date the Attic alphabet had passed through many changes.

The primitive Greek alphabets contained three additional letters, which disappeared in early times. The most important of these was **Ϝ** *digamma* (*i.e.* double gamma) = *w*. *Cf.* **Ϝίον** *violet*; **Ϝιδεῖν** *to see, videre.* **Ϝ** is written ϛ when used as a numeral, = 6. See § 51.

c) The ancients used only capital letters; the small letters came into use during the Middle Ages.

d) The letters were used as numerals. See § 51.[1]

2. Punctuation Marks. — The only punctuation marks used in modern editions of Greek texts that differ from those in use in English are the question-mark (;) and the colon (·).

3. Pronunciation — Vowels (*τὰ φωνηέντα*). — The vowels are **α ε η ι ο υ ω**. Of these **ε ο** are always *short;* **η ω** always *long;* **α ι υ** sometimes short, sometimes long. See §§ 8, 9 f.

The sounds of the vowels are indicated in the table above (§ 1), but note further that

η represents the long (open) *e*-sound midway between

[1] In transliterating Greek names into English employ the nominative case, and observe that:

ζ = z	ψ = ps	ου = u
κ = c	γγ = ng	υ = y
ξ = x	αι = ae	ος, ον (final) = us, um
ρ (init.) = rh	οι = oe	ευς (final) = eus
χ = ch	ει = ei, i, e	εος (final) = eüs

Examples are: Βυζάντιον *Byzantium*, Ξέρξης *Xerxes*, Σοφοκλῆς *Sophocles*, Εὔβοια *Eu-boe'a*, Αἴγυπτος *Aegyptus*, Προμηθεύς *Pro-me'theus*, Τῑμόθεος *Ti-mo'theüs*. See further § 8.

a in *father* and *e* in *men*, and is pronounced somewhat as the vowel-sound in the bleat of the sheep, which was represented in ancient Greek by βῆ βῆ.

ω is the long open *o*-sound. The throat should be held open. Contrast with this the ο, which is short and somewhat closer.

4. Pronunciation — Diphthongs (*οἱ δίφθογγοι*). — The diphthongs (*double sounds*) unite two vowels in one syllable. They are:

a)

Diph.	Sound		Diph.	Sound	
αι	ai in	aisle	αυ	ow in	bow-wow,
ει	ei	reign			Gk. *βαῦ βαῦ*
οι	oi	soil	ευ	eu	feud
υι	ui	quit	ου	ou	moon

b) The diphthongs ᾳ ῃ ῳ are called *Improper Diphthongs*. They consist of a long vowel (ᾱ η ω) with ι, which was originally sounded and written in the line (see the inscriptions on pp. 15 and 149), but in time it lost its independence, and in the Middle Ages, with the introduction of the small letters (§ 1 c), it became customary to write this ι *under* the α η or ω that preceded it. Henceforth this ι was known as *iota-subscript*. It became a silent letter before 100 B.C.

When the first vowel of these diphthongs is a *capital* letter, the ι is written in the line: Αιδης *Hades* (*a* as in *father*).

c) The diphthongs ηυ and ωυ are rare. There are no equivalents in English for these sounds.

5. Pronunciation — Consonants (*τὰ ἄφωνα*). — The sounds of the consonants as ordinarily pronounced to-day are indicated in the table, § 1, but note that:

a) ζ was originally pronounced like *dz* in *adze*, but very early became *zd*, as in *glaz'd*; *cf.* Ἀθήνᾱζε *to Athens* (for Ἀθήνᾱσ-δε). Later, perhaps as early as the fourth century B.C., it was pronounced like *z* in *glaze*, and this sound it still retains in modern Greek.

b) ρ was probably rolled more than *r* in English. See § 6 e.

c) θ φ χ in the early periods were respectively τ̔ π̔ κ̔, that is, the sounds were similar to *th ph kh* in *hothead, topheavy, packhorse*. Later they came to be pronounced like *th ph kh* (*ch*) in *thin, Philip, loch*, and these sounds are retained in modern Greek.

d) Every consonant was sounded.

e) γ before κ γ χ or ξ was sounded like *ng* in *sing* (γ-nasal): ἄγγελος *messenger, cf.* angel; σφίγξ *sphinx*.

f) σσ (= Attic ττ) was possibly pronounced like *sh*.

6. Breathings.

a) An initial vowel or diphthong is always accompanied by a sign to indicate whether it is to be uttered with or without an *h*-sound; if with an expulsion of the breath (*h*), the sign ʽ is written over the vowel: ὁ *the* (pronounced *ho*); ἥμισυ *half, cf.* hemisphere. This sign is called the *rough breathing*. If no *h*-sound is present, the sign ʼ (*smooth breathing*) is employed: ἐγώ *I* (pronounced *ego*).

b) If the initial vowel is a *capital* letter, the breathing is written *before* the vowel: Ἐγώ, Ἑλλάς.

c) When an entire word is written in capitals, breathing and accent marks (§ 9) are omitted.

d) If a word begins with a *diphthong*, the breathing is written over the *second* vowel of the diphthong: αὐτός. This is not true, however, of *improper* diphthongs (§ 4 b): ᾞδης *Hades*.

When the initial vowel or diphthong is accented, the accent and breathing are written together: ἔχω *I have*; Ἕλλην *a Greek*; ὦ *oh!* εἶ *you are.*

e) Initial ρ is regularly pronounced and written with a *rough* breathing: ῥεῦμα *a stream*, *cf.* rheumatism.

f) Before a *smooth* vowel οὐ *not* becomes οὐκ; before a *rough* vowel, οὐχ: οὐκ οἶδα *I do not know;* οὐχ ἑλληνίζω *I do not speak Greek.*

So τ and π when exposed through elision (§ 12) become θ and φ respectively before a rough vowel or diphthong: ἀνθ' = ἀντί, ἐφ' = ἐπί, ὑφ' = ὑπό.

g) Initial υ always has the rough breathing in the Attic dialect: ὑπέρ *above*, *cf.* hyper.

7. Syllables. — Every single vowel or diphthong, whether with or without a consonant, makes a distinct syllable. In dividing a word into syllables:

a) A single consonant is connected with the vowel following: ἥ-μι-συ.

b) Combinations of consonants which can begin a word are connected with the vowel following: ἐ-στίν, ἄλ-λος.

c) Compounds formed without elision (§ 12) are divided according to their elements: ἐκ-φέρω, εἰσ-άγω.

8. Quantity. — The quantity of the syllable is a factor of great importance in the pronunciation of ancient Greek. See § 9 f.[1] A syllable may be long:

[1] In pronouncing Greek proper names in English (see § 1, note) it is customary to ignore the Greek accent, and to accent the penult of the word, if this be long in Greek; otherwise the antepenult: Προμηθεύς *Prome'theus* (three syllables); Τιμο'θεος *Timo'theüs* (four syllables).

It is usual, further, to give the vowels their long or short English sounds, as follows:

a) A vowel followed by a vowel usually has the long sound: *Ionia, Orion.*

a) By *nature*, that is, when it has a long vowel or a diphthong (§§ 3, 4): **χαί-ρω** (— —).

b) By *position*, that is, when its vowel (naturally short, § 3) is followed by two consonants or a double consonant (**ζ ξ ψ**): **ἐ-στίν** (— ⏑), **ἄλ-λος** (— ⏑), **ἐλ-λη-νί-ζω** (— — — —).

A short vowel followed by a stop and a liquid (§§ 17, 18) is treated as either long or short: **τέκ-νον** (⏓ ⏑).

9. Accent.

a) Accent in Greek differs radically from accent in English: it is chiefly a musical or *pitch*-accent; stress plays but a secondary rôle.

b) There are *two* kinds of accent in Greek, but *three* accent-signs.

The two kinds of accent are:

1) *Acute* or sharp, indicated by the sign (´). The pitch of the voice is raised as the syllable is uttered: **μάθημα, σοφός.**

2) *Circumflex*, or the rising-falling tone (ˆ): **χαῖρε, πῶς;**

c) The third accent-sign is (`), the *Grāve* accent as it is called. This constitutes the second element of the circumflex accent, where it is perhaps entitled to be called

b) A vowel followed by a single consonant (or by a stop and a liquid (§§ 17, 18)) has the long sound if it stands in an accented penult; otherwise the short sound: *Chā'ron*, *Sŏc'rătes.*

But in such names as *Hē'siod*, *Pausā'nias*, *Ducā'lion*, *a*, *e*, or *o* when followed by a single consonant (or a stop and a liquid) before *e*, *i*, or *y* and another vowel has the long sound.

c) A vowel followed by two consonants has the short sound.

d) The diphthongs *ae* and *oe* are sounded like *e*.

The consonants *c* and *g* are soft before *e*, *i*, *y*, *ae*, and *oe*.

an accent. Elsewhere it is merely a sign to indicate that a syllable which would normally be pronounced with the rising inflection (acute) is not so pronounced, but that *the voice remains at the monotone level.* This occurs when a word, which if uttered alone has the rising inflection on the last syllable (*ἐστίν*), is incorporated in a sentence, and merges its individual accent in that of the word-group: ὁ φίλος ἐστὶν ἄλλος αὐτός. *An acute accent-sign on the last syllable is regularly changed in writing to a grave accent-sign before another word in the same sentence.*

d) But a final acute is not changed to a grave before an enclitic (§ 10) or an elided syllable (§ 12), or in the words τίς; *who?* τί; *what?*

e) The accent of a Greek word always accompanies one of the last *three* syllables.

The *circumflex* accent accompanies only a syllable that is *long by nature* (§ 8), and may rest upon either the last syllable or the syllable before the last (but only when the last is short): καλῶς, χαῖρε.

The *acute* accent may accompany one of the last three syllables of a word, but the third from the end only when the last is short: ἐγώ, φίλος, φιλόσοφος.

The accent-sign, like the breathing (§ 6), is written over the *second* vowel of a diphthong, but *before* a single initial vowel when this is a capital: οὗτος, Οὗτος, Ἕλλην. See § 6 d.

f) The rhythm of all classical Greek depends upon the *quantity* of the syllable (§ 8), not upon the accent (pitch).

10. Enclitics.

a) Some words of one or two syllables attach themselves so closely to a preceding word as to become virtually a part of that word, as does *-que* in Latin. These are called *Enclitics* (i.e., *leaning-words*). Examples are **μοι, σοι, γε, ἐστι.**

b) The effect of an enclitic is to increase the number of syllables of the word preceding, hence the word before an enclitic:

1) Preserves its own accent and *never changes a final acute to a grave* (§ 9 d): **δός μοι τοῦτο, ἀδελφός ἐστιν.**

2) If it has an acute on the *penult* (*φίλος*) and is followed by a *dissyllabic* enclitic, the latter retains its accent: **φίλος ἐστίν, Ἕλλην εἰμί.**

3) If it has an acute on the *antepenult* (*φιλόσοφος*), or

4) A circumflex on the *penult* (*δοῦλος*), it adds an acute on the last syllable: **φιλόσοφός ἐστιν, φιλόκαλός γε, δοῦλός εἰμι, δῶρόν μου.**

c) Enclitics retain their accent:

1) Sometimes for emphasis: **οὕτω καὶ σοὶ δοκεῖ;** *does it seem so to YOU too?*

2) After elision (§ 12): **πάντ' ἐστὶ κακά** *all things are evil.*

3) **ἐστί** is pronounced and accented **ἔστι**:

α) When it stands first in its clause: **ἔστι σοι βιβλίον;**

β) When it is emphatic: **σοφὸς ἔστιν ὁ ἀνήρ** *the man IS wise.*

γ) After **οὐκ, ἀλλ', εἰ, καὶ, ὡς, μή, τοῦτ'**: **οὐκ ἔστι** *there is not.* **τοῦτ' ἔστι** *id est.*

d) When two or more enclitics follow one another, each, except of course the last, receives upon its final syllable an acute accent from the one following: **ἀδελφός μοί ἐστιν.**

11. Proclitics.—A few words of one syllable have no accent of their own, but attach themselves closely to the word that follows, like *a* and *the* in English. These are called *Proclitics*. Examples are: **ὁ, ἡ, οἱ, αἱ, ἐν, εἰς, ἐκ, εἰ, οὐ, ὡς.**

But a proclitic receives an accent when it is followed by an enclitic: **ὅ γε θεός.**

12. Elision.

a) Elision is the cutting off of a short vowel at the end of a word when the next word begins with a vowel: **ὁ δ' ἥλιος.**

The apostrophe (') marks the omission, except in *compounds:* **δι-ορύσσουσι** (for *διά*).

b) In elision, prepositions and conjunctions accented on the last syllable lose their accent with the elided syllable, and become in effect proclitics (§ 11): **ἀπ' ἀρχῆς** (*ἀπό*).

c) Other words throw the accent back to the penult, but without changing the acute to a grave: **πόλλ' = πολλά.**

13. Final and Movable Consonants.

a) The only consonants allowed to stand at the end of a word are **ν**, **ρ**, and **ς** (**ξ = κς, ψ = πς**). **ἐκ** and **οὐκ** (*οὐχ*) attach themselves closely to the word that follows (§ 11). All other consonants were dropped at the end of a word: **σῶμα** *body* (for *σῶματ*), **ἔγραφε** *he was writing* (for *ἔγραφετ*, *cf.* Lat. *scribi-t*).

b) Most forms ending in **-σι** (also *ἐστί*) and all verb-forms of the third person singular ending in **-ε** add **ν** before a word beginning with a vowel, and often at the end of a clause or sentence. This is known as **ν**-*movable*

c) For **οὐ** (*οὐκ, οὐχ*), see § 6 f.

d) οὕτως *thus, so* may drop the ς before a consonant. So ἐξ *out of* becomes ἐκ before a consonant.

e) The ending -ει of the pluperfect may add ν before a vowel.

14. Contraction of Vowels. — Contraction is the term employed to signify the uniting of two successive vowels, or a vowel and a diphthong, both in the same word, into a single vowel or diphthong: γένεϊ > γένει. The phenomena of contraction are best learned by mastering the paradigms of contracted nouns, adjectives, and verbs, §§ 28 D, 29 C, 41, 81–83. But note especially that

εε, εϊ, and εει > ει; οο, εο, οε, οου, and εου > ου; εοι > οι.

A contracted syllable is regularly accented if either of the original syllables was accented:

a) A *final* syllable with the circumflex accent, unless the original final syllable had an acute accent: ποιῶ (*ποιέω*), ἑστώς (*ἑσταώς*).

b) Other syllables according to the rules stated in § 9 e.

15. Crasis. — Crasis (*κρᾶσις mixture*) is the contraction of a vowel or diphthong at the end of a word with one at the beginning of the following word: καὐτῷ (*καὶ αὐτῷ*), κἄν (*καὶ ἐν*) κᾶ̆ν (*καὶ ἐάν*).

16. Vowel-Gradation. — In the same root or suffix there frequently occurs an interchange of vowels similar to that in English, as in *drink, drank, drunk*. There are usually three grades, two *strong* grades and one *weak* grade, as follows:

	Strong Grades		Weak Grade		Strong Grades		Weak Grade
1)	ε	ο	— or α	4)	ᾱ	ω	ᾰ
2)	ει	οι	ι	5)	η	ω	ε or ᾰ
3)	ευ	ου	υ	6)		ω	ο

Examples are:

φέρ-ω *carry*	φορ-ᾱ́ *a carrying*	δί-φρ-ο-ς *chariot (two-carrier)*
τρέφ-ω *nourish*	τέ-τροφ-α *have nourished*	ἐ-τράφ-η-ν[1] *was nourished*
εἰδ-έναι *to know*	οἶδ-α *I know*	ἰδ-εῖν *to see*[2]
φᾱ-μί (Dor.; Att. *φη-μί*) *I say*	φω-νή *voice*	φᾰ-μέν *we say*
τί-θη-μι *I place*	θω-μό-ς *a heap*	τί-θε-μεν *we place*
——	δί-δω-μι *I give*	δί-δο-μεν *we give*

CONSONANTS AND THEIR COMBINATIONS

17. Stops.

a) Stops (or Mutes) are those consonants whose pronunciation causes a complete though momentary closing of the breathing passage. Stops are of three *orders* (*smooth, middle, rough* or *aspirate*) and of three *classes* (*labial, palatal, dental*), as follows:

Classes	Orders: Smooth	Middle	Rough
labial	π	β	φ
palatal	κ	γ	χ
dental	τ	δ	θ

Stops of the same *order* are called *coördinate;* those of the same *class*, *cognate*.

b) The only combinations of stops allowed (except with *ἐκ* in compounds, which regularly remains unchanged) are **ππ, κτ, βδ, γδ, φθ, χθ, πφ, κχ,** and **τθ** (*γ* before *κ*, *γ*, or *χ* is a nasal, not a stop, § 5 e): **βλάπτω** (*βλαβ-τ-ω*), **κρύπτω**

[1] For *ἐ-τρφ-η-ν*, see § 18. The root of this verb was *θρεφ- θροφ- θραφ-* (*θρ̥φ-*), see § 17 e.

[2] Originally *ϝειδ- ϝοιδ- ϝιδ-*. *Cf. vid-ere.*

(*κρυφ-τ-ω*), **λέλεκται** (*λελεγ-ται*), **κλέβδην** (*κλεπ-δην*), **λεχθείς** (*λεγ-θεις*), but **ἐκ-φεύγω**.

c) **π**, **β**, and **φ** with **σ** become **ψ**; **κ**, **γ**, and **χ** with **σ** become **ξ**; **τ**, **δ**, and **θ** are dropped before **σ**; see § 61. So **ντ**, **νδ**, and **νθ** are dropped before **σ**, and the preceding vowel is then lengthened, if short (*ᾰ* > *ᾱ*, *ῐ* > *ῑ*, *ῠ* > *ῡ*, *ε* > *ει*, *ο* > *ου*): **λύουσι** (*λυο-ντ-σι*), **πείσομαι** (*πενθ-σο-μαι*).

d) Before **μ** a **π**, **β**, or **φ** normally becomes **μ**, and a **κ** or **χ** becomes **γ** (*γ* remains unchanged): **βεβλαμμένος** (*βε-βλαβ-μενος*).

e) When two aspirated stops (*φ*, *χ*, *θ*) would normally begin successive syllables, the first is regularly changed to its cognate smooth stop (*π*, *κ*, *τ*): **τί-θη-μι** (*θι-θη-μι*); **τρέφ-ω** (*θρεφ-ω*); **πέ-φευγ-α** (*φε-φευγ-α*); **κέ-χρη-μαι** (*χε-χρη-μαι*). Similarly **ἔχω** (*σεχω* > *ἑχω*, § 19 a).[1]

18. Liquids and Nasals.

a) The liquids are **λ** and **ρ**; the nasals are **μ**, **ν**, and **γ**-nasal (§ 5 e). Of these **λ**, **μ**, **ν**, **ρ** play a very important rôle in word-formation. In the parent Indo-European language l, m, n, r were frequently *vocalic* (written l̥, m̥, n̥, r̥), *i.e.* they served as vowels in the formation of syllables. *Cf.* fath*om*, yes'*m*, heav*en*, Sitt*l*, britt*le*, etc. In Greek these vocalic liquids and nasals either became **α** or else developed a short vowel (usually **α**) to accompany and support them. Thus: l̥ became **αλ** or **λα**; r̥ > **αρ** or **ρα**; m̥ > **α**; n̥ > **α**, as follows: **ἔ-σταλ-μαι** (*ἐ-στλ̥-μαι*) from **στέλλω** (*στελ-ιω*, § 20); **ἐ-τράφ-η-ν** (*ἐ-τρ̥φ-η-ν*) from **τρέφ-ω**.

b) Before **π**, **β**, **φ**, **ψ** (*πς*) **ν** becomes **μ**; before **κ**, **γ**, **χ**, **ξ** (*κς*) it becomes **γ**-nasal; before **τ**, **δ**, **θ** it remains un-

[1] There are exceptions, as *φά-θι*, *ἐ-θρέφ-θην*, *γράφ-η-θι*. See § 73.

changed. Thus: **συμ-φορᾱ́** (*συν-φορᾱ́*); **ἐμ-πῑ́πτω** (*ἐν-πῑ́πτω*); **ἐγ-γράφω** (*ἐν-γράφω*); **ἐν-τίθημι.**

c) **ν** before **μ** > **μ**. **ἐμ-μένω** (*ἐν-μένω*). There are some apparent exceptions; see § 67.

d) **ν** before **σ** is dropped and the preceding vowel is regularly lengthened (*ᾰ* > *ᾱ*, *ε* > *ει*, *ο* > *ου*): **τούς** (*τον-ς*), **εἰς** (*ἐν-ς*), **μέλᾱς** (*μελαν-ς*).[1]

e) **ν** before **λ** or **ρ** is assimilated: **συλ-λέγω** (*συν-λέγω*); **συρ-ρέω** (*συν-ρέω*).

f) Initial **ρ** is doubled when a simple vowel is placed before it in composition or inflection; after a diphthong **ρ** is not doubled: **ἔ-ρρῑψε** (*ῥί́πτω*); **εὔ-ροος.**

g) **λν** > **λλ**: **ὄλ-λῡμι** (*ὀλ-νῡμι*).

19. Omission of σ and F.

a) In many words an original initial **σ** was dropped, or rather it was lisped and survived as an *h*-sound (§ 6): **ἑπτά** *seven* (orig. *σεπτα*, *cf. septem*), **ὑπέρ** = *super*.

b) Medial **σ** shows a tendency to disappear between two vowels, especially in inflectional forms: **γένους** (*γένεσ-ος*, *cf.* Lat. *gener-is;* see § 35).

c) Digamma (*ϝ*) early disappeared from most of the Greek dialects: **εἶπον** *I said* (*ϝεπ-*, *cf.* Lat. *voco*), **ἰδεῖν** *to see* (*ϝιδ-*, *cf.* Lat. *videre*).

d) In a few words an initial **σF** disappeared: **ἡδύς** *pleasant* (*σϝᾱδ-*, *cf.* Lat. *suāvis*).

20. Consonantal ι. — In very primitive times many Greek words contained a consonantal **ι** (= *y*, *cf.* 'pin*i*on'), which effected certain important changes in pronunciation and spelling. Some of these are as follows:

[1] There are some exceptions. Thus in the dative plural *ν* before *-σι* is dropped without compensatory lengthening: *δαίμοσι.*

a) λι > λλ: βάλλω (from *βαλ-ιω*, § 59 c, *γ*).

b) κι, χι, and sometimes γι > ττ (= *σσ*, § 5 f): φυλάττω (*φυλακ-ιω*, § 59 c, *β*).

c) ἄνι, ἄρι, ορι > αιν, αιρ, οιρ: μοῖρα (*μορ-*) *fate*, and see § 59 c, *δ*.

d) ενι, ερι, ἵνι, ἵρι, ὕνι, ὕρι > ειν, ειρ, ῑν, ῑρ, ῡν, ῡρ; see § 59 c, *ε*.

e) δι > ζ; γι > ζ or δ, sometimes ττ (see above, b); see § 59 c, *α*.

DECLENSIONS OF PRONOUNS

21. The Personal Pronouns.

a) ἐγώ *I.* σύ *you* (*thou*). (*Unaccented forms are unemphatic.*)

b) Pronoun of the third person (*him, her, it*). (*Usually an indirect reflexive.*)

	a)		b)
S. N.	ἐγώ *I*	σύ *you*	——
G.	μου, ἐμοῦ *of* (*from*) *me*	σου, σοῦ *of* (*from*) *you*	οὑ *of* (*from*) *him, her, it*
D.	μοι, ἐμοί *to* (*for*) *me*	σοι, σοί *to* (*for*) *you*	οἱ *to* (*for*) *him*, etc.
A.	με, ἐμέ *me*	σε, σέ *you*	ἑ *him, her, it*
P. N.	ἡμεῖς *we*	ὑμεῖς *you* (*ye*)	σφεῖς *they*
G.	ἡμῶν *of* (*from*) *us*	ὑμῶν *of* (*from*) *you*	σφῶν *of* (*from*) *them*
D.	ἡμῖν *to* (*for*) *us*	ὑμῖν *to* (*for*) *you*	σφίσι *to* (*for*) *them*
A.	ἡμᾶς *us*	ὑμᾶς *you*	σφᾶς *them*

The forms οὑ οἱ ἑ are usually enclitic.

22. The Intensive Pronoun. — The intensive pronoun αὐτός *self* is declined like καλός (§ 40 B), except that the neuter nominative and accusative singular end in -ο (*cf.* τοῦτο) instead of in -ον, thus:

S. N.	**αὐτός**	**αὐτή**	**αὐτό**
G.	**αὐτοῦ**	**αὐτῆς**	**αὐτοῦ**
	κτλ.		

For the uses of **αὐτός**, see § 106.

23. THE REFLEXIVE PRONOUNS. — The reflexive pronouns are formed from the stems of the personal pronouns combined with **αὐτός** (§ 22). They have no nominative forms:

	myself	*thyself*	*himself, herself, itself*
S. G.	**ἐμαυτοῦ, -ῆς**	**σεαυτοῦ, -ῆς**	**ἑαυτοῦ, -ῆς, -οῦ**
D.	**ἐμαυτῷ, -ῇ**	**σεαυτῷ, -ῇ**	**ἑαυτῷ, -ῇ, -ῷ**
A.	**ἐμαυτόν, -ήν**	**σεαυτόν, -ήν**	**ἑαυτόν, -ήν, -ό**
	ourselves	*yourselves*	*themselves*
P. G.	**ἡμῶν αὐτῶν**	**ὑμῶν αὐτῶν**	**ἑαυτῶν** or **σφῶν αὐτῶν**
D.	**ἡμῖν αὐτοῖς, -αῖς**	**ὑμῖν αὐτοῖς, -αῖς**	**ἑαυτοῖς, -αῖς, -οῖς** or **σφίσιν αὐτοῖς, -αῖς**
A.	**ἡμᾶς αὐτούς, -ᾱ́ς**	**ὑμᾶς αὐτούς, -ᾱ́ς**	**ἑαυτούς, -ᾱ́ς, -ά** or **σφᾶς αὐτούς, -ᾱ́ς**

σεαυτοῦ and **ἑαυτοῦ** are often contracted: **σαυτοῦ, σαυτῆς; αὐτοῦ, αὐτῆς**, etc.

24. a) The Article (§ 103), **ὁ ἡ τό** *the.* b) The Demonstrative Pronoun **ὅδε** *this.* c) The Relative Pronoun **ὅς** *who.*

	M.	F.	N.	M.	F.	N.	M.	F.	N.
S. N.	**ὁ**	**ἡ**	**τό**	**ὅδε**	**ἥδε**	**τόδε**	**ὅς**	**ἥ**	**ὅ**
G.	**τοῦ**	**τῆς**	**τοῦ**	**τοῦδε**	**τῆσδε**	**τοῦδε**	**οὗ**	**ἧς**	**οὗ**
D.	**τῷ**	**τῇ**	**τῷ**	**τῷδε**	**τῇδε**	**τῷδε**	**ᾧ**	**ᾗ**	**ᾧ**
A.	**τόν**	**τήν**	**τό**	**τόνδε**	**τήνδε**	**τόδε**	**ὅν**	**ἥν**	**ὅ**
P. N.	**οἱ**	**αἱ**	**τά**	**οἵδε**	**αἵδε**	**τάδε**	**οἵ**	**αἵ**	**ἅ**
G.	**τῶν**	**τῶν**	**τῶν**	**τῶνδε**	**τῶνδε**	**τῶνδε**	**ὧν**	**ὧν**	**ὧν**
D.	**τοῖς**	**ταῖς**	**τοῖς**	**τοῖσδε**	**ταῖσδε**	**τοῖσδε**	**οἷς**	**αἷς**	**οἷς**
A.	**τούς**	**τᾱ́ς**	**τά**	**τούσδε**	**τᾱ́σδε**	**τάδε**	**οὕς**	**ᾱ̔́ς**	**ἅ**

The article was originally a demonstrative pronoun. The demonstrative pronoun ὅδε is the old demonstrative ὁ with the suffix -δε. This explains the apparent irregularities in accent, as οἵδε, τᾱ́σδε. See § 10.

25. a) The Demonstrative Pronoun **οὗτος** *this*. b) The Demonstrative Pronoun **ἐκεῖνος** *that*.

	M.	F.	N.	M.	F.	N.
S. N.	οὗτος	αὕτη	τοῦτο	ἐκεῖνος	ἐκείνη	ἐκεῖνο
G.	τούτου	ταύτης	τούτου	ἐκείνου	ἐκείνης	ἐκείνου
D.	τούτῳ	ταύτῃ	τούτῳ	ἐκείνῳ	ἐκείνῃ	ἐκείνῳ
A.	τοῦτον	ταύτην	τοῦτο	ἐκεῖνον	ἐκείνην	ἐκεῖνο
P. N.	οὗτοι	αὗται	ταῦτα	ἐκεῖνοι	ἐκεῖναι	ἐκεῖνα
G.	τούτων	τούτων	τούτων	ἐκείνων	ἐκείνων	ἐκείνων
D.	τούτοις	ταύταις	τούτοις	ἐκείνοις	ἐκείναις	ἐκείνοις
A.	τούτους	ταύτᾱς	ταῦτα	ἐκείνους	ἐκείνᾱς	ἐκεῖνα

For the position of demonstrative pronouns, see § 105; for their meanings, § 110.

26. THE RECIPROCAL PRONOUN. — The reciprocal pronoun, meaning *each other*, is formed from the stem of ἄλλος *another* compounded with itself, ἀλλ-αλλο- becoming ἀλληλο-. There is no nominative case.

	M.	F.	N.
P. G.	ἀλλήλων	ἀλλήλων	ἀλλήλων
D.	ἀλλήλοις	ἀλλήλαις	ἀλλήλοις
A.	ἀλλήλους	ἀλλήλᾱς	ἄλληλα

27. THE INTERROGATIVE AND INDEFINITE PRONOUNS. — a) The pronoun τις when accented on the first syllable is interrogative: *who? what?* When unaccented (i.e. *enclitic*) it is indefinite: *some, any.* The declension is as follows:

	Interrogative M. F.		N	Indefinite M. F.		N.
S. N.	τίς ;		τί ;	τις		τι
G.		τίνος ; τοῦ ;			τινος, του	
D.		τίνι ; τῷ ;			τινι, τῳ	
A.	τίνα ;		τί ;	τινα		τι
P. N.	τίνες ;		τίνα ;	τινες		τινα
G.		τίνων ;			τινων	
D.		τίσι ;			τισι	
A.	τίνας ;		τίνα ;	τινας		τινα

The dissyllabic forms of the indefinite pronoun, when accented (§ 10 b, 2), receive an acute (or grave, § 9 c) on the last syllable, except in the genitive plural: **τινές, τινῶν.**

b) **Ὅστις** *whoever* is a compound of **ὅς** *who* and **τις** *some one.* Each part is declined separately, as follows:

	M.	F.	N.
S. N.	ὅστις	ἥτις	ὅ τι
G.	οὗτινος, ὅτου	ἧστινος	οὗτινος, ὅτου
D.	ᾧτινι, ὅτῳ	ᾗτινι	ᾧτινι, ὅτῳ
A.	ὅντινα	ἥντινα	ὅ τι
P. N.	οἵτινες	αἵτινες	ἅτινα, ἅττα
G.	ὧντινων, ὅτων	ὧντινων	ὧντινων, ὅτων
D.	οἷστισι, ὅτοις	αἷστισι	οἷστισι, ὅτοις
A.	οὕστινας	ἅστινας	ἅτινα, ἅττα

DECLENSIONS OF NOUNS

There are three declensions of nouns. The same declensional forms appear also in adjectives and participles. A comparison of the case-endings employed in the three declensions is instructive. There are two groups:

Stem ends in **α** or **ο** (first and second declension) — Stem ends in a consonant, **ι** or **υ** (third declension)

	M. F.		N.	M. F.		N.
S. N.	-ς or none		-ν	-ς or none		none
G.		-ς or -ιο			-ος	
D.		-ι			-ι	
A.		-ν		-ν or ᾰ		none
V.	none		-ν	none or like nom.		none

P. N. V.	-ι		-ᾰ	-ες		-ᾰ
G.		-ων			-ων	
D.		-ις (-ισι)			-σι	
A.	-νς (> -ᾱς, -ους)		-ᾰ	-νς (> -ᾰς)		-ᾰ

28. First Declension. — A. a) The stems end in ᾱ. When the final α of the stem is preceded by ε, ι, or ρ, the nominative singular ends in ᾱ or ᾰ (masc. ᾱς); otherwise, but with many exceptions, in η (masc. ης).

b) Exceptions are **κόρη** (for *κόρϝη*) *maiden*, **δέρη** (for *δέρϝη*) *neck*, **στοᾱ́** *roofed colonnade*, **πρύμνᾰ** *stern* (of a ship), **τράπεζᾰ** *table*, **θάλαττᾰ** *sea*, **ἅμαξᾰ** *wagon*.

c) If the nominative singular ends in ᾱ or η, these vowels are retained throughout the singular: if in ᾰ, α is lengthened to η in the genitive and dative singular, or to ᾱ after ε, ι, or ρ.

d) Nouns in ᾰ regularly have *recessive* accent.

e) The genitive and dative, if accented on the last syllable, are always circumflexed.

f) The genitive plural of *nouns* of the first declension is always circumflexed on the last syllable.

g) The ending αι of the nominative plural is treated as *short* in determining the accent.

B. Feminine Nouns.

ἥδε ἡ φίλη ἀδελφή *this dear sister*

S. N.	ἥδε	ἡ	φίλη	ἀδελφή	P. N.	αἵδε	αἱ	φίλαι	ἀδελφαί
G.	τῆσδε	τῆς	φίλης	ἀδελφῆς	G.	τῶνδε	τῶν	φίλων	ἀδελφῶν
D.	τῇδε	τῇ	φίλῃ	ἀδελφῇ	D.	ταῖσδε	ταῖς	φίλαις	ἀδελφαῖς
A.	τήνδε	τὴν	φίλην	ἀδελφήν	A.	τᾱ́σδε	τᾱ̀ς	φίλᾱς	ἀδελφᾱ́ς
V.		(ὦ)	φίλη	ἀδελφή	V.		(ὦ)	φίλαι	ἀδελφαί

S. N.	ἡ κόρη *the maiden*	κῡρίᾱ *mistress*	θεᾱ́ *goddess*	τράπεζᾰ *table*	σφαῖρᾰ *ball*
G.	τῆς κόρης	κῡρίᾱς	θεᾶς	τραπέζης	σφαίρᾱς
D.	τῇ κόρῃ	κῡρίᾳ	θεᾷ	τραπέζῃ	σφαίρᾳ
A.	τὴν κόρην	κῡρίᾱν	θεᾱ́ν	τράπεζᾰν	σφαῖρᾰν
V.	(ὦ) κόρη	κῡρίᾱ	θεᾱ́	τράπεζᾰ	σφαῖρᾰ

P. N.	αἱ κόραι	κῡρίαι	θεαί	τράπεζαι	σφαῖραι
G.	τῶν κορῶν	κῡριῶν	θεῶν	τραπεζῶν	σφαιρῶν
D.	ταῖς κόραις	κῡρίαις	θεαῖς	τραπέζαις	σφαίραις
A.	τᾱ̀ς κόρᾱς	κῡρίᾱς	θεᾱ́ς	τραπέζᾱς	σφαίρᾱς
V.	(ὦ) κόραι	κῡρίαι	θεαί	τράπεζαι	σφαῖραι

C. Masculine Nouns.

S. N.	ὁ μαθητής *the learner*	πολίτης *citizen*	νεᾱνίᾱς *youth*
G.	τοῦ μαθητοῦ	πολίτου	νεᾱνίου
D.	τῷ μαθητῇ	πολίτῃ	νεᾱνίᾳ
A.	τὸν μαθητήν	πολίτην	νεᾱνίᾱν
V.	(ὦ) μαθητᾰ́	πολῖτᾰ	νεᾱνίᾱ
P. N.	οἱ μαθηταί	πολῖται	νεᾱνίαι
G.	τῶν μαθητῶν	πολῑτῶν	νεᾱνιῶν
D.	τοῖς μαθηταῖς	πολίταις	νεᾱνίαις
A.	τοὺς μαθητᾱ́ς	πολίτᾱς	νεᾱνίᾱς
V.	(ὦ) μαθηταί	πολῖται	νεᾱνίαι

Nouns in **-της**, national names in **-ης** (*Πέρσης Persian*), and compounds in **-ης** (*γεωμέτρης geometer*) have the vocative in **-ᾰ**. **δεσπότης** *master* has vocative **δέσποτᾰ**.

All other nouns in **-ης** of this declension have the vocative in **-η** : **Εὐριπίδης**, voc. (ὦ) **Εὐριπίδη**.

D. Contract Nouns (§ 14).

ἡ γῆ (*γέη*) *the earth*, **γῆς**, **γῇ**, **γῆν**, **γῆ**.

ἡ μνᾶ (*μνάᾱ*) *mina*, **μνᾶς**, **μνᾷ**, **μνᾶν**, *κτλ.*

ὁ Ἑρμῆς (*Ἑρμέᾱς*) *Hermes*, **Ἑρμοῦ**, **Ἑρμῇ**, **Ἑρμῆν**, **Ἑρμῆ**, *κτλ.*

29. Second Declension.

A. a) Nouns of the second declension are masculine, feminine, or neuter. Feminine nouns have the same endings as the masculine.

b) The stems end in **ο** (sometimes modified to *ω*) ; the nominative singular in **ος** or **ον** (neut.).

c) The genitive and dative, if accented on the last syllable, are circumflexed.

d) The ending **οι** of the nominative plural is treated as *short;* see § 28 A, g.

e) The nominative in **ος** is sometimes used for the vocative; so regularly **θεός**. **ἀδελφός** *brother* has recessive accent in the vocative: (ὦ) **ἄδελφε**.

B. Masculine, Feminine, and Neuter Nouns.

S. N.	ὁ φίλος *the friend*	ὁ αὐτὸς ἰᾶτρός *the same physician*	ἡ ὁδός *the road*	τὸ παιδίον *the child*
G.	τοῦ φίλου	τοῦ αὐτοῦ ἰᾶτροῦ	τῆς ὁδοῦ	τοῦ παιδίου
D.	τῷ φίλῳ	τῷ αὐτῷ ἰᾶτρῷ	τῇ ὁδῷ	τῷ παιδίῳ
A.	τὸν φίλον	τὸν αὐτὸν ἰᾶτρόν	τὴν ὁδόν	τὸ παιδίον
V.	(ὦ) φίλε	(ὦ) ἰᾶτρέ	(ὦ) ὁδέ	(ὦ) παιδίον
P. N.	οἱ φίλοι	οἱ αὐτοὶ ἰᾶτροί	αἱ ὁδοί	τὰ παιδία
G.	τῶν φίλων	τῶν αὐτῶν ἰᾶτρῶν	τῶν ὁδῶν	τῶν παιδίων
D.	τοῖς φίλοις	τοῖς αὐτοῖς ἰᾶτροῖς	ταῖς ὁδοῖς	τοῖς παιδίοις
A.	τοὺς φίλους	τοὺς αὐτοὺς ἰᾶτρούς	τᾱ̀ς ὁδούς	τὰ παιδία
V.	(ὦ) φίλοι	(ὦ) ἰᾶτροί	(ὦ) ὁδοί	(ὦ) παιδία

S. N.	ὁ φιλόσοφος *the philosopher*	δοῦλος *slave*	τὸ τρίγωνον *the triangle*	δῶρον *gift*
G.	τοῦ φιλοσόφου	δούλου	τοῦ τριγώνου	δώρου
D.	τῷ φιλοσόφῳ	δούλῳ	τῷ τριγώνῳ	δώρῳ
A.	τὸν φιλόσοφον	δοῦλον	τὸ τρίγωνον	δῶρον
V.	(ὦ) φιλόσοφε	δοῦλε	(ὦ) τρίγωνον	δῶρον
P. N.	οἱ φιλόσοφοι	δοῦλοι	τὰ τρίγωνα	δῶρα
G.	τῶν φιλοσόφων	δούλων	τῶν τριγώνων	δώρων
D.	τοῖς φιλοσόφοις	δούλοις	τοῖς τριγώνοις	δώροις
A.	τοὺς φιλοσόφους	δούλους	τὰ τρίγωνα	δῶρα
V.	(ὦ) φιλόσοφοι	δοῦλοι	(ὦ) τρίγωνα	δῶρα

C. Contract Nouns.

ὁ νοῦς (*νόος*) *mind*, **νοῦ**, **νῷ**, **νοῦν**. **τὸ ὀστοῦν** (*ὀστέον*) *bone*, **ὀστοῦ**, **-ῷ**, **-οῦν**, **-ᾶ**, *κτλ*.

So **ὁ πλοῦς** (*πλόος*) *voyage*. **τὸ κανοῦν** (*κανέον*) *basket*. Compounds in **-οος** accent all the forms like the contracted nominative singular: **περί-πλους** (*περί-πλοος*) *a sailing around*, **περίπλου**, **περίπλῳ**, *κτλ*.

30. Third Declension.

a) The stems end in a consonant, **ι**, or **υ**, and are in most cases conveniently determined by dropping the ending **-ος** of the genitive. The nouns of the third declension are masculine, feminine, or neuter.

b) The nominative singular of most masculine and feminine nouns is formed by adding **ς** to the stem and making the usual euphonic changes (§ 17 c): **μάστῑγ-ς** > **μάστῑξ**.

But stems ending in **ν**, **ρ**, or **ς** do not add **ς**, but merely lengthen the last vowel, if short (*ε* > *η*, *ο* > *ω*), while those in **οντ** drop **τ** and lengthen **ο** to **ω**: **λέων** (*λεοντ-*), **λύων** (*λυοντ-*), § 50.

In neuter nouns the *stem* is employed as the nominative, final **τ** being dropped: **σῶμα** (*σωματ-*), § 13.

c) The vocative singular is usually the same as the nominative, or as the stem, final **δ** and **τ** being dropped, § 13.

d) The dative plural is formed by adding **-σι** and making the usual euphonic changes, § 17 c.

e) Most nouns which are monosyllabic in the nominative singular accent the *final* syllable in the genitive and dative, both singular and plural. There are a few exceptions: **παῖς, παιδός**, but **παίδων. πᾶς, πάντων, πᾶσι**, § 43.

31. Nouns with Mute Stems (§ 17).

	ἡ μάστῑξ	**ἡ νύξ**	**ὁ λέων**	**ὁ πούς**	**ὁ παῖς**	**ὁ, ἡ ὄρνῑς**
	goad, whip	*night*	*lion*	*foot*	*child, boy*	*bird*
	(*μαστῑγ-*)	(*νυκτ-*)	(*λεοντ-*)	(*ποδ-*)	(*παιδ-*)	(*ὀρνῑθ-*)
S. N.	**μάστῑξ**	**νύξ**	**λέων**	**πούς**	**παῖς**	**ὄρνῑς**
G.	**μάστῑγος**	**νυκτός**	**λέοντος**	**ποδός**	**παιδός**	**ὄρνῑθος**
D.	**μάστῑγι**	**νυκτί**	**λέοντι**	**ποδί**	**παιδί**	**ὄρνῑθι**
A.	**μάστῑγα**	**νύκτα**	**λέοντα**	**πόδα**	**παῖδα**	**ὄρνῑν**
V.	**μάστῑξ**	**νύξ**	**λέον**	**πούς**	**παῖ**	**ὄρνῑς**

P. N. V.	μάστῑγες	νύκτες	λέοντες	πόδες	παῖδες	ὄρνῑθες
G.	μαστίγων	νυκτῶν	λεόντων	ποδῶν	παίδων	ὀρνίθων
D.	μάστῑξι(ν)	νυξί(ν)	λέουσι(ν)	ποσί(ν)	παισί(ν)	ὄρνῑσι(ν)
A.	μάστῑγᾰς	νύκτᾰς	λέοντᾰς	πόδᾰς	παῖδᾰς	ὄρνῑθᾰς

32. Neuter Nouns with Stems in -ματ.

Singular	Plural
N. τὸ ἅρμα *the chariot*	τὰ ἅρματα
G. τοῦ ἅρματος	τῶν ἁρμάτων
D. τῷ ἅρματι	τοῖς ἅρμασι(ν) (ἁρματ-σι, § 17 c)
A. τὸ ἅρμα	τὰ ἅρματα
V. (ὦ) ἅρμα	(ὦ) ἅρματα

33. Nouns with Stems in -ν or -ρ (§ 18).

	ὁ, ἡ δαίμων	ὁ Ἕλλην	ὁ ποιμήν	ὁ κύων	ἡ χείρ	ὁ σωτήρ
	the divinity (δαιμον-)	*the Greek* (Ἑλλην-)	*the shepherd* (ποιμεν-)	*the dog* (κυν-)	*the hand* (χειρ-)	*the preserver, savior* (σωτηρ-)
S. N.	δαίμων	Ἕλλην	ποιμήν	κύων	χείρ	σωτήρ
G.	δαίμονος	Ἕλληνος	ποιμένος	κυνός	χειρός	σωτῆρος
D.	δαίμονι	Ἕλληνι	ποιμένι	κυνί	χειρί	σωτῆρι
A.	δαίμονα	Ἕλληνα	ποιμένα	κύνα	χεῖρα	σωτῆρα
V.	δαῖμον	Ἕλλην	ποιμήν	κύον	χείρ	σῶτερ
P. N. V.	δαίμονες	Ἕλληνες	ποιμένες	κύνες	χεῖρες	σωτῆρες
G.	δαιμόνων	Ἑλλήνων	ποιμένων	κυνῶν	χειρῶν[1]	σωτήρων
D.	δαίμοσι(ν)	Ἕλλησι(ν)	ποιμέσι(ν)	κυσί(ν)	χερσί(ν)	σωτῆρσι(ν)
A.	δαίμονας	Ἕλληνας	ποιμένας	κύνας	χεῖρας	σωτῆρας

34. Nouns in -ρ with Variable Stems (Syncopated Nouns).

	ὁ πατήρ	ἡ μήτηρ	ἡ θυγάτηρ	ὁ ἀνήρ
	the father	*the mother*	*the daughter*	*the man*
S. N.	πατήρ	μήτηρ	θυγάτηρ	ἀνήρ
G.	πατρός	μητρός	θυγατρός	ἀνδρός
D.	πατρί	μητρί	θυγατρί	ἀνδρί
A.	πατέρα	μητέρα	θυγατέρα	ἄνδρα
V.	πάτερ	μῆτερ	θύγατερ	ἄνερ

[1] A very common alternative form is χερῶν.

P. N. V.	πατέρες	μητέρες	θυγατέρες	ἄνδρες
G.	πατέρων	μητέρων	θυγατέρων	ἀνδρῶν
D.	πατράσι(ν)	μητράσι(ν)	θυγατράσι(ν)	ἀνδράσι(ν)
A.	πατέρας	μητέρας	θυγατέρας	ἄνδρας

Γαστήρ (ἡ) *belly* (*cf.* gastric) is declined like **πατήρ**.

35. Nouns with Stems in **-ες**.

The neuter nouns have **-ος** in the nominative singular (§ 16); masculine nouns (regularly proper names) change **-ες** to **-ης** in the nominative singular. In the other cases **σ** is dropped between vowels (§ 19 b) and the vowels are then contracted:

S. N.	**τὸ γένος** *race, stock.* Cf. *genus.*	**Σωκράτης** (Σωκρατεσ-) *Socrates*
G.	**τοῦ γένους** (*γενεσος*) *generis*	**Σωκράτους** (*Σωκρατεσος*)
D.	**τῷ γένει** (*γενεσι*) *generi*	**Σωκράτει** (*Σωκρατεσι*)
A.	**τὸ γένος**	**Σωκράτη** (*Σωκρατεσα*)
V.	(**ὦ**) **γένος**	**Σώκρατες**
P. N.	**τὰ γένη** (*γενεσα*) *genera*	
G.	**τῶν γενῶν** or **γενέων** (*γενεσων*) *generum*	
D.	**τοῖς γένεσι(ν)** (*γενεσ-σι*)	
A.	**τὰ γένη** (*γενεσα*)	
V.	(**ὦ**) **γένη** (*γενεσα*)	

36. Nouns with Stems in **-ι** and **-υ**.

S. N.	ἡ πόλις *city*	τὸ ἄστυ *town*	ὁ ἰχθῦς *fish*
G.	τῆς πόλεως	τοῦ ἄστεως	τοῦ ἰχθύος
D.	τῇ πόλει	τῷ ἄστει	τῷ ἰχθύϊ
A.	τὴν πόλιν	τὸ ἄστυ	τὸν ἰχθῦν
V.	(ὦ) πόλι	(ὦ) ἄστυ	(ὦ) ἰχθῦ
P. N.	αἱ πόλεις	τὰ ἄστη (*ἄστεσα*)	οἱ ἰχθύες
G.	τῶν πόλεων	τῶν ἄστεων	τῶν ἰχθύων
D.	ταῖς πόλεσι(ν)	τοῖς ἄστεσι(ν)	τοῖς ἰχθύσι(ν)
A.	τᾶς πόλεις	τὰ ἄστη	τοὺς ἰχθῦς (*ἰχθύας*)
V.	(ὦ) πόλεις	(ὦ) ἄστη	(ὦ) ἰχθύες

The accent of nouns in **-ι** and **-υ** is recessive (and irregular) in the genitive singular and plural: **πόλεως**, **πόλεων**.

This is not true, however, of nouns of the type of ἰχθῦς. Ἄστυ is the principal noun in -υ, gen. -εως.

37. NOUNS WITH STEMS IN -ευ.

	Singular		Plural	
N.	ὁ	βασιλεύς *the king*	οἱ	βασιλεῖς or βασιλῆς
G.	τοῦ	βασιλέως	τῶν	βασιλέων
D.	τῷ	βασιλεῖ (-λέϊ)	τοῖς	βασιλεῦσι(ν)
A.	τὸν	βασιλέᾱ	τοὺς	βασιλέᾱς
V.	(ὦ)	βασιλεῦ	(ὦ)	βασιλεῖς

38. The nouns ὁ, ἡ βοῦς (*βου-*) *ox* or *cow*, and ἡ ναῦς (*νᾱυ-*) *ship* are thus declined:

	Sing.	Pl.	Sing.	Pl.
N.	βοῦς	βόες	ναῦς	νῆες
G.	βοός	βοῶν	νεώς	νεῶν
D.	βοΐ	βουσί(ν)	νηΐ	ναυσί(ν)
A.	βοῦν	βοῦς	ναῦν	ναῦς
V.	βοῦ	βόες	ναῦ	νῆες

The stems βου and νᾱυ became respectively βοϝ and νᾱϝ before a vowel (*cf.* Lat. *bŏv-is*, *nāv-is*); the ϝ was then dropped, leaving merely βο- and νᾱ-.

39. IRREGULAR NOUNS. — A few of the more important irregular nouns are:

1. γάλα (*τό*) *milk* γάλακτος, γάλακτι.
2. γόνυ (*τό*) *knee* γόνατος, γόνατι, P. γόνατα, *κτλ.*
3. γυνή (*ἡ*) *woman*, *wife* γυναικός, γυναικί, γυναῖκα, γύναι, Pl. γυναῖκες, γυναικῶν, γυναιξί(ν), γυναῖκας.
4. δόρυ (*τό*) *spear* δόρατος, *κτλ.* *Cf.* γόνυ.
5. Ζεύς (*ὁ*) *Zeus* Διός, Διΐ, Δία, (*ὦ*) Ζεῦ.
6. ὕδωρ (*τό*) *water* ὕδατος, ὕδατι.
7. υἱός (*ὁ*) *son* υἱοῦ or υἱέος, υἱῷ or υἱεῖ, υἱόν, υἱέ, Pl. υἱεῖς, υἱέων, υἱέσι(ν), υἱεῖς.

DECLENSIONS OF ADJECTIVES

40. ADJECTIVES OF THE FIRST-SECOND DECLENSIONS.

A. The adjectives of the first-second declensions have normally three sets of endings, of which the feminine endings belong to the first declension, the others to the second. After **ε**, **ι**, or **ρ** the feminine ending of the nominative singular is **ᾱ**; after other letters, **η**. In the genitive plural all the genders have the same form and accent.

Compound adjectives, and a few others, have no distinctive feminine endings: **ἄν-ισος** (M. F.) **ἄν-ισον** (N.) *unequal*, **ὠφέλιμος** (M. F.) **ὠφέλιμον** (N.) *beneficial*.

B. The adjectives **φίλος** *dear*, **καλός** *beautiful*, **νέος** *young*, *new*, **μῑκρός** *small*, **δίκαιος** *just*, **μέγιστος** *largest*, and **ἄνισος** *unequal*, are thus declined:

S.	N.	φίλος	φίλη	φίλον	καλός	καλή	καλόν	νέος	νέᾱ	νέον
	G.	φίλου	φίλης	φίλου	καλοῦ	καλῆς	καλοῦ	νέου	νέᾱς	νέου
	D.	φίλῳ	φίλῃ	φίλῳ	καλῷ	καλῇ	καλῷ	νέῳ	νέᾳ	νέῳ
	A.	φίλον	φίλην	φίλον	καλόν	καλήν	καλόν	νέον	νέᾱν	νέον
	V.	φίλε	φίλη	φίλον	καλέ	καλή	καλόν	νέε	νέᾱ	νέον
P.	N. V.	φίλοι	φίλαι	φίλα	καλοί	καλαί	καλά	νέοι	νέαι	νέα
	G.	φίλων	φίλων	φίλων	καλῶν	καλῶν	καλῶν	νέων	νέων	νέων
	D.	φίλοις	φίλαις	φίλοις	καλοῖς	καλαῖς	καλοῖς	νέοις	νέαις	νέοις
	A.	φίλους	φίλᾱς	φίλα	καλούς	καλᾱ́ς	καλά	νέους	νέᾱς	νέα

S.	N.	μῑκρός	μῑκρᾱ́	μῑκρόν
	G.	μῑκροῦ	μῑκρᾶς	μῑκροῦ
			κτλ.	
S.	N.	δίκαιος	δικαίᾱ	δίκαιον
	G.	δικαίου	δικαίᾱς	δικαίου
			κτλ.	
S.	N.	μέγιστος	μεγίστη	μέγιστον
	G.	μεγίστου	μεγίστης	μεγίστου
			κτλ.	

S.	N.	ἄν-ισος		ἄν-ισον
	G.		ἀν-ίσου	
	D.		ἀν-ίσῳ	
	A.		ἄν-ισον	
	V.	ἄν-ισε		ἄν-ισον
P.	N. V.	ἄν-ισοι		ἄν-ισα
	G.		ἀν-ίσων	
	D.		ἀν-ίσοις	
	A.	ἀν-ίσους		ἄν-ισα

41. Contract Adjectives. — Most adjectives in **-εος** and **-οος** are contracted. The contracted forms are regularly circumflexed on the last syllable (*cf.* *νοῦς*, § 29 C; *γῆ*, § 28 D) and are the same as those given above (B), except in the nominative, accusative, vocative, masculine and neuter singular. **χρῡ́σεος** *golden, of gold* is declined: S. N. V. **χρῡσοῦς χρῡσῆ χρῡσοῦν**, G. **χρῡσοῦ -ῆς -οῦ**, D. **χρῡσῷ -ῇ -ῷ**, A. **χρῡσοῦν χρῡσῆν χρῡσοῦν**, *κτλ.*

So **ἁπλοῦς** (*ἁπλόος*) **ἁπλῆ ἁπλοῦν** *simple* and **ἀργυροῦς** (*-εος*) **ἀργυρᾶ ἀργυροῦν** *of silver.* But compounds have no distinctive feminine forms: **εὔ-νους** (*-οος*) **εὔ-νουν** *well-disposed*, G. **εὔ-νου**, D. **εὔ-νῳ**. Neut. pl. **εὔ-νοα** (*not* *εὔ-να*).

42. Adjectives of the Third Declension. — The adjectives **ἀληθής** (st. *ἀληθεσ-*) *true* (*cf.* *Σωκράτης*, § 35) and **εὐδαίμων** (st. *εὐδαιμον-*) *happy, fortunate* are declined as follows:

	M. F.	N.	M. F.	N.
S. N.	ἀληθής	ἀληθές	εὐδαίμων	εὔδαιμον
G.	ἀληθοῦς		εὐδαίμονος	
D.	ἀληθεῖ		εὐδαίμονι	
A.	ἀληθῆ	ἀληθές	εὐδαίμονα	εὔδαιμον
V.	ἀληθές		εὔδαιμον	
P. N. V.	ἀληθεῖς	ἀληθῆ	εὐδαίμονες	εὐδαίμονα
G.	ἀληθῶν		εὐδαιμόνων	
D.	ἀληθέσι(ν)		εὐδαίμοσι(ν)	
A.	ἀληθεῖς	ἀληθῆ	εὐδαίμονας	εὐδαίμονα

Other types are represented by **εὔελπις εὔελπι** *hopeful*, G. **εὐέλπιδος**; **ἀπάτωρ ἄπατορ** *fatherless*, G. **ἀπάτορος**. See also **βελτίων** *better*, § 48.

43. Adjectives of the First-Third Declensions. — The masculine and neuter forms of these adjectives are

of the third declension; the feminine forms of the first. This is true also of participles (§ 50), which strictly belong here. **μέλᾱς** (st. *μελαν-*) *black* and **πᾶς** (st. *παντ-*) *all*, *every* are declined as follows:

	M.	F.	N.	M.	F.	N.
S. N.	μέλᾱς	μέλαινα[1]	μέλαν	πᾶς	πᾶσα[1]	πᾶν
G.	μέλανος	μελαίνης	μέλανος	παντός	πᾱ́σης	παντός
D.	μέλανι	μελαίνῃ	μέλανι	παντί	πᾱ́σῃ	παντί
A.	μέλανα	μέλαιναν	μέλαν	πάντα	πᾶσαν	πᾶν
V.	μέλαν	μέλαινα	μέλαν			
P. N. V.	μέλανες	μέλαιναι	μέλανα	πάντες	πᾶσαι	πάντα
G.	μελάνων	μελαινῶν	μελάνων	πάντων	πᾱσῶν	πάντων
D.	μέλασι(ν)	μελαίναις	μέλασι(ν)	πᾶσι	πᾱ́σαις	πᾶσι
A.	μέλανας	μελαίνᾱς	μέλανα	πάντας	πᾱ́σᾱς	πάντα

44. The adjectives **εὐρύς** (st. *εὐρευ-* (>*εὐρε-*) *εὐρυ-*) *wide*, *broad* and **χαρίεις** (st. *χαριεντ-*) *graceful* are declined as follows:

	M.	F.	N.	M.	F.	N.
S. N.	εὐρύς	εὐρεῖα	εὐρύ	χαρίεις	χαρίεσσα	χαρίεν
G.	εὐρέος	εὐρείᾱς	εὐρέος	χαρίεντος	χαριέσσης	χαρίεντος
D.	εὐρεῖ	εὐρείᾳ	εὐρεῖ	χαρίεντι	χαριέσσῃ	χαρίεντι
A.	εὐρύν	εὐρεῖαν	εὐρύ	χαρίεντα	χαρίεσσαν	χαρίεν
V.	εὐρύ	εὐρεῖα	εὐρύ	χαρίεν	χαρίεσσα	χαρίεν
P. N. V.	εὐρεῖς	εὐρεῖαι	εὐρέα	χαρίεντες	χαρίεσσαι	χαρίεντα
G.	εὐρέων	εὐρειῶν	εὐρέων	χαριέντων	χαριεσσῶν	χαριέντων
D.	εὐρέσι(ν)	εὐρείαις	εὐρέσι(ν)	χαρίεσι(ν)	χαριέσσαις	χαρίεσι(ν)
A.	εὐρεῖς	εὐρείᾱς	εὐρέα	χαρίεντας	χαριέσσᾱς	χαρίεντα

45. Irregular Adjectives. — The adjectives **πολύς** (sts. *πολυ-*, *πολλο-*) *much*, pl. *many*, and **μέγας** (sts. *μεγα-*, *μεγαλο-*) *large* are declined as follows:

[1] *μέλαινα* and *πᾶσα* are for *μελαν-ια* and *παντ-ια*; see § 20. For the accent of *πάντων*, *πᾶσι* see § 30 e.

	M.	F.	N.	M.	F.	N.
S. N.	πολύς	πολλή	πολύ	μέγας	μεγάλη	μέγα
G.	πολλοῦ	πολλῆς	πολλοῦ	μεγάλου	μεγάλης	μεγάλου
D.	πολλῷ	πολλῇ	πολλῷ	μεγάλῳ	μεγάλῃ	μεγάλῳ
A.	πολύν	πολλήν	πολύ	μέγαν	μεγάλην	μέγα
V.				μεγάλε	μεγάλη	μέγα
P. N. V.	πολλοί	πολλαί	πολλά	μεγάλοι	μεγάλαι	μεγάλα
		κτλ.			κτλ.	

COMPARISON OF ADJECTIVES

46. Comparison by **-τερος -τατος**. — Most adjectives form the comparative by adding the endings **-τερος -τερᾱ -τερον** (or *-εστερος*, *κτλ.*) to the masculine stem of the positive; the superlative, by adding **-τατος -τατη -τατον** (or *-εστατος*, *κτλ.*) :[1]

δεινός (*δεινο-*) *dreadful*	**δεινό-τερος**	**δεινό-τατος**
ἀληθής (*ἀληθεσ-*) *true*	**ἀληθέσ-τερος**	**ἀληθέσ-τατος**
σώφρων (*σωφρον-*) *prudent*	**σωφρον-έστερος**	**σωφρον-έστατος**

Adjectives in **-ος** with a *short penult* lengthen the **ο** to **ω**:

σοφός *wise*	**σοφώ-τερος**	**σοφώ-τατος**

But if the penult is *long* by nature or position (§ 8), or if the vowel of the penult is followed by a stop and a liquid (§§ 17, 18), **ο** remains unchanged :

πονηρός *bad*	**πονηρό-τερος**	**πονηρό-τατος**
πικρός *bitter*	**πικρό-τερος**	**πικρό-τατος**

47. Comparison by **-ῑων, -ιστος**.

A. A few adjectives form the comparative and the superlative, respectively, by adding to the *root* the endings **-ῑων -ῑον** (st. *-ῑον*) and **-ιστος -η -ον**:

[1] Instead of these endings, and those mentioned in § 47, the adverbs *μᾶλλον more*, *μάλιστα most* may be used with the positive : *μᾶλλον φίλος dearer*, *μάλιστα φίλος dearest.*

ἡδύς (*ἡδ-*) *pleasant*	**ἡδ-ίων**	**ἥδ-ιστος**
αἰσχρός (*αἰσχ-*) *shameful*	**αἰσχ-ίων**	**αἴσχ-ιστος**
μέγας (*μεγ-*) *large*	**μείζων** (for *μεγ-ῑων*)	**μέγ-ιστος**
ταχύς (*θαχ-*) *swift*	**θάττων** (for *θαχ-ῑων*)	**τάχ-ιστος**

B. The following are more or less irregular:

ἀγαθός *good*	**ἀμείνων** *better* **βελτίων** *better* **κρείττων** *better*	**ἄριστος** *best* **βέλτιστος** *best* **κράτιστος** *best*
κακός *evil*	**κακίων**	**κάκιστος**
καλός *beautiful*	**καλλίων**	**κάλλιστος**
μῑκρός *small*	**μῑκρότερος** **ἐλάττων** (for *ἐλαχ-ῑων*)	**μῑκρότατος** **ἐλάχιστος**
πολύς *much*	**πλείων, πλέων** *more*	**πλεῖστος** *most*
ῥᾴδιος *easy*	**ῥᾴων**	**ῥᾷστος**

48. Comparatives in **-ῑων** are declined as follows (*cf.* §§ 33, 42):

	M. F.		N.
S. N.	**βελτίων** *better*		**βέλτῑον**
G.		**βελτίονος**	
D.		**βελτίονι**	
A.	**βελτίονα** or **βελτίω**		**βέλτῑον**
V.		**βέλτῑον**	
P. N. V.	**βελτίονες** or **βελτίους**		**βελτίονα** or **βελτίω**
G.		**βελτῑόνων**	
D.		**βελτίοσι(ν)**	
A.	**βελτίονας** or **βελτίους**		**βελτίονα** or **βελτίω**

So **μείζων, μεῖζον**, G. **μείζονος**, *κτλ.* The accent is recessive in the forms: **βέλτῑον, ἄμεινον, ἔλαττον**, *κτλ.*

ADVERBS

49. Most adverbs end in **-ως**, the majority being formed from adjectives with the accent of the genitive plural: **καλῶς** *beautifully* (*καλός*), **δικαίως** *justly* (*δίκαιος*), **ἡδέως** *pleasantly* (*ἡδύς*), **οὕτως** *thus* (*οὗτος*). Many, however, are formed by means of other suffixes, such as **-α**: **μάλα** *very;*

-ακις: πολλάκις *many times*; -δην: κρύβδην *secretly*; -δον: ἔνδον *within*; -δε: οἴκαδε *homewards*; -θεν: οἴκοθεν *from home*.

The comparative of adverbs which are derived from adjectives is regularly the neuter accusative *singular* of the comparative of the adjective; the superlative, the neuter accusative *plural* of the superlative:

	σοφῶς *wisely*	σοφώτερον	σοφώτατα
	καλῶς *beautifully*	κάλλῑον	κάλλιστα
So			
	μάλα *very*	μᾶλλον *more*	μάλιστα *most*
	——	ἧττον *less*	ἥκιστα *least*

DECLENSIONS OF PARTICIPLES (ACTIVE VOICE)

50. A. Thematic Formation (Participles in -ων, st. -ο-ντ-, §§ 75, 43). The type is ὤν *being* (εἰμί):[1]

		M.		F.		N.	
S.	N.	ὁ	ὤν	ἡ	οὖσα	τὸ	ὄν
	G.	τοῦ	ὄντος	τῆς	οὔσης	τοῦ	ὄντος
	D.	τῷ	ὄντι	τῇ	οὔσῃ	τῷ	ὄντι
	A.	τὸν	ὄντα	τὴν	οὖσαν	τὸ	ὄν
	V.	(ὦ)	ὤν	(ὦ)	οὖσα	(ὦ)	ὄν
P.	N.	οἱ	ὄντες	αἱ	οὖσαι	τὰ	ὄντα
	G.	τῶν	ὄντων	τῶν	οὐσῶν	τῶν	ὄντων
	D.	τοῖς	οὖσι(ν)	ταῖς	οὔσαις	τοῖς	οὖσι(ν)
	A.	τοὺς	ὄντας	τᾱ̀ς	οὔσᾱς	τὰ	ὄντα
	V.	(ὦ)	ὄντες	(ὦ)	οὖσαι	(ὦ)	ὄντα

So ὁ λέγων ἡ λέγουσα τὸ λέγον *the* (*one who is*) *telling*, G. τοῦ λέγοντος τῆς λεγούσης, κτλ., and the aorist participle (§§ 63, 136) μαθών μαθοῦσα μαθόν *learning*, *having learned*, G. μαθόντος μαθούσης, κτλ.

[1] When declining the participles give also the article or even article and object, thus: ὁ ὤν *the one who is*, ὁ ταῦτα λέγων *the one who is saying* (*telling*) *these things*. See § 174.

B. The participles of contract verbs in **-εω** (§ 81), **-οω** (§ 83), and **-αω** (§ 82) may be represented by **ποιῶν** (*-έων*) *making*, *doing*, **δηλῶν** (*-όων*) *showing* (declined like *ποιῶν*), and **ἐρωτῶν** (*-άων*) *asking* (*a question*). The forms are as follows:

SINGULAR

	M.	F.	N.	M.	F.	N.
N. V.	ποιῶν	ποιοῦσα	ποιοῦν	ἐρωτῶν	ἐρωτῶσα	ἐρωτῶν
G.	ποιοῦντος	ποιούσης	ποιοῦντος	ἐρωτῶντος	ἐρωτώσης	ἐρωτῶντος
D.	ποιοῦντι	ποιούσῃ	ποιοῦντι	ἐρωτῶντι	ἐρωτώσῃ	ἐρωτῶντι
A.	ποιοῦντα	ποιοῦσαν	ποιοῦν	ἐρωτῶντα	ἐρωτῶσαν	ἐρωτῶν

PLURAL

	M.	F.	N.	M.	F.	N.
N. V.	ποιοῦντες	ποιοῦσαι	ποιοῦντα	ἐρωτῶντες	ἐρωτῶσαι	ἐρωτῶντα
G.	ποιούντων	ποιουσῶν	ποιούντων	ἐρωτώντων	ἐρωτωσῶν	ἐρωτώντων
D.	ποιοῦσι(ν)	ποιούσαις	ποιοῦσι(ν)	ἐρωτῶσι(ν)	ἐρωτώσαις	ἐρωτῶσι(ν)
A.	ποιοῦντας	ποιούσᾱς	ποιοῦντα	ἐρωτῶντας	ἐρωτώσᾱς	ἐρωτῶντα

C. Non-thematic Formations (§ 75).

a) Aorist participles in **-σᾱς** and **-ᾱς** (st. *-(σ)α-ντ-*): **γελάσᾱς** *laughing*, *with a laugh*, **στᾱ́ς** *standing*, *taking* (*one's*) *stand*.

b) Participles in **-θείς** and **-είς** (st. *-(θ)ε-ντ-*): **θείς** *putting*, *having put*.

c) Participles in **-ούς** (st. *-ο-ντ-*): **γνούς** *recognizing*.

d) Participles in **-ῡ́ς** (st. *-υ-ντ-*): **δεικνῡ́ς** *pointing out*, *showing*.

e) Perfect active participles in **-ώς** and **-κώς** (st. *-(κ)οτ-*): **εἰδώς** *knowing*, **μεμαθηκώς** *having learned*.

	M.	F.	N.
S. N. V.	γελάσᾱς	γελάσᾱσα	γελάσαν
G.	γελάσαντος	γελασᾱ́σης	γελάσαντος
D.	γελάσαντι	γελασᾱ́σῃ	γελάσαντι
	κτλ.	*κτλ.*	*κτλ.*

Dat. pl. γελάσᾱσι(ν), γελασᾱ́σαις

In the same manner are declined **ποιήσᾱς** *having done*, **στᾱ́ς στᾶσα στάν** *taking (one's) stand*, G. **στάντος στᾱ́σης**, *κτλ.*, **κρῑ́νᾱς κρῑ́νᾱσα κρῖναν** *having selected, judged*, G. **κρῑ́ναντος, κρῑνᾱ́σης**, *κτλ.*

	M.	F.	N.	M.	F.	N.
S. N. V.	θείς	θεῖσα	θέν	γνούς	γνοῦσα	γνόν
G.	θέντος	θείσης	θέντος	γνόντος	γνούσης	γνόντος
D.	θέντι	θείσῃ	θέντι	γνόντι	γνούσῃ	γνόντι
		κτλ.			κτλ.	
	Dat. pl. θεῖσι(ν), θείσαις			Dat. pl. γνοῦσι(ν), γνούσαις		
S. N. V.	εἰδώς	εἰδυῖα	εἰδός	δεικνῡ́ς	δεικνῦσα	δεικνύν
G.	εἰδότος	εἰδυίᾱς	εἰδότος	δεικνύντος	δεικνῡ́σης	δεικνύντος
D.	εἰδότι	εἰδυίᾳ	εἰδότι	δεικνύντι	δεικνῡ́σῃ	δεικνύντι
		κτλ.			κτλ.	
	Dat. pl. εἰδόσι(ν), εἰδυίαις			Dat. pl. δεικνῦσι(ν), δεικνῡ́σαις		

Like **εἰδώς** are declined all participles in **-κώς**: **μεμαθηκώς -κυῖα -κός**, G. **-κότος -κυίᾱς**, *κτλ.*

51. NUMERALS.

a) The *cardinal* and *ordinal* numerals from 1 to 80 are set forth in connection with the Lessons, pp. 1–147. 90 (ϙ′)[1] is **ἐνενήκοντα**; 100 (ρ′), **ἑκατόν**, *cf.* hecatomb; 200 (σ′), **διᾱκόσιοι**; 300 (τ′), **τριᾱκόσιοι**; 1000 (͵α), **χῑ́λιοι**, *cf.* chiliarchy; 10,000 (͵ι), **μῡ́ριοι**, *cf.* myriad.

b) The cardinals from 5 to 100 are indeclinable; those from 1 to 4 are declined as follows:

N.	εἷς μία ἕν	N. A.	δύο	N.	τρεῖς	τρία	τέτταρες	τέτταρα
G.	ἑνός μιᾶς ἑνός	G. D.	δυοῖν	G.	τριῶν		τεττάρων	
D.	ἑνί μιᾷ ἑνί			D.	τρίσι(ν)		τέτταρσι(ν)	
A.	ἕνα μίαν ἕν			A.	τρεῖς	τρία	τέτταρας	τέτταρα

οὐδείς (*οὐδὲ εἷς not even one*) and **μηδείς** (*μηδὲ εἷς*) are declined like **εἷς**, thus: **οὐδείς οὐδεμία οὐδέν**, G. **οὐδενός**, *κτλ.*

[1] The sign for 6 is the primitive *digamma* = *v* or *w* (§ 1 b); that for 90 is the primitive *koppa* = *q*. It stood between π and ρ.

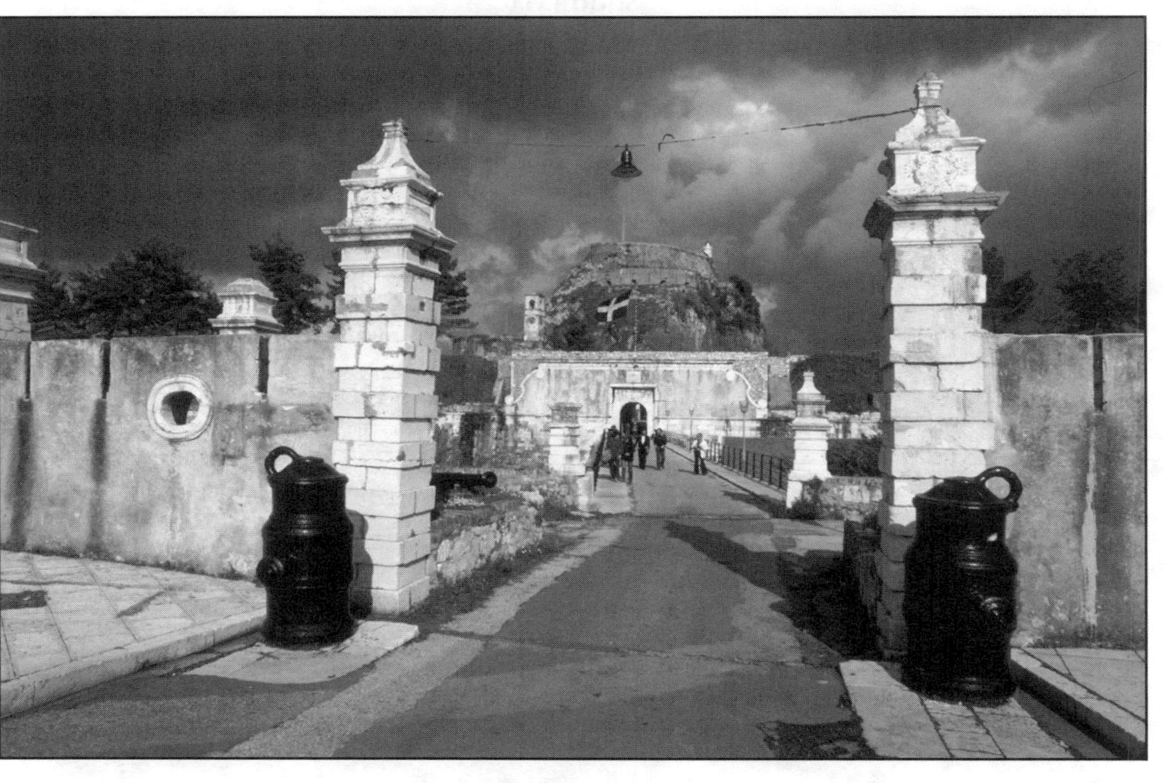

Fortress Entrance, Corfu

Mykonos

THE VERB

STEMS AND ENDINGS

52. Every verb-form consists of *at least* two elements, a root and an ending: **ἐσ-μέν**; most verb-forms contain three or more elements: **λέγ-ο-μεν** (rt. λεγ-, st. λεγο-), **ἐ-γί-γνω-σκ-ο-ν** (rt. γνο-, st. γιγνωσκο-). Each verb normally forms several action- and tense-stems; see §§ 131, 59–70.

Verb-endings are of three sorts, a) personal endings, b) infinitive endings, and c) participle endings.

53. Personal Endings; Thematic and Non-thematic Formations. — Personal endings indicate the person; they are: a) *primary* personal endings, or those employed in the present and future indicative and in all subjunctives; b) *secondary* personal endings, or those employed in the *past* tenses of the indicative and in the optative; c) personal endings employed in the *imperative.*

When the various verb-endings are preceded by the variable or thematic vowel ο/ε (ο before μ and ν, elsewhere ε), the formation is said to be *thematic:* **λύο-μεν**, **λύε-τε**; when the endings are not preceded by the thematic vowel, the formation is called *non-thematic:* **ἐσ-μέν**, **ἐσ-τέ**, **ἔ-λῡσα-ν**, **δίδω-μι**. The thematic vowel belongs to the stem; it is one of the elements mentioned in § 52.

54. Primary Personal Endings.

	Active Voice	Middle Voice
S. 1.	**-μι**	**-μαι**
2.	**-ς** (orig. -σι)	**-σαι**
3.	**-σι** (orig. -τι)	**-ται**
P. 1.	**-μεν** (orig. -μες, *cf.* Lat. -*mus*)	**-μεθα**
2.	**-τε**	**-σθε** (or -θε)
3.	**-νσι** (orig. -ντι) or **-ᾱσι** (orig. -αντι)	**-νται**

For non-thematic formations see **εἰμί**, § 91; **δύναμαι**, § 80. The thematic formation is illustrated by **λύω**, **λύομαι**, § 79.

55. Secondary Personal Endings.

	Active Voice	Middle Voice
S. 1.	**-ν**	**-μην**
2.	**-σ** or **-σθα**[1]	**-σο**
3.	— (orig. *-τ*, § 13)	**-το**
P. 1.	**-μεν**	**-μεθα**
2.	**-τε**	**-σθε** (or *-θε*)
3.	**-ν** or **-σαν**[1]	**-ντο**

For thematic formations see **λύω**, **λύομαι**, § 79; for non-thematic formations, **ἦν**, § 91, **ἵστημι**, §§ 86, 87.

56. Personal Endings of the Imperative.

	Active	Middle
S. 2.	**-θι**	**-σο**
3.	**-τω**	**-σθω** (or *-θω*)
P. 2.	**-τε**	**-σθε** (or *-θε*)
3.	**-ντων**	**-σθων** (or *-θων*)

The ending **-θι** is usually omitted; see further § 73.

57. Augment. — The augment is a means of indicating *past time*, and is added to verb-forms in the past tenses. It is found therefore regularly *only in the indicative mood* (see § 133). Augment is of two kinds:

a) *Syllabic Augment*, which consists of an **ἐ-** prefixed to verb-stems beginning with a *consonant:* **ἐ-μάνθανον** *I was learning*, **ἔ-μαθον** *I learned*, **ἔ-λῡσα** *I loosed.*

[1] The endings *-σθα* and *-σαν* are employed in non-thematic formations; the former occasionally, the latter regularly except in the first aorist indicative active and in the optative. Examples of *-σθα* are *ἔ-φη-σθα* *you said*, *ἦ-σθα* *you were.*

b) *Temporal Augment*, which consists in the lengthening of the first vowel of verb-stems beginning with a *vowel* (or diphthong), **ᾰ**, **ᾱ**, and **ε** becoming **η**, and **ι**, **ο**, and **υ** becoming respectively **ῑ**, **ω**, and **ῡ**: **ἤκουσα** *I heard* (ἀκούω), **ἤθελον** *I was wishing* (ἐθέλω).

A long initial vowel (except **ᾱ**) is not changed; of the diphthongs **αι** and **ει** > **ῃ**, **οι** > **ῳ**, **αυ** > **ηυ**, **ευ** remains unchanged or > **ηυ**, **ου** (rare) remains unchanged: **ᾔτησα** *I demanded* (αἰτέω), **εὗρον** or **ηὗρον** *I found* (εὑρίσκω), **ᾠχόμην** *I was gone* (οἴχομαι).

Verbs compounded with a preposition regularly take the augment *after* the preposition; there are a few exceptions: **ἀπ-έθνῃσκον** *I was dying* (ἀπο-θνῄσκω); but **ἐ-καθ-εζόμην** *I sat down* (καθ-έζομαι).

Again, a few verbs have two augments: **ἑώρων** *I was seeing* (ὁράω), **ἀν-έῳξα** *I opened* (ἀν-οίγω).

Finally, a few verbs which originally began with **σ** or **Ϝ** (§ 19) have the syllabic augment. With an **ε** of the verb-stem this is then contracted to **ει**: **εἶχον** (ἐ-σεχ-) *I had* (ἔχω, rt. σεχ-), **εἱπόμην** (ἐ-σεπ-) *I was following* (ἕπομαι, rt. σεπ-), **ἔ-ᾱξα** *I broke* (ἄγνῡμι, rt. ϝαγ-).

58. Reduplication. — Reduplication is the sign of *completed* action, or in some verbs merely of *intensive* action, and is a part of the perfect action-stem. It is found therefore in *all* forms made from the perfect stem. It is of several sorts:

a) Verbs beginning with a *consonant* usually prefix that consonant with **ε**, a *rough* stop (φ, χ, θ) becoming *smooth* (π, κ, τ; see § 17 e): **με-μάθηκα** *I have learned*, **πέ-φευγα** *I have fled*, **τέ-θνηκα** *I have died, am dead.*

b) Verbs beginning with a *double* consonant (ζ, ξ, ψ), two consonants, or **ρ** usually merely prefix an **ε** (ρ being doubled): **ἔ-γνωκα** *I have recognized, I know*, **ἔ-ρρῑφα** *I have thrown*, **ἔ-ψευσμαι** *I have lied.*

c) Verbs beginning with a *vowel* (or diphthong) have the regular temporal augment in lieu of reduplication: **ἦχα** *I have led* (*ἄγω*), **ᾔσθημαι** *I have perceived* (*αἰσθάνομαι*), **ἑώρᾱκα** *I have seen* (*ὁράω*). **ἀκήκοα** *I have heard* (*ἀκούω*) is irregular.

CLASSES OF VERBS

The verbs are conveniently classified according to the *progressive* action-stem, which appears in many forms. The following are the most important groups:

59. Thematic Stems (§ 53):

a) Verbs with no element added to the verb-stem (or in many instances to the verb-root) except the thematic vowel -%: **πείθω** *persuade* (*πειθ-%-*, rts. *πειθ- ποιθ- πιθ-*). Three common verbs have stems reduplicated with **ι**: **γίγνομαι** *become*, **πῑ́πτω** *fall*, **τίκτω** (for *τιτκω*) *beget, bear young.*

b) Verbs which add **-τ%-** [ΠΤ-Class]. The stem regularly ends in **π**, **β**, or **φ** (§ 17): **βάπτω** *dip* (*βαφ-*), **βλάπτω** *injure* (*βλαβ-*), **κλέπτω** *steal* (*κλεπ-*).

c) Verbs which add **-ι%** (see § 20) [*Iota*-Class):

α) Verbs in **-ζω** (§ 20 e), from stems in **-δ**, a few from stems in **-γ** (or by analogy): **ἐλπίζω** *hope* (*ἐλπιδ-*), **καθ-έζομαι** *sit down* (*ἑδ-* for *σεδ-*, § 19), **ἁρπάζω** *grasp, seize* (*ἁρπαγ-*).

β) Verbs in **-ττω** (or *-σσω*), from stems in **-κ** or **-χ** (or, rarely, *-γ*, *-τ*, or *-θ*; § 20 b): **ὀρύττω** *dig* (*ὀρυχ-*), **πρᾱ́ττω** *do* (*πρᾱγ-*), **ἐρέττω** *row* (*ἐρετ-*).

γ) Verbs in **-λλω**, from stems in **-λ** (§ 20 a): **ἀγγέλλω** (*ἀγγελ-*).

δ) Verbs in **-αινω**, **-αιρω**, from stems in **-αν**, **-αρ** (§ 20 c): **φαίνω** *show* (*φαν-*), **χαίρω** (*χαρ-*).

ε) Verbs in **-εινω**, **-ειρω**, **-ῑνω**, **-ῑρω**, **-ῡνω**, **-ῡρω**, from stems in **-εν**, **-ερ**, **-ιν**, **-ιρ**, **-υν**, **-υρ** (§ 20 d): **τείνω** *stretch* (*τεν-*), **φθείρω** *corrupt* (*φθερ-*), **κρῑ́νω** *judge* (*κρῐν-*), **μαρτῡ́ρομαι** *call to witness* (*μαρτῠρ-*).

d) Verbs which add a suffix containing **ν** (*ν%ε-*, *αν%ε-*, etc.) [*Nu*-Class]: **πῑ́-νω** *drink*, **τέμ-νω** *cut*, **αἰσθ-άνομαι** *perceive*, **ἀφ-ικ-νέομαι** *arrive* (*ἱκ-*), and, with a nasal inserted in the stem, **λα-μ-β-άνω** *take* (*λαβ-*), **τυ-γ-χ-άνω** *hit* (*τυχ-*).

e) Verbs which add **-σκ%ε-**, **-ισκ%ε-**: **γιγνώ-σκω** *come to know* (*γνω-*, *γνο-*), **εὑρ-ίσκω** *find* (*εὑρ-*).

60. Non-thematic Stems (§ 53):

a) Verbs with unreduplicated stems: **εἰμί** *be* (*ἐσ-*), **ἧμαι** *sit* (*ἡσ-*).

b) Verbs with reduplicated stems: **δίδωμι** *give* (*δω-*, *δο-*), **τίθημι** *set* (*θη-*, *θε-*).

c) Verbs with suffix **-νυ**: **δείκ-νῡμι** and **δεικ-νύω** (§ 59 d) *show*, **ἀπ-όλλῡμι** *destroy*, *lose* (for *-ολ-νῡ-μι*).

The form of the progressive action-stem does not necessarily determine the forms of the other stems. While many verbs are regular, in the majority of cases the principal parts must be learned separately.

FORMATION OF TENSE-STEMS AND ACTION-STEMS

61. The Future.

a) The future has the same endings as the thematic present (§ 53), preceded by the suffix **-σ-**. Thus the future is *always thematic*: **παύ-ω** *stop*, F. **παύ-σω**, **δίδωμι** *give*, F. **δώ-σω**.

b) Verbs in -εω and -αω regularly have -ησω in the future; verbs in -οω have -ωσω. But there are a few exceptions: καλέω *call*, F. καλῶ (*καλέσω > καλέω*), τελέω *end*, *pay*, etc., F. τελῶ, δράω *do*, F. δρά́σω (*ᾱ* after *ρ*).

c) Verbs whose stems end in

κ, γ, or χ have futures in ξ: διδάσκω *teach* (*διδαχ-*), F. διδάξω.

π, β, or φ have futures in ψ: λείπω *leave*, F. λείψω.

τ, δ, or θ have futures in σ: πείθω *persuade*, F. πείσω.

d) Verbs whose stems end in a *liquid* or *nasal* (*λ*, *μ*, *ν*, *ρ*) form the future by adding -εσω; σ is then dropped (§ 19 b) and the vowels contracted. In point of conjugation these futures, and also those mentioned under e), are identical with the progressive action-stem forms of verbs in -εω (§ 81): βάλλω *throw* (*βαλ-*), F. βαλῶ, κλΐνω *lean* (*κλῐν-*), F. κλῐνῶ.

e) Verbs in -ιζω of more than two syllables form the future in -ιῶ: νομίζω *consider*, F. νομιῶ.

f) A few verbs are wholly irregular: φέρω *bear*, F. οἴσω, ὁράω *see*, F. ὄψομαι.

62. Some verbs having active forms in the present have *middle* forms in the future. These are known as verbs with *deponent* futures. Examples are: ἀκούω *hear*, F. ἀκούσομαι, εἰμί *be*, F. ἔσομαι, ἐρωτάω *ask*, F. ἐρήσομαι, λαμβάνω *take*, F. λήψομαι, μανθάνω *learn*, F. μαθήσομαι, οἶδα *know*, F. εἴσομαι, ὁράω *see*, F. ὄψομαι, φεύγω *flee*, F. φεύξομαι.

63. THE SECOND OR ROOT AORIST. — The aorist action-stem (active and middle) is of three forms:

1) Thematic, being the verb-root plus the thematic vowel ο/ε: ἔ-μαθ-ο-ν (*μαθ-ο/ε-*). See Lesson LIII and § 84.

2) Non-thematic, being the verb-root without suffix: **ἔ-στη-ν** *I stood* (*στη- στα-*), **ἔ-γνω-ν** *I came to recognize* (*γνω- γνο-*).

These aorists are very few in number, but like those above are of great importance. See Lesson LXXII and § 86.

3) Non-thematic, with the suffix **-σα** (or *-α*). See § 64.

Formations 1) and 2) together constitute what is known for convenience as the second aorist.

For the aorist passive stems, see § 69.

64. The First or Sigmatic Aorist. — Most verbs form their aorist stem (active and middle) by adding the suffix **-σα**: **ἔ-λῡ-σα**. See Lesson XLVII and § 79 A, B.

Verbs whose stems end in a *liquid* or a *nasal* (λ, *μ*, *ν*, *ρ*, § 18), regularly form their aorist stems in **-α** (*σ* being omitted), and the last vowel of the stem, if short, is lengthened: **α** > **η** (or *ᾱ* after *ϵ*, *ι*, *ρ*, *cf.* § 28), **ϵ** > **ϵι**, **ι** > **ῑ**, **υ** > **ῡ**: **κρΐνω** *judge* (*κρῐν-*), A. **ἔ-κρῑνα**, **ἀγγέλλω** (*ἀγγελ-*), A. **ἤγγειλα**, **ἀμῡ́νω** *ward off* (*ἀμῠν-*), A. **ἤμῡνα**, **μιαίνω** *stain* (*μιᾰν-*), A. **ἐ-μίᾱνα**, **φαίνω** *show* (*φᾰν-*), A. **ἔ-φηνα**.

Three verbs in **-μι** have **-κα** for **-σα** in the first aorist active. See §§ 88, 89, 98.

φέρω has both **ἤνεγκα** and **ἤνεγκον**.

65. The First Perfect Active. — The first perfect active is the perfect in **-κα**, and is formed by adding **-κα** to the reduplicated stem (§ 58): **λέλυκα** *I have loosed* (*λε-λυ-*), **ἑώρᾱκα** *I have seen* (*ὁράω*).

66. Second Perfect Active.

a) The second perfect active is the perfect in **-α**: **γέγραφα** *I have written* (*γράφω*), **πέφευγα** *I have fled* (*φεύγω*).

The second perfect differs from the first only in the absence of the **κ**. Normally, a verb which has a second perfect does not have a first perfect, and *vice versa.*

b) Verb-stems ending in **π**, **β**, or **φ**, and in **κ**, **γ**, or **χ** form second perfects. If the vowel preceding the final consonant is *short*, **π** and **β** become **φ**, and **κ** and **γ** become **χ**. These are called *aspirated* perfects. Examples are: **βέβλαφα** *I have injured* (*βλάπτω*, rt. *βλαβ-*), **κέκοφα** *I have cut* (*κόπτω*, rt. *κοπ-*), **πεφύλαχα** *I have guarded* (*φυλάττω*, st. *φυλακ-*).

c) If however a *long* vowel precedes the final consonant, the latter ordinarily remains unchanged: **πέφευγα** (see above). There are some exceptions. **πρᾱ́ττω** *do* (*πρᾱγ-*) has two perfects: **πέπρᾱγα** *I have fared*, and **πέπρᾱχα** *I have done.*

67. The Perfect Middle (and Passive).—The perfect middle is formed by adding the endings directly to the reduplicated verb-stem: **λέλυ-μαι** *I have loosed for myself.*

If the stem ends in a consonant, there are the usual euphonic changes (§§ 17, 18): **βλάπτω** *injure* (*βλαβ-*), Pf. **βέβλαμ-μαι**, **βέβλαψαι** (*-β-σαι*), **βέβλαπ-ται**, **βεβλάμ-μεθα**, **βέβλαφ-θε**, **βεβλαμ-μένοι** **εἰσί(ν)**. Infin. **βεβλάφ-θαι**, Part. **βεβλαμ-μένος**.

So **σκέπτομαι** *view carefully* (*σκεπ-*), Pf. **ἔσκεμ-μαι**, **-ψαι**, **-πται**, *κτλ.* Infin. **ἐσκέφ-θαι**, Part. **ἐσκεμ-μένος**.

δέχομαι *receive* (*δεχ-*), Pf. **δέδεγ-μαι**, **-ξαι**, **-κται**, *κτλ.*, **δεδέχ-θαι**, **δεδεγ-μένος**.

Some verbs ending in **-ν** drop the **ν** before the endings; others drop the **ν** only before **μ**; others, again, change **ν** to **σ** before **μ**:

κρῖ́νω *judge* (*κρῐν-*), Pf. **κέκρι-μαι**, **-σαι**, **-ται**, *κτλ.*

φαίνομαι *appear* (*φᾰν-*), Pf. **πέφασ-μαι, πέφαν-ται.** Infin. **πεφάν-θαι** (forms in *-νσαι* and *-νσο* do not occur).

Some vowel stems add **σ** before endings not beginning with **σ**; a short vowel at the end of the stem is regularly lengthened; and finally in some verbs a vowel is added to form the stem: **κελεύω** *command*, Pf. **κεκέλευσ-μαι, τελέω** *complete*, Pf. **τετέλεσ-μαι, ποιέω**, Pf. **πεποίη-μαι, γίγνομαι** (*γεν-*), Pf. **γεγένη-μαι, βούλομαι** (*βουλ-*), Pf. **βεβούλη-μαι.**

For the accent of the infinitive and participle, see § 78.

68. THE FUTURE PERFECT MIDDLE(-PASSIVE). — This tense is formed by adding the future middle endings to the perfect middle stem. This formation is rare, and is generally passive in sense: **λελῡ́σομαι** *I shall have been loosed*, **μεμνήσομαι** *I shall remember*, **κεκτήσομαι** *I shall possess.*

69. THE AORIST PASSIVE. — The stem of the aorist passive is formed by adding the suffix **-θε** (*-θη*) or **-ε** (*-η*) to the verb-stem as it appears in the perfect middle (omitting the reduplication, and with the necessary euphonic changes, §§ 17, 18). In the indicative, infinitive, and imperative (except before *-ντ*) **θε** becomes **θη** : **ἐ-λύ-θη-ν** *I was loosed*, **ἐ-λείφ-θη-ν** *was left* (*λείπ-ω*), **ἐ-πρᾱ́χ-θην** *was done* (*πρᾱ́ττ-ω*, rt. *πρᾱγ-*), **ἐποιή-θη-ν** *was made* (*ποιέ-ω*).

The formation in **-θε** is called the *first* aorist passive; that in **-ε**, the *second* aorist passive. They do not differ in meaning: **ἐ-βλάβ-η-ν** *I was harmed* (*βλάπτω*), **ἐ-γράφ-η-ν** *was written* (*γραφ-*), **ἐ-φάν-η-ν** *appeared* (*φαίνομαι*). See § 79 C.

Observe that the aorist passive employs only *active* endings.

70. The Future Passive. — This tense is formed by adding the future middle endings to the stem (in *-θη* or *-η*) of the aorist passive: **λυθή-σομαι** *I shall be loosed*, **πρᾱχθήσομαι** *shall be done*, **γραφή-σομαι** *shall be written.*

FORMATION OF THE MOODS, Etc.

71. The Subjunctive. — The subjunctive of *all* action-stems has the *primary* endings (§ 53) with the lengthened thematic vowel $^{\omega}/_{\eta}$: **λύ-ω -ῃς -ῃ**.

72. The Optative. — The optative adds to the action-stem the *secondary* endings (§ 55) preceded by the mood-suffix **ι** or **ιη**. Except in certain cases (see below) the primary ending **-μι** is used instead of **-ν**: **λύο-ι-μι λύο-ι-ς λύο-ι**, *κτλ.* A. **λύσα-ι-μι**, *κτλ.*, § 79. The suffix **-ιη** appears before *active* endings only (and so occurs regularly in the aorist passive, see § 69). It is always used in the *singular* active of **Μι**-verbs: **εἴην** *may I be* (for *ἐσ-ιη-ν*), **διδο-ίη-ν** *may I be giving* (*δίδωμι*, § 89), is usual in the singular active of contract verbs in **-εω -αω -οω** (*ποιοίην*, *ἐρωτῴην*, *δηλοίην*), and is always employed in the aorist passive: **λυθε-ίη-ν, γραφε-ίη-ν**, § 79 C.

In the first person singular active the secondary ending **-ν** is used (not **-μι**) after the long form of the mood-suffix **-ιη**.

Before the ending **-ν** of the third person plural the suffix appears in the form **ιε**: **λύο-ιε-ν** *may they be loosing.*

73. The Imperative.

a) Thematic stems (§ 53): Thematic progressive action-stems and aorist action-stems, both active and middle, form the imperative by adding the personal endings of the imperative after the thematic vowel (§ 56).

Of these endings **-θι** is regularly omitted, and **-σο** loses its **σ** and the vowels are contracted (*-εσο* > *εο* > *ου*, § 19 b).

There is no imperative of the future stem, and the perfect active imperative is very rare.

b) Non-thematic stems: In the first aorist (§ 64) active and middle the imperative endings are added to the stem in **-σα** (or *-α*), except that in the second person singular active **σα-θι** (*α-θι*) is replaced by **-σον** (*-ον*), and in the middle **σα-σο** (*α-σο*) is supplanted by **-σαι** (*-αι*). See § 79 A, B. For **Μι**-verbs see §§ 86–98.

74. The Infinitives.

a) Thematic stems (§ 53), active: The progressive, second aorist and future stems add the ending **-εν**, which is then contracted with the thematic vowel **ε** to **ειν**: **λέγειν** (*λέγε-εν*), **εἰπεῖν** (*εἰπέ-εν*), **ἐρωτᾶν** (*ἐρωτάε-εν* (*αεε* > *ᾱ*)), etc.

b) Non-thematic stems, active: The first aorist has the ending **-αι** (*α* of the stem being omitted): **λῦσαι, κλῖναι, γράψαι.**

The perfect has the ending **-έ-ναι** (*α* of the stem being omitted): **λελυκ-έναι, γεγραφ-έναι.**

The aorist passive (see § 69, end) has the ending **-ναι**: **λυθῆ-ναι, γραφῆ-ναι.**

For the infinitives of **Μι**-verbs see § 77.

All middle and future passive infinitives have the ending **-σθαι** (*-θαι*, § 67).

75. The Participles. — All active participles (except the perfect) and the aorist passive participle have the suffix **-ντ**. The declensions are given in § 50.

The perfect active participle has the suffix **-οτ** (with *-υια* in the feminine). See § 50 C.

All middle and future passive participles end in **-μενος -η -ον.**

76. THE VERBALS. — The verbals in **-τέος** and **-τός** (see § 177) are formed by adding these suffixes to the verb-stem, with the necessary euphonic changes (§§ 17, 18): **λεκ-τέος** (*λέγ-ω*), **λυ-τός**, **πρᾱκ-τός** (*πρᾱγ-*), **ἀκουσ-τός** (*ἀκού-ω*). In the last example a **σ** is inserted.

77. THE **Μι**-VERBS. — The **Μι**-verbs have many peculiarities, which are best learned by mastering the forms themselves (§§ 86–98). They differ from **Ω**-verbs only in the progressive and *second* aorist action-stem systems, except for the irregular first aorists in **-κα** (§ 64, end). All **Μι**-verbs have vowel stems, except **εἰμί** *be* (*ἐσ-*) and **ἧμαι** *sit* (*ἡσ-*).

The **Μι**-verbs had a tendency to become **Ω**-verbs; *cf.* **ἐτίθεις** for **ἐτίθης**, § 88.

78. ACCENT OF VERB-FORMS.

a) Verb-forms generally have *recessive* accent, *i.e.* the word is accented as far from the end as possible (see § 9). Final **-αι** is usually treated as a short syllable: **λύεται.** Many of the contracted forms are apparent exceptions. Other exceptions are:

b) The accent never precedes an augment or reduplication.

c) The second aorist active infinitive in **-ειν** has the circumflex on the final syllable: **μαθεῖν.**

d) So also the second aorist middle imperative in **-ου**: **γενοῦ** *become!* **ἐν-θοῦ** *put in!* § 88.

e) But the latter when compounded with *dissyllabic* prepositions have recessive accent: **κατά-θου** *put down!* **ἀπό-δου** *sell!* § 89.

f) Compounds of **δός**, **ἕς**, **θές**, and **σχές** accent the penult: **ἀπό-δος** *give back!* **παρά-σχες** *provide!*

g) **εἰπέ** *say!* **ἐλθέ** *come! go!* **εὑρέ** *find!* **λαβέ** *take!* **ἰδέ** *behold!* when uncompounded accent the final syllable. But **ἄπ-ειπε** *speak out! give up!*

h) The following regularly accent the penult: (1) first aorist active infinitives: **γράψαι**, **κελεῦσαι**; (2) second aorist middle infinitives: **γενέσθαι**; (3) perfect middle (and passive) infinitives and participles: **λελύσθαι**, **λελυμένος**, **βεβλάφθαι**, **ἀν-εῳγμένος**; (4) all infinitives in **-ναι**: **ἱστάναι**, **διδόναι**, **λελυκέναι**.

i) All participles. All second aorist participles in **-ων** and all participles in **-εις -ους -ῡς** have the acute on the final syllable in the nominative singular masculine: **μαθών**, **τιθείς**, **διδούς**, **δεικνῡ́ς**.

CONJUGATION OF THE VERB

Ω–VERBS

79. Conjugation of **λύω** (stem **λῡ-**) *I loose, unbind, set free,* etc.

A. Active Voice.

PROGRESSIVE ACTION-STEM

INDIC.	SUBJ.	OPT.	IMPER.	INFIN.	PARTIC.
Present Tense					
S. 1. **λύ-ω**	**λύ-ω**	**λύ-οιμι**		**λύ-ειν**	**λύ-ων**
2. **λύ-εις**	**λύ-ῃς**	**λύ-οις**	**λῦ-ε**		**λύ-ουσα**
3. **λύ-ει**	**λύ-ῃ**	**λύ-οι**	**λῡ-έτω**		**λῦ-ον**
P. 1. **λύ-ομεν**	**λύ-ωμεν**	**λύ-οιμεν**			§ 50 A
2. **λύ-ετε**	**λύ-ητε**	**λύ-οιτε**	**λύ-ετε**		
3. **λύ-ουσι(ν)**	**λύ-ωσι(ν)**	**λύ-οιεν**	**λῡ-όντων**		
Past-Imperfect Tense					
S. 1. **ἔ-λῡ-ον**					
2. **ἔ-λῡ-ες**					
3. **ἔ-λῡ-ε(ν)**					
P. 1. **ἐ-λύ-ομεν**					
2. **ἐ-λύ-ετε**					
3. **ἔ-λῡ-ον**					

FUTURE TENSE-STEM

INDIC.	SUBJ.	OPT.	IMPER.	INFIN.	PARTIC.
Future Tense					
S. 1. **λύσ-ω**		[1] [**λύσ-οιμι**		**λύσ-ειν**	**λύσ-ων**
2. **λύσ-εις**		**λύσ-οις**			
3. **λύσ-ει**	(No subjunctive)	**λύσ-οι**	(No imperative)		
P. 1. **λύσ-ομεν**		**λύσ-οιμεν**			
2. **λύσ-ετε**		**λύσ-οιτε**			
3. **λύσ-ουσι(ν)**		**λύσ-οιεν**]			

[1] Very rare, and *only* in indirect discourse.

Aorist Action-stem

Indic.	Subj.	Opt.	Imper.	Infin.	Partic.
Past-Aorist Tense					
S. 1. **ἔ-λῡσα**	**λῡ́σ-ω**	**λῡ́σαιμι**		**λῦσαι**	**λῡ́σᾱς**
2. **ἔ-λῡσας**	**λῡ́σ-ῃς**	**λῡ́σειας**[1]	**λῦσον**		§ 50 C
3. **ἔ-λῡσε(ν)**	**λῡ́σ-ῃ**	**λῡ́σειε(ν)**	**λῡσάτω**		
P. 1. **ἐ-λῡ́σαμεν**	**λῡ́σ-ωμεν**	**λῡ́σαιμεν**			
2. **ἐ-λῡ́σατε**	**λῡ́σ-ητε**	**λῡ́σαιτε**	**λῡ́σατε**		
3. **ἔ-λῡσαν**	**λῡ́σ-ωσι(ν)**	**λῡ́σειαν**	**λῡσάντων**		

Perfect Action-stem

Indic.	Subj. / Opt. / Imper.	Infin.	Partic.
Present Perfect Tense			
S. 1. **λέλυκα**			
2. **λέλυκας**			
3. **λέλυκε(ν)**			
P. 1. **λελύκαμεν**			
2. **λελύκατε**	(Subjunctive, optative, and imperative forms are so rare as to be negligible; see note.[2])	**λελυκέναι**	**λελυκώς**
3. **λελύκᾱσι(ν)**			§ 50 C
Past Perfect (Pluperfect) Tense			
S. 1. **ἐ-λελύκη**			
2. **ἐ-λελύκεις**			
3. **ἐ-λελύκει(ν)**			
P. 1. **ἐ-λελύκεμεν**			
2. **ἐ-λελύκετε**			
3. **ἐ-λελύκεσαν**			

B. Middle (Passive) Voice: **λῡ́ομαι** *I loose for myself, I am loosed, unbound*, etc.

[1] In the second and third persons singular and the third person plural the endings -ειας, -ειε, -ειαν are more common in standard Attic Greek than the more regular endings -αις, -αι, and αιεν.

[2] With the exception of two or three rare forms, there is no future perfect active. The subjunctive and optative of the perfect action-stem active are usually expressed by combining the perfect participle with the subjunctive and optative forms of εἰμί, thus: λελυκὼς ὦ, λελυκὼς εἴην.

Indic.	Subj.	Opt.	Imper.	Infin.	Partic.
Progressive Action-stem					
Present Tense					
S. 1. λῡ́-ο-μαι	λῡ́-ω-μαι	λῡ-οί-μην		λῡ́-ε-σθαι	λῡ-ό-μενος
2. λῡ́-ῃ or λῡ́-ει	λῡ́-ῃ	λῡ́-οι-ο	λῡ́-ου		
3. λῡ́-ε-ται	λῡ́-η-ται	λῡ́-οι-το	λῡ-έ-σθω		
P. 1. λῡ-ό-μεθα	λῡ-ώ-μεθα	λῡ-οί-μεθα			
2. λῡ́-ε-σθε	λῡ́-η-σθε	λῡ́-οι-σθε	λῡ́-ε-σθε		
3. λῡ́-ο-νται	λῡ́-ω-νται	λῡ́-οι-ντο	λῡ-έ-σθων		
Past-Imperfect Tense					
S. 1. ἐ-λῡ-ό-μην					
2. ἐ-λῡ́-ου					
3. ἐ-λῡ́-ε-το					
P. 1. ἐ-λῡ-ό-μεθα					
2. ἐ-λῡ́-ε-σθε					
3. ἐ-λῡ́-ο-ντο					
Future Tense-stem					
Future Tense					
S. 1. λῡ́σ-ο-μαι	(No future subjunctive)	[1] [λῡσ-οί-μην	(No future imperative)	λῡ́σ-ε-σθαι	λῡσ-ό-με-νος
2. λῡ́σ-ῃ or λῡ́σ-ει		λῡ́σ-οι-ο			
3. λῡ́σ-ε-ται		λῡ́σ-οι-το			
P. 1. λῡσ-ό-μεθα		λῡσ-οί-μεθα			
2. λῡ́σ-ε-σθε		λῡ́σ-οι-σθε			
3. λῡ́σ-ο-νται		λῡ́σ-οι-ντο]			
Aorist Action-stem					
Past-Aorist Tense					
S. 1. ἐ-λῡσάμην	λῡ́σωμαι	λῡσαίμην		λῡ́σα-σθαι	λῡσά-μενος
2. ἐ-λῡ́σω	λῡ́σῃ	λῡ́σαιο	λῦσαι		
3. ἐ-λῡ́σατο	λῡ́σηται	λῡ́σαιτο	λῡσάσθω		
P. 1. ἐ-λῡσάμεθα	λῡσώμεθα	λῡσαίμεθα			
2. ἐ-λῡ́σασθε	λῡ́σησθε	λῡ́σαισθε	λῡ́σασθε		
3. ἐ-λῡ́σαντο	λῡ́σωνται	λῡ́σαιντο	λῡσάσθων		

[1] The future optative is extremely rare, and is employed *only* in indirect discourse.

Perfect Action-stem

Indic.	Subj.	Opt.	Imper.[1]	Infin.	Partic.
Present Perfect Tense					
S. 1. λέλυμαι	S. 1. λελυμένος ὦ	λελυμένος εἴην		λελύσθαι	λελυμένος
2. λέλυσαι	2. λελυμένος ᾖς	λελυμένος εἴης			
3. λέλυται	3. λελυμένος ᾖ	λελυμένος εἴη			
P. 1. λελύμεθα	P. 1. λελυμένοι ὦμεν	λελυμένοι εἶμεν			
2. λέλυσθε	2. λελυμένοι ἦτε	λελυμένοι εἶτε			
3. λέλυνται	3. λελυμένοι ὦσι(ν)	λελυμένοι εἶεν			
Past Perfect (Pluperfect) Tense					
S. 1. ἐ-λελύμην					
2. ἐ-λέλυσο					
3. ἐ-λέλυτο					
P. 1. ἐ-λελύμεθα					
2. ἐ-λέλυσθε					
3. ἐ-λέλυντο					
Future Perfect Tense					
S. 1. λελῡ́σομαι	(No subjunctive)	[2][λελῡσοίμην	(No imperative.)	λελῡ́σεσθαι	λελῡσόμενος
2. λελῡ́σῃ or -σει		λελῡ́σοιο			
3. λελῡ́σεται		λελῡ́σοιτο			
P. 1. λελῡσόμεθα		λελῡσοίμεθα			
2. λελῡ́σεσθε		λελῡ́σοισθε			
3. λελῡ́σονται		λελῡ́σοιντο]			

C. The Passive Voice.

The middle forms of the progressive action-stem and of the perfect action-stem are either middle or passive in sense, according to the verb or the context. But in the aorist and future systems there are separate forms for the passive, as follows:

[1] There are no forms of the perfect middle (passive) imperative in common use except that of the third person singular: λελύσθω *let it have been loosed.*

[2] Very rare; *only* in indirect discourse.

I. First Aorist and Future Passive (§§ 69, 70).

AORIST ACTION-STEM

INDIC.	SUBJ.	OPT.	IMPER.	INFIN.	PARTIC.
Past-Aorist Tense					
S. 1. ἐ-λύ-θην	λυθῶ	λυθείην		λυθῆναι	λυθείς
2. ἐ-λύ-θης	λυθῇς	λυθείης	λύθητι		§ 50 C
3. ἐ-λύ-θη	λυθῇ	λυθείη	λυθήτω		
P. 1. ἐ-λύ-θημεν	λυθῶμεν	λυθεῖμεν			
2. ἐ-λύ-θητε	λυθῆτε	λυθεῖτε	λύθητε		
3. ἐ-λύ-θησαν	λυθῶσι(ν)	λυθεῖεν	λυθέντων		

FUTURE TENSE-STEM

INDIC.	SUBJ.	OPT.	IMPER.	INFIN.	PARTIC.
Future Tense					
S. 1. λυθήσομαι		[λυθησοίμην		λυθήσε-σθαι	λυθησό-μενος
2. λυθήσῃ or -σει	(No subjunctive)	λυθήσοιο	(No imperative)		
3. λυθήσεται		λυθήσοιτο			
P. 1. λυθησόμεθα		λυθησοίμεθα			
2. λυθήσεσθε		λυθήσοισθε			
3. λυθήσονται		λυθήσοιντο]			

II. Second Aorist and Future Passive. (See §§ 69, 70.)

AORIST ACTION-STEM

INDIC.	SUBJ.	OPT.	IMPER.	INFIN.	PARTIC.
S. 1. ἐ-γράφ-ην	γραφῶ	γραφείην		γραφῆναι	γραφείς
2. ἐ-γράφ-ης	γραφῇς	γραφείης	γράφηθι		§ 50 C
3. ἐ-γράφ-η	γραφῇ	γραφείη	γραφήτω		
P. 1. ἐ-γράφ-ημεν	γραφῶμεν	γραφεῖμεν			
2. ἐ-γράφ-ητε	γραφῆτε	γραφεῖτε	γράφητε		
3. ἐ-γράφ-ησαν	γραφῶσι(ν)	γραφεῖεν	γραφέντων		

FUTURE TENSE-STEM

INDIC.	SUBJ.	OPT.	IMPER.	INFIN.	PARTIC.
S. 1. γραφήσομαι		[γραφησοί-μην κτλ.]		γραφή-σεσθαι	γραφη-σόμενος
2. γραφήσῃ or -σει					
3. γραφήσεται κτλ.					

80. Conjugation of **δύναμαι** *I am able*, showing the Non-thematic Formation in the Middle (§ 53).

PROGRESSIVE ACTION-STEM

	PRES. INDIC.	SUBJ.	OPT.	IMPER.	INFIN.	PARTIC.
S. 1.	δύναμαι	δύνωμαι	δυναίμην		δύνασθαι	δυνάμενος
2.	δύνασαι	δύνῃ	δύναιο	δύνασο		
3.	δύναται	δύνηται	δύναιτο	δυνάσθω		
P. 1.	δυνάμεθα	δυνώμεθα	δυναίμεθα			
2.	δύνασθε	δύνησθε	δύναισθε	δύνασθε		
3.	δύνανται	δύνωνται	δύναιντο	δυνάσθων		

PAST-IMPERFECT INDICATIVE

S. 1.	ἐδυνάμην
2.	ἐδύνασο
3.	ἐδύνατο
P. 1.	ἐδυνάμεθα
2.	ἐδύνασθε
3.	ἐδύναντο

FUTURE: δυνήσομαι, conjugated exactly like λῡ́σομαι.

AORIST: ἐδυνήθην, conjugated exactly like ἐλύθην.

PERFECT: δεδύνημαι, conjugated exactly like λέλυμαι.

Observe that all of the forms of the *progressive action-stem* are *non-thematic* except the subjunctive forms.

Like δύναμαι is conjugated ἐπίσταμαι *I understand, have knowledge of* (Past-Imperf. ἠπιστάμην, Fut. ἐπιστήσομαι, Aor. ἠπιστήθην).

81. CONTRACT VERBS IN -εω.

A. Active Voice: (*ποιέω*) ποιῶ *I am making, doing.*

PROGRESSIVE ACTION-STEM

	PRESENT INDICATIVE		SUBJUNCTIVE		OPTATIVE	
S. 1.	(*ποιέ-ω*)	ποιῶ	(*ποιέ-ω*)	ποιῶ	(*ποιε-οίην*)	ποιοίην
2.	(*-εις*)	ποιεῖς	(*-ῃς*)	ποιῇς	(*-οίης*)	ποιοίης
3.	(*-ει*)	ποιεῖ	(*-ῃ*)	ποιῇ	(*-οίη*)	ποιοίη
P. 1.	(*-ομεν*)	ποιοῦμεν	(*-ωμεν*)	ποιῶμεν	(*-οιμεν*)	ποιοῖμεν
2.	(*-ετε*)	ποιεῖτε	(*-ητε*)	ποιῆτε	(*-οιτε*)	ποιοῖτε
3.	(*-ουσι*)	ποιοῦσι(ν)	(*-ωσι*)	ποιῶσι(ν)	(*-οιεν*)	ποιοῖεν

	Imperative		Infinitive	Participle
S. 2.	(ποίε-ε)	ποίει	(ποιέ-ειν) ποιεῖν	(ποιέ-ων) ποιῶν
3.	(-έτω)	ποιείτω		ποιοῦσα ποιοῦν
P. 2.	(-ετε)	ποιεῖτε		§ 50 B
3.	(-όντων)	ποιούντων		

Past-Imperfect Indicative

S. 1.	(ἐποίε-ον)	ἐποίουν
2.	(-ες)	ἐποίεις
3.	(-ε)	ἐποίει
P. 1.	(-ομεν)	ἐποιοῦμεν
2.	(-ετε)	ἐποιεῖτε
3.	(-ον)	ἐποίουν

Future: ποιήσω, conjugated like λῡ́σω.
Aorist: ἐποίησα, conjugated like ἔλῡσα.
Perfect: πεποίηκα, conjugated like λέλυκα.

B. Middle (Passive) Voice: (*ποιέομαι*) ποιοῦμαι *I am making (doing) for myself, I am being made.*

Progressive Action-stem

	Present Indicative		Subjunctive		Optative
S. 1.	(ποιέ-ομαι)	ποιοῦμαι	(ποιέ-ωμαι)	ποιῶμαι	(ποιε-οίμην) ποιοίμην
2.	(-ῃ)	ποιῇ	(-ῃ)	ποιῇ	(ποιέ-οιο) ποιοῖο
3.	(-εται)	ποιεῖται	(-ηται)	ποιῆται	(ποιέ-οιτο) ποιοῖτο
P. 1.	(-όμεθα)	ποιούμεθα	(-ώμεθα)	ποιώμεθα	(ποιε-οίμεθα) ποιοίμεθα
2.	(-εσθε)	ποιεῖσθε	(-ησθε)	ποιῆσθε	(ποιέ-οισθε) ποιοῖσθε
3.	(-ονται)	ποιοῦνται	(-ωνται)	ποιῶνται	(ποιέ-οιντο) ποιοῖντο

	Imperative		Infinitive	Participle
S. 2.	(ποιέ-ου)	ποιοῦ	(ποιέ-εσθαι) ποιεῖσθαι	(ποιε-όμενος) ποιούμενος
3.	(-έσθω)	ποιείσθω		
P. 2.	(-εσθε)	ποιεῖσθε		
3.	(-έσθων)	ποιείσθων		

Past-Imperfect Indicative

S. 1.	(*ἐποιε-όμην*)	**ἐποιούμην**
2.	(-*ου*)	**ἐποιοῦ**
3.	(-*ετο*)	**ἐποιεῖτο**
P. 1.	(-*όμεθα*)	**ἐποιούμεθα**
2.	(-*εσθε*)	**ἐποιεῖσθε**
3.	(-*οντο*)	**ἐποιοῦντο**

Future: **ποιήσομαι**, conjugated like **λῡ́σομαι**.
Aorist: **ἐποιησάμην**, conjugated like **ἐλῡσάμην**.
Perfect: **πεποίημαι**, conjugated like **λέλυμαι**.
Aor. Pass.: **ἐποιήθην**, conjugated like **ἐλύθην**.

82. Contract Verbs in -αω.

A. Active Voice: (*ἐρωτάω*) **ἐρωτῶ** *I ask a question.*

Progressive Action-stem

	Present Indicative		Subjunctive		Optative
S. 1.	(*ἐρωτά-ω*)	**ἐρωτῶ**	(*ἐρωτά-ω*)	**ἐρωτῶ**	(*ἐρωτα-οίην*) **ἐρωτῴην**
2.	(-*εις*)	**ἐρωτᾷς**	(-*ῃς*)	**ἐρωτᾷς**	(*ἐρωτα-οίης*) **ἐρωτῴης**
3.	(-*ει*)	**ἐρωτᾷ**	(-*ῃ*)	**ἐρωτᾷ**	(*ἐρωτα-οίη*) **ἐρωτῴη**
P. 1.	(-*ομεν*)	**ἐρωτῶμεν**	(-*ωμεν*)	**ἐρωτῶμεν**	(*ἐρωτά-οιμεν*) **ἐρωτῷμεν**
2.	(-*ετε*)	**ἐρωτᾶτε**	(-*ητε*)	**ἐρωτᾶτε**	(*ἐρωτά-οιτε*) **ἐρωτῷτε**
3.	(-*ουσι*)	**ἐρωτῶσι(ν)**	(-*ωσι*)	**ἐρωτῶσι(ν)**	(*ἐρωτά-οιεν*) **ἐρωτῷεν**

	Imperative		Infinitive	Participle
S. 2.	(*ἐρώτα-ε*)	**ἐρώτᾱ**	(*ἐρωτά-ειν*) **ἐρωτᾶν**	(*ἐρωτά-ων*) **ἐρωτῶν** § 50 B
3.	(-*έτω*)	**ἐρωτᾱ́τω**		
P. 2.	(-*ετε*)	**ἐρωτᾶτε**		
3.	(-*όντων*)	**ἐρωτώντων**		

Past-Imperfect Indicative

S. 1.	(*ἠρώτα-ον*)	**ἠρώτων**
2.	(-*ες*)	**ἠρώτᾱς**
3.	(-*ε*)	**ἠρώτᾱ**

P. 1. (	-ομεν)	ἠρωτῶμεν
2. (	-ετε)	ἠρωτᾶτε
3. (	-ον)	ἠρώτων

FUTURE: **ἐρωτήσω**, conjugated like **λῡ́σω**;
or
ἐρήσομαι, conjugated like **λῡ́σομαι**.

AORIST: **ἠρώτησα**, conjugated like **ἔλῡσα**;
or
ἠρόμην, conjugated like **ἐγενόμην**, § 84 B.

B. Middle (Passive) Voice: (*πειράομαι*) **πειρῶμαι** *make trial of, try.*

PROGRESSIVE ACTION-STEM

	PRESENT INDICATIVE		SUBJUNCTIVE		OPTATIVE
S. 1.	(πειρά-ομαι)	**πειρῶμαι**	(πειρά-ωμαι)	**πειρῶμαι**	(πειρα-οίμην) **πειρῴμην**
2.	(-ῃ)	**πειρᾷ**	(-ῃ)	**πειρᾷ**	(πειρά-οιο) **πειρῷο**
3.	(-εται)	**πειρᾶται**	(-ηται)	**πειρᾶται**	(πειρά-οιτο) **πειρῷτο**
P. 1.	(-όμεθα)	**πειρώμεθα**	(-ώμεθα)	**πειρώμεθα**	(πειρα-οίμεθα) **πειρῴμεθα**
2.	(-εσθε)	**πειρᾶσθε**	(-ησθε)	**πειρᾶσθε**	(πειρά-οισθε) **πειρῷσθε**
3.	(-ονται)	**πειρῶνται**	(-ωνται)	**πειρῶνται**	(πειρά-οιντο) **πειρῷντο**

	IMPERATIVE		INFINITIVE		PARTICIPLE
S. 2.	(πειρά-ου)	**πειρῶ**	(πειρά-εσθαι)	**πειρᾶσθαι**	(πειρα-όμενος) **πειρώμενος**
3.	(-έσθω)	**πειρᾱ́σθω**			
P. 2.	(-εσθε)	**πειρᾶσθε**			
3.	(-έσθων)	**πειρᾱ́σθων**			

PAST-IMPERFECT INDICATIVE

S. 1.	(ἐπειρα-όμην)	**ἐπειρώμην**
2.	(-ου)	**ἐπειρῶ**
3.	(-ετο)	**ἐπειρᾶτο**

P. 1. (	-όμεθα)	ἐπειρώμεθα
2. (	-εσθε)	ἐπειρᾶσθε
3. (	-οντο)	ἐπειρῶντο

FUTURE: **πειρᾱ́σομαι**, conjugated like **λῡ́σομαι**.

AORIST: **ἐπειρᾱ́θην**, conjugated like **ἐλύθην**.

83. CONTRACT VERBS IN -οω.

A. Active Voice: (δηλόω) **δηλῶ** *make clear*, **δηλώσω, ἐδήλωσα, δεδήλωκα.**

PROGRESSIVE ACTION-STEM

	PRESENT INDICATIVE		SUBJUNCTIVE		OPTATIVE	
S. 1.	(δηλό-ω)	δηλῶ	(δηλό-ω)	δηλῶ	(δηλο-οίην)	δηλοίην
2.	(-εις)	δηλοῖς	(-ῃς)	δηλοῖς	(-οίης)	δηλοίης
3.	(-ει)	δηλοῖ	(-ῃ)	δηλοῖ	(-οίη)	δηλοίη
P. 1.	(-ομεν)	δηλοῦμεν	(-ωμεν)	δηλῶμεν	(-οιμεν)	δηλοῖμεν
2.	(-ετε)	δηλοῦτε	(-ητε)	δηλῶτε	(-οιτε)	δηλοῖτε
3.	(-ουσι)	δηλοῦσι	(-ωσι)	δηλῶσι	(-οιεν)	δηλοῖεν

	IMPERATIVE		INFINITIVE		PARTICIPLE	
S. 2.	(δήλο-ε)	δήλου	(δηλό-ειν)	δηλοῦν	(δηλό-ων)	δηλῶν[1]
3.	(-έτω)	δηλούτω				
P. 2.	(-ετε)	δηλοῦτε				
3.	(-όντων)	δηλούντων				

PAST-IMPERFECT INDICATIVE

S. 1.	(ἐδήλο-ον)	ἐδήλουν
2.	(-ες)	ἐδήλους
3.	(-ε)	ἐδήλου
P. 1.	(-ομεν)	ἐδηλοῦμεν
2.	(-ετε)	ἐδηλοῦτε
3.	(-ον)	ἐδήλουν

[1] Declined like φιλῶν, § 50 B.

B. Middle (Passive) Voice.

PROGRESSIVE ACTION-STEM

	PRESENT INDICATIVE		SUBJUNCTIVE		OPTATIVE
S. 1.	(δηλό-ομαι)	**δηλοῦμαι**	(δηλό-ωμαι)	**δηλῶμαι**	(δηλο-οίμην) **δηλοίμην**
2.	(-ει, ῃ)	**δηλοῖ**	(-ῃ)	**δηλοῖ**	(δηλό-οιο) **δηλοῖο**
3.	(-εται)	**δηλοῦται**	(-ηται)	**δηλῶται**	(δηλό-οιτο) **δηλοῖτο**
P. 1.	(-όμεθα)	**δηλούμεθα**	(-ώμεθα)	**δηλώμεθα**	(δηλο-οίμεθα) **δηλοίμεθα**
2.	(-εσθε)	**δηλοῦσθε**	(-ησθε)	**δηλῶσθε**	(δηλό-οισθε) **δηλοῖσθε**
3.	(-ονται)	**δηλοῦνται**	(-ωνται)	**δηλῶνται**	(δηλό-οιντο) **δηλοῖντο**

	IMPERATIVE		INFINITIVE		PARTICIPLE
S. 2.	(δηλό-ου)	**δηλοῦ**	(δηλό-εσθαι)	**δηλοῦσθαι**	(δηλο-όμενος) **δηλούμενος**
3.	(-έσθω)	**δηλούσθω**			
P. 2.	(-εσθε)	**δηλοῦσθε**			
3.	(-έσθων)	**δηλούσθων**			

PAST-IMPERFECT INDICATIVE

S. 1.	(ἐδηλο-όμην)	**ἐδηλούμην**
2.	(-ου)	**ἐδηλοῦ**
3.	(-ετο)	**ἐδηλοῦτο**
P. 1.	(-όμεθα)	**ἐδηλούμεθα**
2.	(-εσθε)	**ἐδηλοῦσθε**
3.	(-οντο)	**ἐδηλοῦντο**

84. The Thematic Aorist, together with the Thematic Progressive Forms, for the sake of comparison.

A. Active Voice.

	PROGRESSIVE ACTION-STEM		AORIST ACTION-STEM
	PRESENT INDICATIVE	PAST-IMPERFECT INDICATIVE	AORIST INDICATIVE
S. 1.	**μανθάνω** *I am learning*	**ἐμάνθανον** *I was learning*	**ἔμαθον** *I learned*
2.	**μανθάνεις**	**ἐμάνθανες**	**ἔμαθες**
3.	**μανθάνει**	**ἐμάνθανε(ν)**	**ἔμαθε(ν)**

Tiled roofs, Monemvasia

Velissaropoulos Mansion

P. 1.	μανθάνομεν	ἐμανθάνομεν	ἐμάθομεν
2.	μανθάνετε	ἐμανθάνετε	ἐμάθετε
3.	μανθάνουσι(ν)	ἐμάνθανον	ἔμαθον

SUBJUNCTIVE

S. 1.	(ἐὰν) μανθάνω (*if*) *I be learning*	(ἐὰν) μάθω (*if*) *I learn*
2.	μανθάνῃς	μάθῃς
3.	μανθάνῃ	μάθῃ
P. 1.	μανθάνωμεν	μάθωμεν
2.	μανθάνητε	μάθητε
3.	μανθάνωσι(ν)	μάθωσι(ν)

OPTATIVE

S. 1.	(εἰ) μανθάνοιμι (*if*) *I should be learning*	(εἰ) μάθοιμι (*if*) *I should learn*
2.	μανθάνοις	μάθοις
3.	μανθάνοι	μάθοι
P. 1.	μανθάνοιμεν	μάθοιμεν
2.	μανθάνοιτε	μάθοιτε
3.	μανθάνοιεν	μάθοιεν

IMPERATIVE

S. 2.	μάνθανε *be* (*thou*) *learning*	μάθε *learn* (*thou*)
3.	μανθανέτω	μαθέτω
P. 2.	μανθάνετε	μάθετε
3.	μανθανόντων	μαθόντων

INFINITIVE

μανθάνειν *to be learning* — μαθεῖν *to learn*

PARTICIPLE

μανθάνων (*while*) *learning* — μαθών *learning, having learned*

B. Middle Voice.

	PROGRESSIVE ACTION-STEM		AORIST ACTION-STEM
	PRESENT INDICATIVE	PAST-IMPERFECT INDICATIVE	AORIST INDICATIVE
S. 1.	γίγνομαι *I am becoming*	ἐγιγνόμην *I was becoming*	ἐγενόμην *I became*
2.	γίγνῃ or γίγνει	ἐγίγνου	ἐγένου
3.	γίγνεται	ἐγίγνετο	ἐγένετο
P. 1.	γιγνόμεθα	ἐγιγνόμεθα	ἐγενόμεθα
2.	γίγνεσθε	ἐγίγνεσθε	ἐγένεσθε
3.	γίγνονται	ἐγίγνοντο	ἐγένοντο

SUBJUNCTIVE

S. 1.	(ἐὰν) **γίγνωμαι** *(if) I be becoming*	(ἐὰν) **γένωμαι** *(if) I become*
2.	**γίγνῃ**	**γένῃ**
3.	**γίγνηται**	**γένηται**
P. 1.	**γιγνώμεθα**	**γενώμεθα**
2.	**γίγνησθε**	**γένησθε**
3.	**γίγνωνται**	**γένωνται**

OPTATIVE

S. 1.	**γιγνοίμην** *may I be becoming*	**γενοίμην** *may I become*
2.	**γίγνοιο**	**γένοιο**
3.	**γίγνοιτο**	**γένοιτο**
P. 1.	**γιγνοίμεθα**	**γενοίμεθα**
2.	**γίγνοισθε**	**γένοισθε**
3.	**γίγνοιντο**	**γένοιντο**

IMPERATIVE

S. 2.	**γίγνου** *be (thou) becoming*	**γενοῦ** *become*
3.	**γιγνέσθω**	**γενέσθω**
P. 2.	**γίγνεσθε**	**γένεσθε**
3.	**γιγνέσθων**	**γενέσθων**

INFINITIVE

γίγνεσθαι *to be becoming* — **γενέσθαι** *to become*

PARTICIPLE

γιγνόμενος *(while) becoming* — **γενόμενος** *becoming, having become*

85. The First Aorist of Verbs with *Liquid* and *Nasal* Stems (§ 64).

A. Active Voice: **κρίνω** *separate, select, judge* (κρῐν-). Aor.: **ἔκρῖνα** *I selected, judged.*

	INDIC.	SUBJ.	OPT.	IMPER.	INFIN.	PARTIC.
S. 1.	**ἔκρῖνα**	**κρίνω**	**κρίναιμι**		**κρῖναι**	**κρίνᾱς**
2.	**ἔκρῖνας**	**κρίνῃς**	**κρίνειας**	**κρῖνον**		**-ᾱσα**
3.	**ἔκρῖνε(ν)**	**κρίνῃ**	**κρίνειε(ν)**	**κρῖνάτω**		**-αν**
						§ 50 C
P. 1.	**ἐκρίναμεν**	**κρίνωμεν**	**κρίναιμεν**			
2.	**ἐκρίνατε**	**κρίνητε**	**κρίναιτε**	**κρίνατε**		
3.	**ἔκρῖναν**	**κρίνωσι(ν)**	**κρίνειαν**	**κρῖνάντων**		

B. Middle Voice: **ἀπο-κρΐνομαι** *answer*, *reply to* (lit., *choose* (one's words) *for oneself*). Aor.: **ἀπ-εκρῑνάμην** *I replied*.

	Indicative	Subjunctive	Optative	Imperative
S. 1.	ἀπ-εκρῑνάμην	ἀπο-κρΐνωμαι	ἀπο-κρῑναίμην	
2.	ἀπ-εκρΐνω	ἀπο-κρΐνῃ	ἀπο-κρΐναιο	ἀπό-κρῑναι
3.	ἀπ-εκρΐνατο	ἀπο-κρΐνηται	ἀπο-κρΐναιτο	ἀπο-κρῑνάσθω
P. 1.	ἀπ-εκρῑνάμεθα	ἀπο-κρῑνώμεθα	ἀπο-κρῑναίμεθα	
2.	ἀπ-εκρΐνασθε	ἀπο-κρΐνησθε	ἀπο-κρΐναισθε	ἀπο-κρΐνασθε
3.	ἀπ-εκρΐναντο	ἀπο-κρΐνωνται	ἀπο-κρΐναιντο	ἀπο-κρῑνάσθων

Infinitive: **ἀπο-κρΐνασθαι** Participle: **ἀπο-κρῑνάμενος**

86. Non-thematic Second Aorists. See § 63.

A. **ἵστημι** *I make* (something) *stand* (§ 87). Sec. Aor.: **ἔστην** *I stood* (στη- στᾰ-).

	Indic.	Subj.	Opt.	Imper.	Infin.	Partic.
S. 1.	ἔστην	στῶ	σταίην		στῆναι	στᾱ́ς
2.	ἔστης	στῇς	σταίης	στῆθι		στᾶσα
3.	ἔστη	στῇ	σταίη	στήτω		στάν
P. 1.	ἔστημεν	στῶμεν	σταῖμεν			§ 50 C
2.	ἔστητε	στῆτε	σταῖτε	στῆτε		
3.	ἔστησαν	στῶσι(ν)	σταῖεν	στάντων		

So **ἔβην** *I stepped*, *I went* (*βαίνω*). **ἀπ-έδρᾱν** *I ran away* (*ἀπο-διδράσκω*), **α** after **ρ**, thus: **ἀπ-έδρᾱν**, **ἀπ-έδρᾱς**, *κτλ*. Inf. **ἀπο-δρᾶναι**.

B. **γιγνώσκω** *I recognize*. Sec. Aor.: **ἔγνων** (*γνω- γνο-*).

S. 1.	ἔγνων	γνῶ	γνοίην		γνῶναι	γνούς
2.	ἔγνως	γνῷς	γνοίης	γνῶθι		γνοῦσα
3.	ἔγνω	γνῷ	γνοίη	γνώτω		γνόν
P. 1.	ἔγνωμεν	γνῶμεν	γνοῖμεν			§ 50 C
2.	ἔγνωτε	γνῶτε	γνοῖτε	γνῶτε		
3.	ἔγνωσαν	γνῶσι(ν)	γνοῖεν	γνόντων		

C. **δύω** and **δύομαι** *I enter.* Sec. Aor.: **ἔδῡν** *I entered.*

	Indic.	Subj.	Opt.	Imper.	Infin.	Partic.
S. 1.	ἔδῡν	δύω	——		δῦναι	δύς
2.	ἔδῡς	δύῃς		δῦθι		δῦσα
3.	ἔδῡ	δύῃ		δύτω		δύν
P. 1.	ἔδῡμεν	δύωμεν				§ 50 C
2.	ἔδῡτε	δύητε		δῦτε		
3.	ἔδῡσαν	δύωσι(ν)		δύντων		

MI-VERBS

87. **ἵστημι** *set, stand* (*στη- στᾰ-*). F. **στήσω**, First Aor.: **ἔστησα** *set, made stand,* Sec. Aor.: **ἔστην** *stood,* § 86, Pf. **ἕστηκα** *I stand,* Aor. Pass.: **ἐστάθην**.

A. Active Voice.

Progressive Action-stem

	Pres. Indic.	Subj.	Opt.	Imper.	Infin.	Partic.
S. 1.	ἵστημι	ἱστῶ	ἱσταίην		ἱστάναι	ἱστάς
2.	ἵστης	ἱστῇς	ἱσταίης	ἵστη		§ 50 C
3.	ἵστησι(ν)	ἱστῇ	ἱσταίη	ἱστάτω		
P. 1.	ἵσταμεν	ἱστῶμεν	ἱσταῖμεν			
2.	ἵστατε	ἱστῆτε	ἱσταῖτε	ἵστατε		
3.	ἱστᾶσι(ν)	ἱστῶσι(ν)	ἱσταῖεν	ἱστάντων		

Past-Imperfect: **ἵστην ἵστης ἵστη ἵσταμεν ἵστατε ἵστασαν.**

Future: **στήσω στήσεις στήσει,** κτλ.

First Aorist: **ἔστησα ἔστησας ἔστησε(ν),** κτλ. Transitive.

Second Aorist: **ἔστην ἔστης ἔστη,** κτλ. § 86. Intransitive.

Perfect: (first perfect in the singular of the indicative, elsewhere second perfect. The meaning is intransitive: *stand.*)

S. 1.	ἕστηκα	ἑστῶ	ἑσταίην		ἑστάναι	ἑστώς
2.	ἕστηκας	ἑστῇς	ἑσταίης	ἕσταθι		
3.	ἕστηκε(ν)	ἑστῇ	ἑσταίη	ἑστάτω		
P. 1.	ἕσταμεν	ἑστῶμεν	ἑσταῖμεν			
2.	ἕστατε	ἑστῆτε	ἑσταῖτε	ἕστατε		
3.	ἑστᾶσι(ν)	ἑστῶσι(ν)	ἑσταῖεν	ἑστάντων		

Aorist Passive: **ἐστάθην ἐστάθης ἐστάθη,** κτλ.

B. Middle Voice: **ἵστᾰμαι** *make to stand* (*for oneself*), *stand,* F. **στήσομαι**, A. **ἐστησάμην**, P. **ἕστᾰμαι**.

PROGRESSIVE ACTION-STEM

	PRES. INDIC.	SUBJ.	OPT.	IMPER.	INFIN.	PARTIC.
S. 1.	ἵσταμαι	ἱστῶμαι	ἱσταίμην		ἵστασθαι	ἱστάμενος
2.	ἵστασαι	ἱστῇ	ἱσταῖο	ἵστασο		
3.	ἵσταται	ἱστῆται	ἱσταῖτο	ἱστάσθω		
P. 1.	ἱστάμεθα	ἱστώμεθα	ἱσταίμεθα			
2.	ἵστασθε	ἱστῆσθε	ἱσταῖσθε	ἵστασθε		
3.	ἵστανται	ἱστῶνται	ἱσταῖντο	ἱστάσθων		

PAST-IMPERFECT: ἱστάμην ἵστασο ἵστατο ἱστάμεθα ἵστασθε ἵσταντο.

Future, aorist, and perfect are regular; compare **λύομαι.** There is no second aorist middle of this verb. A non-thematic second aorist middle in **-α** is found in **ἐπριάμην** *I bought*, which serves as the aorist for **ὠνέομαι** *buy*. It is conjugated as follows:

S. 1.	ἐπριάμην	πρίωμαι	πριαίμην		πρίασθαι	πριάμενος
2.	ἐπρίω	πρίῃ	πρίαιο	πρίω		
3.	ἐπρίατο	πρίηται	πρίαιτο	πριάσθω		
P. 1.	ἐπριάμεθα	πριώμεθα	πριαίμεθα			
2.	ἐπρίασθε	πρίησθε	πρίαισθε	πρίασθε		
3.	ἐπρίαντο	πρίωνται	πρίαιντο	πριάσθων		

88. **τίθημι** *place, put* (*θη- θε-*), F. **θήσω**, A. **ἔθηκα**, P. **τέθηκα**, Aor. Pass. **ἐτέθην.**

A. Active Voice.

PROGRESSIVE ACTION-STEM

S. 1.	τίθημι	τιθῶ	τιθείην		τιθέναι	τιθείς
2.	τίθης	τιθῇς	τιθείης	τίθει		§ 50 c
3.	τίθησι(ν)	τιθῇ	τιθείη	τιθέτω		
P. 1.	τίθεμεν	τιθῶμεν	τιθεῖμεν			
2.	τίθετε	τιθῆτε	τιθεῖτε	τίθετε		
3.	τιθέᾱσι(ν)	τιθῶσι(ν)	τιθεῖεν	τιθέντων		

PAST-IMPERFECT INDICATIVE

S. 1. ἐτίθην
2. ἐτίθεις § 77 (end)
3. ἐτίθει

P. 1.	ἐτίθεμεν
2.	ἐτίθετε
3.	ἐτίθεσαν

FUTURE: θήσω θήσεις θήσει, κτλ.

AORIST: (first aorist (ending in -κα) in the singular of the indicative; elsewhere, second aorist. See § 64.)

	INDIC.	SUBJ.	OPT.	IMPER.	INFIN.	PARTIC.
S. 1.	ἔθηκα	θῶ	θείην		θεῖναι	θείς § 50 C
2.	ἔθηκας	θῇς	θείης	θές		
3.	ἔθηκε(ν)	θῇ	θείη	θέτω		
P. 1.	ἔθεμεν	θῶμεν	θεῖμεν			
2.	ἔθετε	θῆτε	θεῖτε	θέτε		
3.	ἔθεσαν	θῶσι(ν)	θεῖεν	θέντων		

PERFECT: τέθηκα τέθηκας, κτλ.

AORIST PASSIVE: ἐτέθην ἐτέθης, κτλ.

B. Middle Voice: τίθεμαι *put (for oneself)*, F. θήσομαι, 2 A. ἐθέμην, P. τέθειμαι.

PROGRESSIVE ACTION-STEM

S. 1.	τίθεμαι	τιθῶμαι	τιθείμην		τίθεσθαι	τιθέμενος
2.	τίθεσαι	τιθῇ	τιθεῖο	τίθεσο		
3.	τίθεται	τιθῆται	τιθεῖτο	τιθέσθω		
P. 1.	τιθέμεθα	τιθώμεθα	τιθείμεθα			
2.	τίθεσθε	κτλ.	κτλ.	τίθεσθε		
3.	τίθενται			τιθέσθων		

PAST-IMPERFECT: ἐτιθέμην ἐτίθεσο ἐτίθετο ἐτιθέμεθα ἐτίθεσθε ἐτίθεντο.

Future and perfect are regular; compare λύομαι.

SECOND AORIST

S. 1.	ἐθέμην	θῶμαι	θείμην		θέσθαι	θέμενος
2.	ἔθου	θῇ	θεῖο	θοῦ		
3.	ἔθετο	θῆται	θεῖτο	θέσθω		
P. 1.	ἐθέμεθα	θώμεθα	θείμεθα			
2.	ἔθεσθε	κτλ.	κτλ.	θέσθε		
3.	ἔθεντο			θέσθων		

89. δίδωμι *give* (δω- δο-), F. δώσω, A. ἔδωκα, P. δέδωκα, Aor. Pass. ἐδόθην.

A. Active Voice.

PROGRESSIVE ACTION-STEM

	PRES. INDIC.	SUBJ.	OPT.	IMPER.	INFIN.	PARTIC.
S. 1.	δίδωμι	διδῶ	διδοίην		διδόναι	διδούς
2.	δίδως	διδῷς	διδοίης	δίδου		§ 50 C
3.	δίδωσι(ν)	διδῷ	διδοίη	διδότω		
P. 1.	δίδομεν	διδῶμεν	διδοῖμεν			
2.	δίδοτε	διδῶτε	διδοῖτε	δίδοτε		
3.	διδόᾱσι(ν)	διδῶσι(ν)	διδοῖεν	διδόντων		

PAST-IMPERFECT: ἐδίδουν (§ 77 (end)) ἐδίδους ἐδίδου ἐδίδομεν ἐδίδοτε ἐδίδοσαν.

FUTURE: δώσω δώσεις, κτλ.

AORIST: (first aorist (in -κα, § 64) in the singular of the indicative, elsewhere second aorist)

S. 1.	ἔδωκα	δῶ	δοίην		δοῦναι	δούς § 50 C
2.	ἔδωκας	δῷς	δοίης	δός		
3.	ἔδωκε(ν)	δῷ	δοίη	δότω		
P. 1.	ἔδομεν	δῶμεν	δοῖμεν			
2.	ἔδοτε	δῶτε	δοῖτε	δότε		
3.	ἔδοσαν	δῶσι(ν)	δοῖεν	δόντων		

PERFECT: δέδωκα δέδωκας, κτλ.

AORIST PASSIVE: ἐδόθην ἐδόθης, κτλ.

B. Middle Voice: δίδομαι *give*, *be given*, F. -δώσομαι, 2 A. -εδόμην, P. δέδομαι.

Used mostly in compounds. The simple δίδομαι is rare, and is employed only as a passive *be given*. But ἀπο-δίδομαι means *sell*.

PROGRESSIVE ACTION-STEM

S. 1.	δίδομαι	διδῶμαι	διδοίμην		δίδοσθαι	διδόμενος
2.	δίδοσαι	διδῷ	διδοῖο	δίδοσο		
3.	δίδοται	διδῶται	διδοῖτο	διδόσθω		
P. 1.	διδόμεθα	διδώμεθα	διδοίμεθα	δίδοσθε		
2.	δίδοσθε	διδῶσθε	διδοῖσθε	διδόσθων		
3.	δίδονται	διδῶνται	διδοῖντο			

PAST-IMPERFECT: ἐδιδόμην ἐδίδοσο ἐδίδοτο ἐδιδόμεθα ἐδίδοσθε ἐδίδοντο.

Future and perfect are regular; compare λύομαι.

SECOND AORIST: (only in compounds: as ἀπ-εδόμην *I sold*)

	INDIC.	SUBJ.	OPT.	IMPER.	INFIN.	PARTIC.
S. 1.	ἀπ-εδόμην	ἀπο-δῶμαι	ἀπο-δοίμην		ἀπο-δόσθαι	ἀπο-δόμενος
2.	-έδου	-δῷ	-δοῖο	ἀπό-δου § 78 e		
3.	-έδοτο	-δῶται	-δοῖτο	-δόσθω		
P. 1.	-εδόμεθα	-δώμεθα	-δοίμεθα			
	κτλ.	κτλ.	κτλ.	κτλ.		

90. δείκ-νῡμι *point out*, *show*, F. δείξω, A. ἔδειξα, A. P. ἐδείχθην.

A. Active Voice.

PROGRESSIVE ACTION-STEM

S. 1.	δείκ-νῡμι	δεικ-νύ-ω	δεικ-νύ-οιμι		δεικ-νύ-ναι	δεικ-νῡ́ς
2.	-νῡς	-ῃς	-οις	δείκ-νῡ		§ 50 C
3.	-νῡσι(ν)	-ῃ	-οι	-νύτω		
P. 1.	δείκ-νῠμεν	-ωμεν	-οιμεν			
2.	-νῠτε	-ητε	-οιτε	-νυτε		
3.	-νύᾱσι(ν)	-ωσι(ν)	-οιεν	-νύντων		

PAST-IMPERFECT: ἐδείκ-νῡν -νῡς -νῡ ἐδείκ-νῠμεν -νῠτε -νῠσαν.

Δείκνῡμι is one of a group of about twenty-five verbs which form the progressive action-stem by adding the suffix -νυ (§§ 59 d, 60 c). Forms, therefore, with -νυ belong *entirely to the progressive action-stem.* The subjunctive and optative of the progressive action-stem are formed as though the verb were δεικνύω. In fact δεικνύω is sometimes used for δείκνῡμι. *Cf.* ἀνοίγνῡμι and ἀνοίγω *open;* ὄμνῡμι and ὀμνύω *swear*, etc.

B. Middle Voice: δείκ-νῠμαι *point out*, *show*, F. δείξομαι, A. ἐδειξάμην.

PROGRESSIVE ACTION-STEM

	PRES. INDIC.	SUBJ.	OPT.	IMPER.	INFIN.	PARTIC.
S. 1.	δείκνῠμαι	δεικνύωμαι	δεικνυοίμην		δείκνυσθαι	δεικνύμενος
2.	δείκνυσαι	δεικνύῃ	δεικνύοιο	δείκνυσο		
3.	δείκνυται	δεικνύηται	δεικνύοιτο	δεικνύσθω		
	κτλ.	κτλ.	κτλ.	κτλ.		

PAST-IMPERFECT : ἐδεικνῠ́μην ἐδείκνυσο -το ἐδεικνύμεθα, κτλ.

91. **εἰμί** *I am* (rt. ἐς).

	INDICATIVE[1]	SUBJUNCTIVE	OPTATIVE	IMPERATIVE	INFINITIVE	PARTICIPLE
S. 1.	εἰμί (ἐσ-μι)	ὦ	εἴην		εἶναι	ὤν οὖσα ὄν
2.	εἶ (ἐσ-σι)	ᾖς	εἴης	ἴσθι		§ 50 A
3.	ἐστί(ν)	ᾖ	εἴη	ἔστω		
P. 1.	ἐσμέν	ὦμεν	εἶμεν			
2.	ἐστέ	ἦτε	εἶτε	ἔστε		
3.	εἰσί(ν) (ἐσ-νσι)	ὦσι(ν)	εἶεν	ἔστων		

PAST-IMPERFECT INDICATIVE

S. 1.	ἦν or ἦ
2.	ἦσθα § 55
3.	ἦν
P. 1.	ἦμεν
2.	ἦτε
3.	ἦσαν

	FUTURE INDICATIVE	[2] OPTATIVE	INFINITIVE	PARTICIPLE
S. 1.	ἔσομαι	[ἐσοίμην	ἔσεσθαι	ἐσόμενος
2.	ἔσει or ἔσῃ	ἔσοιο		
3.	ἔσται	ἔσοιτο		
P. 1.	ἐσόμεθα	ἐσοίμεθα		
2.	ἔσεσθε	ἔσοισθε		
3.	ἔσονται	ἔσοιντο]		

92. **πάρ-ειμι** *I am present* and **ἄπ-ειμι** *I am absent* are conjugated like **εἰμί** (§ 91), thus:

[1] All forms of the present indicative are enclitic, except *εἶ*.

[2] Very rare; only in indirect discourse.

	Indicative	Subjunctive	Optative	Imperative	Infinitive	Participle
S. 1.	πάρ-ειμι	παρ-ῶ	παρ-είην		παρ-εῖναι	παρ-ών
2.	πάρ-ει	παρ-ῇς	παρ-είης	πάρ-ισθι		
3.	πάρ-εστι(ν)	παρ-ῇ	παρ-είη	παρ-έστω		
	κτλ.	κτλ.	κτλ.	κτλ.		

Past-Imperfect: παρ-ῆν. Future: παρ-έσομαι.

So ἄπ-ειμι, ἀπ-ῆν, ἀπ-έσομαι.

93. **εἶμι** *I am going* (rt. εἰ- ἰ-. *Cf.* Lat. *ire*).

S. 1.	εἶμι	ἴω	ἴοιμι		ἰέναι	ἰών ἰοῦσα ἰόν
2.	εἶ	ἴῃς	ἴοις	ἴθι[1]		
3.	εἶσι(ν)	ἴῃ	ἴοι	ἴτω		
P. 1.	ἴμεν	ἴωμεν	ἴοιμεν			
2.	ἴτε	ἴητε	ἴοιτε	ἴτε		
3.	ἴᾱσι(ν)	ἴωσι(ν)	ἴοιεν	ἴτων ἰόντων		

Past-Imperfect Indicative

S. 1.	ᾖα	or ᾔειν
2.	ᾔεις	or ᾔεισθα
3.	ᾔει	or ᾔειν
P. 1.	ᾖμεν	
2.	ᾖτε	
3.	ᾖσαν	or ᾔεσαν

Verbal: ἰτέον (*one*) *must go*, § 76.

There is no future. Indeed, in the indicative, **εἶμι** is itself constantly employed as a future: *I am going*.

The verb is very common in compounds:

ἄπ-ειμι, ἔξ-ειμι, περί-ειμι, πρόσ-ειμι, κτλ.

94. **φημί** *declare, say* (rt. φᾱ- (φη-) φω- φᾰ-; *cf.* φήμη *report, fame*, φωνή *voice*, Lat. *fāri*).

S. 1.	φημί[2]	φῶ	φαίην		φάναι	(φᾱ́ς, more
2.	φῄς	φῇς	φαίης	φάθι § 17 e		commonly)
3.	φησί(ν)	φῇ	φαίη	φάτω		φάσκων

[1] ἴθι *come! go!*

[2] All forms of the present indicative are enclitic except φῄς.

P. 1.	φᾰμέν	φῶμεν	φαῖμεν	
2.	φᾰτέ	φῆτε	φαῖτε	φάτε
3.	φᾱσί(ν)	φῶσι(ν)	φαῖεν	φάντων

PAST-IMPERFECT INDICATIVE

S. 1. ἔφην
2. ἔφησθα or ἔφης § 55
3. ἔφη

P. 1. ἔφᾰμεν
2. ἔφᾰτε
3. ἔφᾰσαν

FUTURE: φήσω; but more common is ἐρῶ (for *ἐρέω*).
AORIST: ἔφησα; but more common is εἶπον.
PERFECT: εἴρηκα.

95. οἶδα *I know.*

This is an old second perfect formed from the root Ϝειδ- Ϝοιδ- Ϝιδ- *see*, *cf. videre.* Originally therefore οἶδα meant *I have seen*, hence *I know* (as the result of having seen).

	INDICATIVE	SUBJUNCTIVE	OPTATIVE	IMPERATIVE	INFINITIVE	PARTICIPLE
S. 1.	οἶδα	εἰδῶ	εἰδείην		εἰδέναι	εἰδώς § 50 C
2.	οἶσθα	εἰδῇς	εἰδείης	ἴσθι		
3.	οἶδε(ν)	εἰδῇ	εἰδείη	ἴστω		
P. 1.	ἴσμεν	εἰδῶμεν	εἰδεῖμεν			
2.	ἴστε	εἰδῆτε	εἰδεῖτε	ἴστε		
3.	ἴσᾱσι(ν)	εἰδῶσι(ν)	εἰδεῖεν	ἴστων		

ᾔδη *I knew* (Second Pluperfect).

S. 1. ᾔδη or ᾔδειν
2. ᾔδησθα or ᾔδεισθα § 55
3. ᾔδει(ν)

P. 1. ᾖσμεν
2. ᾖστε
3. ᾖσαν or ᾔδεσαν

FUTURE: εἴσομαι, *κτλ.*

VERBAL: ἰστέον *one should know*, § 76.

96. **ἧμαι** (rt. *ἡσ-*) *sit;* found only in the progressive action-stem, and in prose (as frequently also in poetry) regularly compounded with **κατά** *down*, thus:

	Indicative	Subjunctive	Optative	Imperative	Infinitive	Participle
S. 1.	κάθ-ημαι	καθ-ῶμαι	καθ-οίμην		καθ-ῆσθαι	καθ-ήμενος
2.	κάθ-ησαι	καθ-ῇ	καθ-οῖο	κάθ-ησο		
3.	κάθ-ηται	καθ-ῆται	καθ-οῖτο	καθ-ήσθω		
P. 1.	καθ-ήμεθα	*κτλ.*	*κτλ.*			
2.	κάθ-ησθε			κάθ-ησθε		
3.	κάθ-ηνται			καθ-ήσθων		

Past-Imperfect: **ἐκαθήμην ἐκάθησο ἐκάθητο ἐκαθήμεθα ἐκάθησθε ἐκάθηντο.**

97. **κεῖμαι** (rt. *κει- κε-*) *lie*, F. **κείσομαι.**

Like **ἧμαι**, **κεῖμαι** is frequently compounded with **κατά**, thus: **κατά-κειμαι.**

S. 1.	κεῖμαι	(Only sporadic			κεῖσθαι	κείμενος
2.	κεῖσαι	forms, like		κεῖσο		
3.	κεῖται	*κέηται*)		κείσθω		
P. 1.	κείμεθα					
2.	κεῖσθε			κεῖσθε		
3.	κεῖνται			κείσθων		

Past-Imperfect: **ἐκείμην ἔκεισο ἔκειτο ἐκείμεθα ἔκεισθε ἔκειντο.**

98. **ἵημι** (rts. *ἡ- ἑ-*) *send*, *let go*, F. **ἥσω**, A. **ἧκα**, P. **-εἷκα** (only in composition).

A. Active Voice.

Progressive Action-stem

	Pres. Indic.	Subj.	Opt.	Imper.	Infin.	Partic.
S. 1.	ἵημι	ἱῶ	ἱείην		ἱέναι	ἱείς
2.	ἵης or ἱεῖς § 77 (end)	ἱῇς	ἱείης	ἵει		§ 50 C
3.	ἵησι(ν)	*κτλ.*	*κτλ.*	ἱέτω		
P. 1.	ἵεμεν					
2.	ἵετε			ἵετε		
3.	ἱᾶσι(ν)			ἱέντων		

	Past-Imperfect	Aorist Indic.	Subj.	Opt.	Imper.	Infin.	Partic.
S. 1.	ἵην	ἧκα § 64	ὧ[1]	εἵην		εἷναι	εἵς
2.	ἵεις § 77 (end)	ἧκας	ᾗς	εἵης	ἕς		
3.	ἵει	ἧκε(ν)	κτλ.	κτλ.	ἕτω		
P. 1.	ἵεμεν	εἷμεν[1]					
2.	ἵετε	εἷτε			ἕτε		
3.	ἵεσαν	εἷσαν			ἕντων		

B. Middle (Passive) Voice.

Progressive Action-stem

	Pres. Indic.	Subj.	Opt.	Imper.	Infin.	Partic.
S. 1.	ἵεμαι	ἱῶμαι	ἱείμην		ἵεσθαι	ἱέμενος
2.	ἵεσαι	ἱῇ	ἱεῖο	ἵεσο		
3.	ἵεται	ἱῆται	ἱεῖτο	ἱέσθω		
P. 1.	ἱέμεθα	κτλ.	κτλ.			
2.	ἵεσθε			ἵεσθε		
3.	ἵενται			ἱέσθων		

	Past-Imperfect	Aorist Indic.	Subj.	Opt.	Imper.	Infin.	Partic.
S. 1.	ἱέμην	εἵμην[2]	ὧμαι	εἵμην		ἕσθαι	ἕμενος
2.	ἵεσο	εἷσο	ᾗ	εἷο	οὗ		
3.	ἵετο	εἷτο	ἧται	εἷτο	ἕσθω		
P. 1.	ἱέμεθα	εἵμεθα	κτλ.	κτλ.			
2.	ἵεσθε	εἷσθε			ἕσθε		
3.	ἵεντο	εἷντο			ἕσθων		

THE FORMATION OF WORDS

99. Words which are derived from roots or verb-stems are called *primitives;* those derived from the stems of nouns or adjectives, *denominatives.* In the process of word-formation not only are suffixes and prefixes added or two or more stems united, but the stems themselves are

[1] In prose the second aorist forms are used only in composition.

[2] In prose the second aorist forms are used only in composition.

often variously modified, thus: **σωφρο-σύνη** *soundness of mind, self-control* (*σωφρον-*, *ν* omitted); **ποίη-μα** *a thing made*, poem (*ποιε-*, final vowel lengthened); **σταθ-μός** *station* (*στα-*, *θ* added). Ablaut or vowel-gradation (§ 16) plays here an important rôle: **φέρ-ω** *carry, bring*, **φορ-ᾱ́** *a carrying, bringing.*

I. Formation of Simple Words. A. Nouns

The following are some of the suffixes employed to indicate:

Agent, or simply the *person concerned* in the action:

ευ, nom. **-εύς**: **ἱππ-εύς** *horseman* (*ἵππο-ς*). **τα**, nom. **-της**: **μαθη-τής** *pupil* (*μαθ-*). **τηρ**: **δοτήρ** *giver* (*δο-*). **τορ**, nom. **-τωρ**: **ῥή-τωρ** *speaker* (*ῥε- speak*). Feminine suffixes are: **ευ-ιᾰ** (> *-εϝια* > *-ειᾰ*): **βασί-λ-ειᾰ** *queen.* **τιδ**, nom. **-τις**: **οἰκέ-τις** *housemaid* (*οἶκο-ς*).

Action, quality, etc.:

ίᾱ: **σοφ-ίᾱ** *wisdom.* **ιᾱ**, nom. **-ιᾰ**: **ἀλήθε-ια** *truth.* **μᾱ**, nom. **-μη**: **ὀδ-μή** *odor* (*ὄζω smell* (*ὀδ-*)). **μᾱ**, nom. **-μᾰ**: **τόλ-μα** *hardihood* (*cf. τλα- endure*). **μο**, nom. **-μός**: **σεισ-μός** *earthquake* (*σεί-ω shake*). **σι**, nom. **-σις**: **γένε-σις** *act of becoming* (*γεν- γον-*). **συνᾱ**, nom. **-σύνη**: **δικαιο-σύνη** *justice.* **τητ**, nom. **-της**: **νεότης** *youthfulness* (*νέο-ς*).

Instrument, means:

τηρ-ιο, nom. **-ιον**: **πο-τήριον** *cup* (*πίνω drink* (*πι- πο-*)). **τρᾱ**: **χύ-τρᾱ** *pot* (*χέω pour* (*χευ- χυ-*)). **τρο**, nom. **-τρον**: **ἄρο-τρον** *plough* (*ἀρό-ω plough*).

Place:

ιο, nom. **-ιον**: **χαλκε-ῖον** *forge* (*χαλκεύ-ς coppersmith*). Hence **ε-ιο**, nom. **-εῖον**: **μουσ-εῖον** *seat of the Muses* (*μοῦσα muse*). Those in **-τήριον** come from nouns in -**τήρ**: **βουλευτήριον** *senate-house* (*βουλευτήρ*). **ων**, nom. -**ών**: **παρθεν-ών** *maiden's apartment*, Parthenon (*παρθένο-ς*).

Diminution (often implying affection, contempt, etc.): **ιο**, nom. -**ιον**: **παιδ-ίον** *little child.* **ιδ-ιο**, nom. -**ιον**: **πατρίδιον** *daddy* (*πατήρ*). **αρ-ιο**, nom. -**ιον**: **παιδ-άριον** = **παιδίον**. **ισκο** (*ισκᾱ*), nom. -**ίσκος**, -**κη**: **παιδ-ίσκος** *young boy;* **παιδ-ίσκη** *young girl.*

B. Adjectives

There are many adjectival suffixes. Some of the more important are: **ο**, **ᾱ**, nom. -**ος**, -**η**, or -**ᾱ**: **λοιπ-ός** *remaining* (*λείπ-ω* (*λειπ- λοιπ- λιπ-*)). **ιο**, **ιᾱ**: **οὐράν-ιος** *heavenly.* **ες**, nom. -**ης**: **ψευδ-ής** *false.* **ικο** (*κο*, *ακο*): **φυσι-κός** *natural* (*φύσι-ς nature*). **ινο**: **ἀληθ-ινός** *genuine.* **μο**, **ι-μο**: **θερ-μός** *warm;* **μάχ-ιμος** *warlike.* **μον**, nom. -**μων**: **μνήμων** *mindful.*

II. Formation of Compound Words

The Greek language formed and still forms innumerable compounds. These are divided according to the nature (1) of the first element, (2) of the second element.

A. The *first* part is often an

a) adverb: **εὐ-γενής** *well-born;*

b) preposition (see §§ 123–129): **ἀμφί-βιος** *living on both sides* (of the shore-line), amphibious;

c) numeral: **πέντ-αθλον** *a contest consisting of five events;*

d) an inseparable prefix:

ἀν-, **ἀ-**, expressing *negation* (A-*privative*): **ἄν-αιμος** *without blood*, *cf.* anaemic (*αἷμα blood*); **ἀ-πάθεια** *an absence of suffering*, apathy.

ἀ-, denoting *union* (*A-copulative*) : **ἀ-δελφός** *one born of the same womb, brother* (*δελφύς womb*).

δυσ- *ill:* **δυσ-εντερίᾱ** dysentery (*τὰ ἔντερα the intestines*); **δυσ-πεψίᾱ** dyspepsia (*πεπαίνω ripen, soften*).

ἡμι- (Latin *sēmi-*): **ἡμι-σφαίριον** hemisphere (*σφαῖρα a ball*).

B. The *last* element of compound nouns or adjectives regularly consists of a verb-stem or noun-stem. In the latter case the noun or adjective usually changes its form: **εὔ-φρων** *merry* (*φρήν, φρένες diaphragm, mind*); **ἄ-τῑμος** *dishonored* (*τῑμή*).

Compounds generally have *recessive* accent. Cf. § 78 a. But there are many exceptions: **παιδ-αγωγός** *one who leads a boy* (to school, etc.); **λιθο-βόλος** *throwing-stones, cf.* **λιθό-βολος** *pelted with stones;* **πατρο-κτόνος** *killing one's father, cf.* **πατρό-κτονος** *slain by one's father.*

AGREEMENT

100. A neuter plural subject regularly has its verb in the singular: **τὰ δένδρα καλά ἐστιν** *the trees are* (Greek *is*) *beautiful.*

101. A *neuter* predicate-adjective is very often used as the substantive-predicate of a *masculine* or *feminine* subject: **τυφλὸν ὁ πλοῦτος** *wealth is* (*a*) *blind* (*thing*).

102. A relative pronoun which would normally be in the accusative case is regularly assimilated to the case of the antecedent, if the latter is a *genitive* or a *dative:* **ὁ Κροῖσος πρῶτος τῶν βαρβάρων ὧν ἴσμεν** *Croesus the first of the foreigners whom we know* (*about*) (= *τῶν β. οὓς ἴσμεν*).

USES OF THE ARTICLE AND OF THE PRONOUNS

103. The article, **ὁ ἡ τό** *the* (§ 24), was originally a demonstrative pronoun, and even in Attic Greek it has the force of a demonstrative in certain uses; see § 191.

a) The article is frequently *generic* in reference: **ὁ φίλος ἐστὶν ἄλλος αὐτός** *the friend* (*i.e.* generally speaking, *a friend*) *is another self.*

b) The article is frequently employed where in English we use a weak possessive (*cf.* the German usage): **σφόδρα φιλεῖ σε ὁ πατήρ** *does the father* (i.e. *your father*) *love you very much?*

c) With proper names and with abstract nouns the article may be used or may be omitted: **Ἀριστοτέλης** or **ὁ Ἀριστοτέλης** *Aristotle*, **σοφίᾱ** or **ἡ σοφίᾱ** *wisdom.*

d) The noun is often omitted when it can easily be supplied from the context: **κοινὰ τὰ τῶν φίλων** *common are the* (*possessions*) *of friends.* *Cf.* also **τὸ καλόν** *the beautiful*, **οἱ πολλοί** *the many.*

104. 1) When a noun is preceded by the article any modifying word or phrase usually stands immediately *after* the article, either

a) *before* the noun, *i.e. between the article and noun*, as in English: **ὁ σοφὸς ἀνήρ, τὰ τῶν ἀδελφῶν βιβλία**, or

b) *after* the noun, *the article being repeated:* **τὰ βιβλία τὰ τῶν ἀδελφῶν.**

This position of the modifier (for the two a) and b) are really one) is known as the *attributive* position.

c) A third attributive position is when the article and attribute *follow* the noun (the *afterthought* position): **ἀνὴρ ὁ σοφός, τρίγωνον τὸ ΑΒΓ.**

This position of the article and attribute is rare, especially in prose (but see Lesson XI, *Σχόλια*).

2. When the modifying word or phrase is not preceded by the article, either before or after the noun, it is said to stand in the *predicative* position : **τὰ βιβλία τῶν ἀδελφῶν.**

The genitive of *personal* pronouns (*μου, σου, αὐτοῦ, αὐτῆς, ἡμῶν, ὑμῶν, αὐτῶν*) regularly stands in the predicative position : **ὁ ἀδελφός μου** (*never ὅ μου ἀδελφός*), **ἡ μήτηρ αὐτοῦ** (§ 106).

105. Demonstrative pronouns (§§ 24, 25) regularly stand in the *predicative* position (§ 104, 2) : **τοῦτο τὸ βιβλίον** *this book* (*not τὸ τοῦτο βιβλίον*).

The demonstrative may precede or follow : **οὗτος ὁ ἀνήρ** or **ὁ ἀνὴρ οὗτος** *this man.*

But with the *names of persons the article may be omitted:* **οὗτος ὁ Σωκράτης**, **ὁ Σωκράτης οὗτος**, or **Σωκράτης οὗτος** *this Socrates, Socrates here.*

106. The intensive pronoun **αὐτός** (§ 22) is used in three ways (see Lesson V and Exercise 4) :

1) In *apposition* with a noun or pronoun it emphasizes and means *self:* **ἐγὼ αὐτός** *I* (*my*)*self.*

So when the noun is accompanied by the article, **αὐτός** being in the *predicative* position (§ 104, 2) : **ὁ διδάσκαλος αὐτός** or **αὐτὸς ὁ διδάσκαλος** *the teacher himself.*

2) When it is itself *preceded by the article* **αὐτός** means (*the*) *self*(*same*), *the same, the very same* (*one*): **ὁ αὐτὸς ἀδελφός** *the same brother.*

3) The *oblique* cases (genitive, dative, accusative) when used alone serve as the personal pronoun of the third person: **αὐτόν** *him,* **αὐτήν** *her,* **αὐτούς** *them.*

107. Ἀμφότεροι *both*, ἑκάτερος *each* (of two), ἕκαστος *each* (of many) generally stand in the *predicate* position (§ 104, 2). With ἕκαστος the article is often omitted with the accompanying noun: ἑκάστης ἡμέρᾱς or ἑκάστης τῆς ἡμέρᾱς (*on*) *each day;* but ἀμφότεροι οἱ ἀδελφοί.

108. The pronouns ἐμαυτοῦ, *κτλ.* (§ 23) are generally *direct* reflexives: γνῶθι σεαυτόν *know thyself!* But sometimes they serve as *indirect* reflexives, and in some instances refer not to a subject but to a dependent word: ἀπὸ σαυτοῦ 'γώ σε διδάξω *from yourself I shall instruct you.*

109. Possession is expressed by μου *of me*, σου *of you*, etc. (see §§ 104, 2; 106, 3); by the pronominal adjectives ἐμός *my*, σός *your*, ἡμέτερος *our*, ῡ̔μέτερος *your* (see Exercise 15); by ἐμαυτοῦ *of myself*, etc. (§ 108): τὸ ἐμαυτοῦ παιδίον *my own child* (or, simply, *my child*). Relationship or possession is very frequently suggested by the article, § 103 b. For the dative, see § 120 a.

110. Οὗτος and ὅδε both mean *this;* ἐκεῖνος *that.* Of the former οὗτος usually refers to what precedes (so οὕτως *in the preceding manner*); ὅδε, to what follows (so ὧδε *in the following manner*). But sometimes these relations are exactly reversed. Even ἐκεῖνος may refer forward: ἐκεῖνο ἀπό-κρῑναι *answer this!*

These pronouns are often used in lieu of our emphatic *HE*, *SHE*, *THEY*, etc. (*i.e.* the Greeks said *this* (*one*), *that* (*one*), *those*, *these*, etc.): ἐκείνη σε ἐᾷ ταῦτα ποιεῖν *SHE permits you to do these things.*

Note also: οὗτος, τί ποιεῖς; *you there! what are you doing?* ὅδε ἐστί *here he is!* τοῦτ' ἔστι *that is to say* (§ 10 c); τοῦτ' ἐκεῖνο or τόδ' ἐκεῖνο *that's it!* καὶ ταῦτα *and that too.*

USES OF THE CASES

111. In the declension of nouns, pronouns, etc., Greek distinguishes five cases: nominative, genitive, dative, accusative, and vocative. These correspond to the six cases in Latin and to the eight cases in the parent language from which both Greek and Latin were descended. In other words, as Greek developed into a separate language, three of the original case-*forms* were discarded and their functions or *meanings* were assumed and expressed by one of the other case-forms. The ablative, which expressed the idea "*from*," was thus absorbed by the genitive; the instrumental ("*with*") and the locative ("*on*," "*in*," "*among*"), by the dative, thus:

Latin	Indo-European	Greek
Nominative	Nominative (subject)	Nominative
Vocative	Vocative (address)	Vocative
Accusative	*Accusative* (object)	*Accusative*
Genitive	Genitive ("*of*")	*Genitive*
Ablative	*Ablative* ("*from*")	
	Instrumental ("*with*," "*by*")	
	Locative ("*on*," "*in*," "*among*")	
Dative	Dative ("*for*," "*to*")	*Dative*

From this table it is at once clear that *the meanings and constructions of the Latin ablative are in Greek divided between the genitive and the dative*, the *pure* ablative ("*from*") being expressed by the genitive; the Latin *instrumental*-ablative ("*with*," "*by*") and the Latin *locative*-ablative ("*on*," "*in*," "*among*"), by the dative. In Greek, therefore, the meanings and constructions of the genitive case fall into two broad classes: those of the *pure* genitive ("*of*") and those of the *ablatival*-genitive ("*from*"), and the meanings and constructions of the dative must be divided into three sets: those of the *pure* dative ("*for*," "*to*"), of the *instrumental*-dative, and of the *locative*-dative.

The cases with which prepositions may be employed are indicated in the table by italics. But the *pure* genitive ("*of*") and the *pure* dative ("*for*") never employ prepositions.

112. The nominative case is sometimes used for the vocative; so regularly **θεός** (*never θεέ*).

113. The uses of the accusative are virtually identical with those in Latin:

a) Object: **ὁρῶ σε** *I see you;* **μάχην μάχομαι** *I am fighting a battle.* (*Cognate* accusative.)

b) Double object: **γεωμετρίᾱν τὸν παῖδα διδάσκω** *I am teaching the boy geometry.*

c) Object and predicate-accusative: **σοφιστὴν τὸν ἄνδρα καλοῦμεν** *we call the man a sophist.*

d) Accusative of *Specification:* **ἅπαντα σοφός** *wise (skilled) in all things;* **Ἀθηναῖος τὸ γένος** *an Athenian by birth.*

e) *Adverbial* accusative: **τίνα τρόπον;** *in what way?* **πάντα τρόπον** *in every way;* **πρῶτον** *first;* **μέγα** *greatly;* **πολύ, πολλά** *much;* **τὴν ταχίστην** (*sc.* ὁδόν) *in the quickest way, with all speed;* **τί;** *why?*

f) Accusative of *Extent of Time* or *Space:* **ἐνταῦθα ἔμεινεν ἡμέρᾱς πέντε** *there he remained five days.*

g) Accusative in *Oaths* with **ναὶ μὰ** (or νὴ) *yes by*, **οὐ μὰ** *no by*. See p. 13.

For the accusative with prepositions, see § 126 ff.;

as subject of an infinitive, § 172; accusative absolute, § 175 h.

114. The genitive is in Greek a compound case (§ 111), some of its uses being genitival in origin ("*of*"), some ablatival ("*from*"). A few of its uses are difficult to classify.

When used with nouns (*Adnominal* Genitive) the genitive may express a large number of relationships, such as *possession*, *subject*, *object*, *cause*, *part*, *material*, *measure*, etc., exactly as in English: *love of friends*, *cup of water*, *piece of advice*, *worship of God*, etc.

In certain phrases the noun upon which the genitive depends is omitted, so that the genitive appears to be governed by a preposition: **εἰς ἰᾱτροῦ** (*sc. οἰκίᾱν*) *to the doctor's* (*sc. house*); **εἰς διδασκάλου** *to the teacher's*, *to school*; **ἐν Ἅιδου** *in* (*the house*) *of Hades.*

The genitive with a noun is frequently employed in the predicate in any of the foregoing relations: **ἐλευθέρου γάρ ἐστι τἀληθῆ λέγειν** *for it is* (*the nature*) *of the free-born to speak the truth.*

115. With verbs the genitive is either the object of the verb or serves as an adverbial modifier thereto (*e.g.* § 116 f).

With the following groups of verbs the genitive is believed to be of *partitive* origin: with verbs meaning

a) *Share:* **τί οὐχ ἡμῖν μετα-δίδοτε τῶν λόγων;** *why don't you share your conversation with us?*

b) *Enjoy*, *taste:* **ἀπο-λαύομεν πάντων τῶν ἀγαθῶν** *we enjoy all the good things.*

c) *Touch*, *take hold of*, *make trial of:* **οὐ δια-κωλύει σε τούτων ἅπτεσθαι** *she does not prevent you from handling these things.*

d) *Aim at, strive after, desire:* **μόνος θεῶν τοι Θάνατος οὐ δώρων ἐρᾷ** *of* (*all the*) *gods Death alone yearneth not after gifts* (i.e. *bribes*) (Aeschylus).

e) *Reach, obtain, hit* (and *miss*): **οὔτοι γ' ἐφ-ίξει τῶν ἄκρων ἄνευ πόνων** *you will never attain the heights without toils* (Sophocles).

f) *Begin:* **τοῦ λόγου ἤρχετο ὧδε** *he began his speech as follows.*

g) *Rule, lead, be leader of:* **Ἔρως τῶν θεῶν βασιλεύει** *Love is king of the gods* (Plato).

h) *Remember, forget, care for, neglect:* **μηδενός σοι μελέτω** *don't heed any one!*

i) *Perceive* (*hear, smell,* etc.): **αἰσθάνομαι ψόφου τινός** *I hear a sound.*

j) *Fill, be full of:* **οἱ καλοί, ἐπειδάν τις αὐτοὺς ἐπ-αινῇ, φρονήματος ἐμ-πίπλανται** *the beautiful, whenever one praises them, become filled with pride* (Plato).

116. The genitive is used with verbs also to express other relations, some of which are clearly of ablatival origin (§ 111). Thus it is employed with verbs meaning:

a) *Cease from, remove from, release from, be distant from,* etc.: **ἡ νῆσος οὐ πολὺ δι-έχουσα τῆς ἠπείρου** *the island being not far distant from the mainland.*

b) *Want, lack, empty:* **ὁ μηδὲν ἀδικῶν οὐδενὸς δεῖται νόμου** *he who does no wrong needs no law* (Antiphon).

Note especially the phrases: **πολλοῦ δεῖ** *it is far from* (lit., *it lacks much*); **ὀλίγου δεῖ** (or simply *ὀλίγου*) *almost* (i.e. *it lacks little*); **ὀλίγου οὐδέν** *almost nothing;* **ὀλίγου πάντες** *nearly all.*

c) *Differ from, surpass, be inferior to,* etc.: **ἐγὼ δέ, ὦ ἄνδρες, τούτῳ καὶ ἐνταῦθα δια-φέρω τῶν πολλῶν ἀνθρώπων** *but I, gentlemen, here also in this respect differ from the majority of people* (Socrates).

The genitive with verbs often denotes the

d) *Source:* **ἐμοῦ ἀκούσεσθε πᾶσαν τὴν ἀλήθειαν** *from ME you shall hear all the truth* (Socrates).

e) *Price, value:* **τῶν πόνων πωλοῦσιν ἡμῖν πάντα τἀγάθ' οἱ θεοί** *at the price of toils the gods sell to us all blessings* (Epicharmus); **πόσου διδάσκει; πέντε μνῶν** *for how much does he teach? for five minae.*

f) *Cause* (with verbs meaning *admire, wonder at, praise, blame, be angry*, etc.): **ζηλῶ σε τοῦ νοῦ, τῆς δὲ δειλίᾱς στυγῶ** *I envy thee for thy wisdom, but detest thee for thy cowardice* (Sophocles).

g) *Crime* (with verbs denoting a *judicial action*): **διώκω μὲν κακηγορίᾱς, φόνου δὲ φεύγω** *I am prosecuting for slander and am on trial for murder* (Lysias).

h) The genitive often follows compound verbs; note especially those compounded with **κατά** *down upon, (down) against:* **μηδείς σου τῆς νεότητος κατα-φρονείτω** *let no one despise thy youth!* (Paul).

117. The genitive is used also with many adjectives, especially with those that parallel in meaning the verbs mentioned in §§ 115–116. Such are

a) **αἴτιος** *cause of, accountable for;* **ἄ-μοιρος** *having no part in;* **ἄξιος** *worthy of;* **διά-φορος** *different from;* and the like.

b) adjectives of the *comparative* degree; these are followed either by the genitive or by **ἤ** *than* (= *quam*): **λέγε τι σῑγῆς κρεῖττον** *let your talk be better than silence* (Menander).

118. With adverbs also the genitive is very frequent. See especially the so-called improper prepositions, § 130.

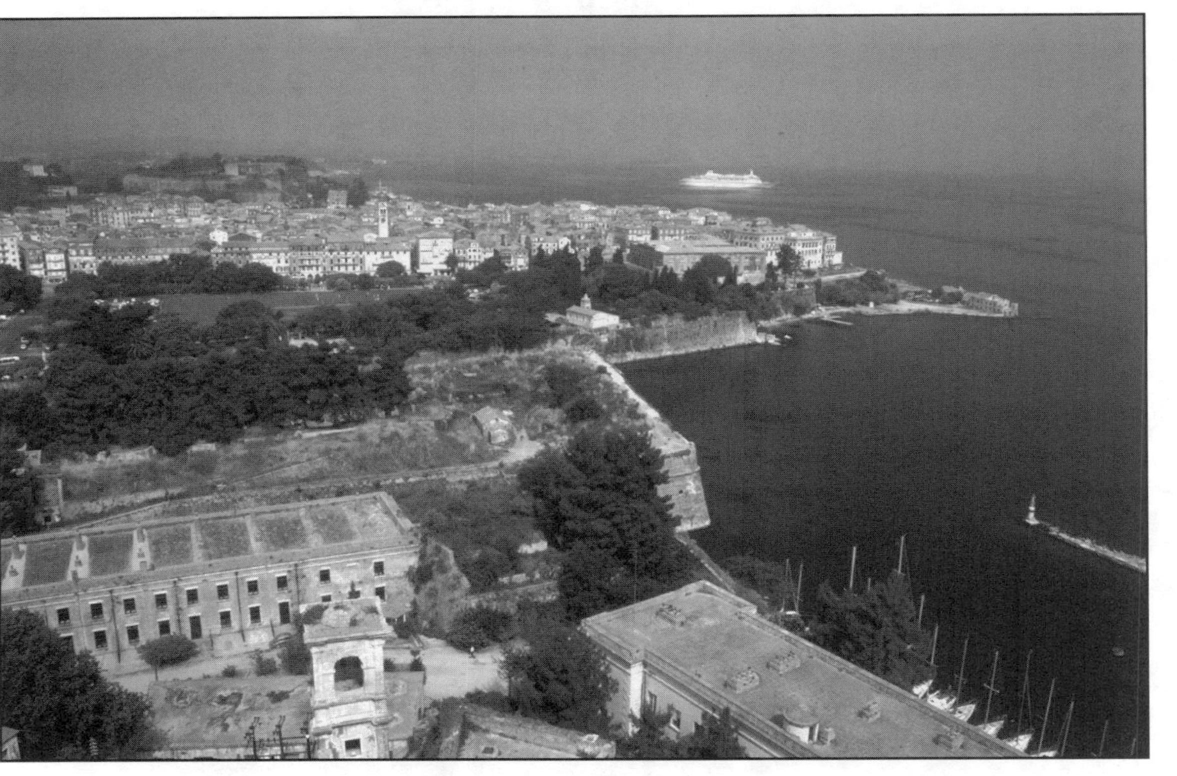

View of the town, Corfu

Bastion of St. Paul, Rhodes

119. Finally the genitive is itself used adverbially to denote the *time within which* an action takes place: **ἡμέρᾱς** *by day;* **τῆς ἡμέρᾱς** *during the day;* **ἑσπέρᾱς** *in the evening;* **νυκτός** *at night;* **χειμῶνος** *in winter;* **θέρους** *in summer;* **πέντε ἐτῶν** *during five years.*

For the genitive with prepositions see § 124 ff.; for the genitive *absolute*, § 175 g.

120. Like the genitive, the dative is a compound case (§ 111). The true dative is used properly of persons and expresses *personal interest;* when used of things, personification is present. The true dative commonly means "*for*"; sometimes "*to*" better suits the English idiom: **ἄλλῳ ὁ τοιοῦτος πλουτεῖ καὶ οὐχ ἑαυτῷ** *such a man is rich for another and not for himself.* **τί σοι μαθήσομαι;** *what would you have me learn?* (lit., *what shall I learn for you?*) The last sentence illustrates what is commonly known as the *ethical* dative.

The dative of interest is employed also

a) of the *possessor* with **εἰμί, γίγνομαι,** and similar verbs: **ἀδελφός μοί ἐστι** *I have a brother* (*there is for me a brother*).

b) of the *agent* with verbals in **-τός** and **-τέος** (§ 177), and with the passive perfect (and pluperfect) when the subject is not personal: **ὠφελητέᾱ σοι ἡ πόλις ἐστίν** *the city must be benefited by you* (strictly *for you*); **ἐπειδὴ αὐτοῖς παρ-εσκεύαστο** *when preparations had been made by* (i.e. *for*) *them.*

c) of the *indirect object:* **δός μοι τὸ βιβλίον** *give me the book.*

So the dative is used with a large number of verbs which in English are usually transitive, *e.g.* verbs meaning *help, please, obey, serve, meet, be like,* etc.: **βοήθει μοι** *help me!* **τοῖς νόμοις πείθου** *obey the laws!* **εἰ τοῖς ἔμπροσθεν ἔοικε** *if it resembles the preceding (instances).*

d) with adjectives, adverbs, and nouns which are of kindred derivation or meaning with verbs that govern the dative: **ἐχθρὸς ἐλευθερίᾳ** *hostile to freedom;* **ἴσα ἀλλήλοις** *equal to each other.*

121. The *instrumental*-dative (§ 111) expresses *instrument, means, manner, respect, cause, association, accompaniment,* etc.: **σμῑκροῖς πόνοις** *by little labors;* **τῷ ὄντι** *in fact;* **κεφαλῇ ἐλάττων** *a head shorter* (i.e. *by a head*); **κοινῇ** *in common;* **ἴσον ὀργῇ** *equal in temper;* **ταύτῃ** *in this (way);* **ᾗ** *in which (way);* **σῑγῇ** *in silence;* **ἥδομαι φίλοις ἀγαθοῖς** *I take delight in (please myself with) good friends.*

Note especially **ἕπομαι** and **ἀκολουθέω** *follow* and **χράομαι** *use* (i.e. *serve oneself with*); **ἀκολούθει μοι** *follow me!* **τῷ οἰκήματι πρὸ τοῦ μὲν ὡς ταμιείῳ ἐχρῆτο** *he had formerly used the room as a store-room.*

122. The *locative*-dative expresses

a) *Time (the day, night, month, year, festival,* etc.): **τῇ αὐτῇ ἡμέρᾳ** *on the same day;* **τῇ ὑστεραίᾳ** *on the following day;* **τῇ προτεραίᾳ** *on the preceding day;* **τρίτῳ μηνί** *on the third month;* **δεκάτῳ ἔτει** *in the tenth year;* **Παναθηναίοις** *at the Panathenaea.*

b) *Place.* This is more common in poetry; in prose it is found only with proper names: **Μαραθῶνι** *at Marathon.*

The dative is used with many compound verbs and with prepositions; see § 125 ff.

THE PREPOSITIONS

123. The prepositions were originally adverbs and only gradually became stereotyped as prepositions governing

cases. The original adverbial force was retained in some instances, as in **μετὰ δέ** *and next, afterward,* which abounds in the pages of Herodotus. Prepositions are employed as the first element (or elements) of innumerable compound words; see § 99. Frequently, too, a preposition with its case is repeated after the compound: **ἀπο-πηδᾶν ἀπὸ τοῦ ἵππου** *to leap off from the horse.*

The prepositions are used with the genitive, dative, and accusative cases (§ 111).

124. The prepositions which govern the *genitive* case only are

a) **ἀντί** (*ἀντ', ἀνθ'* § 6) *instead of* (original meaning, *against*): **ἀντ' εἰρήνης** *instead of peace;* **ἀντὶ τίνος;** *on what account? why?* **ἀντὶ κακῶν** *in return for ills.*

In compounds: *against, in opposition, in return, instead.* [anti-, ant-]

b) **ἀπό** (*ἀπ', ἀφ'* § 6; Lat. *ab*) *from, away from:* **ἀπ' ἀρχῆς** *from the beginning;* **ἀφ' οὗ** (*sc. χρόνου*) *from which time, since.*

In compounds: *from, away, in return, back* (*ἀπο-δίδωμι give back*), and often suggesting *completion, exhaustion,* etc.: **ἀπο-δειλιᾶν** *to be utterly cowardly.* [apo-, ap-, aph-]

c) **ἐξ** (before a consonant *ἐκ*; Lat. *ex, e*) *out of, out from:* **ἐκ τῆς πόλεως** *out from the city;* **ἐξ ὧν σὺ λέγεις** *from what you say;* **ἐκ παιδός** *from childhood;* **ἐκ προνοίᾱς** *from set purpose, with design.*

In compounds: *out, from,* etc., often implying *completion:* **ἐκ-μανθάνω** *learn by heart.* [ec-, ex-]

d) **πρό** *before:* **πρὸ τοῦ ἄστεως** *before the town;* **πρὸ τούτου** (*sc. τοῦ χρόνου*) *before this;* **πρὸ τοῦ** *formerly.*

In compounds: *before*, *forth*, *in behalf of*, *in preference.* [pro-]

125. Prepositions with the *dative* only:

a) **ἐν** (ἐμ-, ἐλ-, ἐγ- § 18 b, c, e; = Lat. *in* with ablative) *in*, *among*, *on:* **ἐν ἀρχῇ** *in the beginning;* **ἐν ἡμῖν** *among us;* **ἐν θρόνῳ** *on a stately chair.*

In compounds: *in*, *on*, *at.* [en-, el-, em-]

b) **σύν** (συμ-, συγ-, συλ-, συρ-, συσ-, συ- § 18 b, c, e; old form ξύν) *with:* **σὺν τοῖς φίλοις** *with my friends;* **σὺν θεῷ** *with the aid of God.* Prose usually (and frequently also poetry) employs **μετά** with the genitive.

In compounds: *with*, *together*, *altogether.* Compounds are frequent in prose as well as in poetry. [syn-, sym-, syl-, sys-, sy-]

126. With the *accusative* only is used

εἰς, **ἐς** (orig. ἐνς; = Lat. *in* with accusative) *into*, *to;* **εἰς τὴν πόλιν** *into the city;* **ἐς ὅ** *until;* **ἐς αὔριον** *on the morrow;* **εἰς τὸ λέγειν** *for speaking;* **εἰς δέκα** (*amounting*) *to ten;* **ἐς τί;** *to what* (*end*)*?*

In compounds: *into*, *in*, *to.* *Cf.* episode (ἐπ-είσ-οδος).

127. Prepositions with the *genitive* and *accusative* only:

a) **διά** (δι'; = Lat. *di-*, *dis-*) *through:*

α) Genitive: **διὰ τῆς πόλεως** *through the city;* **διὰ παντός** *constantly;* **δι' ἐμοῦ** *through* (i.e. *by*) *me;* **διὰ πολλοῦ χρόνου** *after a long time.*

β) Accusative: **διὰ πονηρίᾱν** *through* (i.e. *on account of*) *wickedness;* **διὰ τί;** *on what account? why?* **διὰ τοῦτο** *for this reason;* **διότι** *because.*

In compounds: *through*, also *apart* (δια-πέμπω *send in*

different directions); often suggesting *completion*, etc.: **δια-φθείρω** *destroy utterly*. [dia-, di-]

b) **κατά** (*κατ', καθ'* § 6) *down* (*down from*, *down against*, *down along*, *according to*, etc.):

α) Genitive: **κατὰ τῆς πέτρᾱς** *down from the rock;* **κατὰ τῆς κεφαλῆς** (*down*) *upon the head;* **κατὰ γῆς** *beneath the earth;* **καθ' ἡμῶν** *against us.*

β) Accusative: **κατὰ ποταμόν** *down-stream;* **καὶ κατὰ γῆν καὶ κατὰ θάλατταν** *both by land and by sea;* **καθ' ὁδόν** *along the road, on the way;* **καθ' ἡμέρᾱν** *day by day;* **κατ' ἐμέ** *according to me;* **κατὰ τοὺς νόμους** *according to the laws.*

In compounds: *down*, *back*, *against*, *completely*. [cata-]

c) **ὑπέρ** (for *συπερ*, § 19; Lat. *super*) *over:*

α) Genitive: *above*, *on behalf of:* **ὑπὲρ κεφαλῆς** *over* (*the*) *head;* **ὑπὲρ τῆς πόλεως** *on behalf of the city.*

β) Accusative: *beyond:* **ὑπὲρ Σικελίᾱν** *beyond Sicily;* **ὑπὲρ ἥμισυ** *more than half;* **ὑπὲρ δύναμιν** *beyond* (*one's*) *power.*

In compounds: *over*, *above*, *beyond*, *in defence of*, *exceedingly*. [hyper-]

128. With the *dative* and *accusative* only is used

ἀνά (*ἀν'*) *up:*

α) Dative; *upon* (only in poetry): **ἀνὰ σκήπτρῳ** *upon a sceptre.*

β) Accusative: *up along*, *over*, *through*, *among*, of horizontal motion: **ἀνὰ τὸν ποταμόν** *up the river;* **ἀνὰ στρατόν** *through the army;* **ἀνὰ ἑκατόν** *by hundreds;* **ἀνὰ πᾶσαν ἡμέρᾱν** *every* *day.* Not common in Attic prose except in Xenophon.

In compounds: *up*, *back*, *again.* [ana-]

129. Prepositions with the *genitive*, *dative*, and *accusative:*

a) **ἀμφί** (*ἀμφ'*; = Lat. *ambi-*), originally *on both sides*, hence *about.* In Attic prose used chiefly with the accusative.

α) Genitive: **ἀμφὶ ὧν εἶχον δια-φερόμενοι** *quarrelling about what they had.*

β) Dative: **φοβηθεὶς ἀμφὶ τῇ γυναικί** *in fear about his wife.*

γ) Accusative: **ἀμφὶ Μίλητον** *about Miletus;* **οἱ ἀμφὶ Κροῖσον** *Croesus and those with him.*

In compounds: *on both sides*, *about*, *around*, *for the sake of.* [amphi-]

b) **ἐπί** (*ἐπ'*, *ἐφ'* § 6) *upon*, *on:*

α) Genitive: **ἐπὶ τῆς γῆς** *upon the earth;* **ἐπὶ τῆς ἐμῆς ζωῆς** *during my lifetime;* **ἐφ' ἡμῶν** *in our time;* **ἐπὶ τεττάρων** *four deep.*

β) Dative: **ἐπὶ ταῖς κλίναις** *upon the couches;* **νόσος ἐπὶ νόσῳ** *sickness upon (in addition to) sickness;* **ἐπὶ τέχνῃ τι μανθάνειν** *to be learning something to make it a profession;* **ἐπὶ τούτοις** *on these conditions.*

γ) Accusative: *upon*, *up to*, *to*, *towards*, *against*, *through:* **ἀνα-βὰς ἐπὶ τὸν ἵππον** *mounting his horse;* **ἐπὶ τὰς θύρᾱς** *to the doors;* **ἐπὶ χρόνον** *for a time;* **ἐπ' ἔτη πέντε** *for five years;* **ἐπὶ βλάβην** *for one's hurt.*

In compounds: *upon, at, toward, to, in addition, against, for.* [epi-, ep-, eph-]

c) **μετά** (*μετ', μεθ'* § 6) *with, among:*

α) Genitive: *with:* **οἱ μεθ' ἡμῶν** *those with us.*

β) Dative: *among, amid* (Homeric).

γ) Accusative: *into the midst, after* (i.e. *in search of*), *after* (in time or rank): **μετὰ ταῦτα** *after this.*

In compounds: *share with* (*μετα-δίδωμι give a share of*), *after* (*μετα-πέμπομαι send for, summon*); it also denotes *change* or *reversal* (*μετα-φέρω carry over, change; cf.* metaphor). [meta-, met-, meth-]

d) **παρά** (*παρ'*) *alongside, by, near:*

α) Genitive: *from beside, from* (most frequent with persons): **παρ' ἐμοῦ** *from me.*

β) Dative: *with, beside, at the house of* (usually with persons): **παρ' ἐμοί** *at my house.*

γ) Accusative: motion *to* (in prose only of persons); motion *along, by, past* (a place); *alongside; contrary to:* **παρ' ἐμέ** *to me;* **παρὰ τὴν ἤπειρον** *along the coast of the mainland;* **παρ' ἕκαστον ἔργον** *in each deed;* **παρὰ δόξαν** *contrary to expectation.*

In compounds: *alongside, by, past, amiss* (*παρ-ακούω misunderstand*). [para-, par-]

e) **περί** *around* (on all sides), *about:*

α) Genitive: *about, concerning:* **τοῦ πέρι**[1]; *what about?*

[1] *περί* often follows its noun, in which case it is accented on the first syllable.

β) Dative: **περὶ τοῖς τραχήλοις** *about their necks;* **κυβεύειν περὶ τοῖς φιλτάτοις** *to take risks with one's dearest possessions.*

γ) Accusative: **περὶ Πελοπόννησον** *around the Peloponnesus;* **οἱ περὶ Κῦρον** *Cyrus and his followers.*

In compounds: *around, beyond* (*περί-ειμι excel, survive*), *exceedingly* (*περι-χαρής very glad*). [peri-]

f) **πρός** *at, by* (*fronting*), *near:*

α) Genitive: **πρὸς θεῶν** *by the gods!* **γενόμενος πρὸς σοῦ** *taking your side;* **πρὸς τοῦ Κῦρου τρόπου** *characteristic of the way of Cyrus;* **ὁμολογεῖται πρὸς πάντων** *it is agreed by all.*

β) Dative: **πρὸς τῇ πόλει** *near the city;* **πρὸς τούτοις** *in addition to these things, besides.*

γ) Accusative: **πρὸς τὸ φῶς** *to the light;* **πρὸς ταῦτα** *in view of these considerations.*

In compounds: *to, toward, against, in addition.* [pros-]

g) **ὑπό** (*ὑπ', ὑφ'* § 6, for *συπο* § 19; Lat. *sub*) *under:*

α) Genitive: *under, by* (of the agent or cause): **ὑπὸ γῆς** *under the earth;* **ὑπ' ἐμοῦ** *by me.*

β) Dative: **ἑστάναι ὑπὸ δένδρῳ** *to stand under a tree.*

γ) Accusative: *to* (a place) *under,* (*along*) *under, towards* or *during* (of time): **ὑπὸ τὴν γωνίᾱν ἡ πλευρᾰ ὑπο-τείνει** *the side subtends the angle;* **ὑπὸ νύκτα** *at nightfall,* also *during the night.*

In compounds: *under, behind, secretly, gradually.* [hypo-, hyp-, hyph-]

130. In addition to the prepositions proper (§§ 123–129) are the *improper* prepositions, or prepositions which are never used in composition. Examples are:

a) With the genitive: **ἄνευ** *without, apart from;* **ἐγγύς** *near;* **ἔμπροσθεν** *in front of;* **ἐναντίον** *in the presence of, before, against;* **ἕνεκα, ἕνεκεν** *on account of, for the sake of, with regard to* (usually follows its noun: *οὗ ἕνεκα on which account, σοῦ γ' ἕνεκα so far as concerns YOU*); **ἐντός** *within;* **ἔξω** *out of, beyond* (of time); **εὐθύ** *straight toward, to* (*cf. εὐθύς straight*); **μεταξύ** *between;* **ὄπισθεν** *behind;* **πλήν** *except: πλὴν ἐμοῦ except ME* (often also a conjunctival adverb: *παντὶ δῆλον πλὴν ἐμοί clear to every one except to ME*); **χωρίς** *apart from, without.*

b) With the dative: **ἅμα** *together with, at the same time with;* **ὁμοῦ** *together with, close to* (*cf. ὁμοῖος similar to*).

c) Accusative: **ὡς** *to,* of *persons* only, after verbs of *motion:* **ἀφ-ίκετο ὡς Περδίκκᾱν καὶ ἐς τὴν Χαλκιδικήν** *he came to Perdiccas and into Chalcidice.*

THE VERB

131. Ways of regarding Action; Action-stems. — Every action can be regarded in one of three ways: first, it can be thought of as *being in progress,* can be visualized, as it were, as it proceeds from step to step ("*to be writing*") [time-exposure]; or again, it can be regarded *merely as an occurrence,* its actual duration, whether long or brief, being for the time ignored ("*to write*") [snapshot]; or, thirdly, it can be thought of as *completed* ("*to have written*").

To express these three different ways of regarding action the majority of verbs in Greek form stems which are known as action-stems. The first of these is called in this book the *progressive action-stem,*[1] as the stem itself and in consequence all forms built upon it invite one to

[1] Usually, but incorrectly, called the *present* stem.

regard the action as *being in process*, thus: **γράφειν** *to be writing*, from the stem **γραφε-**; **γράφομεν** *we are writing*, from the stem **γραφο-**. **γραφε-** and **γραφο-** are both forms of the progressive action-stem (see §§ 52, 53). So **μανθαν**$^{o}/_{\epsilon}$- *being in the act of learning*, **ἐχ**$^{o}/_{\epsilon}$- *being in the act of holding* (*having*), etc. The stem which merely *names the act* is called the *aorist action-stem* (ἀ-όριστος *unlimited, undefined*); see Lesson XLVII and § 136. The third stem is the *perfect action-stem.*

In addition to these three action-stems there are two *time-stems;* namely, the *future* and the *future-perfect time-stems* (or *tense-stems*). *All of the forms built upon these two stems* (indicative, optative, infinitive, participle) *refer to future time;* see § 133.

132. Ways of regarding Action and Position in Time. — As there are three ways of regarding action (§ 131), so there are three *time* relations or *positions in time: present, past, future.* These two sets of relations *cross* each other; they are not parallel. That is to say, the time-distinctions are superimposed upon the action-distinctions (see § 133), thus: *I am writing, I was writing, I shall be writing*, etc.

133. The Tenses. — The action-stems (§ 131) do not in themselves express position in time. The indicative mood is the realm of time-distinctions, and here by adding certain prefixes or suffixes, or both, are obtained the *tenses.* These are seven in number, as follows:

Present
Past-Imperfect
Future

Past-Aorist
Present-Perfect
Past-Perfect (Pluperfect)
Future-Perfect

Of these the present, which is regularly a present-progressive, and the past-imperfect (or past-progressive), usually called merely the imperfect, are both formed on the progressive action-stem. The future is formed on a future-tense stem, as is also the future-perfect (§ 131, end). The past-aorist, usually termed merely the aorist, is formed on the aorist action-stem: **ἔγραψα** *I wrote.* Theoretically there should have been formed also a present-aorist corresponding to our "*I write.*" Perhaps such a form is found in **φη-μί** *I declare, say.* For the tenses of the perfect action-stem see §§ 137, 138.

The scheme of stems, tenses, and moods is set forth in § 79.

Uses of the Action-stems and the Tenses

134. The *present tense* (§ 133) is in general employed in Greek exactly as in English, but the *historical* present is far more common in Greek: **κήρυκας πέμπει** *he sends* (for *he sent*) *heralds.* Sometimes an *attempted* action is expressed: **πείθουσιν ὑμᾶς** *they are trying to persuade you.*

With **πάλαι** *long ago*, or any other expression of past time, a verb in the present has the force of a present and perfect combined: **πάλαι ταῦτα μανθάνομεν** *we have long been (and still are) learning these (things).*

135. The *past-imperfect* tense denotes a *continued* or *customary* or *repeated* or *attempted* action in the past.

The particle **ἄν** sometimes accompanies the past-imperfect when it denotes customary action (see § 145): **ἐποίουν ἂν τὸν ὗν οὐδὲν κακόν** *they would (were accustomed to) do the boar no harm.*

With a negative the past-imperfect often denotes *resistance, refusal*, etc. (*would not, could not*): **οὐκ ἐπείθοντο** *they would not be persuaded.*

136. The function of the *aorist action-stem*, as stated in § 131, is to refer to an action merely as an occurrence, its actual duration being ignored. The *past-aorist indicative* refers to an action as occurring in past time; but other forms built upon the aorist stem do *not* refer to past time, thus: Indic. **ἔγραψα** *I wrote;* Subj. **ταῦτα γράψωμεν** *let us write this;* Opt. **μὴ ταῦτα γράψαιμι** *may I not write this?* etc.[1] See further § 84, Lessons XLVII and LIII, and especially Exercises 35 and 38.

The aorist often denotes the beginning of an action or state: **ἐβασίλευσα** *I became king*, **βασιλεῦσαι** *to become king*, **γελάσᾱς** *with a laugh* (i.e. *bursting into laughter*). This is called the *inceptive* aorist.

Not infrequently the past-aorist indicative is used as a *present* to denote a fact of experience or a general truth (*gnomic* aorist): **ὁ κόσμος σκηνή, ὁ βίος πάροδος· ἦλθες, εἶδες, ἀπ-ῆλθες** *the world's a stage, life's the entrance; you come (in), you behold, you depart.*

Sometimes, too, the past-aorist indicative is used in *impatient* or *eager* questions (where English employs a *present*): **τί οὖν οὐ καὶ Πρόδικον ἐκαλέσαμεν;** *why then don't we call Prodicus also?*

Occasionally the past-aorist, like the past-imperfect, is employed with **ἄν** to express repetition: **εἶπεν ἄν** *he used to say.*

137. The *perfect action-stem* invites one to regard the action as completed (§ 131). In the indicative it forms three tenses (§ 133).

[1] In *indirect discourse* the aorist optative and the aorist infinitive *do* refer to past occurrences (see § 179, 1 c), but these are secondary and special usages and do not affect the general correctness of the statement made above. For the use of the aorist participle with reference to a *prior* action see Exercise 35.

In Greek the *perfect emphasizes the enduring result* of the action: **ἐγρήγορα** *I am awake;* **ἐγρηγορέναι** *to be awake;* **τέθνηκα** *I am dead;* **τεθνάναι** *to be dead;* **μέμνημαι** *I remember;* **πέφρῑκα** *I shudder;* **κέκρᾱγα** *I am bawling, bawling* (*intensive* perfect); whereas in English the emphasis is rather upon the *completion* of the action: *I have waked up*, etc.; see Exercise 36.

In a great many instances, to be sure, the Greek perfect corresponds closely to the English perfect: **πεποίηκα** *I have made;* but usually even here the *enduring effect* of the action is still more or less prominent.

Note the following (see §§ 65–67):

ἀπ-όλωλα *I perish, I am lost* (*ἀπ-όλλῡμι destroy, lose*).
γέγονα *I am* (by birth) (*γίγνομαι be born, become* (*γεν- γον- γα-*)).
δέδια and **δέδοικα** *I fear* (*δϝει- δϝοι- δϝι-*).
ἔγνωκα *I have come to recognize, I know* (*γιγνώσκω recognize* (*γνω- γνο-*)).
ἐγρήγορα *I am awake* (*ἐγείρω awaken* (*ἐγερ- ἐγορ- ἐγρ-*)).
εἴωθα *I am accustomed.*
ἔοικα *I resemble;* **ἔοικε** *it is likely* (*εἴκω resemble* (*ϝεικ- ϝοικ- ϝικ-*)).
ἕστηκα *I stand;* § 87.
οἶδα *I know;* § 95 (*ϝειδ- ϝοιδ- ϝιδ-*).
ἐπι-λέλησμαι *I forget* (*ἐπι-λανθάνομαι forget* (*ληθ- λαθ-*)).
κέκτημαι *I have, possess* (*κτάομαι acquire*).
μέμνημαι *I remember* (*μιμνῄσκω remind*).

138. The *past perfect* (*pluperfect*), like the present perfect, emphasizes the *enduring result.* In English the pluperfect is constantly used where Greek employs an aorist; hence in Greek the pluperfect tense is comparatively infrequent.

For the *future perfect* middle see § 68; the future perfect active is extremely rare.

139. The *future tense* refers to future time; it is formed upon a *time-stem* (§ 133). The future is used familiarly to express a command: **αὐτὸς γνώσει** *you yourself will judge* (*γιγνώσκω*). So with **οὐ** in questions: **οὐ βαλεῖς;** *will you not pelt* (*him*)?

For **ὅπως, ὅπως μή** with the future indicative, see § 149.

The Voices

140. The conjugation of the Greek verb includes *three* voices: active, middle, and passive. Of these the active and passive require no explanation.

The *middle* voice lies between the other two and is essentially a *reflexive* (*cf. I teach myself, I make myself stop, je me doute*). It represents the subject as *acting upon himself*, or *in some manner that directly or indirectly affects himself:*

1) **παύομαι** *I make myself stop, I cease* (*cf.* active *παύω* *I make* (another) *stop*).
   τρέπομαι *I turn myself, turn* (A. *τρέπω* *turn* (another, etc.).
   φαίνομαι *I show myself, appear* (A. *φαίνω* *show forth*).
2) **γράφομαι** *I write for myself* (A. *γράφω* *write*).
   ἀπο-γράφομαι *I copy for myself* or *I have a copy made* (A. *ἀπο-γράφω* *copy*).
   φέρομαι *I carry* (*off*) *for myself, win* (a prize) (A. *φέρω* *bear, bring*).

In some instances the original difference between the active and middle has faded: **λάμπω** (or *λάμπομαι*) *shine, be bright.*

141. Many verbs have only middle forms in the present (including all forms built upon the progressive action-stem). These are known as *deponent verbs* (*cf.* Lat. *morior*, *sequor*): **βούλομαι** *wish*, *be willing* (never *βούλω* in classical Greek); **δέχομαι** *receive* (*take to one's self*). Although the *forms* are middle, the *meanings* are active or intransitive.

Deponent verbs usually have middle forms also in the future and perfect; but in the *aorist* some have middle forms (known therefore as *middle deponents*), others have *passive* forms (*passive deponents*): **χαρίζομαι** *favor*, A. **ἐχαρισάμην** *I favored* (middle deponent), but **βούλομαι** *wish*, A. **ἐβουλήθην** *I wished* (passive deponent). A few have both middle and passive aorist forms: **δέχομαι** *receive*, A. **ἐδεξάμην** *I received* and **ὑπ-εδέχθην** *I was received.* See § 142 and Lesson LX; see also § 62.

142. The *passive* voice in Greek has no distinctive passive endings. In the present, future, and perfect the passive is expressed by *middle* endings: **παύομαι** *I make myself stop* or *I am made to stop.*

In the *aorist* the passive employs *active* endings; see §§ 69, 79 C.

The Moods and Their Uses

143. The moods in ancient Greek are the indicative, subjunctive, optative, and imperative (see Lesson VI). Accompanying these are the infinitive (a verbal noun in origin) and the participle (originally a verbal adjective).

The indicative is the realm of *tense-distinctions*, and there are *seven* tenses (see § 133 and §§ 134–139). In contrast with the seven tenses of the indicative, there are only *three* subjunctives, optatives, and imperatives: those formed, namely, upon the progressive, aorist, and perfect action-stems, respectively (but the perfect forms are not common, the imperative being even rare). The differences in *meaning* between these three sets of forms grow out of the fundamental meanings of the action-stems (§ 131). They do not differ in tense. *There are no tenses of the subjunctive, optative, or imperative.* This is a fact of cardinal importance in Greek syntax; thus: **γράφωμέν τι** *let us be writing something* (progressive); **γράψωμέν τι** *let us write something* (aorist); **γράφε τι** *be writing something* (progressive); **γράψον τι** *write something* (aorist). See further § 84 and Exercises 35 and 38. Future stems *never* form subjunctives or imperatives, and future optatives are rare and are employed *only in indirect discourse* to represent a future indicative after a past tense (see § 179, II B).

All of the action- and tense-stems form both infinitives and participles: progressive, future, aorist, perfect, and future perfect. See §§ 172, 173.

144. There are two negatives (see Lesson VI): **οὐ** (*οὐκ*, *οὐχ*) and **μή** (*cf.* Lat. *non*, *nē*). These are used in general as follows: **οὐ** with the indicative and *potential* optative (§ 163), sometimes also with the infinitive (§ 172) and the participle (§ 173); **μή** with the subjunctive, optative of *wish* (§ 162) and also with the infinitive and participle (§§ 172, 173). For **οὐ μή** see § 159; for **μὴ οὐ**, §§ 150, 158, 160 c, 180 b.

For compounds of **οὐ** and **μή**, see Lesson XIX, also § 180 a.

145. The adverbial particle **ἄν** is employed with the indicative, the optative, and the subjunctive to limit the meanings of these moods. It is used in

I. *Independent* clauses:

A. with the *past tenses* of the *indicative:*

a) to denote *unreality:* **ἴση ἂν ἦν καὶ ἡ γωνίᾱ· οὐκ ἔστι δέ** *the angle also would be equal; but it is not.* **τί ἂν εἶπες;** *what would you have said?* See further § 152.[1]

b) to denote *past potentiality*, *past probability*, etc. [past potential]: **εἶπον ἄν** *I might have said;* **οὐκ ἂν ᾤοντο** *they could not have thought.*

c) with the aorist and past-imperfect indicative to express repeated or customary past action (§§ 135, 136 (end)).

B. with the *optative* (never future optative) to express the opinion of the speaker (or writer) as an opinion [potential optative]: **οὕτως ἂν ἔχοι** *it may be so.* See further § 163.

II. *Dependent* clauses: in conditional, relative, and temporal (sometimes also final) clauses with the subjunctive. Here **ἄν** attaches itself to the subordinating conjunction, so that the subjunctive in such clauses is regularly introduced by **ἐᾱ́ν** (= *εἰ ἄν*, often contracted to *ἤν* or *ᾱ̓́ν*) *if*, **ὃς ἄν** and **ὅστις ἄν** *whoever*, **ὅπου ἄν** *wherever*, **ὅταν** (= *ὅτε ἄν*) and **ἐπειδάν** (= *ἐπειδὴ ἄν*) *whenever*, and the like. See §§ 167, 170.

See further § 179, I b.

Uses of the Indicative

146. The indicative mood is employed in simple declarations of fact, questions, and exclamations; also in simple

[1] Unreality may be indicated also by ἔδει, χρῆν (or ἐχρῆν) *it was necessary*, ἐξ-ῆν *it was permitted*, etc.

conditional (§ 166 A), relative (§ 166 B), and temporal (§ 170) clauses, and with ἄν (§ 145). Other uses are treated in §§ 147–153.

147. a) Clauses introduced by ὅτι, ὡς, ὅπως *that*, (*how*) *that*, διότι *because*, ὡς *as*, ἐπειδή, ὅτε, ὁπότε *since*, have the indicative (or the potential optative, § 163). The negative is normally οὐ.

b) Some verbs expressing *surprise*, *delight*, *indignation*, *pity*, etc., are followed by a clause with the indicative, introduced by εἰ (neg. *εἰ μή*) *if* (*if not*), = English *that* (*that not*): ἀγανακτῶ εἰ ἃ νοῶ μὴ οἷός τ' εἰμὶ εἰπεῖν *I am indignant that I am not able to say what I mean.*

These verbs are sometimes followed by ὅτι or ὡς *that.*

148. Verbs signifying *care for*, *strive for*, *effect*, etc., are followed by the *future* indicative (rarely the subjunctive) introduced by ὅπως (*how*) *that* (neg. *ὅπως μή*): ὅρᾱ ὅπως ἐπικουρήσεις μοι *see to it that you aid me.*

149. Ὅπως and ὅπως μή with the *future* indicative are frequently used in Attic Greek (without an introductory verb, see § 148) to express a *command* or a *prohibition:* καὶ ὅπως μὴ ἐξ-απατήσει ἡμᾶς *and let him not deceive us.*

150. Verbs expressing *fear*, *caution*, etc., are followed by μή *lest* (neg. *μὴ οὐ*) with the present and past tenses of the indicative when they refer to objects of fear which are *present* or *past* (see further § 160 c): ὅρᾱ μὴ παίζων ἔλεγεν *beware lest he was speaking in jest.*

151. Ὥστε *so as to*, *so that* is followed by either the infinitive or the indicative. With the infinitive (neg. *ὥστε μή*) the result is presented as a *tendency:* ὥστε ἰδεῖν

so as to see; with the indicative (neg. *ὥστε οὐ*), as an *end attained:* **ὥστε οὐδὲν εἶδον** *so that I saw nothing.*

152. *Unreal* or *Contrary to Fact* Conditional Sentences have in the protasis **εἰ** with a *past* tense of the *indicative,* in the apodosis a *past* tense of the indicative with **ἄν** (§ 145).

The past-imperfect is used of unreality in the present, or of an act or state conceived as continuing in the past (prot. *were, had been;* apod. *would be, would have been*); the aorist, of a simple occurrence in the past (prot. *had;* apod. *would have*); the pluperfect (*very* rare), of an act completed in past time (*would have had*). Thus: **εἰ ἀληθῆ ταῦτ' ἦν, ἔλεγον ἄν σοι** *if this were true, I should tell you.* **εἰ ἀληθῆ ταῦτ' ἦν, εἶπον ἄν σοι** *I should have told you.*

153. *Hopeless* Wishes are expressed by

a) a past tense of the *indicative* preceded by **εἴθε** or **εἰ γάρ** *oh that!* The negative is **μή**, and the distinction between the tenses is the same as above (§ 152).

b) **ὤφελον** *I ought* (aorist of *ὀφείλω I owe*), with the infinitive: **τοῦτο μὴ ὤφελον ποιεῖν** *would that I were not doing this!* **τοῦτο μὴ ὤφελες ποιῆσαι** *would that you had not done this!*

c) **ἐβουλόμην ἄν** or simply **ἐβουλόμην** followed by an infinitive: **ἐβουλόμην ἂν αὐτοὺς ἀληθῆ λέγειν** *I should like it if they (= would that they) were speaking the truth.*

Uses of the Subjunctive

154. The uses of the subjunctive (§ 143) in standard Attic Greek are *seven* in number, as follows:

A. Independent Clauses:

1. *Exhortation;* neg. **μή**. § 155.
2. *Question of Appeal;* neg. (rare) **μή**. § 156.
3. *Prohibition* (*μή* with aorist subjunctive). § 157.
4. *Modest Assertion;* neg. **μὴ οὐ**. § 158.
5. *Emphatic Future* (*οὐ μή* with aorist subjunctive). § 159.

B. Dependent Clauses:

6. *Conditional and relative clauses;* neg. **μή**. § 167.
7. *Final and object clauses;* neg. **μή** (*μὴ οὐ*). § 160.

155. In Greek, as in Latin, the first person plural of the subjunctive is constantly employed to express *exhortation.* The negative is **μή** (compare Lat. *nē*), thus:

γράφωμεν *let us be writing! scrībāmus!*	**μὴ γράφωμεν** *nē scrībāmus!*
εἴπωμεν *let us say!*	**μὴ εἴπωμεν.**

156. In Greek, as in Latin, the first person of the subjunctive (singular or plural) is employed in *questions of appeal* or *deliberative questions.* Questions with the subjunctive *always* expect an answer in *imperative* form. The negative (rare) is **μή**: **τί γράφω;** *what am I to be writing?* **τί εἴπωμεν;** *what are we to say?*

a) Questions with the subjunctive are often introduced by **βούλει** or **ἆρα βούλει** *do you wish?* (pl. *βούλεσθε* or *ἆρα βούλεσθε*): **ἆρα βούλει** (or *ἆρα βούλεσθε*) **τόδε εἴπωμεν;** *shall we say this?*

157. Negative command is expressed by **μή** with

a) the *imperative* of the *progressive action stem*, or
b) the *subjunctive* of the *aorist action stem:*

a) **μὴ μάνθανε** *do not be learning!*
β) **μὴ μάθῃς** *do not learn!* (*not μὴ μάθε*).

μήποτε λάβῃς γυναῖκας εἰς συμβουλίᾱν *never take women into* (*your*) *counsel* (Menander).

158. The subjunctive introduced by **μή** may express a *cautious* or *modest assertion*, a suspicion that something *may* be true, or the like. The negative is **μὴ οὐ**: **ἀλλὰ μὴ ἀληθῆ ταῦτ' ᾖ** *but I suspect that this may be true* (*ah, lest this be true!*) **μὴ οὐκ ἀληθῆ ταῦτ' ᾖ** *this may not be true.*

159. The subjunctive (generally of the aorist action-stem) preceded by **οὐ μή** is sometimes employed as the equivalent of an emphatic future indicative with **οὐ**: **ταῦτά γ' οὐ μὴ γένηται** *this shall NOT come to pass.*

160. The subjunctive is employed in *final* and *object* clauses:

a) Pure final clauses (expressing *purpose*) introduced by **ἵνα, ὡς, ὅπως** *that, in order that* (neg. *μή*).

βάδιζε τὴν εὐθεῖαν, ἵνα δίκαιος ᾖς *keep to the straight path, that you may be honest.*

b) Temporal final clauses introduced by **ἕως ἄν** *until*, **οὐ — πρὶν ἄν** *not before, until* (neg. *μή*).

οὐκ ἀνα-μένουσιν ἕως ἂν ἡλικίᾱν ἔχῃς *they do not wait until you become of age.* See also § 170, 3.

c) Object clauses introduced by **μή** (neg. *μὴ οὐ*) following verbs and expressions of *fear, caution*, etc.

μὴ σπεῦδε πλουτεῖν, μὴ ταχὺς πένης γένῃ *hasten not to be rich, lest quickly you become poor.* **δέδοικα μὴ ἐπι-λαθώμεθα τῆς οἴκαδε ὁδοῦ** *I fear lest we may forget the way home.*

Uses of the Optative

161. The uses of the optative mood (§ 143) in standard Attic Greek are *four* in number, as follows:

A. Independent Clauses:

1) *Wish* (neg. *μή*), § 162. 2) *Potential* (optative with *ἄν* (neg. *οὐ*)), § 163.

B. Dependent Clauses:

3) *Conditional and relative clauses* (neg. *μή*), § 168.

4) In *indirect discourse*, etc., after a *past* tense or by assimilation to another optative (neg. *μή* or *οὐ*), §§ 179, II B, 164, 2–3

162. The optative expresses a *wish* — a wish whose realization is conceived, however extravagantly, to be possible. The optative of wish is frequently preceded by **εἴθε** or **εἰ γάρ** *oh that!* (neg. *μή*): **πλούσιον νομίζοιμι τὸν σοφόν** *rich may I believe the wise to be!* **εἰ γὰρ ἐν τούτῳ εἴη** *if it may only depend on this!*

163. The optative when accompanied by the particle **ἄν** (§ 145) corresponds to the English potential forms with *may*, *can*, *might*, *would*, *could*, etc., and to the Latin potential subjunctive: *credas*, *dicas*, *putes*, etc. This use is known as the *Potential Optative*. The negative is **οὐ**: **οὐκ ἂν σοφὸς εἴην** *I might not be wise.* **σμῑκροῖς πόνοις τὰ μεγάλα πῶς ἕλοι τις ἄν;** *with small labors how could one achieve great deeds?* (Euripides).

164. The optative is frequently employed as a representative of an original subjunctive or indicative

1. in *indirect discourse* after a *past* tense; see § 179, II B;

2. in *questions of appeal* and in *final* and *object* clauses (§ 160) after a *past* tense, or (less commonly) when such

a clause is dependent upon another clause containing a potential optative or an optative of wish;

Thus: ἠπόρει ὅ τι χρήσαιτο τῷ πράγματι *he was at a loss how he should deal with the matter* (orig. *τί χρήσωμαι τῷ πράγματι; how am I to deal*, etc.? § 156).

3. in *indefinite relative* and *temporal* clauses when these are dependent upon another clause containing a potential optative or an optative of wish. See the last selection (*εἴη ὅσον . . . δύναιτο*) in Lesson LXXX.

In all of these cases the use of the optative is *optional*, not obligatory, and *the original mood is frequently retained*, except in those clauses mentioned under 3), where the optative is normal. When the optative is employed in this way as a representative of the subjunctive, the ἄν, which in many instances accompanies the subordinating conjunction when the subjunctive follows (§ 145), disappears, and

ἐάν (*ἄν*, *ἤν*) becomes εἰ
ἕως ἄν becomes ἕως
οὐ πρὶν ἄν becomes οὐ πρίν
ὅστις ἄν becomes ὅστις
ἐπειδάν becomes ἐπεί
ὅταν becomes ὅτε, etc.

Conditional and Relative Sentences

165. A. Conditional clauses are regularly introduced by εἰ *if*, followed by the *indicative* or the *optative*, or by ἐάν (= *εἰ ἄν*) *if*, followed by the *subjunctive*. In the conclusion any form of the verb, that may in itself or with its modifiers constitute a complete sentence, is permitted; provided only that the combination of the two clauses is intelligible. The negative of the conditional clause is regularly μή.

B. Relative clauses are introduced by relative pronouns or adverbs, such as: **ὅς** *who*, **ὅστις** *whoever*, **οὗ**, **ὅπου** *where*, **ὅθεν**, **ὁπόθεν** *whence*, **ὅποι** *whither*, **ὡς** *as*, and the like. The antecedent of the relative may be either a) definite, or b) indefinite.

a) When the antecedent is *definite* the relative clause may take any form that occurs in an independent sentence, the negative being either **οὐ** or **μή** according to the character of the construction employed: **ἃ οὐκ οἶδεν** (*matters*) *which he does not know.* **ὃ μὴ γένοιτο** *may this not come to pass!* (§ 162).

b) When the antecedent is *indefinite*, the relative clause is general or indefinite in its reference, and such clauses are known as indefinite or conditional relative clauses. The negative is regularly **μή**, and the modal types are in general the same as those employed in conditional clauses (see above). Hence conditional clauses with **εἰ** (*ἐάν*) and indefinite relative clauses are treated together, and that under three heads: those with (a) the indicative (§ 166), (b) the subjunctive (§ 167), and (c) the optative (§ 168).

Many *temporal* clauses have the same modal constructions as indefinite relative clauses, but for convenience their treatment is deferred to § 170.

166. Conditional and Relative Clauses with the Indicative.

A. Conditional clauses (§ 165 A) have **εἰ** with any tense of the indicative. The apodosis may be of any form that makes sense when combined with the protasis: **ἀλλ᾽, εἰ βούλει, μένε** *but if you prefer, remain.*

a) The *future* indicative with **εἰ** generally expresses a *threat*, a *warning*, or the like; the conclusion may be of

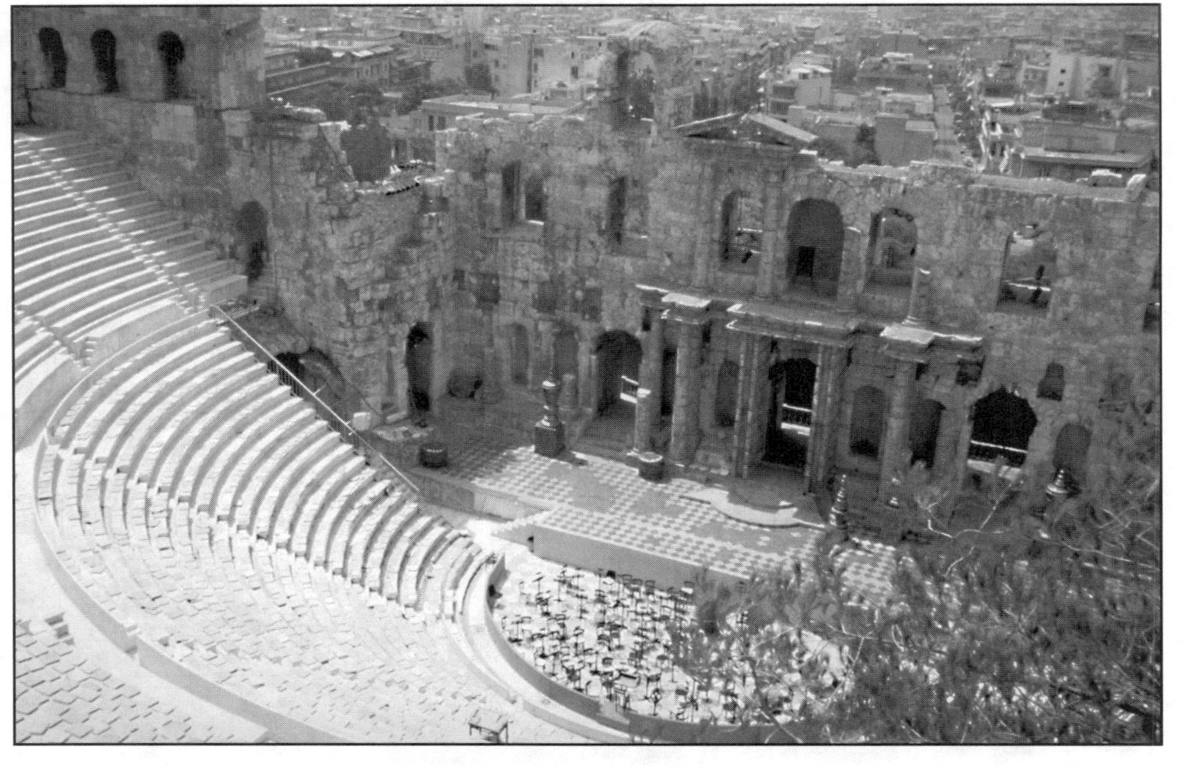

Theater of Herod Atticus, Acropolis

Church, Oia, Thera

any form: εἰ μὴ καθ-έξεις γλῶσσαν, ἔσται σοι κακά *if you won't hold your tongue, you will have trouble.*

For *unreal* conditions see § 152; for *object* clauses with εἰ, § 147 b.

B. Relative clauses (§ 165 B) with the indicative may have either a definite or an indefinite antecedent, the negative being οὐ in the former case, μή in the latter. The main clause may have any reasonable form: ὃν οἱ θεοὶ φιλοῦσιν, ἀπο-θνῄσκει νέος *whom the gods love dies young* (Men.). ὃ μὴ βλαβερόν ἐστι, βλάπτει; *does that which is not injurious injure?*

167. Conditional and Relative Clauses with the Subjunctive. — When the *subjunctive* is employed in conditional and indefinite relative clauses, the introductory word is in standard classical Greek regularly accompanied by the adverb ἄν (§ 145). The subjunctives of the progressive and the aorist action-stems are most common; see § 143.

A. Conditional clauses with the subjunctive are introduced by ἐάν (ἄν, ἤν) = εἰ ἄν. The subjunctive corresponds exactly to the subjunctive in similar clauses in English (but *not* in Latin): ἐὰν ταῦτ' ἀληθῆ ᾖ *if these things be true.*

The apodosis most frequently has either (a) the *present* indicative, or equivalent (*universal* or *general* conditions), or (b) the *future* indicative, or some other form of expression referring to the future (simple *future* conditions):

a) ἐάν τις φίλους ἔχῃ, εὐδαίμων ἐστίν *if one have friends, he is fortunate.*

b) ἐάν τις δίκαιος ᾖ, πλοῦτον οὔποτ' ἕξει *if a man be honest, he will never have wealth.*

B. Relative clauses with the subjunctive are introduced by **ὃς ἄν, ὅστις ἄν, ὅπου ἄν,** κτλ. (see § 145). The types of clause-combinations are the same as above (A): **διακωλύουσί σε τοῦτο ποιεῖν, ὃ ἂν βούλῃ;** *do they prevent you from doing whatever you wish?*

See also § 169 a.

168. CONDITIONAL AND RELATIVE CLAUSES WITH THE OPTATIVE. — When the *optative* is employed in conditional and indefinite relative clauses (*definite* relative clauses do not have either the optative or the subjunctive), the introductory word is the same as it would be if the *indicative* were used, *i.e.* **εἰ, ὅς, ὅστις,** κτλ. The optative corresponds to the English *would*, *should*, etc., and to the Latin present and perfect *subjunctive* in conditions.[1] The most frequent form of apodosis in optative conditions is the potential optative (§ 163) exactly as in the English sequence: *should — would.* See further § 169 b.

A. Conditional clauses: **εἰ ἀναγκαῖον εἴη ἀδικεῖν ἢ ἀδικεῖσθαι, ἑλοίμην ἂν μᾶλλον ἀδικεῖσθαι ἢ ἀδικεῖν** *if it should be necessary either to do wrong or to be wronged, I should choose to be wronged rather than to do wrong* (Plato).

B. Indefinite relative clauses: **ὀκνοίην ἂν εἰς τὰ πλοῖα ἐμ-βαίνειν ἃ ἡμῖν Κῦρος δοίη** *I should hesitate to embark in the vessels that Cyrus might give us.*

169. Many conditional and indefinite relative sentences are *general* or universal in their reference. These are of two classes: those which refer (a) to the *present* (*i.e.* universal present, (b) to the *past*, and are usually known as

[1] The subjunctive in conditions in Latin is an *optative*, not a subjunctive.

present (or *past*) *general* conditional (or indefinite relative) sentences.

a) *Present* general conditional and indefinite relative sentences have the *present indicative* (or equivalent) in the main clause, while the conditional or relative clause has either the *present indicative* with **εἰ, ὅς, ὅστις,** *κτλ.*, or the *subjunctive* with **ἐάν, ὃς ἄν, ὅστις ἄν,** *κτλ.*, § 167: **πάντ' ἔστιν ἐξ-ευρεῖν, ἐὰν μὴ τὸν πόνον φεύγῃ τις** *it is possible to find out all things, if one shun not the toil.* **εἰ θεοί τι δρῶσιν** (pres. ind.) **αἰσχρόν, οὐκ εἰσὶν θεοί** *if gods do anything disgraceful, they are not gods* (Euripides).

b) *Past* general conditional and indefinite relative sentences have the *past-imperfect indicative* (or equivalent, *i.e. gnomic* aorist (§ 136), past-imperfect with **ἄν** (§ 135), or aorist with **ἄν** (§ 136)) in the main clause, and the *optative* introduced by **εἰ, ὅς, ὅστις,** *κτλ.* in the conditional or relative clause: **εἴ που ἐξ-ελαύνοι, ἐφ' ἵππου χρῡσοχαλίνου περι-ῆγε τὸν Κῦρον** *if he rode out anywhere, he would take Cyrus about on a horse with a golden bridle.*

The meaning of the optative in such a sentence is the same as that discussed in § 168; the protasis presents the situation as a *vague supposition: supposing the one thing to happen, the other always happened.* See further, temporal clauses of *indefinite frequency*, § 170.

Temporal Sentences

170. Temporal clauses refer to a time that is either

1) *prior* to that of the main clause; such clauses are introduced by **ἐπεί, ἐπειδή** (*when* =) *after, after that;* **ἐπεὶ πρῶτον, ἐπεὶ τάχιστα, ὡς τάχιστα** *as soon as*, and the like; or

2) the *same* as that of the main clause; introduced by

ὅτε, ὁπότε, ἡνίκα *when;* **ἕως, μέχρι** *as long as;* **ἕως, ἐν ᾧ** *while*, and the like; or

3) *subsequent* to that of the main clause; introduced by **ἕως, μέχρι, μέχρι οὗ, ἔστε, ἐς ὅ**, and the like, all meaning *until;* **οὐ πρίν** *not before = until*, **οὐ πρότερον ἤ** *not sooner than = until.*

Sentences of the last type (3) refer, again, either

a) to the *past:* **ἔμειναν ἕως ἀφ-ίκοντο οἱ στρατηγοί** *they waited until the generals arrived;* or

b) to the *future:* **μένωμεν ἕως ἂν ἀφ-ίκωνται οἱ στρατηγοί** *let us wait until the generals arrive.*

The temporal clauses in sentences of the last class (3 b) have the construction of *final* clauses (§§ 160; 164, 2; 179, II B, c).

All other temporal clauses have the construction of ordinary *conditional* and *relative* clauses (§§ 165–169):

Indicative: **ἐπειδὴ ἦν δεκαετὴς ὁ παῖς** *when the boy was ten years old.* **οὐκ ἀπ-ῆλθον πρὶν ταῦτ' εἶπον** *they did not depart until they (had) said this.*

Subjunctive (regularly with *ἄν*): **ἐπειδὰν οἴκαδ' ἔλθῃς παρὰ τὴν μητέρα, ἐκείνη σε ἐᾷ ποιεῖν ὅ τι ἂν βούλῃ, ὅταν ὑφαίνῃ** *whenever you return home to your mother, SHE permits you to do whatever you wish, whenever she is weaving.*

Optative: **ἐπειδὴ αὐτὸς ἀνα-στρέφοι, περι-εσχίζοντο οὗτοι οἱ ἐπήκοοι ἔνθεν καὶ ἔνθεν** *whenever he (himself) would turn back, these who were listening would open ranks on this side and on that.*

The last example illustrates the temporal sentence of *indefinite frequency* in the *past* (*cf.* § 169 b); the example under the subjunctive, the temporal sentence of *indefinite frequency* in the *present* (§ 169 a).

In conclusion be it observed that **πρίν** means *before* and is followed by the *infinitive:* **πρὶν ἰδεῖν** *before seeing;* **πρὶν ταῦτ' ἐρωτᾶν** *before asking this;* but that **οὐ πρίν** (*not before* =) *until* is followed by the *indicative* when the reference is to *past* time (see above), but the *subjunctive* when the reference is to *future* time or to the universal present; and that **ἕως, μέχρι,** and the like have two meanings: (a) *as long as*, (b) *until*. In the former case their clauses have the constructions allowed in clauses introduced by **ἐπεί, ὅτε,** etc.; in the latter case, the constructions introduced by **οὐ πρίν.**

Uses of the Imperative

171. The *imperative* expresses commands and prohibitions, the latter with **μή** or one of its compounds. There are three imperatives: progressive, aorist, and perfect (not common).

The imperative is frequently preceded by **φέρε, φέρε δή, ἄγε, ἄγε δή, ἴθι, ἴθι δή, φέρε νυν,** etc. *come! come now!*

In prohibitions the *aorist* imperative is not ordinarily used, but the aorist *subjunctive* with **μή** instead (§ 157).

Uses of the Infinitive

172. The *infinitive* was originally a verbal noun, many of whose uses are exactly like those in English. We may note the following:

I. Infinitive in *indirect discourse* (negative usually *οὐ*), § 179, I.

II. Infinitive not in indirect discourse (negative usually *μή*).

When the infinitive has a subject expressed, it is regularly in the *accusative* case.

a) as a *noun:* **θανεῖν γλύκιστον** *to die is sweetest* (Bacchylides).

In this use the infinitive is often preceded by the *neuter* forms of the article (*τό, τοῦ, τῷ, τό*), and when so used is known as the *articular infinitive:* **τὸ μὴ κακῶς φρονεῖν θεοῦ μέγιστον δῶρον** *a sound mind* (i.e. *to have a good understanding*) *is heaven's greatest gift* (Aeschylus).

b) as a complement of a verb: **αἰσχῡ́νομαι ῡ̔μῖν εἰπεῖν τἀληθῆ** *I am ashamed to tell you the truth.*

Note especially

α) **μέλλω** *I am about to, intend to, am* (*destined*) *to, am likely to* with the future or progressive (rarely aorist) infinitive.

β) verbs of *hoping, expecting, promising*, etc., with the future (also with the aorist or the progressive) infinitive.

γ) verbs of *preventing*, etc., with the infinitive.

c) as a complement of an adjective, adverb, or noun: **δεινὸς λέγειν** *skilled in speech.* **ἀγαθὸς ἱππεύεσθαι** *good at riding.* **κάλλιστα ἰδεῖν** *in a manner most beautiful to behold.* **ὥρᾱ ἀπ-ιέναι** *it is time to be going away.*

Note especially **οἷος** and **οἷός τε** *fit, able:* **οὐχ οἷοί τ' ἐγενόμεθα ἐξ-ευρεῖν** *we were not able to find out.*

d) to express *purpose:* **μανθάνειν ἥκομεν** *we have come to learn.*

e) with **ὥστε** (*ὥστε μή*) to express *result*, § 151.

f) with **πρίν** *before:* **πρὶν ἀκοῦσαι** *before hearing*, § 170 end.

g) in an *absolute* construction (*absolute infinitive*): **ὡς ἔπος εἰπεῖν** *so to speak, I may say*, etc. **ἐμοὶ δοκεῖν** *as it seems to me.* **ὀλίγου δεῖν = ὀλίγου δεῖ** *almost* (§ 116 b).

h) in *exclamations:* **ἐμὲ παθεῖν τάδε** *to think that I should suffer this!*

i) to express a *command* or *wish* (chiefly in poetry).

Uses of the Participle

173. The *participle* plays a most important rôle in Greek syntax. In origin an adjective, it combines in its uses adjective and verb, exactly as the infinitive combines verb and noun. The three action-stems and the two time-stems (§§ 131–133) all form participles and there are *eleven* in all. See § 143, Lessons XLVII, LIII, and Exercises 35 and 38.

The negative is regularly **οὐ**; but when the participle has a *general* or *conditional* force and in certain special cases the negative is **μή**.

The uses of the participle are

I. those in which the adjectival character of the participle is more prominent (*Attributive Participle*).

II. those in which the participle more nearly approximates a finite verb:

A. *Circumstantial*. B. *Supplementary*.

The distinctions between these uses is not always absolute.

174. In its *attributive* use the participle has the functions of an adjective. It is used either with or without the article: **τὰ παρ-όντα ἀγαθά** *the present blessings ;* **θύρᾱ ἀν-εῳγμένη** *an open door* (i.e. *standing open*).

Note especially the use of the participle with the article, the noun being omitted (*cf.* *τὸ καλόν*, *οἱ πολλοί*, § 103 d). The corresponding expressions in English are *the one who*, *he who*, *they who*, etc. (*cf.* Exercise 18) : **ὁ ἐπ-αΐων** *the one who understands*, *the expert*. **ὁ μὴ ἀδικῶν** *whoever does no wrong*. **τὰ λεχθέντα** *the things that were said.*

175. In its *circumstantial* use the participle is added to a noun or pronoun and expresses *circumstance*, *manner*,

means, *cause*, *purpose* (usually *future* participle), *condition*, or *concession:* γελάσᾱς ἔφη *he said with a laugh* (see Exercise 35). νέος ὢν ἀκούειν τῶν γεραιτέρων θέλε *as you are young* (*when young*, etc.) *be willing to heed your elders* (Men.). ᾔει παρα-καθ-ιζησόμενος *he came to sit down beside us.* ταῦτα ποιήσᾱς ἀπ-ῆλθεν *having done this he went away.*

Note especially

a) Certain participles of *time* and *manner* are often used with an adverbial force; such are: ἀρχόμενος *in the beginning, at first;* τελευτῶν *finally;* φέρων *hastily;* ἔχων *continually;* etc.

b) Similarly ἔχων, ἄγων, φέρων, λαβών, etc., may often be translated *with.*

c) μεταξύ *in the midst*, ἅμα *at the same time*, εὐθύς *straightway*, and similar expressions often attach themselves to a participle, although grammatically they belong with the finite verb: μεταξὺ παίζων εἰσ-έρχεται *he came in in the midst of his play* (*while playing*).

d) A *concessive* participle is frequently preceded by καίπερ *although.*

e) In like manner participles expressing *cause* are often preceded by ἅτε, οἷα, or οἷον: ἅτε νέᾱ οὖσα *since she is young.* The participle is sometimes omitted: ἅτε ἔμπειρος *since you are experienced.*

f) Participles expressing *cause*, *purpose*, etc., are often preceded by ὡς *as.* This shows that the participle sets forth a *ground of belief* entertained by the subject of the main verb or of some other person mentioned prominently in the sentence: ὡς τίς γενησόμενος *with the thought* (*in the belief*) *that you are going to become what?*

g) A circumstantial participle in the *genitive* agreeing

with a noun or a pronoun is used as a *genitive absolute*, corresponding to the *ablative absolute* in Latin. The subject may be omitted when it can be easily supplied from the context: **ἡμῶν ταῦτα λεγόντων** *while we were saying these things;* **ὡς πολιορκουμένου Κροίσου** *on the ground* (see f) above) *that Croesus was being besieged.*

h) Instead of the genitive absolute an *accusative* absolute is used when the verb is *impersonal:* **ἐξ-όν** *it being permitted, since it is permitted.* **παρ-ὸν αὐτῷ βασιλέᾱ γενέσθαι** *when it was possible for him to become king.*

176. In its *supplementary* use the participle completes the idea of the main verb of the clause. It agrees either

1. with the *subject:* **οἶδα σοφὸς ὤν** *I know that I am wise;* or

2. with the *object:* **οἶδά σε σοφὸν ὄντα** *I know that you are wise.* See f) below.

Note especially the supplementary participle with

a) verbs meaning *begin, continue, cease, endure, be, appear,* and the like: **δι-άγουσι μανθάνοντες** *they are continually learning.*

b) verbs meaning *rejoice, grieve, do well, do ill,* and the like: **χαίρω ἀπο-κρῑνόμενος** *I delight in answering questions.*

c) with **τυγχάνω** *chance,* **λανθάνω** *escape observation,* **φθάνω** *anticipate,* the participle containing the main idea: **σοφὸς τυγχάνω ὤν = σοφός εἰμι. ἡ κόρη καλὴ τυγχάνει οὖσα = καλή ἐστιν. περὶ πλείονος ποιούμενοι τυγχάνομεν = π. πλ. ποιούμεθα. φονέᾱ τοῦ παιδὸς ἐλάνθανε βόσκων** *he was unconsciously supporting the slayer of his son.*

d) **δῆλός εἰμι** *I am plainly* with a participle is more common than **δῆλόν ἐστιν ὅτι** *it is clear that.*

e) **σύν-οιδα** (or *συγ-γιγνώσκω*) **μοι** (or *ἐμαυτῷ*) *I am conscious* (lit., *I know with myself*) are followed by the participle either in the nominative or in the dative: **σύν-οιδα ἐμαυτῷ μῶρος ὤν** (or *μώρῳ ὄντι*) *I am conscious of being foolish.*

f) verbs meaning *know*, *be ignorant of*, *remember*, *forget*, *show*, *hear*, *perceive*, *announce*, and similar verbs of *perception* are frequently followed by a participle (progressive, future, aorist, etc.) instead of by a clause with "*that*," as in English: **ὡς ἐπύθετο τὸν Κῦρον ταῦτα πρᾱ́ττοντα** *when he learned that Cyrus was doing these things.*

g) with certain verbs which may be followed also by the infinitive (some also by *ὅτι* and a finite verb). There is usually a difference of meaning, thus:

αἰσχῡ́νομαι (or *αἰδοῦμαι*) **λέγων** *I am ashamed at telling;* **αἰσχῡ́νομαι** (or *αἰδοῦμαι*) **λέγειν** *I am ashamed to tell.*

ἄρχομαι λέγων *I begin by telling;* **ἄρχομαι λέγειν** *I begin to tell.*

οἶδα μανθάνων *I know that I am learning;* **οἶδα μανθάνειν** *I know how to learn.*

φαίνομαι ψευδόμενος *I am plainly telling a falsehood;* **φαίνομαι ψεύδεσθαι** *I appear to be*, etc.

Uses of the Verbals

177. Many verbs in Greek form a *verbal* adjective in **-τέος -τέᾱ -τέον** which denotes *necessity* or *duty*. It is sometimes accompanied by the copula **εἰμί**, but more frequently this is omitted. There are two constructions, the negative of each being **οὐ**:

a) Personal (passive) construction. The verbal agrees with its subject in gender, number, and case, the word expressing the *agent*, if it occurs, being in the *dative* case

(§ 120 b): **οὐ πρό γε τῆς ἀληθείᾱς τῑμητέος ἀνήρ** *a man should not be honored before the truth* (Plato).

b) Impersonal (active) construction. The verbal has the neuter forms **-τέον** or **-τέα** (*ἐστί*) and equals in meaning **δεῖ** with the infinitive. The word for the agent stands in either the *dative* or the *accusative:* **ἀγαθός ἐστιν ὁ θεὸς τῷ ὄντι καὶ οὕτως λεκτέον** *in fact God is GOOD and* one *should speak so* about Him (Plato).

INTERROGATIVE SENTENCES

178. *Interrogative* sentences are of two kinds:

I. *Word* questions, *i.e.*, those which are introduced by interrogative pronouns, etc.: **τίς ;** *who?* **ποῦ ;** *where?* **πῶς ;** *how?* and the like. Frequently two or more interrogatives are used with a single verb: **τίνας οὖν ὑπὸ τίνων εὕροιμεν ἄν,** *κτλ.* *whom then* and *by whom would we find*, etc. ?

a) *Indirect* word questions (see § 179, II) are introduced either by the interrogatives indicated above or by the corresponding *indefinite relatives:* **τίς** or **ὅστις**, **τί** or **ὅ τι**, **ποῦ** or **ὅπου**, **ποῖ** or **ὅποι**, **πότε** or **ὁπότε**, etc.

II. *Sentence* questions, *i.e.*, those which are *not* introduced by an interrogative pronoun, etc., and which accordingly admit the answer *yes!* or *no!* Such questions are often introduced by the emotional particles **ἆρα** and **ἦ**, which merely heighten the tone of the question, and do not imply either an affirmative or a negative answer: **ἑλληνίζεις ;** or **ἆρ' ἑλληνίζεις ;** *do you speak Greek?*

a) *Direct* sentence questions are often introduced by

1) **οὐ, ἆρ' οὐ, οὐκοῦν, ἄλλο τι ἤ** (for *ἄλλο τί ἐστιν ἤ*), all of which imply the answer *yes:* **οὐχ ἑλληνίζεις ;** *do you not speak Greek?* **οὐκοῦν ἀγαθός ἐστιν ὅ γε θεὸς τῷ ὄντι ;** *is not GOD good then in truth?*

2) **μή**, **μῶν**, **μῶν μή**, which deprecate an affirmative reply: **μὴ ἑλληνίζεις;** *you do not speak Greek, do you?* **μῶν καὶ οὗτοί σου ἄρχουσιν;** *surely these also do not rule over you?*

b) *Indirect* sentence questions are regularly introduced by **εἰ** *if, whether* (§ 179, II): **οὐκ οἶδα εἰ ἑλληνίζεις** *I know not whether*, etc.

c) *Alternative* sentence questions are introduced

α) in the *direct* form by **πότερον . . . ἤ;** *which (of the two) . . . or? (whether) . . . or?:* **πότερον κάκῑόν ἐστιν τὸ ἀδικεῖν ἢ τὸ ἀδικεῖσθαι;** *which is worse, to do wrong, or to be wronged?*

β) in the *indirect* form by the same particles as are employed in the direct form, or by **εἰ . . . ἤ**, or **εἴτε . . . εἴτε** *whether . . . or.*

πότερον is often omitted in the direct form of an alternative question, and sometimes even in the indirect form: **ἐγρήγορας ἢ καθ-εύδεις;** *are you awake or asleep?*

INDIRECT DISCOURSE, Etc.

179. In *indirect discourse* two constructions are allowed: I, with the *infinitive;* II, with **ὅτι** or **ὡς** *that*, **εἰ** *whether*, etc., followed by a finite verb. (For the use of the participle in a manner that approximates indirect discourse see § 176 f).

I. After **φημί** *I declare, say*, and sometimes after **λέγω** *I am telling, saying*, and **εἶπον** *I said*, the main verb of the assertion stands in the infinitive (negative usually *οὐ*). The subject of the infinitive is regularly in the *accusative* case, but if it is the *same as the subject of the leading verb* it is regularly omitted and a predicate noun or adjective stands in the *nominative:* **ὁ ἀνήρ φησι σοφὸς εἶναι** *the man* *says that he is wise.* **φιλόσοφοί φαμεν εἶναι** *we declare ourselves to be philosophers.* **οὐκ ἔφη εἰδέναι** *he said he did not know.*

a) In like manner verbs of *thinking:* **οἴομαι** (*οἶμαι*), **ἡγέομαι**, **νομίζω**, **δοκέω**, are regularly followed by the infinitive, the subject and predicate being treated as above: **οἴομαι εἰδέναι** *I think I know.* **ἔδοξα ἀκοῦσαι** *I thought I heard.*

b) When the infinitive represents a *potential* (optative or indicative), **ἄν** is retained: **οὐκ ἔφη δίκαιον ἂν εἶναι** *he said that it would not be right* (= *οὐκ ἂν δίκαιον εἴη*).

c) Finally it should be observed that when an infinitive is employed in indirect discourse it is always of *the same action-stem* or *tense-stem* as that of the original verb-form (see § 131).

II. The verbs **λέγω** *I am telling, saying* and **εἶπον** *I said* are regularly followed by **ὅτι** or **ὡς** *that* and a finite verb. In like manner most verbs of *knowing, remembering, perceiving*, etc., such as **οἶδα** *I know*, **μέμνημαι** *I remember*, **πυνθάνομαι** *I learn*, which frequently are followed by a participle (§ 176 f), often allow the construction with **ὅτι** and **ὡς**. The negative is regularly the same as that which would be employed in the direct form (*οὐ* or *μή*).

A. After a *primary* tense (§ 53) the verbs that follow **ὅτι** or **ὡς** *retain their original form*, the *person* alone being changed, if necessary, exactly as in English. The same rule applies also to indirect questions (§ 178).

The *subjunctive* is *never* employed in indirect discourse in Greek unless it would have appeared in the direct form of the statement or question (*e.g.* after *ἐάν*, *ἵνα*, etc., in questions of appeal (§ 156), etc.).

B. After a *secondary* or *past* tense all verbs in an indirect statement or question may remain unchanged (the *person* alone being changed, if necessary), or, as frequently happens, an indicative or a subjunctive may be shifted to the *optative of the same action-stem or tense-stem:* **ἐπ-εχεί-ρουν ἐρωτᾶν ὁπότερος σοφώτερος αὐτῶν εἴη** *I was just on the point of asking which of them was the wiser* (*σοφώτερός ἐστι*). **ἐκέλευε τὸν ἄγγελον ἀπ-αγγέλλειν ὅτι πρότερον ἥξοι ἢ ᾿Αστυάγης αὐτὸς βουλήσεται** *he bade the messenger report that he would come sooner than Astyages himself would wish* (*ἥξω . . . βουλήσεται*).

a) An indicative with **ἄν** is never changed to the optative; a past-imperfect or pluperfect indicative, seldom. An aorist indicative in a *subordinate* clause remains unchanged.

b) When the *leading* verb becomes an *infinitive* (see I, above), verbs in subordinate clauses may be changed to the optative form after secondary tenses. Occasionally a subordinate verb is attracted into the infinitive.

c) The verbs in various dependent clauses which are not strictly in indirect discourse, but which contain or imply the thoughts of a person *other* than the speaker or writer, may be changed from indicative or subjunctive to optative after secondary tenses, exactly as if they were really in indirect discourse (II, B). Such clauses are *final* clauses with **ἵνα, ἕως ἄν, οὐ πρὶν ἄν**, etc. (§§ 160, 170, 3 b), clauses depending on an infinitive which is introduced by a verb meaning *advise*, *command*, *plan*, etc., and the like. When a subjunctive with **ἄν** is thus changed to an optative, **ἄν** disappears: **ἐπορευόμην, ἵνα, εἴ τι δέοιτο, ὠφελοίην αὐτόν** *I was going that I might aid him, if he should be in* *any need* (*πορεύομαι, ἵνα, ἐάν τι δέηται, ὠφελῶ*). See also § 164, 2.

THE NEGATIVES

180. The uses of the two negatives (*οὐ* and *μή* and their compounds; see § 144) have been generously illustrated in the foregoing paragraphs (§§ 146–179). Frequently two or more negatives are employed in the same clause, as **οὐ μή**, § 159; *cf.* also **μὴ οὐ**, § 160 c. Note especially:

a) When a negative (simple or compound) is followed in the same clause by a *simple* negative, each retains its own force; but when followed by one or more *compound* negatives, the negative is strengthened: **οὐδεὶς οὐκ ἔπασχέ τι** *there was no one who was not suffering something.* **οὐκ ἔστιν οὐδεὶς σοφός** *there is no one wise.*

b) An infinitive which would ordinarily have the negative **μή** (§ 172, II) is usually negatived by **μὴ οὐ**, if the verb upon which it depends is accompanied by a negative or is in a question with a negative idea implied.

CONJUNCTIONS, PARTICIPLES, Etc.

181. **ἀλλά** (*ἀλλ'*) *but, yet* (*cf. ἄλλος other*) marks a stronger contrast than **δέ** (§ 190) and is especially common after a negative: **οὐ μόνον . . . ἀλλὰ καί** *not only . . . but also.* It is frequent in abrupt transitions: questions, objections, commands (*well, well but, nay, nay but, etc.*): **ἴθι ἀλλ' ἴωμεν** *but come, let us be going!* **ἀλλὰ γάρ** *but really, but indeed* (§ 184). **οὐδὲν ἀλλ' ἤ** *nothing except.* **οὐ μὴν ἀλλά, οὐ μέντοι ἀλλά** *nevertheless.*

ἀλλά regularly stands *first* in its clause.

182. **ἄρα** (*ἄρ'*) *then, so, accordingly;* always post-positive, *i.e.*, it *never* stands first in its clause.

For **ἆρα** see § 178, II.

183. **αὖ** *again, in turn;* always post-positive. **αὖθις** *again, in turn, back, back again.*

184. **γάρ** (for *γε ἄρα*) *sure, surely,* hence *for;* always post-positive. **ἀλλὰ γάρ** (or *ἀλλὰ . . . γάρ*) *but indeed, but surely* (§ 181). **καὶ γάρ** (or *καὶ . . . γάρ*) *aye surely, indeed, and indeed, for truly.* **ἦ γάρ ;** *nicht wahr? is it not so?* **πῶς γὰρ οὔ;** *truly, how (why) not? of course.* So **πῶς γάρ ;**

185. **γε** (*γ'*) a post-positive, enclitic, emphasizing particle: *even, at least,* etc. It regularly emphasizes the word it *follows.* In many instances it is best not to translate **γε**, but to reproduce its force by an emphatic pronunciation: **ἔγωγε** *I.* **ἔμοιγε** *to ME.* **ἡμεῖς γε** *WE.* **πάνυ γε** *VERY,* also *certainly!* **πάνυ γε μανθάνω** *I understand perfectly.* **μάλιστά γε** *certainly!*

186. **γοῦν** (for *γ' οὖν*) *at any rate;* always post-positive.

187. **δή, δῆτα.** The particle **δή** is a *post-positive* particle which regularly emphasizes the word it follows: **ποῦ ;** *where?* **ποῦ δή;** *where pray?* **τί ;** *what?* **τί δή ;** *what pray?* **εἰ δή** *if indeed.* **ὃς δή** *the very one who.*
δῆτα is only a strengthened form of **δή**: **οὐ δῆτα** *surely not!* **πῶς δῆτα ;** *how in truth?*

188. **ἤ** *or, than;* often repeated: **ἤ** (or *ἤτοι*) . . . **ἤ** *either . . . or.* Questions are often begun with **ἤ**: **ἢ οὐκ οἶσθα ;** *or do you not know?*
For **ἦ** see § 178, II.

189. **καί** *and, also.* **καί . . . καί** *both . . . and.* For **τε . . . καί**, see § 195. When **καί** means *also, even,* it regularly emphasizes the word or expression which it

precedes: καὶ ἐγώ *I too.* καὶ γάρ, § 184. καὶ δὴ καί *and in particular also.* ὁμοίως καί *in the same way as.* καίπερ *although*, § 175 d. καίτοι *and yet*, § 196.

190. μέν . . . δέ. μέν is one of the most characteristic particles in classical Greek. It is always post-positive (§ 182) and is used to distinguish the word or phrase or clause with or in which it stands from a word, phrase, or clause *which is to follow.* Thus μέν *always* calls for a word, etc., to balance that with which it is itself connected. Moreover, this answering phrase or clause regularly contains δέ *in the same position* as that occupied by μέν in the first phrase or clause (regularly the *second* word). μέν is usually not translatable, but sometimes it may be rendered *on the one hand, whereas, while,* etc.

δέ is a post-positive conjunction, and indicates that the clause or phrase in which it stands is coördinate with a *preceding* clause or phrase containing μέν. In translation it may often be omitted, but sometimes may be rendered *and, but, on the other hand, while, yet, to be sure,* etc. : ἐγὼ μὲν ἑλληνίζω, σὺ δ' οὔ *I speak Greek, you do not.* σοὶ μὲν φίλος ἐστίν, ἐμοὶ δ' οὔ *you have a friend, I have not.* ὁ μὲν διδάσκαλος διδάσκει, ὁ δὲ μαθητὴς μανθάνει *the teacher teaches, the pupil learns.*

Sometimes the clause or phrase for which μέν calls does not follow, and, conversely, δέ is frequently employed as a conjunction (a weak '*and*' or '*but*') when no μέν-clause precedes. Furthermore, μέν may be followed by more than one δέ. Both μέν and δέ regularly stand between the article and its noun, a preposition and its case, etc.: ἐν μὲν δεξιᾷ . . . ἐν δ' ἀριστερᾷ *in the right (hand) . . . in the left.*

191. ὃ μὲν . . . ὃ δέ. μέν and δέ are frequently employed with forms of the article without an accompanying noun. In this usage the article retains its original demonstrative force (§ 103), and the forms ὁ ἡ οἱ αἱ are accordingly often written with an accent: ὃ μὲν . . . ὃ δέ *the one . . . the other.* οἳ μὲν . . . οἳ δέ *some . . . others.* ὃ μὲν μανθάνει, ὃ δ' οὔ *the one is learning, the other is not.* τὰ μὲν οἶδα, τὰ δ' οὔ *some things I know, others I do not know.*

192. μήν *verily;* always post-positive. ἦ μήν *verily.* καὶ μὴν . . . γε *and further, and yet.* ἀλλὰ μήν *yet truly.* οὐ μὴν . . . γε *surely not.* τί μήν; *what then?* i.e. *of course.*

193. οὖν *now* (as I was saying), *therefore;* always post-positive. δ' οὖν *at any rate.* οὐκοῦν; *not therefore?* (§ 178, II). οὔκουν *therefore not.* ὁστισοῦν *whosoever.*

194. περ, an intensive, enclitic particle, which is often in writing, as in pronunciation, attached to the word it emphasizes: εἴπερ *if indeed.* ὅσπερ *the very one who.* ὥσπερ *even as, just as.* καίπερ *although* (§ 175 d).

195. τε *and,* = Lat. *que.* τε . . . τε, τε . . . καί *both . . . and.* ἐγώ τε καὶ σύ *I and you* (the ancient Greek never said "*you and I*"). The first τε often stands at a considerable distance from the second τε (or *καί*), indeed, it shows a marked tendency to be the *second* word in its group: συν-έτυχον Ἱπποθάλει τε τῷ Ἱερωνύμου καὶ Κτησίππῳ *I met both Hippothales the son of Hieronymus and Ctesippus.* For other examples, see the end of Lesson XXXV.

εἴτε . . . εἴτε *whether . . . or.* οὔτε . . . οὔτε *neither . . . nor.*

196. **τοι** *surely*, *doubtless;* enclitic and post-positive. **καίτοι** *and yet.* **μέντοι** *surely*, *however.* **τοίνυν** (usually post-positive) and **τοιγαροῦν** *therefore.*

197. **ὡς** *as*, *that;* proclitic. There are many uses:

a) Comparative: **ὡς οἱ πολλοὶ λέγουσι** *as the many say.* **ὡς κάλλιστος** *as beautiful as possible.* **ὡς τάχιστα** *quam celerrime.* **ὡς πέντε** *about five.* **ὡς καλόν** *how beautiful!* **ὡς ἔπος εἰπεῖν** *so to speak*, § 172, II, g. **ὡς δεξάμενος** *as though to receive*, § 175 f.

b) Causal: *as*, *inasmuch as*, § 147 a.

c) Temporal: *as*, *when*, § 170.

d) Declarative: *that*, = **ὅτι**, §§ 179, II; 147 a.

e) Final: *that*, *in order that*, = **ἵνα**, § 160 a.

f) Consecutive: *so that*, = **ὥστε** with the infinitive, § 151.

g) Prepositional: *to*, § 130 c.

ORDER OF WORDS

198. The subject of the order of words in Greek is one of very great importance, for, although there is a certain normal order for many of the parts of speech (*e.g.* the adjective shows a marked tendency to *follow* its noun, a negative to *precede* the word it emphasizes, etc.), there is a far greater freedom or elasticity in the arrangement of words in Greek than in any of the less highly inflected languages. There are many disturbing elements, but in general *word-sequence follows the thought-sequence;* that which is uppermost in the mind is expressed *first.* Thus in the sentence: **ἐν ἀρχῇ ἦν ὁ λόγος, καὶ ὁ λόγος ἦν πρὸς τὸν θεόν, καὶ θεὸς ἦν ὁ λόγος**, the word **θεός**, containing the new, hence the emphatic, idea, takes precedence: *and the word was GOD.* So **καὶ ἐὰν ἴσοις ἴσα προσ-τεθῇ, τὰ ὅλα ἐστὶν ἴσα** *and if to EQUALS EQUALS be added, the sums are equal.*

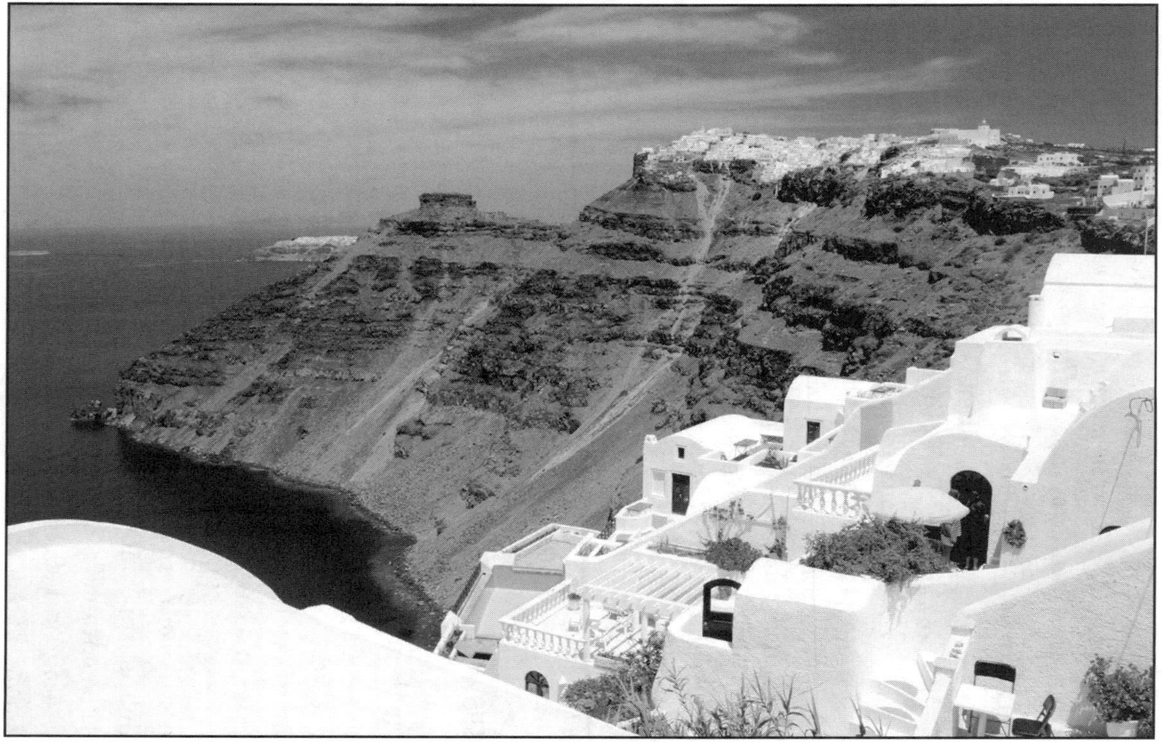

Firostephani from Fira

VOCABULARY

The following vocabulary is divided into two parts, of which the first contains the common nouns, pronouns, adjectives, etc.; the second part, the proper names and proper adjectives. Neither of these is complete, for all words which are of rare occurrence in the lessons and are adequately explained in the word-lists or the notes are omitted, as well as some of very frequent occurrence, like *καί*, *ναί*, etc. Moreover, prepositions and particles are not treated at length, but with each there is a reference to the section in Part II, in which its meanings and uses are explained. Following each preposition are given 1) the verbs compounded with it, and 2) the compound nouns, adjectives, and adverbs.

As a result the arrangement of the words in the first part of the vocabulary is not strictly alphabetical. In many other instances, too, the alphabetical order is slightly disturbed in order to bring into juxtaposition words which belong together. Sometimes these are placed under a root (*e.g.* *ἀγερ- ἀγορ-*), in other instances a type-word heads the group. In cases of extreme displacement cross-references are given.

The principal parts of verbs are usually omitted, there being instead a reference to the lesson in which these have been presented. All masculine and neuter nouns of the second declension and all feminine nouns of the first declension are printed without the article; all other nouns have the gender indicated.

I

A

ἅ, see **ὅς**.

ἀ-βαρής *without weight* (*βάρος*).

ἀγαγεῖν, see **ἄγω**.

ἀγαθός -ή -όν *good*. See § 47 B, and *s.v.* **καλός**.

ἄγαλμα -τος (*τό*) *ornament, statue*.

ἄγᾱν *very much, too much*.

ἄγγος -ους (*τό*) *vessel* (*jar, urn, coffer, chest*, etc.).

ἀγερ- ἀγορ-

ἀγείρω ἀγερῶ ἤγειρα *bring together, gather*.

ἀγορᾱ́ *assembly, market-place, market*.

ἄγγελος *messenger*.

ἀγγελίᾱ *message*.

ἀγγέλλω *bear a message, announce*. Prin. pts. Less. L.

ἄγρᾱ *hunting-expedition*.

ἀγρός *field, country* (opp. to the town); pl. *cultivated fields*. *Cf.* Lat. *ager*, Eng. acre.

ἄγω *lead*. Prin. pts. Less. LVIII. **γυναῖκα ἄγεσθαι** *bring home a wife for oneself* (or *for another*).

ἀγών -ῶνος (*ὁ*) *a place of contest; contest*.

ἀγωνίᾱ *a struggle*, agony.

ἄ-δικος -ον (*-ώτερος -ώτατος*) *doing wrong, unjust* (*δίκη*).
ἀ-δικέω -ήσω -ησα -ηκα *do wrong; injure* (Acc.).
ἀ-δικίᾱ *injustice.*
ἀδόλεσχος -ον *garrulous.*
ἄ-δολος -ον (Adv. *ἀ-δόλως*) *without deceit.*
ἀ-δύνατος -ον *impossible* (*δύναμαι*).
ᾄδω, F. **ᾄσομαι**, Past-Impf. **ᾖδον** *sing.* *Cf.* **ᾠδή** *song.*
ἀεί *always, forever.* **ὁ ἀεὶ ἐπι-θῡμῶν** *the one who for the time being desires.*
ἀ-θάνατος -ον *without death, immortal.*
ἆθλος *contest* (for a prize), *task.*
ἆθλον *prize.* **ἀθλο-φόρος -ον** *bearing away the prize.*
ἀθλητής (*ὁ*) athlete.
ἀθρόος -ᾱ -ον *in heaps, in crowds.*
ἀθῡμία *want of spirit, discouragement.*
ἄ-θῡμος -ον (Adv. *ἀ-θύμως*) *without spirit, discouraged.*
αἰδέομαι, F. **αἰδέσομαι** *be ashamed* (*αἰδώς awe, respect, shame*).
αἰθήρ -έρος (*ὁ, ἡ*) *the upper air, sky.* *Cf.* ether.
αἰκίᾱ *insult, outrage.*
αἷμα -ατος (*τό*) *blood.* *Cf.* an-aemic, haematology.
αἱρέω *seize,* M. *take for oneself, choose.* Prin. pts. Less. LXXIV.
αἵρεσις -εως (*ἡ*) *a taking, choice.*
αἰσχ-
αἰσχρός -ᾱ́ -όν (*αἰσχίων αἴσχιστος*) *shameful.*
αἰσχῡ́νω *disfigure, dishonor,* M. *be ashamed.* Prin. pts. Lessons LX, LXXV.
αἴτιος -ᾱ -ον *blame-worthy, responsible for* (Gen. § 117 a). **τὸ αἴτιον** *the cause.*
αἰχμή *point* (of a spear, etc.).
ἀκμάζω, F. **-άσω** *be at the highest point* (of prosperity, etc.). **ἀκμή** *culminating point*, acme.
ἀκοή *sense of hearing, act of hearing; report, saying* (*ἀκούω*).
ἀκολουθέω -ήσω *follow* (Dat.).
ἀκοντίζω *throw a javelin, hit with a javelin, aim at.*
ἀκόντιον *dart, javelin.*
ἀκούω *hear, listen to* (Gen. most common). Prin. pts. Less. LX. **καλῶς** (or *κακῶς*) **ἀκούειν** *to be well* (or *ill*) *spoken of.*
ἀκρῑβόω -ώσω *make exact, understand thoroughly.*
ἀκρῑβής -ές (*ἀκρῑβῶς*) *exact, accurate.*
ἄκρος -ᾱ -ον *at the furthest point, topmost, outermost.* **τὰ ἄκρα** *the heights.*
ἄκων -ουσα -ον (for *ἀ-έκων*) *unwilling.*
ἀλήθεια (*ἡ*) *truth.*
ἀληθεύω -σω *speak the truth.*
ἀληθής -ές (§ 42; Adv. *ἀληθῶς*) *true.*
ἅλις *in crowds, in plenty, enough* (Lat. *satis*). **ἅλις ἔχειν τῆς βορᾶς** *to have enough of the food.*
ἁλίσκομαι, F. **ἁλώσομαι**, A. **ἑάλων** or **ἥλων**, P. **ἑάλωκα** or **ἥλωκα** *be captured* (used as the pass. of *αἱρέω*) (*ἁλ- ἁλο-*).
ἀλλά *but, yet.* § 181.
ἄλλος -η -ο *another* (of many). **ὁ ἄλλος** *the other.* **ἄλλο τι ἤ . . . ;** § 178, II a. **ἄλλος ἄλλο λέγει**, see p. 42. **ἄλλως** *otherwise.*

ἀλλήλων -οις -ους *each other.* § 26.

ἄλλοτε *at another time* (ὅτε). **ἄλλ. μέν . . . ἄλλ. δέ** *at one time . . . at another time.* See p. 42.

ἀλλότριος -ā -ον *belonging to another, strange.* **ἀλλότριος** (ὁ) *stranger.*

ἀλώπηξ -εκος (ἡ) *fox.*

ἅμα *at the same time.* §§ 175 c, 130 b. **ἅμα μέν . . . ἅμα δέ** *partly . . . partly.*

ἀ-μαθής -ές *ignorant* (μαθ-).

ἀ-μαθίā *ignorance.*

ἅμαξα *wagon, carriage.* § 28 B.

ἁμαρτάνω, F. **ἁμαρτήσομαι**, A. **ἥμαρτον** *miss, fail, err* (§ 115 e).

ἁμαρτίā *failure, error, sin.*

ἁμαρτωλός -όν *erring, sinful.*

ἀμείβω -ψω -ψα *change, exchange,* M. *do in turn, repay* (Acc.).

ἀμείνων, see **ἀγαθός**.

ἀ-μελέω -ήσω *have no care for* (Gen. § 115 h).

ἀμήν *verily, so be it,* amen. (A Semitic word.)

ἀμφότερος -ā -ον *each* or *both* (of two). Usu. pl. **ἀμφοτέρᾳ** *on both sides.* Neut. pl. common in appos. with two words, phrases, etc. : **ἀμφότερα** *both.*

ἄν = **ἐάν.**

ἄν, § 145.

ἀνά (ἀν') *up.* § 128. In comp. : *up, back, again* (with intensive force).

ἀνα-βαίνω *step up, go up.* Less. LXXII.

-γιγνώσκω (*recognize again*) *read.* Less. LXXII.

-λαμβάνω *take up.* Less. LIII.

-μένω *wait for.*

-πείθω *persuade.* Less. LX.

-στάς, -στήσāς, see **ἀν-ίστημι.**

-στρέφω -ψω -ψα *turn back, return.*

-τίθημι *set up, refer, ascribe.* Less. LXXVI, and § 88.

-τρέπω *turn up, upset, overthrow.*

-φαίνω *show forth,* M. *appear.*

-φέρω *carry up, offer, carry back, refer.*

ἀν-αιρέω *take up, take up and carry away, make away with,* A. **ἀν-εῖλον.** Less. LXXIV.

-εφάνην, aor. of **ἀνα-φαίνομαι.**

-έχω *hold up, hold back,* M. *hold out, endure.* § 176, 2 a.

-ίστημι. Less. LXXII.

-οίγω -οίξω, A. **-έῳξα** *open.*

ἀνάγκη *necessity.* **ἐς ἀνάγκāς ἄγεσθαι** *to be led to the torture.*

ἀναγκάζω -σω *compel, force.*

ἀν-αμάρτητος -ον *unerring, blameless* (ἁμαρτάνω).

ἀν-άξιος -ον *unworthy, undeserved.*

ἀνήρ, Gen. **ἀνδρός** (ὁ) *man, husband, vir.*

ἀνδρα-ποδίζω, F. **-ιῶ**, A. **ἠνδραπόδισα** *take captive and sell into slavery.*

ἀνδρείā *manliness.*

ἀνδρών -ῶνος (ὁ) *the men's apartment.*

ἄνεμος *wind.* **Βορέāς ἄν.** *north wind.*

ἄνευ *without.* § 130.

ἄνθρωπος *human being* (*homo*), *man, fellow, chap.*

ἀνθρώπειος -ā -ον *human.*

ἄ-νοσος -ον *without sickness.*

ἄνπερ = **ἐάν περ.** § 194.

ἀντί (ἀντ' ἀνθ') *instead of.* § 124 a. In comp. : *instead, in opposition, in return, against.*

ἀντι-δίδωμι *give in return, repay.*
-φημι *say in return.*
-φωνέω *sound in reply, reply.*
ἀντ-ερωτάω, A. **-ηρόμην** *ask in turn.*
ἀνθ-ίστημι, A. **ἀντ-έστην** *stand against.* Less. LXXII.
ἄξιος -ᾱ -ον *worth, worthy of* (Gen. § 117 a).
ἀξίᾱ *worth, value.*
ἅπαξ *once.*
ἅπᾱς ἅπᾱσα ἅπαν = **πᾶς,** κτλ.
ἀπάτη *trick, deceit.*
ἀ-πειθέω -ήσω *disobey* (Dat.).
ἀπειλή *boast, threat.*
ἀπειλέω -ήσω ἠπείλησα *threaten* (Dat.).
ἅπερ, see **ὅσπερ** and § 194.
ἀ-πήμων -ον, G. **-ονος** *without harm, unharmed* (πῆμα).
ἀ-πληστίᾱ *greediness* (πίμπλημι).
ἁπλοῦς -ῆ -οῦν (ἁπλούστερος -τατος) *single, simple* (§ 41).
ἁπλοΐζομαι *behave simply, deal frankly.*
ἀπό (ἀπ' ἀφ') *from, away from.* § 124 b. In comp.: *from, back, completely.*
I. Compound Verbs:
ἀπο-βαίνω *step away, go away, result, issue.* Less. LXXII.
-βάλλω *throw away, lose.* Less. LIII.
-βλέπω *look (away from) toward.* Less. LXV.
-δείκνῡμι *point out, show, appoint.* Less. LXXIV and § 90.
-δειλιάω -ᾱ́σω *be utterly cowardly.*
-δεκατεύω *give a tenth of* (as a tithe).
-δίδωμι *give back, pay,* M. *sell.* Less. LXXIX.
-θαυμάζω -άσομαι -σα *be completely surprised.*
-θνῄσκω *die.* Prin. pts. Less. LIII.
-καλύπτω -ψω *uncover.*
-κλῄω -ῄσω -ῃσα *shut away from, shut out.*
-κρΐνομαι *answer.* Less. LIV.
-κτείνω -κτενῶ -έκτεινα -έκτονα *kill* (κτεν- κτον- κτα-).
-λῡ́ω *set free (from).* § 79.
-πειράομαι *make thorough trial of.* § 82 B.
-πέμπω -ψω -ψα -επέμφθην *send away.*
-τυγχάνω *fail to hit, fail.* Less. LVIII.
-φαίνω *show (forth).*
-φέρω -οίσω *carry away, carry back, pay* (tribute, etc.).
ἀπ-αγγέλλω = **ἀγγέλλω.**
-έθηκε *he put away, laid away.* Aor. of **ἀπο-τίθημι.** § 88.
-ειμι *be going away.* § 93.
-ελαύνω -ελῶ -ήλασα *drive away.*
-ῆλθον *went away.* Less. LIII.
-έχω *keep away from, have* or *receive in full.*
-ῄει *he was going away* (ἄπειμι).
-οικτΐζομαι *complain loudly.*
-όλλῡμι, F. **-ολῶ -ώλεσα** *destroy, lose,* M. **-όλλυμαι -ολοῦμαι**, A. **-ωλόμην** *be destroyed, perish.* **ἀπ-όλωλα** *I am lost, am undone.*
ἀφ-ικνέομαι -ίξομαι -ῑκόμην -ῖγμαι *come from* (a place) *to, arrive.*
-ίστημι *make one stand away from,* M. *stand away from,*

revolt, etc. § 87, and Less. LXXII.

II. Compound Nouns, etc.:

ἀπο-γραφή *a writing off, register, census.*

ἀπο-δυτήριον *an (un)dressing-room.*

ἀπο-κάλυψις -εως (ἡ) *an uncovering.*

ἀπό-κρισις -εως (ἡ) *answer.*

ἀπό-σπασμα -ατος (τό) *a fragment.*

ἀπό-στολος *one who is sent, messenger* (ἀπο-στέλλω).

ἄ-πορος -ον *without a way, impassable, hard to deal with.*

ἀ-πορέω -ήσω *be without a way, be at a loss.*

ἀ-προσ-δόκητος -ον *unexpected.* **ἐξ ἀπροσδοκήτου** *unexpectedly.*

ἅπτω ἅψω ἧψα, Pf. pass. **ἧμμαι** *fasten to, set on fire*, M. *lay hold of, cling to* (§ 115 c).

ἄρα *then.* § 182.

ἆρα . . . ; § 178, II.

ἀργός -όν *idle, lazy.*

ἀργός -ή -όν *gleaming.*

ἄργυρος *silver.*

ἀργύρεια (τά) *silver mines* (sc. μέταλλα).

ἀργύριον *a small coin, money.*

ἀργυροῦς -ᾶ -οῦν (§ 41) *of silver.*

ἀρέσκω, F. **ἀρέσω** *please.* **ἀρέσκει μοι** *it pleases me.*

ἀρεστός -ή -όν *pleasing, acceptable.*

ἀρετή *excellence, goodness, virtue.*

ἀριστερός -ᾱ́ -όν *on the left side.* **ἡ ἀριστερᾱ́** *the left hand* (sc. χείρ). **ἐξ ἀριστερᾶς χειρός** *on the left.*

ἄριστος -η -ον *best;* superl. of **ἀγαθός**. *Cf.* aristocracy.

ἀρκέω, F. **ἀρκέσω** *ward off, be strong enough, be sufficient, satisfy.* **ἀρκεῖ μοι** *I am satisfied.* **τοῖς ἀγαθοῖς ἀρκεῖσθαι** *be content with one's blessings.*

ἄρκτος (ἡ) *bear.* *Cf.* arctic, Arcturus.

ἀρνέομαι -ήσομαι, A. **ἠρνήθην** *deny, refuse.*

ἁρπαγή *a seizing.* *Cf.* harpy.

ἁρπάζω, F. **ἁρπάξω** *snatch up, carry off.*

ἅρπαξ -αγος (ὁ) *a plunderer, robber.*

ἄρτι *just now, a moment ago, just.*

ἀρχή *beginning, rule, sovereignty, office.*

ἀρχαῖος -ᾱ -ον *ancient.*

ἀρχι-τέκτων -ονος (ὁ) *chief-builder*, architect.

ἄρχω -ξω -ξα *begin, rule* (Gen. § 115 g), M. *begin.*

ἄρχων -οντος (ὁ) *ruler*, archon.

ἄ-σβεστος -ον *inextinguishable.*

ἄσμενος -η -ον *glad;* usually with the force of the adverb, *gladly.*

ἀσπάζομαι -άσομαι *welcome, greet.*

ἀσπαίρω *gasp, pant.*

ἀστήρ -έρος (ὁ) *a bright star* (*cf.* τὰ ἄστρα *the stars*).

ἀστράγαλος *a vertebra;* pl. *dice* (orig. made from knuckle-bones).

ἀστραγαλίζω *play with dice.*

ἀστρο-λόγος } astronomer.
ἀστρο-νόμος }

ἀστρο-νομίᾱ astronomy.

ἀστρο-νομικός -ή -όν *skilled in astronomy.*

ἄστυ -εως (τό) *town, city* (§ 36).

ἀστυ-γείτων -ονος (ὁ) *one who lives near one's city, neighbor.*

ἀ-σφαλής -ές (ἀσφαλῶς) *not liable to trip* (σφάλλω), *firm, safe.*

ἀ-σφάλεια (ἡ) *stability, security.*

ἄ-σχημος -ον *without form* (σχῆμα), *misshapen, ugly.*

ἀτάρ *but, nevertheless,* Lat. *at.*

ἅτε *since,* § 175 e.

ἀ-τελής -ές *without an end, incomplete, without accomplishing one's purpose, free from tax, scot-free.*

ἀ-τῑμάζω -άσω -σα, A. pass. **ἠτῑμάσθην** *dishonor* (τῑμή).

αὖ *in turn,* § 183.

αὖθις *again, back again,* § 183.

αὐθέντης (ὁ) *murderer, one who commits a deed with his own hand* (αὐτός).

αὐλή *court-yard, court.*

αὔριον *to-morrow.* **ἡ αὔριον** (*sc.* ἡμέρᾱ) *the morrow.* **ἐς αὔριον** *on the morrow.*

αὐτίκα *immediately.*

αὐτός -ή -ό *self,* § 106.

αὑτόν = **ἑαυτόν.**

ἀ-φανίζω *make unseen* (*cf.* φαίνω).

ἄ-φθογγος -ον *without speech, speechless.* *Cf.* diphthong.

ἄ-χαρις (ὁ, ἡ) **ἄ-χαρι** (τό) *without grace, unpleasant, ungracious.*

ἄχθος -ους (τό) *burden.*

ἄχθομαι *be burdened, vexed, annoyed.*

ἀχθῆναι, aor. pass. infin. of **ἄγω.**

B

βαδίζω *walk, go.* Prin. pts. Less. LXI.

βαθύς βαθεῖα βαθύ *deep.* § 44.

βαίνω *step, go.* Prin. pts. Less. LXXII (βα-). **βέβηκα** *I stand.*

βάλλω *throw, throw at, hit.* Prin. pts. Less. LX (βελ- βολ- βαλ-).

βάρβαρος -ον *not Greek, foreign.*

βαρβαρικός -ή -όν *foreign,* barbaric.

βάρβιτος (ὁ, ἡ) = **λύρᾱ** lyre.

βαρύς βαρεῖα βαρύ *heavy.* § 44 (βαρ-).

βαρυ-σύμφορος -ον (-ώτερος -ώτατος) *weighed down by ill-luck.*

βαρύτης -τητος (ἡ) *heaviness, troublesomeness.*

βάσανος (ἡ) *a touch-stone, test, torture.*

βασανίζω -ιῶ *rub upon the touch-stone, test, torture.*

βασιλεύς -έως (ὁ) *king.*

βασιλεύω -σω -σα -κα *be king, rule* (§ 115 g).

βασίλειᾰ *queen.* § 28.

βασιλείᾱ *kingdom.*

βασίλειος -ον *kingly, royal.*

βασίλεια (τά) *palace.*

βεβρώκοι, see **βιβρώσκω.**

βέλος (τό) *missile* (*arrow, dart,* etc.). See **βάλλω.**

βελτίων -ον, βέλτιστος *better, best,* § 47 B. Adv. **βέλτῑον.**

βήσομαι, fut. of **βαίνω.**

βιβρώσκω, Pf. **βέβρωκα** *eat* (βορ-, βορά *meat*).

βίος *life, manner of living, livelihood.*

βιώσιμος -ον *to be lived.* **οὐ βιώσιμόν ἐστι** *it is not meet to live.*

βλάβερος -ᾱ -ον *harmful.*

βλάβη *hurt, harm, mischief.*

βλάπτω *harm.* Prin. pts. Less. LX. Pf. pass. **βέβλαμμαι.**

βλέπω -ψομαι -ψα *look, see.* **οἱ βλέποντες** *the living.*

βληθείς, see **βάλλω**.
βοή *a shout*.
βοάω βοήσομαι ἐβόησα *shout*.
βοη-θέω -ήσω -ησα (*run when called*) *aid*, *assist* (Dat.).
βορᾱ́, see **βιβρώσκω**.
βορέᾱς (ὁ) *the north wind*, Boreas.
βοῦς (ὁ, ἡ) *ox*, *cow*. Pl. **βόες**. § 38.
βουκολίᾱ *ox-stall*.
βουκόλος *cowherd*, *herdsman*.
βουλή *will*, *determination*, *counsel*.
βουλεύω -σω -σα *take counsel*, *deliberate*. Mid. **βουλεύομαι -σομαι** *take counsel with oneself*, *deliberate*.
βούλομαι *will*, *wish*, *be willing*. Prin. pts. Less. LXXV.
βραδῡ́νω *be slow*, *delay*, *loiter* (βραδύς *slow*).
βραχύς -εῖα -ύ *brief*. § 44. Adv. **βραχύ** *for a short time*.
βροτός *mortal* (μορ-). Poetic = **ἄνθρωπος**.
βωμός *altar*.

Γ

γάμος *wedding*, *marriage*.
γαμέω *marry*. Prin. pts. Less. LXX. Mid.: *give oneself* (or one's child) *in marriage*.
γάρ, § 184.
γε, § 185.
γέγονα, see **γίγνομαι**.
γελάω γελᾰ́σομαι ἐγέλᾰσα *laugh*.
γέμω *be full of* (Gen.).
γένος -ους (τό) *race*, *family*. § 35.
γενεᾱ́ *race*, *family*, *birth*. **γενεᾷ** *by race*, *by birth*.
γενναῖος -ᾱ -ον (γενναιότερος -ότατος) *well-born*, *noble*.
γίγνομαι *be born*, *become*. Prin. pts. Less. LX (γεν- γον- γα-). Pf. **γέγονα** (Infin. γεγονέναι, Part. γεγονώς -υῖα -ός).
γεραίτεροι (οἱ) *the elders*.
γέρων -οντος (ὁ) *old man*. Voc. **γέρον**.
γῆ (ἡ) *earth*. § 28 D.
γεωμέτρης (ὁ), *a land-measurer*, *geometer*.
γεωμετρίᾱ *geometry*.
γήμᾱς, aor. ptc. of **γαμέω**.
γῆρας (τό), Gen. **γήρως**, Dat. **γήρᾳ** *old age* (γέρων).
γηράσκω γηρᾱ́σομαι *grow old*.
γιγνώσκω *come to know*, *recognize*. Prin. Pts. Less. LXVII. A. **ἔγνων** (γνῶ, γνοίην, γνῶθι, γνῶναι, γνούς).
γλαῦξ, Gen. **γλαυκός** (ἡ) *owl*.
γλῶττα (or γλῶσσα) *tongue*, *language*, *speech*.
γνώμη *thought*, *judgment*, *intelligence*, *resolve* (γιγνώσκω).
γνῶναι γνώσομαι, see **γιγνώσκω**.
γόνυ, Gen. **γόνατος** (τό) *knee*.
γοῦν (γε οὖν) *at any rate*, *at least*. § 186.
γράφω -ψω -ψα -φα ἐγράφην *scratch*, *write*, also *draw*, *paint*.
γράμμα -ατος (τό) *picture*, *a written character*, *letter*. Pl. *letters* (of the alphabet), *writings*, *epistle*, *book*, etc. (for γράφ-μα).
γυμνός -ή -όν *naked*, *lightly clad*, *unarmed*, etc.
γυμνασίᾱ *exercise*, also *a lesson*.
γυμνάσιον *a school for gymnastic training*.
γυμναστικός -ή -όν *skilled in gymnastic exercises*.
γυνή, Gen. **γυναικός** (ἡ) *woman*, *wife*. § 39.
γωνίᾱ *angle*, *corner*.

Δ

δαίμων -ονος (ὁ) *divinity*, *spirit.* **κατὰ δαίμονα** *by chance.*

δαιτυμών -όνος (ὁ) *a guest.*

δακρύω -σω -σα *weep.* **δακρῡ́σᾱς** *bursting into tears.*

δαπάνη *expense.*

δέ, § 190. **δ' οὖν**, § 193.

δείκνῡμι, A. pass. **ἐδείχθην**, *point out*, *show.* Prin. pts. Less. LXXIV and § 90.

δειλός -ή -όν *cowardly.*

δειλίᾱ *cowardice.*

δεινός -ή -όν (-*ότερος*, -*ότατος*, Adv. *δεινῶς*) *terrible*, *wonderful*, *skilled.* **δεινὸς λέγειν** *skilled in speaking.*

δεινολογέομαι *complain loudly.*

δεῖπνον *dinner.*

δειπνέω -ήσω -ησα -ηκα *dine.*

δείσᾱς, aor. part. *fearing.* See **δέδια**, Less. LXVIII.

δέκα *ten.*

δεκαετής -ές *ten years old.*

δεκατός -ή -όν *tenth.*

δεσπότης (ὁ) *lord*, *master.* Voc. **δέσποτα.**

δεῦρο *hither.*

δεύτερος -ᾱ -ον *second.* **τὸ δεύτερον** (or *δεύτερα*) *then*, *next.*

δέχομαι *receive.* Prin. pts. Less. LX.

δέω δεήσω ἐδέησα *lack*, *need* (Gen.). **ἑνὸς** (or *δυοῖν*) **δέοντες εἴκοσι** *twenty lacking one* (or *two*). **δεῖ** *there is need*, *one ought* (Infin.); Past-Impf. **ἔδει. πολλοῦ δεῖ** *far from* (*it*), **ὀλίγου δεῖ** *almost.* **δέον -οντος** (*τό*) *that which is needful.* Mid.: **δέομαι** *need*, *desire* (Gen.), *beg*, *request.* Prin. pts. Less. LXXV.

δέω δήσω ἔδησα δέδεκα *bind.*

δή, § 187.

δῆλος -η -ον *clear.*

δηλόω -ώσω -ωσα *make clear.* § 83.

δῆμος *district*, *country*, deme, *people.*

δημόσιος -ᾱ -ον *belonging to the people or state*, *public.* **δημοσίᾳ** *publicly.*

δήπου *certainly*, *of course.*

δῆτα, § 187.

διά (*δι'*) *through*, § 127. In comp.: *through*, *thoroughly*, *in different directions*, etc.:

I. Compound Verbs:

δια-βάλλω *throw across*, *traduce*, *slander.* **θυγατρὶ δια-βεβλημένος** *accused by a daughter.*

-δείκνῡμι -δείξω -έδειξα *show clearly.*

-κλέπτω -ψω -ψα *succeed in stealing*, *keep alive by stealth.*

-κομίζω -ιῶ -σα *carry through*, *carry.*

-κρίνω *distinguish*, *decide.*

-λαμβάνω -λήψομαι -έλαβον *seize*, *arrest.*

-λέγομαι -ξομαι -ελέχθην *converse with* (Dat.). **δια-λεκτέον** (*one*) *must converse.*

-λύω -σω -σα *dissolve*, *break up*, etc.

-τάττω -ξω -ξα *appoint*, *dispose*, *arrange.*

-φέρω -οίσω *differ*, *differ from* (Gen.).

-φθείρω *destroy utterly.* Pf. pass. part. **δι-εφθαρμένος.**

-χράομαι -χρήσομαι -εχρησάμην *use up*, *destroy.*

δι-αμείβομαι *exchange.*

-ελών, aor. part. of **δι-αιρέω** *divide into parts.*
-εξ-έρχομαι *go (out) through.*
-εξ-ήει (δι-έξ-ειμι) *he told, related.*
-ηγέομαι *narrate, describe.* Less. LXXIV.
-οίσω, see **δια-φέρω.**
-ορίζω *separate, define.*
II. Compound Nouns, etc.:
δια-φθορά *destruction* (δια-φθείρω).
δι-ότι *for the reason that; wherefore.*
δίαιτα *mode of life, board and lodging.*
διακόσιοι -αι -α *two hundred.*
διδάσκω *teach.* Prin. pts. Less. LXVII.
διδάσκαλος *teacher.*
δίδωμι δώσω ἔδωκα *give.* See Less. LXXIX.
δίκη *custom, right, justice, lawsuit, trial, penalty.*
Δίκη *Justice.* **δίκην ἔχειν** *to receive satisfaction.* **δ. λαβεῖν** *to receive punishment.*
δίκαιος -ā -ον (-ότερος -ότατος, Adv. δικαίως), *just, honest.* **δίκαιός εἰμι λέγειν** *it is right for me to tell.*
δικαιοσύνη *justice.*
δίς *twice.*
δισ-μύριοι -αι -α *twenty thousand.*
διώκω -ξομαι -ξα *pursue.*
δοκέω δόξω -ξα *think, suppose, seem.*
δόκιμος -ον *notable.*
δόξᾰ *opinion.*
δοξάζω *imagine, think.*
δόρυ Gen. **δόρατος** (τό) *shaft, spear,* etc. § 39.
δορυ-φόρος *spear-bearer.*
δότε *give.* See **δίδωμι.**
δοῦλος *slave.*
δοῦναι *to give.* See **δίδωμι.**
δράω -ᾱσω -ᾱσα *do.*
δύναμαι *be able.* § 80.
δύναμις -εως (ἡ) *power.*
δυνατός -ή -όν *able, powerful.*
δύο (Gen., Dat. δυοῖν) *two.*
δῷ, aor. subj. of **δίδωμι.**
δώδεκα *twelve.*
δωρεά = **δῶρον** *gift.* Acc. **δωρεάν** as adv. *freely.*

E

ἑ *him,* § 21 b.
ἑαυτοῦ -ῆς *of himself,* etc. § 23.
ἐάν *if.*
ἐάω ἐάσω εἴᾱσα *allow.* Verbal: **ἐατέον**, § 177.
ἕβδομος -η -ον *seven* (ἑπτά).
ἑβδομήκοντα *seventy.*
ἔβην, aor. of **βαίνω.**
ἐγγύς *near* (Gen. § 130).
ἔγημα, aor. of **γαμέω.**
ἔγνων, aor. of **γιγνώσκω.**
ἔδει *it was necessary, ought* (δέω).
ἐδόθην ἔδοσαν, see **δίδωμι**, § 89.
ἐθέλω -ήσω -ησα *be willing, wish, be about (to).* Less. XXI.
ἔθηκα, aor. of **τίθημι**, § 88.
ἔθνος -ους (τό) *band, tribe, nation.*
ἔθρεψα, aor. of **τρέφω.**
εἶ *you are* (εἰμί).
εἰ *if, whether.* **εἰ μή** *if not, unless.*
εἴτε . . . εἴτε *whether . . . or.*
εἰ γάρ *oh that!* (§§ 153, 162)
εἶδον, aor. of **ὁράω.**
εἰδέναι εἰδώς εἰδότες, see **οἶδα** (§§ 95, 50 C).
εἴην εἶμεν, see **εἰμί**, § 91.
εἴθε = **εἰ γάρ** *oh that!*
εἰκάζω -άσω -ασα *liken, compare, guess.*

εἰκός -ότος (τό) *likelihood.* **εἰκός** (ἐστι) *it is likely.* **ὡς τὸ εἰκός** *as is likely.*

εἰκών -όνος (ἡ) *likeness, image.*

εἰκοστός -ή -όν *twentieth* (εἴκοσι).

εἶλον εἱλόμην, see **αἱρέω**, Less. LXXIV.

εἷμα -ατος (τό) *dress, garment.*

εἶμι *I am going.* § 93.

εἰμί *be.* § 91. **εἶναι** *to be.* **οὐκ ἔστι** *it is not possible.*

εἴπερ *if really.* § 194.

εἱπόμην, see **ἕπομαι.**

εἶπον *I said.* Less. LIII.

εἴρηκα *I have said;* see **φημί**, § 94. **τὰ εἰρημένα** *the things that have been said.*

εἰρήνη *peace.*

εἷς μία ἕν *one.*

εἰς (or ἐς) *into, to.* § 126. In comp.: *into, to, in:*

- **εἰσ-αγγέλλω**, A. **-ήγγειλα** *announce.*
- **-ακοντίζω** *throw javelins at* (Acc.).
- **-εῖδον** (-ἴδῃς -ιδεῖν, etc.), aor. of **εἰσ-οράω** *look into, look upon, view.*
- **-έρχομαι**, F. **-ελεύσομαι** (more common εἴσ-ειμι), A. **-ῆλθον** *go in, come in.*
- **-ειμι** (-ίω -ιέναι, etc.) *be going in.* § 93. **εἰσ-ῄει** *he (it) entered.*

εἴσομαι, fut. of **οἶδα**, § 95.

εἴσω = **ἔσω.**

εἶτα *then* (i.e. *next*, or *therefore*).

εἶχον, past-impf. of **ἔχω.**

εἴωθα, (part. εἰωθώς) *I am accustomed.*

ἐκ (before a vowel, ἐξ) *out of, from.* § 124. In comp.: *out of,* also *completely.*

I. Compound Verbs:

- **ἐκ-βάλλω** *throw out;* of a river, *empty.*
- **-δέχομαι -δέξομαι -εδεξάμην** *receive from, succeed to.*
- **-θεῖναι**, aor. infin. of **ἐκ-τίθημι** *put out, expose.*
- **-καλύπτω -ψω -ψα** *uncover.*
- **-κειμαι** *lie exposed.*
- **-κομίζω -ιῶ -σα** *carry out.*
- **-πέμπω -ψω -ψα** *send out.*
- **-τρέφω -θρέψω -έθρεψα** *bring up, rear.*
- **-φαίνω -φανῶ -έφηνα** (aor. part. ἐκ-φήνᾱς) *reveal, show.*
- **ἐξ-άγω -άξω -ήγαγον** *lead out, lead away.*
- **-αιρέω**, A. **εἷλον** (-έλω, etc.) *take out, expel.*
- **-αμαρτάνω** *miss, err, do wrong.*
- **-ανδραποδίζομαι** *utterly enslave.*
- **-απατάω** *deceive utterly.*
- **-εγείρω** *awaken.* A. pass. **ἐξ-ηγέρθην** *awoke.*
- **-επλᾰ́γην** *was astonished*, aor. pass. of **ἐκ-πλήττω** *strike out.*
- **-επλησα** *fulfilled*, aor. of **ἐκ-πίμπλημι.**
- **-ειργάσω** *you wrought*, aor. of **ἐξ-εργάζομαι.**
- **-έρχομαι** *go out.*
- **-εστι(ν)** *it is permitted.* Infin. **ἐξ-εῖναι.**
- **-ετάζω** *examine, test.*
- **-ευρίσκω -ευρήσω -εῦρον** *find out, discover.*
- **-ῇ**, subj. of **ἔξ-εστι.**

II. Compound Nouns, etc.:

- **ἔκ-γονος** *child.*
- **-θεσις -εως** (ἡ) *a putting out, exposure.*
- **-λογή** *choice, selection.*

ἑκάτερος **-ᾱ** **-ον** *each* (of two).
ἕκαστος **-η** **-ον** *each* (of many).
ἐκεῖ *there, yonder.*
ἐκεῖθεν *from there.*
ἐκεῖνος **-η** **-ο** *that* (*one*), *he, she,* etc. § 25.
ἐκέκλητο, see **καλέω**.
ἑκκαίδεκα *sixteen* (ἕξ).
ἐκλήθην, see **καλέω**.
ἕκτος **-η** **-ον** *sixth.*
ἑκών **ἑκοῦσα** **ἑκόν** *willingly, intentionally.*
ἐλάττων **-ον** (ἐλάσσων -ον) *less.* §§ 47 B, 48.
ἐλάχιστος **-η** **-ον** *least.*
ἐλέγχω **-ξω** *cross-question, refute, convict.*
ἐλεύθερος **-ᾱ** **-ον** (-ώτερος -ώτατος) *free, fit for a freeman.*
ἐλεύσομαι **ἔλθῃς**, etc., see **ἔρχομαι**.
ἕλκω, Past-Impf. **εἷλκον** *drag, draw.*
ἕλοιμι **ἑλεῖν** **ἑλέσθαι**, see **αἱρέω**.
ἐλπίς **-ίδος** (ἡ) *hope, expectation.*
ἐλπίζω, A. **ἤλπισα** (part. ἐλπίσᾱς) *hope, expect, believe.*
ἐμ-, see **ἐν**.
ἐμαυτοῦ **-ῆς** *of myself.* § 23.
ἐμός **-ή** **-όν** *my, mine.*
ἐν (in comp. also ἐγ-, ἐλ-, ἐμ-, ἐρ-) *in, on, among.* § 125. In comp.: *in, at,* etc.
I. Compound Verbs:
ἐμ-βάλλω *throw in.*
-πίπτω, Aor. subj. **ἐμ-πέσω** *fall in, fall upon.*
ἐν-δείκνυμαι **-ξομαι** **-ξάμην** *display, display oneself.*
-δύομαι **-δῡ́σομαι** **-εδῡσάμην** *enter into, put on.*
-έχω, Past-Impf. **ἐν-εῖχον** *have within, cherish.*
-τέλλομαι, A. **-ετειλάμην** *enjoin, command.*
II. Compound Nouns, etc.:
ἐμ-ποδών (= ἐν ποσὶ ὤν) *in the way.*
ἔμ-προσθεν *in front of, earlier* (Gen.).
ἐμ-φανής **-ές** *clear, unrestrained.*
ἔμ-φρων **-ον**, Gen. **-ονος** *sensible, rational.*
ἐν-αντίον *opposite, in the presence of* (Gen.).
ἔν-δον *within* (Gen.), *at home.*
ἔν-θα *there, thereupon, where.*
ἐν-θάδε *here, there.*
ἔν-θεν *thence.*
ἐν-ταῦθα *here, in this case, there, thereupon.*
ἐν-ταυθοῖ *hither, here.*
ἐν-τεῦθεν (also τὸ ἐντεῦθεν) *hence, thence, henceforth.*
ἐν-τολή *command* (ἐν-τέλλομαι).
ἐν-τός *within, on this side of* (Gen.).
ἐν-ύπνιον *dream* (ὕπνος).
ἕν (ἑνός, ἑνί), see **εἷς**.
ἕνεκα **ἕνεκεν** *for the sake of, on account of* (Gen.). § 130.
ἐνιαυτός *year.*
ἔοικε(ν) *it is likely, it is like.*
ἑορτή *festival, holiday.*
ἐξ, see **ἐκ**.
ἔξω **ἔξωθεν** *outside of* (Gen.). § 130.
ἕξ *six.*
ἑξακισχίλιοι **-αι** **-α** *six thousand.*
ἑξήκοντα *sixty.*
ἑξῆς *in a row, next.*
ἔπαθον, see **πάσχω**.
ἐπεί **ἐπειδή** *when, since.*
ἐπειδάν *whenever.*

ἔπεσον, see **πίπτω**.

ἐπί (*ἐπ', ἐφ'*) *upon, on, towards*, etc. § 129 b. In comp.: *upon, towards, against, over*, etc.

I. Compound Verbs:

ἐπι-γίγνομαι, A. **-εγενόμην** *come into being after, come upon*. **χρόνου ἐπι-γιγνομένου** *as time passed*.

-δείκνῡμι, Past-Impf. **ἐπ-εδείκνῡν** *display*.

-δημέω -ήσω -ησα -ηκα *be in town, come to town*, etc.

-θέμενος, aor. part. middle of **ἐπι-τίθημι**.

-καλέομαι *call, summon*.

-κατα-σφάζω, Aor. infin. **-σφάξαι** *slay upon*.

-μελέομαι *have charge of, care for* (Gen.).

-μέμφομαι *find fault (with), blame*.

-σπένδω *pour a libation upon*.

-στᾱ́ς -στᾶσα, see **ἐφ-ίστημι**.

-τάττω *command*. **τὰ ἐπι-ταττόμενα** *the commands*.

-τελέω, Past-Impf. **-ετέλουν** *bring to completion*.

-τίθημι -θήσω -έθηκα *place upon*. § 88.

-τρέπω -ψω *entrust to* (Dat.). Verbal: **ἐπι-τρεπτέον**. § 177.

-τυγχάνω -τεύξομαι -έτυχον *meet with* (Dat.), *obtain, receive* (Gen.).

ἐπ-αινέω -έσομαι -ῄνεσα *praise*.

-ακούω -σομαι -σα *listen to, hear* (Gen.).

-αν-έρχομαι, A. **ἐπ-αν-ῆλθον** *go back, return*.

-έβην, aor. of **ἐπι-βαίνω** *set foot on, mount upon* (Gen.).

-ελήλυθα, pf. of **ἐπ-έρχομαι** *come to, visit*.

-ερωτάω, A. **-ηρόμην** *ask*.

-εσ-έρχομαι *come in (in addition to)*.

-ήραξα, aor. of **ἐπ-αράττω** *close with a slam*.

-ίσταμαι -στήσομαι *understand*. § 80.

-όψομαι, fut. of **ἐφ-οράω**.

ἐφ-ίστημι ἐπι-στήσω, 2 A. **ἐπ-έστην** *set* or *place upon* (or *over*). **ὄνειρος ἐπ-έστη αὐτῷ** *a dream appeared to him*.

-οράω ἐπ-όψομαι ἐπ-εῖδον *oversee, observe, view*.

II. Compound Nouns, etc.:

ἐπ-άγγελμα -ατος (*τό*) *promise, profession*.

ἔπ-αινος *praise*.

ἔπ-αυλις -εως (*ἡ*) *cattle-shed, hut*.

ἔπ-ειτα *thereupon, then*.

ἐπι-θῡμίᾱ *desire*.

ἐπι-στάτης (*ὁ*) *overseer, chief, master*.

ἐπι-τελής -ές *brought to an end*.

ἐπι-τήδειος -ᾱ -ον (*-ότερος -ότατος*, Adv. *ἐπιτηδείως*) *suitable, serviceable* (deriv. obscure).

ἐπί-τροπος *trustee, administrator*.

ἐπι-χείρημα -ατος (*τό*) *attempt*.

ἐπι-χώριος -ᾱ -ον *belonging to the country*.

ἕπομαι ἕψομαι, Past-Impf. **εἱπόμην** *follow* (Dat.).

ἔπος -ους (*τό*) *word, verse*.

ἐπριάμην, aor. of **ὠνέομαι** *buy*.

ἐράω *love passionately, desire* (Gen.).

ἐραστής (*ὁ*) *lover, admirer*.

ἔργον *work, deed*. **ἔργα** (*τά*) *cultivated fields*, etc.

ἐρέσθαι ἐρήσομαι ἔρωμαι, see **ἐρωτάω**.

ἐρέω *shall say*, fut. of **φημί**.

ἔρημος -ον (-ότερος -ότατος) *desolate, deserted.*

ἔρια (τά) *wool.*

ἔρις -ιδος (ἡ) *strife.*

ἐριστικός -ή -όν *contentious.*

ἐρρήθην *was said*, aor. pass. of **φημί**.

ἔρχομαι *come, go*. Prin. pts. Less. LXI.

ἔρως -ωτος (ὁ) *love* (esp. of sexual passion). **Ἔρως** (ὁ) *Love.*

ἐρωτικός -ή -όν (Adv. -ῶς) *amorous, erotic.* **ἐρωτικῶς ἔχω** *I passionately desire.*

ἐρωτάω *ask* (a question). Prin. pts. Less. LIV.

ἐρώτημα -ατος (τό) *a question.*

ἐρώτησις -εως (ἡ) *a questioning.*

ἐσθής -ῆτος (ἡ) *clothing, garment.*

ἐσθίω, F. **ἔδομαι**, A. **ἔφαγον** *eat;* with gen. *eat of.*

ἔσκεμμαι, pf. of **σκοπέω**.

ἔσομαι, fut. of **εἰμί** (§ 91).

ἐστέρημαι, pf. pass. of **στερέω** *deprive of.*

ἕστηκα ἑστάναι ἑστώς -ῶτος, pf. forms of **ἵστημι** (§ 87).

ἔστησα ἔστην, see **ἵστημι**.

ἔσχον, see **ἔχω**.

ἔσω = **εἴσω** *within* (§ 130).

ἑταῖρος (ὁ) *comrade.* **ἑταίρᾱ** (ἡ) *companion* (*i.e.* a woman who is not a lawful wife).

ἑταιρεῖος -ᾱ -ον *pertaining to companions.* **Ζεὺς ἑτ.** *Zeus who presides over fellowship.*

ἐτέθαπτο, see **θάπτω**.

ἔτεκε(ν), see **τίκτω**.

ἕτερος -ᾱ -ον *one of two, the other.*

ἔτι *still, furthermore.*

ἕτοιμος -η -ον *ready.*

ἑτοιμασίᾱ *readiness, preparedness.*

ἔτος -ους (τό) *year.*

εὖ *well.* **εὖγε** *well done, good!*

εὐ-δαίμων -ον, Gen. **-ονος** *blessed with a good genius, happy.*

εὐ-δαιμονέω -ήσω *be happy.*

εὐ-δαιμονίᾱ *happiness.*

εὐ-δαιμονίζω *deem happy.*

εὐ-δόκιμος -ον (-ώτερος -ώτατος) *having a good repute, famous.*

εὐ-δοκιμέω -ήσω *be esteemed, be famous.*

εὐ-ειδής -ές *having a beautiful appearance.*

εὔ-κλειᾰ *renown.*

εὔ-κολος -ον (Adv. εὐ-κόλως) *contented with one's food* (κόλον), *satisfied, calm*, etc.

εὐ-λογίᾱ *praise.*

εὔ-πορος -ον *easy to pass through; full of resources, rich.*

εὐ-πορέω -ήσω *be prosperous; find a way, able (to do).*

εὔ-τυκτος -ον *well-made* (τεύχω).

εὐ-τυχέω -ήσω *be* **εὐτυχής**, *be fortunate* (τύχη).

εὐ-χαριστέω *thank* (Dat.).

εὐ-ωχέω -ήσω, A. pass. **-ήθην** *entertain sumptuously* (ἔχω).

εὐθύς εὐθεῖα εὐθύ *straight.* **εὐθύς** *straightway.* **εὐθύ** (*straight*) *toward* (Gen. § 130). **εὐθεῖα** (ἡ) *straight line* (γραμμή), *straight road* (ὁδός).

εὐνοῦχος eunuch.

εὑρίσκω εὑρήσω εὗρον εὕρηκα εὑρέθην *find.*

εὐχή *prayer.*

εὔχομαι -ξομαι *pray, pray to* (Dat.).

ἐφ-, see **ἐπί**.

ἔφαγον, see **ἐσθίω**.

ἐφ-έστιος -ον *at one's hearth.* Z. **ἐφ.** *Zeus who presides over hospitality.*

ἔφην *I said* (φημί).

ἐχθρός -ᾱ́ -όν *hostile.*

ἔχω (Past-Impf. εἶχον) **ἕξω ἔσχον** (infin. σχεῖν, part. σχών) *hold, have,* Aor. *get.* Less. LVI. **ἐν νῷ ἔχειν** *have in mind, intend.* **συγγνώμην ἔχειν** *pardon.* **λόγον οὐδένα εἶχε** *he paid no heed.* **οὐκ ἔχω λέγειν** *I cannot tell.* **εὖ ἔχει** *it is well.* **οὕτως ἔχει** *it is so.* **καλῶς ἔχω** *I am well.* **ἀθῡ́μως ἔχον** *being discouraged.* **ὀργῇ ὡς εἶχε** *in wrath just as he was* (i.e. *without delay*).

ἑώρᾱκα *I have seen* (ὁράω).

ἕως *until, so long as* (see § 170).

ἐῶσι(ν) *they allow* (ἐάω).

Z

ζάω (infin. ζῆν) **ζήσω** and **ζήσομαι** *live.*

ζωή *life.*

ζῷον *animal.*

ζωγράφος *one who paints from life, painter.*

ζεῦγος -ους (τό) *yoke* or *team* (*of mules*, etc.).

ζεύγλη *yoke-strap.*

ζῆλος *rivalry, emulation.*

ζηλόω -ώσω -ωσα *vie with, be jealous of; deem happy.*

ζητέω -ήσω -ησα *seek.*

H

ἦ *truly, surely.* **ἦ γάρ**; § 184. **ἦ που** *I suppose.* See § 178, II.

ἤ *or, than.* **ἤ . . . ἤ** *either . . . or.* **ἄλλο τι ἤ**; §§ 178, II; 188.

ᾗ (fem. dat. of ὅς) *in which way, in which place, where.*

ᾖα *I went* (εἶμι, § 93).

ἡβάω *be young* (ἥβη *youth*).

ἤγαγον ἦγον, see **ἄγω**.

ἡγέομαι -ήσομαι I, *lead the way, lead* (Acc.), *be one's* (Dat.) *leader* in something (Gen.). II, *think, suppose.* § 179, I. **περὶ πολλοῦ ἡγεῖσθαι** *hold in high esteem.*

ἤδη *by this time, already; forthwith.*

ἡδύς ἡδεῖα ἡδύ (ἡδίων ἥδιστος, § 47 A; Adv. ἡδέως) *pleasant, sweet.* Adv. *with pleasure.*

ἡδονή *pleasure.*

ἥδομαι, F. **ἡσθήσομαι**, A. **ἥσθην** *delight oneself with, take pleasure in* (Dat.).

ᾔει(ν) *he went* (εἶμι, § 93).

ἥκιστα *least, by no means!*

ἠκολούθουν, past-impf. of **ἀκολουθέω**.

ἥκω ἥξω *have come.*

ἠλίθιος -ᾱ -ον *stupid.*

ἧλιξ -ικος (ὁ, ἡ) *one of the same age, companion.*

ἡλικίᾱ *age, prime of life.* **ἡλικίᾱν ἔχειν** *be of age.*

ἡλικιώτης (ὁ) *comrade.*

ἧμαι *sit* (§ 96).

ἡμέρᾱ *day.* **πᾶσαν ἡμέρᾱν** *every day.* **καθ' ἑκάστην ἡμέρᾱν** *each day.* **ἑκάστης ἡμέρᾱς** *on each day.* **δὶς τῆς ἡμέρᾱς** *twice a day.*

ἥμερος -ᾱ -ον *tame.*

ἡμέτερος -ᾱ -ον *our.*

ἡμι- *half* (an insep. prefix, = *sēmi*).

ἡμι-μναῖον *a half-mina* (= c. $9).

ἥμισυς -εια -υ *half.*

ἤν = **ἐᾱ́ν**.

ἦν *I was* (*εἰμί*, § 91).
ἡνίαι (*αἱ*) *reins*.
ἡνιο-ποιεῖον *a harness-maker's shop*.
ἡνί-οχος *driver* (*ἔχω*).
ἡνίκα *when*. See § 170.
ᾗ περ, see **ᾗ** and § 194.
ᾑρέθην, aor. pass. of **αἱρέομαι** *choose*.
ἠρνεῖτο, see **ἀρνέομαι**.
ἠρόμην, ἠρώτων, see **ἐρωτάω**. Less. LIV.
ἥρως (ὁ), Pl. **ἥρωες** *warrior, hero*.
ᾖσαν *they went* (*εἶμι*, § 93).
ἦσαν *they were* (*εἰμί*, § 91).
ἥσθην *was pleased* (*ἥδομαι*).
ἡσυχίᾱ *stillness, quiet*.
ἤτοι . . . ἤ *either . . . or*.
ἥττων -ον, Gen. **ἥττονος** *less* (§§ 47 B, 48). **οὐδὲν ἧττον** *none the less*.
ἡττήθην, aor. pass. of **ἡττάομαι** *be weaker than* (Gen.), *be worsted*.
ἦχα, see **ἄγω**.
ἠχέω -ήσω *sound, ring, peal*.
ἥψησε, aor. of **ἕψω** *boil*.

Θ

θάλαμος *chamber, store-room*.
θάλαττα (or *θάλασσα*) *sea*. **κατὰ θάλατταν** *by sea*.
θάνατος *death*.
θανεῖν = ἀπο-θανεῖν.
θανατόω -ώσω *put to death*.
θάπτω θάψω ἔθαψα, Aor. p. **ἐτάφην** *bury*.
θάρρει *take courage!* imperative of **θαρρέω** *be of good cheer*.
θαυμάζω -άσομαι *wonder, be surprised*. Less. LX.
θεάομαι *gaze at, view*. Prin. pts. Less. LXV.
θεῖναι, θείς, see **τίθημι**. § 88.
θεός (ὁ, ἡ) *god, goddess*. Voc. **θεός**. **πρὸς θεῶν** *by the gods!*
θεῖος θείᾱ θεῖον *divine*.
θεο-μάχος -ον *fighting against God*.
θέλω, see **ἐθέλω**.
θεμένη, θέντες, see **τίθημι**.
θεράπων -οντος (ὁ) *an attendant, servant*.
θεραπεύω -σω *serve, court, take care of, treat medically*.
θετέον *one should place* (*τίθημι*).
θέω, F. **θεύσομαι** *run*. **ἔθει** *he ran* (*θευ- θε-*).
θεωρέω -ήσω *view, contemplate*.
θεωρίᾱ *a viewing, contemplation*.
θῆκε = ἔθηκε (*τίθημι*).
θήρ, Gen. **θηρός** (ὁ), and **θηρίον** (*τό*) *a wild animal, beast*.
θηριώδης -ες (*-έστερος -έστατος*) *infested with wild beasts*.
θήρᾱ *a hunting of wild beasts; prey*.
θηρευτής (ὁ) *huntsman*.
θησαυρός *treasure, treasure-chamber*.
θνῄσκειν = ἀπο-θνῄσκειν.
θνητός -ή -όν *mortal* (*θάνατος*).
θρέψω, fut. of **τρέφω**.
θρίξ (ἡ), Gen. **τριχός**, Dat. Pl. **θριξί** *hair*.
θυγάτηρ -ατρός (ἡ) *daughter*.
θύρᾱ *door*.
θυρεός (*door-stone*), *an oblong shield*.
θυρωρός *door-keeper* (*ὁράω*).
θύω -σω -σα -κα *sacrifice, offer sacrifice*.
θωπεύω -σω -σα *flatter*.
θώρᾱξ -ᾱκος (ὁ) *breast-plate*.

Ι

ἰδεῖν, ἰδών, see **ὁράω, εἶδον**.
ἰδού *lo! behold!*

ἴδιος -ᾱ -ον *one's own, private.*
ἰδιώτης (ὁ) *a private citizen; one who has no professional knowledge; an awkward fellow.*
ἰέναι *to be going* (εἶμι, § 93).
ἱερός -ᾱ́ -όν *divine, holy.* **ἱερόν** (τό) *temple, holy place.* **ἱερά** (τά) *offerings.*
ἱερεύς -έως (ὁ) *priest.*
ἱέρεια *priestess.*
ἱερεῖον *animal for sacrifice.*
ἵζω, see **καθ-ίζω**. Less. LXIII.
ἴθι *come!* (εἶμι, § 93). See § 171.
ἱκανός -ή -όν (Adv. ἱκανῶς) *sufficient, able, worthy.*
ἱλάσθητι *be gracious!* a late aor. pass. impv. of **ἱλάσκομαι** *appease.*
ἵμερος *yearning, desire.*
ἵνα *in order that.* See § 160.
ἵππος (ὁ, ἡ) *horse, mare.*
ἱππεύς -έως (ὁ) *horseman.*
ἱππο-κόμος *groom.*
ἴσᾱσι(ν), ἴσθι, ἴσμεν, see **οἶδα**, § 95.
ἴσος ἴση ἴσον *equal.* Adv. **ἴσως** *equally; perhaps, probably.*
ἵστημι στήσω *make* a thing *stand.* See Less. LXXII. **ἐστήσαντό με βασιλέᾱ** *they made me king.*
ἱστός *anything set upright; mast, loom*, etc.
ἰσχῡ́ς -ῠ́ος (ἡ) *strength.*
ἰσχῡ́ω *be strong.*
ἰσχῡρός -ᾱ́ -όν (-ότερος -ότατος) *strong.*
ἴτε ἴωμεν, see **εἶμι**, § 93.

K

καθάπερ *just as* (κατά, ἅ, περ).
καθαίρω καθᾰρῶ ἐκάθηρα ἐκαθάρθην *purify.*
καθαρός -ᾱ́ -όν *clean, clear, free from pollution.*
κάθαρσις -εως (ἡ) *purification.*
καθάρσιος -ον *purifying.*
καί *and, even, also.* § 189.
καίπερ *although* (reg. with part., § 175 d). § 194.
καίτοι *and yet.* § 196.
καιρός *due measure, the right point of time, opportunity.*
καίω and **κᾱ́ω καύσω** *kindle, burn.* Less. LXX.
κακός -ή -όν (κακίων κάκιστος, Adv. κακῶς) *bad, ill-born, craven, worthless.* **κακῶς ἔχω** *I am ill.* **κάκῑόν ἐστι** *it is worse.*
κακοῦργος -ον *doing harm* (ϝεργ-).
κακουργέω *do ill.*
καλέω *call.* Prin. pts. Less. LX.
καλός -ή -όν (καλλίων κάλλιστος, Adv. καλῶς) *beautiful, noble.* **καλῶς ἔχω** *I am well.* **κάλλιστα** *most nobly.* **καλὸς κἀγαθός** *possessing the qualities which usually pertain to the well-born and well-bred, gentleman.*
κάλλος -ους (τό) *beauty.*
καλύπτω -ψω -ψα *conceal.*
κάμηλος (ὁ, ἡ) camel.
κάμνω *labor, be weary, suffer.*
κἀν = **καὶ ἐν.** **κᾱ̓́ν** = **καὶ ἐᾱ́ν** or **κ. ἄν.**
κανοῦν (τό) *basket.* § 29 C.
καρδίᾱ *heart.*
κατά (κατ' καθ') *down, down from, against, according to*, etc. In comp.: *down, against*, etc.; often merely intensive. § 127 b.
I. In Compound Verbs:
κατα-βαίνω *come down.* **κατέβαινε ἐς λιτᾱ́ς** *he ended by*

beseeching. **κ. λέγων** *he ended by saying.*

-βάλλω *thrown down, put down, scatter* (seed, etc.).

-δικάζω *render judgment against* (gen. of the person; acc. of the penalty).

-δοκέω *suppose, guess.*

-θνῄσκω, poetic, = **ἀπο-θνῄσκω.**

-καλύπτω, Pf. pass. **κατα-κεκάλυμμαι** *cover up.*

-κειμαι *lie down.* § 97.

-κοιμάω *sleep through.* **κατ-εκοιμήθην** *fell asleep.*

-λαμβάνω -λήψομαι -έλαβον *seize upon, catch, find.*

-λείπω -ψω -έλιπον *leave, leave behind.*

-λῡ́ω -σω -σα *break down, put down, dissolve, end,* etc.; *unyoke,* hence *lodge, be a guest.*

-μανθάνω -μαθήσομαι -έμαθον *learn thoroughly, observe (accurately), perceive.*

-νοέω -ήσω -σα -κα *observe carefully, consider.*

-στρέφω -ψω, Pf. pass. **-έστραμμαι** *turn down, overturn, subdue.*

-τίθημι -θήσω *put down.* § 88.

-φρονέω -ήσω *despise* (Gen. § 116 h).

-χράομαι -χρήσομαι -εχρησάμην *use up, destroy.*

κατ-ακούω *hear and obey, overhear* (Gen.).

-εργάζομαι -άσομαι -ειργασάμην *achieve.*

-έχω -έξω, Impf. **-εῖχον**, A. **-έσχον** *hold down, restrain, occupy.*

-ῆλθον *go* (or *come*) *down, return.* Less. LXI.

-οικτίρω *pity.*

καθ-έζομαι *sit down.* Less. LXIII.

-εύδω -ευδήσω *lie asleep.*

II. Compound Nouns, etc.:

κατα-γέλαστος -ον *ridiculous* (γελάω).

κατ-αντικρύ *opposite* (Gen. § 130).

κατά-σκοπος *spy, inspector* (σκοπέω).

κάτω *downwards, beneath, in the world below.*

καὐτή = **καὶ αὐτή.**

κεῖμαι *lie.* § 97; see **κατά-κειμαι.**

κέκτηνται, see **κτάομαι.**

κελεύω -σω -σα -κα -σθην *urge, command.*

κέρδος -ους (τό) *gain, profit.*

κερδαίνω κερδανῶ *gain, make profit.*

κεφαλή *head.*

κῆρυξ -ῡκος (ὁ) *herald.*

κιθαρῳδός *one who plays and sings to the lyre* (κιθάρᾱ).

κίνδῡνος *danger, risk.*

κινδῡνεύω -σω -σα *dare, take a risk,* hence **κινδῡνεύει** *it is likely, possibly.*

κλαυθμός *weeping, wailing* (κλαίω).

κλείω (older form κλῄω) **κλείσω** (κλῄσω) **ἔκλεισα** (ἔκλῃσα) *shut.*

κλέος -ους (τό) *report, fame, glory.*

κληρονομέω -ήσω *inherit.*

κλΐνω κλΐνῶ ἔκλῑνα *lean.* Less. XLVIII.

κλΐνη *couch, bed.*

κλώψ, Gen. **κλωπός** (ὁ) *thief* (κλέπτω).

κοινός -ή -όν *shared in common.* **τὸ κοινόν** *the State.* **κοινῇ** *in common.*

κόσμος *order, ornament, universe.*
  οὐδενὶ κόσμῳ *in disorder.*
  κοσμέω -ήσω -ησα *order, arrange, deck, adorn.*
κράτος -ους (τό) *strength, power, rule.*
  κρατέω -ήσω *have power, be master of* (Gen. § 115 g).
κρέας (τό), Pl. **κρέα** (τά), Gen. **κρεῶν** *flesh, meat.*
κρείττων κρεῖττον *better.* § 47 B.
κρίνω κρῐνῶ ἔκρῑνα *distinguish, decide, judge.*
κρούω -σω -σα *strike, knock.*
κρύπτω -ψω -ψα *conceal.*
  κρυπτός -ή -όν *hidden, secret.*
κτάομαι κτήσομαι *acquire, come to possess, possess.* Prin. pts. Less. LXXIV.
  κτῆμα -ατος (τό) *possession, property.*
κυβερνήτης (ὁ) *pilot.*
κύκλος *circle.* **κύκλῳ** *in a circle.*
κύων, Gen. **κυνός** (ὁ, ἡ) *dog, bitch.*
  κυνηγέσιον *pack of hounds, kennel* (ἡγέομαι).
κῦριος -ᾱ -ον *having authority; master, mistress.*
κῴδιον *sheepskin, fleece.*
κωλύω -σω -σα -κα *prevent.*
κώμη *village.*
κωφός -ή -όν *dull, dumb, deaf, deaf and dumb.*

Λ

λαγχάνω λήξομαι ἔλαχον *obtain by lot, obtain* (ληχ- λαχ-).
λαγῶς, Acc. **λαγῶν** (ὁ) *hare.*
λαμβάνω λήψομαι ἔλαβον *take, grasp, receive.* Less. LX.
λαμπρός -ᾱ́ -όν (-ότερος -ότατος) *bright, brilliant* (λάμπω).
λανθάνω *escape one's notice.* Less. LVI. § 176, 2 c.
λαχοῦσα, see **λαγχάνω.**
λέαινα, fem. of **λέων.**
λεγ- λογ-
  λέγω *tell, say.* **καλῶς τινα λ.** *speak well of one.*
  λόγος *word, speech, reason, tale, report, account, reckoning.*
  λέγω and **λέγομαι** *collect.*
λειπ- λοιπ- λιπ-
  λείπω -ψω ἔλιπον λέλοιπα ἐλείφθην *leave.*
  λεῖμμα -ατος (τό) *remnant.*
  λοιπός -ή -όν *remaining, the rest,* (τὸ) **λοιπόν** *henceforth.*
λέων -οντος (ὁ) *lion.*
λίᾱν *very, very much, too much.*
λῑπαρής -ες (Adv. λῑπαρῶς) *persevering, earnest.*
λίσσομαι *beseech.* Poetic (λιτ-).
  λιτή *entreaty, prayer.*
λύκος *wolf.*
λῡ́πη *pain, grief.*
  λῡπέω -ήσω *distress, grieve.* Pass. *be grieved.*
λύρᾱ lyre.
λύχνος *lamp.*
λῡ́ω -σω *loose.* § 79.

Μ

μά, see § 113 g.
μαθ-
  μάθημα -ατος (τό) *lesson.*
  μάθησις -εως (ἡ) *act of learning.*
  μαθητής (ὁ) *pupil.*
  μανθάνω *learn.* § 84 and Less. LIII.
μακάριος -ᾱ -ον *blessed, happy.* **ὦ μακάριε** *my friend.*
  μακαρίζω -ιῶ *deem happy.*

μακρός -ᾱ -ον *long, far.* **μακρῷ** *by far.*
 μακρόθεν *from afar, afar.*
μάλα *very.* **μᾶλλον** *more.* **μάλιστα** *most, especially.* **μάλα γε** and **μάλιστά γε** *certainly!* **μᾶλλον . . . ἤ** *rather than.* **ὅ τι μάλιστα, ὡς μάλιστα** *as much as possible.*
μαίνομαι μανοῦμαι *rage, be mad* (*μανίᾱ*).
μάντις -εως (ὁ) *seer.*
 μαντείᾱ *oracular response.*
μάρτυς, Gen. **μάρτυρος** (ὁ) *witness.*
 μαρτῡ́ρομαι *call* one *to witness.*
μάστῑξ -ῑγος (ἡ) *goad, whip.*
 μαστῑγόω -ώσω *whip, flog.*
μάτην *in vain, idly, without reason.*
μέγας μεγάλη μέγα *large.* § 45. Adv. **μέγα** and **μεγάλως** *greatly.* Comp. **μείζων μεῖζον**. Super. **μέγιστος**. § 47.
μειδιάω, A. **ἐμειδίᾱσα** *smile.*
μειράκιον *lad.*
μέλᾱς μέλαινα μέλαν *dark, black.*
μέλλω μελλήσω *intend* (*be about, be certain, be destined*) *to do* (Infin.).
μέλος -ους (*τό*) *limb.* **κατὰ μέλη** *limb by* (or *from*) *limb.*
μέλος -ους (*τό*) *song, tune, lyric verse.*
 μελοποιός *lyric poet.*
μέλω *be an object of care.* **ταῦτά μοι μέλει** *these things are my care.* **τούτου σοι μέλει** *you have a care for this.*
μέμνημαι *remember.* § 67. Imperative **μέμνησο**.
μέμφομαι -ψομαι *blame* (*τινι*), *charge against* (*τινί τι*).

μέν, see §§ 190, 191.
 μέντοι *surely, however.* § 196.
μένω μενῶ ἔμεινα *wait, await.*
μέρος -ους (*τό*) *part.*
μέσος -η -ον *middle, medium.* **μέσαι νύκτες** *midnight.* **μέση ἥβη** *middle life.* **ἐν μέσῳ** *in the midst.*
 μεσ-ημβρίᾱ *mid-day* (*ἡμέρᾱ*), *south.*
μεστός -ή -όν *filled with, laden with* (Gen. § 117).
μετά (*μετ᾽ μεθ*) *with, after.* In comp.: *share with, after, differently.* § 129 c.
 μετα-γιγνώσκω -γνώσομαι -έγνων *change one's mind, repent.*
 -δίδωμι *give a share of, share.* § 89. Verbal: **μετα-δοτέον.**
 -θείς, see **μετα-τίθημι.**
 -πέμπομαι -ψομαι *send after, summon.*
 -τίθημι *transpose, change.* § 88. Mid.: **-τίθεμαι** *change, retract.*
 μετ-έχω *have a share of.*
 μεθ-είς, aor. part. of **μεθ-ίημι** *let loose, give up.* § 98.
 -ίστημι *change.* § 87. **τῆς τύχης εὖ μεθ-εστώσης** (Pf. part.) *fortune being changed for the better.*
μεταξύ *between* (Gen.), *meanwhile;* often with a part.; see Less. XXXVII.
μή *not*, see §§ 144, 180, 178 II; *lest*, § 160 c. **εἰ μή** *unless.* **οὐ μή**, § 159.
 μηδαμῶς *by no means.*
 μηδείς μηδεμία μηδέν *no one, nothing.* § 51. Neut. as adv. *not at all.*

μηδέποτε μήποτε *never.*

μηκέτι *no longer.*

μήπω, μή . . . πω *not yet.*

μήτε . . . μήτε *neither . . . nor.*

μῆλον *sheep.*

μήλειος -ᾱ -ον *of a sheep.*

μήν, see § 192.

μήν, Gen. μηνός (ὁ) *month.*

μία, see εἷς, § 51.

μῑσέω -ήσω *hate.*

μισθός *hire, wages, reward.*

μνᾶ (ἡ) *mina* (= c. $18). § 28 D.

μνείᾱ = μνήμη *remembrance.*

μνημονεύω -σω *remember, remind.*

μνήσθητε *make mention!* imperative of ἐμνήσθην which serves as aorist to μέμνημαι.

μόγις *with difficulty, reluctantly, scarcely.*

μοῖρα *portion, fate.*

μοιχός *adulterer.*

μοιχεύω *commit adultery.*

μόνος -η -ον *alone, only.* οὐ μόνον . . . ἀλλὰ καί *not only . . . but also.*

μόρος *fate, doom, death.*

μουσική *lyric poetry sung to music, literature, music,* etc.

μοχθέω *labor, be weary.*

μῦθος *word, speech, proverb, tale,* myth.

μῶν, see § 178 II.

N

ναῦς, Gen. νεώς (ἡ) *ship,* § 38.

ναυ-μαχίᾱ *sea-fight.*

νεκρός -ά́ -όν *dead.* νεκρός (ὁ) *corpse.*

νέηλυς, see *s.v.* νέος.

νεμ- νομ-

νέμω νεμῶ ἔνειμα νενέμηκα *distribute, assign, dwell in, occupy, manage; tend* flocks. νομὰς νέμειν *to tend flocks in pastures.*

νέμεσις -εως (ἡ) *distribution of what is due,* hence, *righteous indignation, jealousy, vengeance.*

νομή *pasture.*

νόμος *anything assigned,* hence, *custom, law.*

νομο-διδάσκαλος *teacher of the law.*

νομίζω νομιῶ ἐνόμισα νενόμικα *observe as a custom, practise, use; acknowledge, believe in; deem, regard, believe.* § 179 I.

τὰ νομιζόμενα *the customary (rites).*

νέος νέᾱ νέον (*νεώτερος -ώτατος*, Adv. *νέον* and *νεωστί*) *young, new, fresh.* ἐκ νέου *from childhood.*

νέηλυς -υδος (ὁ) *one who has just come* (*ἐλθεῖν* (*ἐλυθ-*)).

νεό-γαμος -ον *one recently married.*

νεότης -ητος (ἡ) *youth.*

νέφος -ους (*τό*) *cloud.*

νῆσος (ἡ) *island.*

νησιώτης (ὁ) *islander.*

νηστεύω *fast* (*νῆστις* (ἡ) *fasting*).

νίκη *victory.*

νῑκάω -ήσω -ησα -ηκα *conquer.*

νόμος, see *s.v.* νεμ-.

νόσος (ἡ) *sickness.*

νοσέω -ήσω -ησα *be ill.*

νοῦς (ὁ) *mind, thought, purpose.* § 29 C. ἐν νῷ ἔχειν *have in mind.* κατὰ νοῦν *in accordance with* (one's) *wishes.*

νοέω -ήσω -ησα -ηκα *perceive, think, suppose, plan.*

νῦν *now; just now.*

νύξ, Gen. νυκτός (ἡ) *night.* μέσαι νύκτες *midnight.*

Ξ

ξένος *stranger*, *foreigner*, one connected with another by ties of hospitality, hence, *guest* (less frequently *host*).

ξενίζω -ίσω *entertain as a guest.*

ξίφος -ους (τό) *sword.*

Ο

ὄγκος *mass*, *bulk.*

ὅδε ἥδε τόδε *this.* §§ 24, 105, 110.

ὁδός (ἡ) *way*, *road.* **καθ' ὁδόν** *along the road*, *on the way.*

ὀδούς, Gen. **ὀδόντος** (ὁ) *tooth.*

ὀδύνη *pain*, *grief.*

ὅθεν *whence.*

οἱ *to him.* § 21 b.

οἷα (see οἷος) with partic., § 175 e.

οἶδα *know.* § 95.

οἶκος *house*, *room*, *household.*

οἰκεῖος -ᾱ -ον *pertaining to the house*, *belonging to the family.*

οἰκέτης (ὁ) *house-servant.*

οἰκέω -ήσω *inhabit*, *dwell.*

οἰκίᾱ (ἡ) *house*, *household*, *family.*

οἰκίᾰ (τά) plural of **οἰκίον** = **οἶκος.**

οἴκημα -ατος (τό) *room*, *chamber.*

οἰκο-νομέω -ήσω *administer a household*, *manage* (νέμω).

οἰκονομίᾱ *household management.*

οἰκονομικός -ή -όν *skilled in managing an estate*, etc.

οἴομαι (οἶμαι) **οἰήσομαι ᾠήθην** *think*, *suppose.* § 179, I a.

οἷος οἵᾱ οἷον *such as*, *what sort of.* **οἷός τ' εἰμί** *I am qualified*, *am able.*

οἶσθα, see **οἶδα.**

οἴσω, **οἴσομαι**, see **φέρω.**

οἴχομαι *have gone.* See Less. LXI.

ὀκνέω *hesitate.*

ὄλβος *happiness*, *bliss.*

ὄλβιος -ᾱ -ον (ὀλβιώτερος -ώτατος) *happy*, *prosperous.*

ὀλβίζω *deem happy.*

ὀλίγος -η -ον *scant*, *few*, *small.* **ὀλίγον πρότερον** *a little before.* **ὀλίγου δεῖν**, § 116 b.

ὀλιγο-χρόνιος -ον *short-lived.*

ὄλωλα, **ὀλωλότες**, see **ἀπ-όλλῡμι.**

ὄμμα -ατος (τό) *eye* (ὀπ-).

ὁμός -ή -όν *one and the same.* Epic adj.

ὁμ-ῆλιξ -ικος (ὁ, ἡ) *of the same age.*

ὅμοιος -ᾱ -ον *like*, *similar.* **ὁμοίως** *in like manner*, *equally.*

ὅμως *all the same*, *nevertheless.*

ὄναρ (τό) *dream.*

ὄνειρος *dream.*

ὄνειδος -ους (τό) *reproach.*

ὀνειδίζω *reproach*, *charge against one.*

ὄνομα -ατος (τό) *name*, *noun.*

ὀνομάζω, Aor. pass. **ὠνομάσθην** *name*, *call.*

ὄντες, **ὄντι**, see **ὤν.**

ὁπόθεν, **ὁπόσος**, **ὁπότε**, **ὁπότερος**, indirect forms respectively of **πόθεν; πόσος; πότε; πότερος;**

ὅπως (see πῶς;) *how*, *as*, *how that*, *in order that.* §§ 148, 149, 160.

ὄπισθεν *behind*, *after* (Gen.).

ὀπίσω *back*, *back again*, *after* (Gen.).

ὀπτάω *roast.*

ὁράω ὄψομαι εἶδον ἑώρᾱκα ὤφθην *see.*

ὀργή *temper*, *mood*, *wrath*, *anger.* **ὀργῇ** *in anger.*

ὀρέγομαι -ξομαι *reach out*, *reach after* (Gen.).

ὀρθός -ή -ον (Adv. ὀρθῶς) *upright*, *straightforward*, *right.*

ὄρθριος -ᾱ -ον *at day-break.*
ὅρκος *oath.*
ὁρμάω -ήσω -ησα *set in motion, hasten;* Mid. *start, hasten.*
ὄρνῑς -ῑθος (ὁ, ἡ) *bird, cock, hen,* etc.
ὅρος (ὁ) *limit, boundary, rule, standard.*
ὄρος -ους (τό) *mountain.*
ὀρεύς -έως (ὁ) *mountain-animal,* i.e. *mule.*
ὀρικός -ή -όν *of a mule.*
ὀρρωδέω -ήσω *fear, dread.*
ὄρτυξ -υγος (ὁ) *quail.*
ὅς ἥ ὅ *who, which.* §§ 24, 102. **καὶ ὅς** *and he.* **ἐς ὅ** *until.*
ὅσπερ ἥπερ ὅπερ, see § 194.
ὅστις ἥτις ὅ τι *whoever, whatever.* §§ 27, 178, I a. **ὅ τι μάλιστα = ὡς μάλιστα.**
ὅσος -η -ον *as great as, how great! as many as, how many!* etc.
ὀσφύς -ύος (ἡ) *loin, loins.*
ὅτε *when.* **ὅταν** *whenever.*
ὅτι *that, because.*
ὅ τι, see **ὅστις.**
ὅτου, ὅτῳ, see **ὅστις.** § 27.
οὑ *of him.* § 21 b.
οὗ *where,* gen. of **ὅς** as adverb.
οὐ (οὐκ, οὐχ, οὐχί) *not, no!* §§ 144, 178 II, 180, and Lessons VI, XIX.
οὐδαμῶς *by no means.*
οὐδέ *and not, nor, not even.*
οὐδείς οὐδεμίᾰ οὐδέν *no one, nothing.* **οὐδέν** (as adv.) *not at all.*
οὐδέποτε *never.*
οὐδεπώποτε *never yet.*
οὐδέτερος -ᾱ -ον *neither.* § 46.
οὐκέτι *no longer* (ἔτι).
οὔκουν = οὐχί. οὐκοῦν *then, accordingly, not then . . . ?*
οὔποτε *never.*
οὔπω, οὐ . . . πω *not yet.*
οὔτε . . . οὔτε *neither . . . nor.*
οὔτοι *surely not.* § 196.
οὖν, see § 193.
οὖσα, οὖσι(ν), see **ὤν.**
οὗτος αὕτη τοῦτο *this.* §§ 25, 105, 110. **τούτῳ** *in this respect.* **ἐν τούτῳ** *meanwhile.*
οὕτω, οὕτως *thus, so.* **οὕτως ἔχει** *thus it is.*
ὀφείλω ὀφειλήσω *owe.* **ὤφελον**, see § 153 b.
ὄφελος -ους (τό) *advantage, profit.*
ὀφθαλμός *eye.*
ὀφθῆναι, see **ὁράω.**
ὄφις, Gen. **ὄφεως** (ὁ) *serpent.*
ὀχέομαι *be borne,* hence, *ride.*
ὀψέ *late.*
ὄψις -εως (ἡ) *vision* (ὀπ-).
ὄψομαι, see **ὁράω.**

Π

παγ-, see **πᾶς.**
παθεῖν, παθών, see **πάσχω.**
παῖς, Gen. **παιδός** (ὁ, ἡ) *child, boy, girl; servant.* **ἐκ παιδός** *from boyhood.*
παίγνιον *plaything, game.*
παιδείᾱ *training, education.*
παιδεύω -σω *educate.*
παιδίον *little child, baby.*
παίζω *play.*
παιωνίζω *chant the paean* (παιάν, παιών), *honor with paeans.*
πάλαι *long ago.* See § 134.
παλαιός -ᾱ́ -όν *ancient.*
πάλιν *back, again.*
παμ-, παν-, see **πᾶς.**
παρά (παρ') *alongside, by, near.* In comp.: *beside, by, beyond, amiss.* § 129 d.

I. Compound Verbs:
παρα-βάλλω *throw beside, throw to.*
-γίγνομαι *be at hand.*
-δίδωμι *give over to.* **ὁ παραδούς** *the one who gave.*
-καθ-έζομαι *sit down beside.*
-κάθ-ημαι *sit beside.* § 96.
-καλέω *call to one, summon.*
-λαμβάνω *take from* another, *take.*
-μένω *remain beside.*
-σκευάζω *prepare, provide.*
-τίθημι *put beside.*
-φέρω *bring to one.*
-φρονέω -ήσω *be beside oneself.*
παρ-εδόθη, see **παρα-δίδωμι.**
-ειμι (*παρ-εῖναι, πάρ-ισθι, κτλ.*) *be present, be at hand.*
-έρχομαι, A. **παρ-ῆλθον** *pass, pass by, pass in.*
-έχω *hold beside, furnish, present.*
-ιδών, see **παρ-οράω.**
-όντα, see **πάρ-ειμι.**
-οράω, A. **παρ-εῖδον** *look at from the side, observe.*

II. Compound Nouns, etc.:
παρ-άλληλος -ον parallel.
παρα-πλήσιος -ᾱ -ον *resembling, like.*
πάρ-οδος (*ἡ*) *side-entrance, entrance.*
παρ-οιμίᾱ *proverb.*

πᾶς πᾶσα πᾶν, Gen. **παντός**, *κτλ. all, the whole, every.* § 43.
πάγ-κακος -ον *utterly bad.*
παμ-μήτωρ -ορος (*ἡ*) *mother of all.*
παν-ήγυρις -εως (*ἡ*) *assembly* (*ἀγερ-*).
παν-οπλίᾱ *full suit of armor.*
πανταχῇ *in every way.*
πανταχοῦ *everywhere.*
παντοῖος -ᾱ -ον *of every sort.*
πάντως *altogether, certainly.*
πάνυ *altogether, very.* **οὐ πάνυ** *not at all.*
πάσ-σοφος -ον *wholly wise.*

πάσχω *suffer.* Prin. pts. Less. LXVII.

παύω -σω -σα *make to cease, stop;* Mid. *cease.*

πειθ- ποιθ- πιθ-
πείθω -σω -σα -κα *persuade;* Mid. *obey* (Dat.).
πιστεύω -σω *trust; trust in* (Dat.) (*πιθ-*).
πίστις -εως (*ἡ*) *trust, faith.*
πιστός -ή -όν (*-ότερος -ότατος*) *faithful.*

πεῖρα *trial, attempt.*
πειράομαι -ᾱ́σομαι *try.* § 82 B.

πείσομαι, I, fut. of **πάσχω.** II, fut. of **πείθομαι.**

πέμπω -ψω -ψα πέπομφα ἐπέμφθην *send, escort.*

πενίᾱ *poverty.* See Less. XXIV.

πεντακισχῑ́λιοι -αι -α *five thousand.*

πεντήκοντα *fifty.*

πεπληγμένος, see **πλήττω.**

πέπονθα, see **πάσχω.**

περ, see § 194.

περαίνω περανῶ ἐπέρᾱνα *bring to an end.*

περί *around, about.* In comp.: *around, about, over, exceeding.* § 129 e.

I. Compound Verbs:
περι-άγω *lead around.*
-ειμι, I, *excel, survive.* § 91. II, *go around.* § 93.
-έπω, Past-Impf. **περι-εῖπον** *treat, handle.*
-έχω *surround.*

-ῆμεν, **περι-ιών**, see **περί-ειμι**, II.
-**ζώννυμαι** *gird (oneself) with.*
-**πατέω** *walk about.*
-**ποιέω** *preserve.*
-**σκοπέω** *consider carefully.*

II. Compound Nouns, etc. :
περί-λῡπος -ον *very sad.*
-**χαρής -ές** *overjoyed.*

πεσεῖν, **πεσών**, see **πίπτω**.
πεύσομαι, see **πυνθάνομαι**.
πεφευγότας, see **φεύγω**.
πήρᾱ *wallet.*
πιέζω *press, weigh down.*
πικρός -ᾱ́ -όν *sharp, bitter, harsh.*
πίνω πίομαι ἔπιον *drink.*
πίπτω πεσοῦμαι ἔπεσον πέπτωκα *fall.*
πίστις, **πιστός**, see **πειθ-**.
πλάνη *wandering, travels.*
πλάσσω, F. **πλάσω** *mould, shape.*
πλατεῖα *street.*
πλείων -ον, **πλεῖστος -η -ον** *more; most.* See **πολύς**. **ὡς πλεῖστον** *quam maxime.*
πλέω πλεύσομαι ἔπλευσα *sail.*
πλοῦς (ὁ) *voyage.* § 29 Ċ.
πλῆθος -ους (τό) *multitude, quantity.*
πλήν *except.* § 130.
πλήττω, Pf. **πέπληγα** *strike.*
πλοῦτος *wealth.*
πλουτέω *be rich.*
πλούσιος -ᾱ -ον (-ώτερος -ώτατος) *rich.*
πόθεν; *whence? how?*
ποῖ; *whither?*
ποιέω -ήσω *make, do.* **λόγον ποιεῖσθαι**, I, *make a speech.* II, *take account of.*
ποίημα -ατος (τό) poem.
ποιητής (ὁ) poet.
ποικίλος -η -ον *many-colored.*
ποίμνη *flock.*
ποῖος; ποίᾱ; ποῖον; *of what sort?*
πόλεμος *war.*
πολεμέω -ήσω *be at war, fight with*
πολέμιος -ᾱ -ον *hostile.*
πολιός -ᾱ́ -όν *gray.*
πόλις -εως (ἡ) *city.*
πολῑτείᾱ *citizenship, government, republic.*
πολίτης (ὁ) *citizen.*
πολῑτικός -ή -όν *pertaining to citizens, political.*
πολύς πολλή πολύ *much*, Pl. *many.* § 45. Comp. **πλείων**, Superl. **πλεῖστος**. § 47 B. **πολύ** as adv. *much.* **τὸ πολύ = τὰ πολλά** *for the most part.*
πολλάκις *many times.*
πολυμαθίᾱ *much-learning.*
πονηρός -ᾱ́ -όν *bad, depraved.* **ὁ πονηρός** *the evil one.*
πονηρίᾱ *badness.*
πόνος *toil* (πεν- πον-; πενίᾱ).
πόντος *sea.*
πόρος *ford, strait, way, device.*
πορεύομαι *proceed, go.*
πόρρω, see Less. XLIII.
πόσος; πόση; πόσον; *how much?*
ποταμός *river.*
πότε; *when?* **ποτέ** *at some time, ever, once, at length.* **τί ποτε;** *why in the world?* **ποτὲ μὲν . . . ποτὲ δέ** *at one time . . . at another.*
πότερος; ποτέρᾱ; πότερον; *which* (of two)? Less. XXII.
ποτέρωθι; ποτέρωσε; *on which side?*
ποῦ; *where?* **που** *somewhere, somewhat, I suppose, about* (with numerals).
πούς, Gen. **ποδός** (ὁ) *foot.*
πρεσβύτερος -ᾱ -ον *older.*

πρᾱ́ττω *do*, *fare* (*πρᾱγ-*). Prin. pts. Less. LX, and see § 66 c.

πρᾶγμα -ατος (*τό*) *thing*, *event*, *affair*.

πρίν *before*. §§ 160 b, 170, 172, II f.

πρό *before*, *in preference to*. In comp.: *before*, *forth*, *prior*. § 124 d.

I. Compound Verbs:

προ-αιρέομαι, A. **προ-ειλόμην** *choose* (*in preference*).

-θες, see **προ-τίθημι**.

-θῡμέομαι *be zealous* (*θῡμός*).

-κειμαι *lie before*, *be laid out* (like a corpse).

-πέμπω *send forth*.

-ποιέω *do previously*.

-σημαίνω *indicate in advance*.

-τείνω *stretch forth*.

-τίθημι *place before*, *set forth*, *propose*, *expose*.

-τῑμάω -ήσω *honor*, *value*.

-φέρω *bring before* one, *present*.

II. Compound Nouns, etc.:

πρό-βατα (*τά*) *sheep* (*βαίνω*).

προ-βοσκός *assistant shepherd*. Very rare.

πρό-γονος *ancestor* (*γεν- γον-*).

πρό-θῡμος -ον (*-ότερος -ότατος*, Adv. *προ-θύμως*) *eager*, *zealous*.

πρόρ-ριζος -ον *by the roots* (*ῥίζα root*).

πρό-τασις -εως (*ἡ*) *a stretching forward*, *proposition* (*τείνω*).

πρότερος -ᾱ -ον *former*, *sooner*. See **πρῶτος**. (*τὸ*) **πρότερον** *before*, *formerly*, *sooner*. **ἡ γυνὴ ἤρετο προτέρᾱ** *his wife asked before* (he could speak).

πρός *toward*, *with reference to*, *in addition to*, *by*. In comp.: *toward*, *besides*, *by*. § 129 f.

I. Compound Verbs:

προσ-άγω *lead toward*.

-δέομαι *require besides*, *beg from* one.

-δοκάω *expect*.

-έρχομαι, Past-Impf. **προσ-ῆα**, F. **πρόσ-ειμι**, A. **προσ-ῆλθον** *go toward*.

-εύχομαι -εύξομαι *pray to*.

-έχω, Past-Impf. **-εῖχον** *hold toward*. **τὸν νοῦν π.** *pay attention*.

-ήκω *come to*, *belong to*.

-θῶ, see **προσ-τίθημι**.

-καλέομαι *call to oneself*.

-κειμαι *be placed by*, *belong to*. § 97.

-κυνέω -ήσω -ησα *make obeisance to*.

-ποιέομαι *attach to oneself*.

-στάντες *standing near* (*ἵσταμαι*).

-τάττω *assign to*. **τὸ προσ-ταχθέν** *the assigned task*.

-τίθημι, *put to*, *add to*.

II. Compound Nouns, etc.:

προσ-έτι *furthermore*.

προσ-θήκη *supplement* (*τίθημι*).

προσ-φιλής -ές (*-έστερος -έστατος*) *dear to*.

πρόσ-ωπον *face*, *person* (in a dialogue, etc.).

πρόσθεν *in front of* (Gen. § 130), *former*.

πρότερος, see **πρό** (end).

πρῶτος -η -ον *first*. (*τὸ*) **πρῶτον** as adv. *first*.

πτωχός *beggar*.

πυνθάνομαι *learn by inquiry*, *hear*, *inquire*. Prin. pts. Less. LXX.

πῦρ, Gen. **πυρός** (*τό*) *fire*.

πω *yet*. **οὐ . . . πω** *not yet*. **οὐδε-πώποτε** *never yet*.

πωλέω -ήσω -ησα *offer for sale, sell.*
πῶς; *how?* **πως** *somehow, by chance.*

Ρ

ῥᾴδιος -ᾱ -ον (Adv. *ῥᾳδίως*) *easy.*
ῥαψῳδός *a reciter of epic poems,* rhapsodist (*ῥάπτω stitch together; ᾠδή song*).
ῥέω ῥεύσομαι ἔρρευσα *flow* (*ῥευ- ῥυ-*).
ῥῆμα -ατος (*τό*) *saying, phrase, verb.*
ῥυθμός rhythm, *temper, disposition.*
ῥώμη *strength.*

Σ

σάββατον Sabbath. A Semitic word.
σαφής -ές (Adv. *σαφῶς*) *clear.*
  σαφηνῶς = σαφῶς.
σημαίνω *point out, indicate by a sign.* Prin. pts. Less. XLVIII.
  σῆμα -ατος (*τό*) *sign, mark, tomb.*
σῑγή *silence.*
σίδηρος *iron.*
  σιδηροῦς -ᾶ -οῦν *of iron.* § 41.
σκηνή *tent, stage-building,* scene, *stage.*
σκιᾱ́ *shadow.*
σκεπ- σκοπ-
  σκοπέω σκέψομαι *examine carefully, consider.* Less. LX, LXV.
  σκεπτικός -ή -όν *thoughtful.*
  σκοπός *watchman, spy; target.*
σκότος -ους (*τό*) *darkness.*
  σκοτεινός -ή -όν *dark.* A less correct (late) spelling is **σκοτινός.**
σμῑκρός -ᾱ́ -όν = μῑκρός.
σός σή σόν *your, yours.*
σπευδ- σπουδ-
  σπεύδω -σω -σα *urge on, hasten, be eager.*
  σπουδή *haste, zeal, earnestness.*
  σπουδάζω -άσομαι *be earnest, do earnestly.*
στάδιον stade (*i.e.* a measure of length, = 600 Gk. feet (= c. 582 Eng. feet)), *race-course, 200-yard dash,* stadium.
σταθείς, στᾱ́ς, see **ἵστημι.** § 87.
στέλλω στελῶ ἔστειλα *equip, despatch.*
στερέω -ήσω, Pf. pass. **ἐστέρημαι** *deprive of.*
στῆθος -ους (*τό*) *breast.*
στῆναι, στῆτε, see **ἵστημι.** § 87.
στόμα -ατος (*τό*) *mouth.*
στρατός *army.*
  στράτευμα -ατος (*τό*) *expedition, army.*
  στρατηγός *general* (*ἄγω*).
  στρατηγέω *be a general, be general of* (Gen.).
  στρατιώτης (*ὁ*) *soldier.*
στρέφω -ψω -ψα, Aor. pass. **ἐστράφην** *twist, turn.* **ἐὰν μὴ στραφῆτε** *if ye turn not.*
σύν (*συγ-, συλ-, συμ-, συρ-, συσ-, συ-*) *with.* In comp.: *with, completely.* § 125 b.
I. Compound Verbs:
  συγ-γίγνομαι, A. **συν-εγενόμην** *associate with.*
    -καθέζομαι *sit down with.*
  συλ-λέγω -ξω -ξα *gather together, collect.*
  συμ-βαίνω *come together, agree, agree with.*
    -παίζω *play with.*
    -παρα-καθέζομαι *sit down beside with.*
    -πέμπω -ψω -ψα *send with.*
    -περι-πατέω *walk about with.*
    -φέρω *bring together, be useful, be advantageous.*

συν-άγω -άξω -ήγαγον -ῆχα *bring together, collect.*
-ειμι *be with.*
-εξ-αιρέω -ήσω -εῖλον *assist in driving out.*
-νέω -νήσω -ένησα *pile together.*
-οικέω *live with.*
-τυγχάνω, A. **συν-έτυχον** *meet with, happen to.* **τὰ συν-τυχόντα** *experiences.*

II. Compound Nouns, etc.:
συγ-γενής -ές *born with, akin to.*
συγ-γνώμη *pardon.*
σύγ-γραμμα -ατος (*τό*) *a writing, book,* etc.
συμ-βουλή *counsel.*
σύμ-βουλος *counsellor.*
σύμ-μαχος *an ally* (*μάχομαι*).
συμ-παθής -ές *sympathetic* (*πάσχω*).
συμ-πόσιον *drinking-bout,* symposium.
συμ-φορᾱ́ *event, chance, misfortune.*
συν-αγωγή *a bringing together,* synagogue.
σύν-δουλος συν-δούλη *a fellow-slave.*
συν-εργός *a helper in work.*
συν-ουσίᾱ *a being with, intercourse, company.*

σφάζω -ξω -ξα *cut the throat.*
σφόδρα *very, very much, vigorously.*
σφῶν, σφίσι, § 21 b.
σχεδόν *near, nearly, almost.*
σχές, σχεῖν, σχών, see **ἔχω.**
σχολή *leisure.*
σῴζω σώσω ἔσωσα *save.*
σῶστρα (*τά*) *thank-offering for deliverance.*
σῶμα -ατος (*τό*) *body.*
σώφρων -ον *of sound mind, discreet, sober.*
σωφροσύνη *soundness of mind, good sense, self-control.*

T

τάλαντον *a balance, weight,* talent (= c. $1080).
ταμιεῖον *store-room, closet.*
ταπεινόω -ώσω *make lower, humble.*
τάττω -ξω -ξα τέταχα τέταγμαι ἐτάχθην *arrange, order, assign.*
ταὐτά, ταὐτό = τὰ αὐτά, τὸ αὐτό.
ταφή *burial* (*θάπτω*).
τάχα *quickly; perhaps.*
ταχύς -εῖα -ύ (Comp. *θάττων* (for *θαχῑων*), Superl. *τάχιστος -η -ον*; Adv. *ταχέως* and *ταχύ*) *quick.* **ὡς τάχιστα** *as quickly as possible.* **ἐπειδὴ** (or *ὡς*) **τάχιστα** *as soon as.* **τὴν ταχίστην** (*ὁδόν*) *with all speed, at once.*
τε *and.* § 195.
τεθνεώς τεθνάναι τεθνηκότες, see **ἀποθνῄσκω.**
τεκ- τοκ-
τίκτω τέξομαι ἔτεκον τέτοκα *beget; bear (young).* **ᾠὰ τίκτειν** *to lay eggs.*
τέκνον = τόκος *child.*
τέκτων -ονος (*ὁ*) *carpenter.*
τέλος -ους (*τό*) *end, fulfilment, issue.*
τέλος as adv. *finally.*
τελέω τελῶ ἐτέλεσα *bring to an end, complete, pay* (a debt, etc.).
τέλεος -ᾱ -ον *completed, accomplished.*
τελευτή *completion, end.*
τελευτάω -ήσω -ησα -ηκα *bring to an end; die.*
τελώνης (*ὁ*) *a tax-collector.*
τέξομαι, see **τίκτω.**

τέρψις -εως (ἡ) *enjoyment.*
τέταγμαι, see **τάττω**.
τέτοκα, see **τίκτω**.
τέταρτος -η -ον *fourth.*
τετυχηκέναι τεύξομαι, see **τυγχάνω**.
τέχνη *art, profession, manner, means.*
  τεχνάομαι -ήσομαι *make by art, devise.*
τῇδε *in this place* (ὅδε).
τίθημι *put, place.* See § 88 and Less. LXXVI.
τίκτω, see **τεκ-**.
τῑμή *honor, value, price.*
  τῑμάω -ήσω *hold in honor, value.*
  τίμιος -ᾱ -ον (-ώτερος -ώτατος) *honored, precious.*
  τῑμωρέω -ήσω (*uphold honor*) *assist one who has suffered wrong, avenge* (Dat., § 120 c).
  τῑμωρίᾱ *vengeance.*
τίς; τί; *who? what?* § 27. **τί;** or **διὰ τί;** *why?*
  τὶς, τὶ *any one, any thing, some one, some thing, a, a sort of,* etc. § 27. **τι** as adv. *somewhat, at all.*
τοι *in truth, surely.* § 196.
  τοίνυν *therefore, surely, moreover, then.*
τοιόσδε τοιᾱ́δε τοιόνδε *such, so great, so bad,* etc.
  ἔλεγε τοιάδε *he spoke as follows.*
τοιοῦτος τοιαύτη τοιοῦτο = **τοιόσδε**, κτλ. **ἐν τῷ τοιούτῳ** *in such a case.*
τόκος, see **τεκ- τοκ-**.
τολμάω -ήσω -ησα *undertake, endure, dare.*
τόπος *place.*
τοσοῦτος τοσαύτη τοσοῦτο(ν) *so great, so tall, so long,* etc.
  τοσαῦτα *so much.*
τότε *at that time, then.*
τοῦδε τῷδε, see **ὅδε**.
τοὔνομα = **τὸ ὄνομα**.
τοῦτο τούτῳ, κτλ., see **οὗτος**.
τραγῳδο-ποιός *a writer of tragedies.*
τράπεζα *table.*
τραφείς τραφῆναι, see **τρέφω**.
τρεπ- τροπ- τραπ-
  τρέπω -ψω -ψα *turn.* Mid. *turn (oneself).* See Less. LX.
  τροπή *a turning.*
  τρόπος *turn, way, manner.* **τίνα τρόπον;** *in what way?* **παντὶ τρόπῳ** *in every way.* **ὅτῳ τρόπῳ** *in what manner.*
τρεφ- τροφ- τραφ-, for **θρεφ-**, κτλ.
  τρέφω θρέψω *rear, nourish.* See Less. LX.
  τροφή *nourishment, food, nurture.*
  τροφός (ὁ, ἡ) *nurse.*
τρέχω δραμοῦμαι ἔδραμον *run.*
τρίς *three times.*
  τρίτος -η -ον *third.*
τευχ- τυχ-
  τυγχάνω τεύξομαι ἔτυχον τετύχηκα *hit, obtain* (Gen.); *chance* (with participle, § 176 c). Less. LVIII.
  τύχη *fortune, chance.*
τύμβος *tomb.*
τύπτω τυπτήσω *strike.*
τύραννος *absolute sovereign,* tyrant.
  τυραννίς -ίδος (ἡ) *despotic rule.*
τῳ = **τινι**, see **τὶς**.
τῷδε, see **ὅδε**.

Υ

ὕδωρ, Gen. **ὕδατος** (τό) *water.* § 39.
υἱός *son.* § 39.
ὑμέτερος -ᾱ -ον *your, vester.*
ὕπνος *sleep.*
ὑπέρ *above, on behalf of, concerning.* § 127 c.

ὑπό (*ὑπ' ὑφ'*) *under, by.* In comp.: *under, by, somewhat, secretly.* § 129 g.

I. Compound Verbs:

ὑπο-δείκνῡμι -δείξω -έδειξα *show secretly, give a glimpse of.*

-δέχομαι -ξομαι -ξάμην *receive under.*

-δέω -δήσω -έδησα *bind under, fasten on.*

-δύνω, A. **ὑπ-έδῡν** *go under, get under, put on.* § 86.

-λαμβάνω *take up (under) understand, reply.*

-λείπω *leave remaining.* **ὑπ-ελέλειπτο** *he was left.*

-τίθημι -θήσω *put under, expose.*

ὑπ-ηρετέω -ήσω (*serve as a rower* (*ὑπ-ηρέτης*)) *serve, minister to* (Dat.).

II. Compound Nouns, etc.:

ὑπο-γραφεύς -έως (ὁ) *a secretary.*

ὑπο-κριτής (ὁ) *an answerer, actor,* hypocrite.

ὑπό-λοιπος -ον *left, remaining.*

ὑπ-ηρέτης (ὁ) (*an under-rower*) *underling, servant.*

ὕστερος -ᾱ -ον *latter, behind, next, later than, after* (Gen.).

ὑστεραῖος -ᾱ -ον *on the day after, next day.* **τῇ ὑστεραίᾳ** *on the next day.*

ῦς, Gen. **ὑός** (ὁ, ἡ) *swine, boar, sow.*

ὑφαίνω *weave.*

Φ

φαγεῖν, φαγών, see **ἐσθίω.**

φαίην φάναι, see **φημί.**

φαίνω φανῶ ἔφηνα *show.* Mid. **φαίνομαι φανοῦμαι ἐφάνην** (*show oneself*) *appear.* **ὡς φαίνεται** *as it appears.* **φαίνει ἀγνοῶν** *you are clearly ignorant* § 176 g.

φαλακρός -ᾱ́ -όν *bald.*

φανείς φανῆναι φανῶσι, see **φαίνομαι.**

φάναι φᾱσί φάσκων, see **φημί.**

φάρμακον *a drug, medicine, cure.*

φαῦλος -η -ον *slight, paltry, of no account.*

φερ- φορ- φρ-

φέρω οἴσω ἤνεγκα *bear, endure, bring, lead, carry off.* Mid. **φέρομαι οἴσομαι** *carry off for oneself, win.* **φέρε δή** *come now!* **μισθὸν φέρειν** *receive wages.*

φορᾱ́ *a carrying, motion, load.*

φορμίσκος *a small basket.*

φεῦ *oh! ah! alas!*

φευγ- φυγ-

φεύγω -ξομαι ἔφυγον πέφευγα *flee.*

φυγή *flight.*

φη- φω- φᾰ-

φήμη *prophetic voice, saying, report, fame.*

φημί φήσω and **ἐρῶ ἔφησα** and **εἶπον** *declare, say.* §§ 94, 179, I.

φωνή *voice.*

φθονερός -ᾱ́ -όν *jealous.*

φίλος -η -ον *beloved, dear.* **φίλος** (ὁ) *friend.*

φιλ-άνθρωπος -ον *loving mankind.*

φιλ-έταιρος -ον *loving one's comrades.*

φιλέω -ήσω *treat affectionately, love, kiss, be wont.*

φιλίᾱ *friendship.*

φιλικός -ή -όν (Adv. *φιλικῶς*) *befitting a friend.*

φίλιος -ᾱ -ον *friendly.*

φιλό-λογος -ον *fond of words, fond of argument, fond of literature.*

φιλο-μαθής -ές *eager for knowledge.*

φιλό-σοφος -ον *loving wisdom.*

φιλοσοφέω -ήσω *pursue knowledge, be a philosopher.*

φοβέω -ήσω *terrify.* Mid. *fear.* Less. LXVIII.

φοιτάω -ήσω *go to and fro, go* (or *come*) *frequently.*

φόνος *murder, gore.*

φονεύς -έως (ὁ) *murderer.*

φονεύω -σω *murder.*

φορμίσκος, see **φερ-**.

φράζω φράσω ἔφρασα *point out* (*to*) *tell.* Mid. (*point out to oneself*) *ponder, plan.*

φρονέω -ήσω *think, have understanding, intend.* **μέγα φρονεῖν** *be proud.*

φρόνημα -ατος (τό) *mind, intention, pride.*

φρόνησις -εως (ἡ) *intention, perception, prudence.*

φρόνιμος -ον (Adv. *φρονίμως*) *in one's right mind, thoughtful, prudent.*

φροντίζω -ιῶ -σα *consider, reflect; have a care for* (Gen.).

φροντίς -ίδος (ἡ) *care, heed, anxiety.*

φυγή, see **φευγ-**.

φύλαξ -ακος (ὁ) *guard.*

φυλακή *a guarding.* **φυλακὴν ἔχων** *being on the watch, taking precautions.*

φυλάττω -ξω -ξα -χα *guard.*

φύσις -εως (ἡ) *nature, natural bent, character.*

φωνή, see **φη-**.

φῶς, Gen. **φωτός** (τό) *light.*

φωτεινός -ή -όν *full of light, bright.* A less correct (late) spelling is **φωτινός.**

X

χαλεπός -ή -όν *difficult, painful.*

χαρ-

χαίρω χαιρήσω *rejoice, enjoy.*

χαρίζομαι *please, seek to favor* (Dat.).

χάρις, Gen. **χάριτος** (ἡ) *grace, favor, kindness, gratitude.*

χαρακτήρ -ῆρος (ὁ) *an instrument for marking; a mark engraved* or *impressed, features,* character.

χείρ, Gen. **χειρός** (ἡ) *hand.* Dat. pl. **χερσί(ν).**

χείρων χεῖρον *worse.* See § 47 B.

χήρᾱ *widow.*

χῑ́λιοι -αι -α *thousand.*

χόλος *bile, bitterness, anger.*

χορδή *gut, string made of gut,* chord.

χρη- χρα-

χράομαι -ήσομαι -ησάμην (*serve oneself with*) *use* (Dat.).

χρή, Infin. **χρῆναι** *there is need, one ought,* etc. (Infin.).

χρῆμα -ατος (τό) *thing, matter, possession.*

χρήσιμος -η -ον *useful.*

χρηστός -ή -όν *serviceable, good.*

χρῑστός -ή -όν *to be rubbed on* (as ointment), *anointed.* **Χρῑστός** (ὁ) *the Anointed One.*

χρόνος *time.* **χρόνῳ** *in time.* **ἐπὶ χρόνον** *for a time.* **μῑκρὸν χρόνον** *for a short time.*

χρῡσός *gold.*

χρῡσίον *coined gold, money.*

χρῡσοῦς -ῆ -οῦν *of gold.*

χρῡσο-τόκος -ον *laying golden eggs.*

χρώμενος, see **χράομαι.**

χώρᾱ *space, place, country, one's station.*
χωρίς *apart, apart from* (Gen.). § 130.

Ψ

ψεύδομαι -σομαι -σάμην *speak falsely, lie.*
  ψευδής -ές *lying, false.*
  ψεύστης (ὁ) *liar.*
  ψεῦδος -ους (τό) *falsehood.*
  ψευδο-μαρτυρέω -ήσω *bear false witness.*
ψῡχή *breath of life, life, soul.*

Ω

ὦ *oh! ὠγαθέ good sir!* **ὤνθρωπε** = **ὦ ἄνθρωπε.**
ὧδε *as follows, thus* (ὅδε).
ὦμος *shoulder.*
ὤν οὖσα ὄν, Gen. **ὄντος**, κτλ. *being.*
  τῷ ὄντι *in truth.*
ᾠόν *egg.*
ὤπτησε, see **ὀπτάω.**
ὥρᾱ *season, hour, fitting time, springtime, prime of life.* **ὥρᾱ** (ἐστὶ) **γράφειν** *it is time to be writing.*
ὥρμησα, see **ὁρμάω.**
ὡς, § 197.
  ὡσαύτως *in the same way, just so.*
  ὥσπερ *just as.* § 194.
  ὥστε *so that, so as to* (followed by Indic. or Infin. § 151).
ὠφέλιμος -ον *serviceable, beneficial.*
ᾠχεῖτο, see **ὀχέομαι.**
ᾠχόμην, see **οἴχομαι.**

II

Proper Nouns and Adjectives

A

Ἆγις ὁ Ἀρχιδάμου *Agis, son of Archida'mus*, a king of Sparta during the last quarter of the fifth century.

Ἀθήναζε *to Athens.*

Ἀθῆναι (αἱ) *Athens.* **Ἀθηναῖος -ᾱ -ον** *Athenian.*

Αἰολεύς -έως (ὁ) *an Aeolian.*

Αἰσχύλος *Aeschylus*, an Athenian tragic poet, 525–456.

Αἴσωπος *Aesop*, the "Uncle Remus" of ancient Greece, who is said to have lived during the first half of the sixth century. The collection known as Aesop's Fables includes many stories of later authorship.

Ἀλκιβιάδης *Alcibiades*, a kinsman of Pericles. He was handsome, brilliant, and rich, but very immoral and utterly unscrupulous.

Ἀνακρέων *Anacreon*, a lyric poet of the sixth century, poet laureate at the court of Polycrates, of Samos. Only fragments of Anacreon's verses are extant, but there is preserved a large collection of inferior imitations known as *Anacreontics.*

Ἄνδρων ὁ Ἀνδροτίωνος *Andron, son of Andro'tion*, an Athenian.

Ἀνθολογίᾱ *Anthology* (i.e. *nosegay*), a collection of Greek idyls, odes, elegies, and epigrams ranging from the seventh century B.C. to the twelfth century A.D. See *s. v.* **Μελέαγρος.**

Ἀντίμοιρος ὁ Μενδαῖος *Antimoe'rus of Mende*, a sophist and a pupil of Protagoras.

Ἀντισθένης *Antisthenes*, an Athenian.

Ἀπολλόδωρος *Apollodo'rus*, father of Hippocrates.

Ἀργεῖος -ᾱ -ον *Argive.*

Ἀρτεμβάρης *Artem'bares*, a Medan.

Ἀτρεῖδαι *Atri'dae*, *i.e.* sons of A'treus, namely, Agamemnon and Menela'us.

Ἀρίστιππος *Aristippus*, a philosopher, pupil of Socrates and founder of the hedonistic school of philosophy.

Ἀριστοτέλης *Aristotle*, philosopher and scientist (384–322 B.C.).

Ἀριστοφάνης *Aristophanes*, Athenian comic poet (445–385 B.C.), the most brilliant representative of the Old Comedy.

Ἄτυς *A'tys*, son of Croesus.

Γ

Γλαύκων *Glaucon*, father of Charmides.

Γόρδιος ὁ Μίδου *Gordius, son of Midas*, a king of Phrygia and father of the famous Midas.

Γοργίᾱς *Gorgias*, one of the most famous of the sophists. Plato named one of his dialogues after him.

Δ

Δαρεῖος *Dari'us*, a king of Persia.

Δελφοί *Delphi*, a famous oracle of Apollo in Phocis.

Δημοκράτης *Demo'crates*, father of Lysis.

Δημόκριτος *Demo'critus*, a celebrated philosopher of the fifth century.

Δημοφῶν *Demophon*, father of Menexenus.

Δία, Διός, see **Ζεύς**.

Διαθήκη *Testament.* The New Testament (Ἡ *Καινὴ Διαθήκη*) consists in part of original Greek documents, in part of translations. With the exception of the book of Hebrews and an occasional sentence elsewhere the style of the Greek New Testament is innocent of literary refinements, while the language is in the main that of the common people. The New Testament is the most important representative of the colloquial form of the post-classical dialect known as the **Κοινή** (*ἡ κοινὴ διάλεκτος*) or *Common* dialect.

Διογένης Λαέρτιος *Diogenes Laërtius* (i.e. *of Laërtê*). He wrote, probably in the third century A.D., the lives of the philosophers.

Δωριεύς -έως (ὁ) *a Dorian.*

Ε

Ἑλλάς -άδος (ἡ) *Hellas*, i.e. *Greece.*

Ἐπίκουρος *Epicu'rus*, a philosopher and founder of the Epicure'an school of philosophy.

Ἐπίχαρμος *Epichar'mus*, a comic poet of Sicily and a contemporary of Aeschylus. He was the first great comic poet of Greece.

Ἐρυξίμαχος ὁ Ἀκουμενοῦ *Eryxi'machus, son of Acu'menus*, a physician at Athens.

Εὐθύδημος *Euthyde'mus*, an acquaintance of Socrates.

Εὐκλείδης *Euclid*, a famous mathematician of Alexandria. He flourished at the end of the third century B.C. and wrote numerous mathematical treatises, of which the most celebrated is his "Elements of Geometry" in thirteen books.

Εὔξεινος Πόντος *The Euxine Sea.*

Εὐριπίδης *Euripides*, an Athenian tragic poet (480–406 B.C.).

Ζ

Ζεύς, Gen. **Διός**, *Zeus.*

Η

Ἡλιοδώρᾱ *Heliodo'ra*, one of the loves of Meleager.

Ἥρᾱ *He'ra.* Her most important temple was at Argos.

Ἡράκλειτος *Heracli'tus*, a philosopher of Ephesus, who flourished about 500 B.C.

Ἡράκλης, Gen. **Ἡρακλέους**, *Heracles.*

Θ

Θέογνις *Theog'nis*, an early elegiac poet, and perhaps the best representative of the sententious style. He employed the elegiac couplet (see Less. III). Many of the verses commonly attributed to Theognis were written by other poets. He frequently mentions his friend Cyrnus, a young Dorian noble, in his verses.

Θεόδωρος *Theodo'rus*, a mathematician, said to have been a teacher of Socrates.

I

Ἱπποκράτης ὁ Ἀπολλοδώρου *Hippo'crates, son of Apollodo'rus*, a friend of Socrates.

Ἱππόνῑκος *Hipponi'cus*, father of Callias. See Less. LII, **Σχόλια**.

Ἴωνες (οἱ) *the Ionians.*

K

Κάδμος *Cadmus*, the reputed founder of Thebes.

Καῖσαρ -αρος (ὁ) *Caesar.*

Καλλίμαχος *Calli'machus* (c. 310–240 B.C.), poet, literary critic, philologist, bibliographer, librarian of the great library at Alexandria.

Κίλικες (οἱ) *the Cilicians.*

Κλείβουλος *Clibu'lus.*

Κύρνος, see **Θέογνις**.

Κῦρος *Cyrus*, king of Media and Persia. By vastly enlarging the boundaries of his empire, Cyrus gained for himself the title of "The Great." His rule extended from 558–529 B.C.

Λ

Λακεδαιμόνιος -ᾱ -ον *Lacedaemonian.*

Λακωνικά (τά) *Laconisms*, the title of one of Plutarch's essays.

Λῡδός *a Lydian.*

Λύκιοι (οἱ) *the Lycians.*

M

Μελέᾱγρος *Melea'ger*, a late Greek lyric poet, born at Gadara in Syria. He lived in the first century B.C., and was the first to make a noteworthy anthology of Greek poets.

Μένανδρος *Menander*, an Athenian comic poet of the late fourth century, and the best known representative of the New Comedy. His plays abounded in sententious sayings, more than seven hundred of which, each consisting of a single verse, have been preserved in a collection known as the **Μονόστιχοι** (i.e. *single-verse quotations*) of Menander.

Μενέξενος *Menex'enus*, a friend of Lysis.

Μῆδος *a Mede.* **Μηδικός -ή -όν** *Median.*

Μιθραδᾱ́της *Mithrada'tes*, a Persian name.

Μίκκος *Miccus*, a sophist.

Μῡσός *a Mysian.* **Μῡ́σιος -ᾱ -ον** *Mysian.*

N

Νῑκίᾱς ὁ Νῑκηράτου *Nicias, son of Nicer'atus*, an Athenian general.

Νῑκοτέλης *Nico'teles.*

O

Ὄλυμπος *Olympus*, a mountain in Mysia.

Ὅμηρος *Homer.*

Ὀρφεύς *Orpheus.*

Ξ

Ξάνθιππος *Xanthippus*, a son of Pericles.

Ξενόφαντος *Xenophantus.*

Ξενοφῶν *Xenophon*, soldier, country gentleman, and author (born c. 430 B.C.). The quotations in the Lessons are from his *Memorabilia* or Memoirs of Socrates, of whom he was a great admirer.

Π

Πάν *Pan*, a rural god.

Πάραλος *Par'alus*, a son of Pericles.

Παυσανίᾱς *Pausa'nias*, an Athenian.

Παφλαγών -όνος (ὁ) *a Paphlagonian.*

Περικλῆς -έους *Pericles*, an Athenian statesman (died 429 B.C.).

Πέρσης (ὁ) *a Persian.* One of the plays of Aeschylus is called the *Persians* (Πέρσαι).

Πίνδαρος *Pindar*, one of the chief lyric poets of Greece (518–442 B.C.).

Πλάτων *Plato*, the first great philosopher of Greece, pupil of Socrates and teacher of Aristotle (428–347 B.C.).

Πλούταρχος *Plutarch*, a Greek author and lecturer of the first century A.D. He wrote *Parallel Lives* of famous Greeks and Romans, and innumerable essays on miscellaneous subjects.

Πρωταγόρᾱς *Protag'oras*, a famous sophist of the fifth century.

Πυθαγόρᾱς *Pythag'oras*, a celebrated Greek philosopher of the sixth century.

Σ

Σάρδεις -εων (αἱ) *Sardes* or *Sardis*, capital of Lydia.

Σόλων *Solon*, an Athenian statesman of the sixth century.

Σοφοκλῆς -έους (ὁ) *Sophocles*, an Athenian tragic poet (497–405 B.C.).

Σύριος -ᾱ -ον *Syrian.*

Σωκράτης *Socrates*, Athenian philosopher (469–399 B.C.).

Τ

Τέρπανδρος *Terpander*, one of the earliest of the Greek lyric poets.

Τῑμάριον *Timar'ion*, one of the loves of Meleager.

Τῑμόθεος *Timo'theüs*, *Timothy.*

Φ

Φαῖδρος *Phaedrus*, an Athenian and friend of Plato, who named one of his dialogues after him.

Φάσων -ωνος (ὁ) *Phason*, the brother of Hippocrates.

Φιλήμων *Phile'mon*, a comic poet, one of the rivals of Menander.

Φιλιππίδης ὁ Φιλομήλου *Philippides, son of Philome'lus.* Nothing is known about either of these.

Φρυγίᾱ *Phrygia.* **Φρύξ -υγός** (ὁ) *a Phrygian.*

Χ

Χαρμίδης *Char'mides*, the father of Plato's mother.

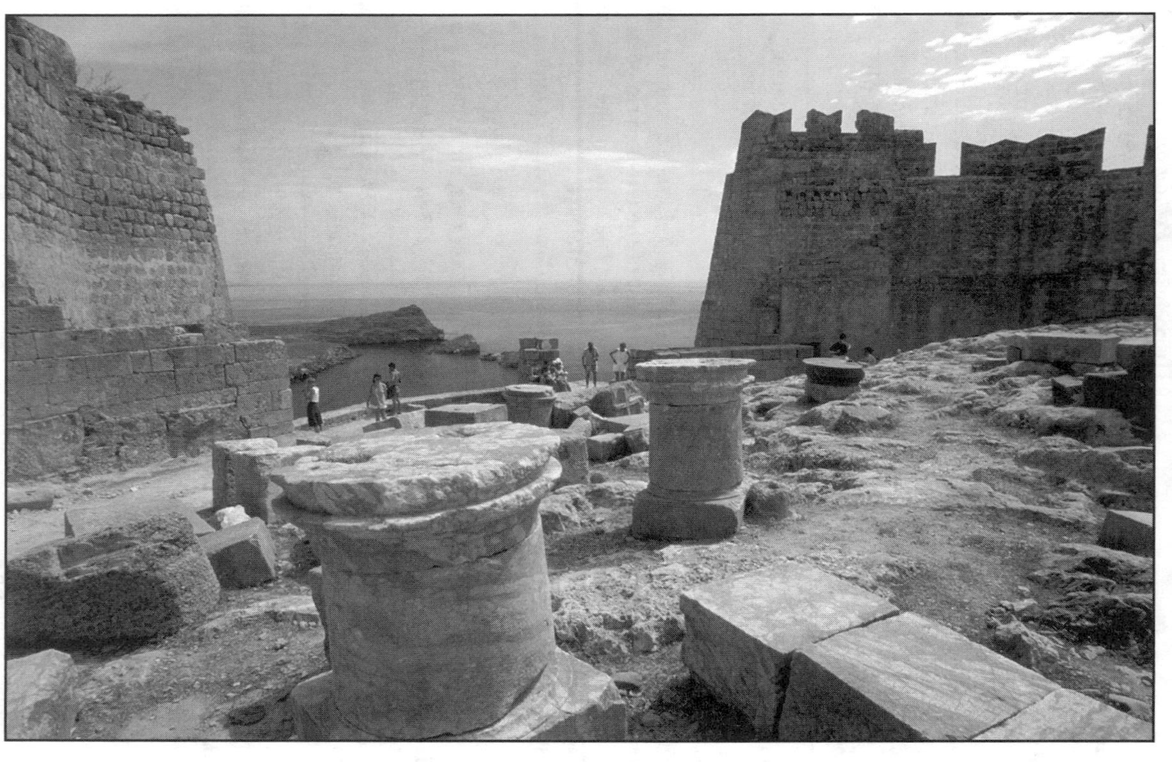

Top Of The Lindos Acropolis, Rhodes

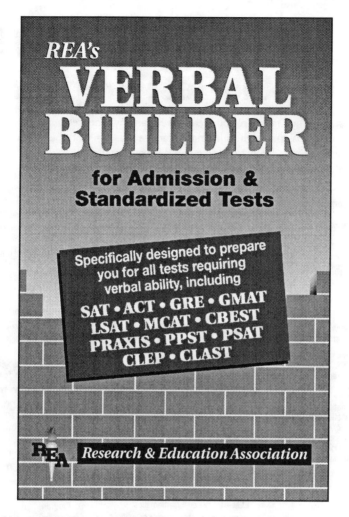